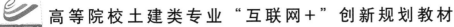

高等院校土建类专业"互联网+"创新规划教材

# 桥梁工程（第3版）

主　编　王解军　陈爱军
参　编　陈建英　李媛媛　赵怡彬
　　　　湛发益　张宇辉　占雪芳

## 内 容 简 介

本书根据国家最新相关公路桥梁设计规范及工程教育专业认证标准编写。本书力求内容编排合理、理论阐述清晰，以便学生能够掌握桥梁工程的基本设计理论。本书主要内容包括桥梁的总体规划设计与作用，桥面构造与布置，混凝土梁桥的构造，简支梁桥、连续梁桥与刚构桥的计算，梁桥的支座，拱桥构造，桥梁墩台的类型、构造、计算。为方便学生理解与计算，本书对一些比较复杂的结构构件部位，添加了实物照片。

本书可作为土木工程、道路桥梁工程、交通运输工程等专业的教材，还可作为从事桥梁工程设计、施工、监理、检测及管理等相关工作的工程技术人员的参考用书。

### 图书在版编目（CIP）数据

桥梁工程/王解军，陈爱军主编 . —3 版 . —北京：北京大学出版社，2024.1
高等院校土建类专业"互联网+"创新规划教材
ISBN 978-7-301-34620-4

Ⅰ.①桥… Ⅱ.①王… ②陈… Ⅲ.①桥梁工程—高等学校—教材 Ⅳ.①U44

中国国家版本馆 CIP 数据核字（2023）第 213706 号

| | |
|---|---|
| 书　　　名 | 桥梁工程（第 3 版）<br>QIAOLIANG GONGCHENG（DI-SAN BAN） |
| 著作责任者 | 王解军　陈爱军　主编 |
| 策 划 编 辑 | 卢 东　吴 迪 |
| 责 任 编 辑 | 林秀丽 |
| 数 字 编 辑 | 金常伟 |
| 标 准 书 号 | ISBN 978-7-301-34620-4 |
| 出 版 发 行 | 北京大学出版社 |
| 地　　　址 | 北京市海淀区成府路 205 号　100871 |
| 网　　　址 | http://www.pup.cn　新浪微博：@北京大学出版社 |
| 电 子 邮 箱 | 编辑部 pup6@pup.cn　总编室 zpup@pup.cn |
| 电　　　话 | 邮购部 010-62752015　发行部 010-62750672　编辑部 010-62750667 |
| 印 刷 者 | 河北文福旺印刷有限公司 |
| 经 销 者 | 新华书店 |
| | 787 毫米×1092 毫米　16 开本　21.5 印张　537 千字<br>2008 年 1 月第 1 版　2012 年 8 月第 2 版<br>2024 年 1 月第 3 版　2024 年 1 月第 1 次印刷 |
| 定　　　价 | 59.00 元 |

未经许可，不得以任何方式复制或抄袭本书之部分或全部内容。
**版权所有，侵权必究**
举报电话：010-62752024　电子邮箱：fd@pup.cn
图书如有印装质量问题，请与出版部联系，电话：010-62756370

# 前言 第3版

《桥梁工程》(第3版)是根据最新的公路桥梁设计规范、《工程教育认证标准》(T/CEEAA 001—2022),以及教育部高等学校土木工程专业教学指导委员会审定的《桥梁工程》教学大纲编写的。本书是在王解军、陈爱军主编的《桥梁工程》(第2版)的基础上,按照《公路桥涵设计通用规范》(JTG D60—2015)、《公路钢筋混凝土及预应力混凝土桥涵设计规范》(JTG 3362—2018)的要求编写,并做了较大的修订。本书可作为土木工程、道路桥梁工程、交通运输工程等专业的教材,也可作为从事桥梁工程设计、施工、监理、检测及管理等工作的工程技术人员的参考书。

本书的编写本着适用、科学与紧跟时代的理念,力求阐述清晰、内容合适,使读者能够掌握桥梁工程的总体规划设计与作用,混凝土梁桥与拱桥等主要桥型的构造原理、设计计算方法及施工技术。本书对于一些较复杂的结构构件部位,给出了实物照片,利于读者理解;对于一些较少使用的桥型仅做简要介绍,避免书厚文繁。本书融会贯通《公路桥涵设计通用规范》(JTG D60—2015),兼顾《城市桥梁设计规范(2019年版)》(CJJ 11—2011)及《铁路桥涵设计规范》(TB 10002—2017)的要求,反映桥梁工程科学技术的进步。

本书共12章,第1章为概述,第2章为桥梁的总体规划设计,第3章为桥梁的作用,第4章为桥面构造与布置,第5章为混凝土梁桥的构造,第6章为简支梁桥的计算,第7章为连续梁桥与刚构桥的计算,第8章为梁桥的支座,第9章为拱桥构造,第10章为拱桥计算,第11章为桥梁墩台的类型及构造,第12章为桥梁墩台计算。

《桥梁工程》(第3版)由中南林业科技大学王解军、陈爱军主编。中南林业科技大学的陈建英、李媛媛、赵怡彬、湛发益、张宇辉、占雪芳参编。王解军编写第1章、第5章的5.5节和5.6节、第7章、第8章、第11章及第12章;陈建英编写第2章;李媛媛编写第3章;赵怡彬编写第4章;湛发益编写第5章的5.1~5.4节;张宇辉编写第6章;占雪芳编写第9章;陈爱军编写第10章。

由于编者能力有限,编写时间仓促,疏漏之处在所难免,恳请广大读者批评指正。

编 者

# 目 录

**第1章 概述** ················································································· 1
    1.1 桥梁的基本组成与分类 ···················································· 2
    1.2 国内外桥梁建设成就 ······················································· 8
    本章小结 ·············································································· 21
    习题 ···················································································· 21

**第2章 桥梁的总体规划设计** ······················································ 22
    2.1 桥梁设计的原则、步骤和基本资料 ···································· 23
    2.2 桥梁平面、纵断面、横断面设计 ······································ 28
    2.3 桥梁设计方案的选择 ····················································· 38
    本章小结 ·············································································· 54
    习题 ···················································································· 54

**第3章 桥梁的作用** ···································································· 55
    3.1 作用分类、代表值和作用效应组合 ···································· 56
    3.2 永久作用 ······································································ 64
    3.3 可变作用 ······································································ 65
    3.4 偶然作用 ······································································ 78
    3.5 地震作用 ······································································ 79
    本章小结 ·············································································· 79
    习题 ···················································································· 80

**第4章 桥面构造与布置** ······························································ 81
    4.1 桥面的组成和布置 ························································· 82
    4.2 桥面铺装 ······································································ 84
    4.3 桥面防水和排水 ···························································· 86
    4.4 桥面伸缩缝 ··································································· 88
    4.5 人行道、栏杆、灯柱与护栏 ············································· 93
    本章小结 ·············································································· 98
    习题 ···················································································· 99

## 第 5 章 混凝土梁桥的构造 ································· 100

5.1 混凝土梁桥的基本体系 ································· 102
5.2 板桥的构造 ································· 105
5.3 简支梁桥的构造 ································· 115
5.4 曲线梁桥的构造 ································· 130
5.5 连续梁桥与刚构桥的构造 ································· 135
5.6 梁桥实例 ································· 148
本章小结 ································· 154
习题 ································· 155

## 第 6 章 简支梁桥的计算 ································· 156

6.1 桥面板内力计算 ································· 157
6.2 主梁内力计算 ································· 167
6.3 横梁内力计算 ································· 184
6.4 挠度和预拱度计算 ································· 187
本章小结 ································· 190
习题 ································· 190

## 第 7 章 连续梁桥与刚构桥的计算 ································· 192

7.1 结构计算的一般规定 ································· 193
7.2 结构恒荷载内力计算 ································· 196
7.3 活荷载内力计算 ································· 201
7.4 预应力计算的等效荷载法 ································· 205
7.5 混凝土徐变内力计算 ································· 212
7.6 混凝土收缩内力计算 ································· 218
7.7 基础沉降内力计算 ································· 221
7.8 箱梁验算 ································· 221
本章小结 ································· 223
习题 ································· 224

## 第 8 章 梁桥的支座 ································· 225

8.1 常用支座的类型和构造 ································· 226
8.2 支座布置 ································· 232
8.3 支座计算 ································· 234
本章小结 ································· 240
习题 ································· 240

## 第 9 章 拱桥构造 ·········· 241

9.1 拱桥概述 ·········· 242
9.2 拱桥的构造与设计 ·········· 249
9.3 拱桥实例 ·········· 259
本章小结 ·········· 268
习题 ·········· 269

## 第 10 章 拱桥计算 ·········· 270

10.1 拱桥计算的一般规定 ·········· 271
10.2 悬链线拱计算 ·········· 272
10.3 主拱的验算 ·········· 280
本章小结 ·········· 283
习题 ·········· 283

## 第 11 章 桥梁墩台的类型及构造 ·········· 285

11.1 桥梁墩台的作用与类型 ·········· 286
11.2 梁桥墩台的类型及构造 ·········· 287
11.3 拱桥墩台的类型及构造 ·········· 305
本章小结 ·········· 310
习题 ·········· 311

## 第 12 章 桥梁墩台计算 ·········· 312

12.1 桥梁墩台计算中的作用及作用效应组合 ·········· 313
12.2 重力式桥墩计算 ·········· 319
12.3 柱式墩台计算 ·········· 323
12.4 圬工桥台计算 ·········· 329
本章小结 ·········· 334
习题 ·········· 335

**参考文献** ·········· 336

# 第1章 概 述

### 教学目标

本章主要介绍了桥梁的基本组成与分类，以及国内外桥梁建设成就。通过本章学习，学生应达到以下目标。

（1）掌握桥梁的基本组成与分类。
（2）了解国内外桥梁建设成就。

### 教学要求

| 知识要点 | 能力要求 | 相关知识 |
| --- | --- | --- |
| 桥梁的基本组成与分类 | （1）掌握桥梁的基本组成；<br>（2）掌握桥梁按受力特点分类；<br>（3）掌握桥梁的其他分类方法 | （1）上部结构、下部结构及支座；<br>（2）梁桥、拱桥、悬索桥及斜拉桥 |
| 国内外桥梁建设成就 | （1）了解桥梁发展的基本历程；<br>（2）了解国内外桥梁建设成就 | 石桥、木桥、钢桥及混凝土桥的建设成就 |

### 基本概念

上部结构；下部结构；支座；桥墩；桥台；基础；梁桥；拱桥；悬索桥；斜拉桥；组合体系桥；设计水位；跨径与桥长。

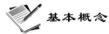引言

桥梁，一般指架设在江河湖海、山涧深谷及路线等上面，使车辆、行人等能顺利通行的构筑物。在公路、铁路、城市和农村道路中，为跨越各种障碍必须修建各种类型的桥梁。在工程造价上，桥梁约占道路总价的20%。桥梁是保证交通全线贯通的咽喉，具有非常重要的作用。

纵观世界各大城市，常以工程雄伟且美观的大桥作为城市的标志与骄傲。因而桥梁建

筑已不仅是重要的工程实体，还是一种空间艺术品存在于社会之中。

大力发展交通运输业，不仅对加速国民经济的发展，而且对促进文化交流、巩固国防建设、缩小地区差别等方面，都有着十分重要的意义。

近年来，我国的桥梁无论是建设规模，还是技术水平，均已跻身于世界先进行列。横跨江河湖泊、海湾等特大跨径桥，以及各种造型美观的高架桥、立交桥在全国各地如雨后春笋般出现。

我国幅员辽阔，大小山川和江河湖泊纵横全国。尽管我国的道路与桥梁已具相当规模，但要彻底改变交通运输的面貌，赶上发达国家的水平，道路与桥梁的建设任务仍然十分繁重和艰巨。广大的桥梁建设者面临着新颖、复杂的桥梁结构及新工艺、新材料的挑战。

## 1.1　桥梁的基本组成与分类

### 1.1.1　桥梁的基本组成

桥梁一般包括三个基本部分，即上部结构、下部结构和支座。

对于梁桥（图1.1）和拱桥（图1.2），上部结构是指桥梁支座以上（拱桥起拱线或刚构桥主梁底线以上）跨越桥孔的结构，下部结构包括桥墩、桥台和基础；对于悬索桥，上部结构一般包括桥塔、缆索、吊杆、加劲梁及桥面结构，下部结构包括锚碇、桥墩和基础。

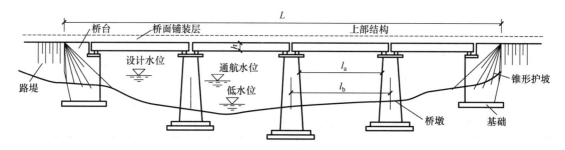

注：$L$—桥梁总长度；$l_b$—桥梁标准跨径；$l_a$—桥梁净跨径。

**图 1.1　梁桥的示意图**

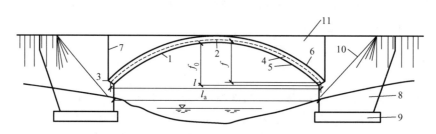

注：1—拱圈；2—拱顶；3—拱脚；4—拱轴线；5—拱腹；6—拱背；7—变形缝；8—桥墩；
9—基础；10—锥坡；11—拱上结构。

**图 1.2　拱桥的示意图**

桥墩、桥台和锚碇是支承上部结构并将其传来的恒荷载和车辆活荷载传至基础的结构或构件,设置在桥跨中间部分的结构称为桥墩,设置在桥跨两端与路堤相衔接的结构称为桥台,锚固悬索桥缆索的构件称为锚碇。桥台除了上述作用外,还起到抵御路堤土压力及防止路堤的滑塌等作用。单孔桥只有两端的桥台,没有中间的桥墩。

桥墩、桥台及锚碇底部并与地基相接触的部分,称为基础。基础承受从桥墩、桥台或锚碇传来的全部荷载,包括竖向荷载以及地震力、船舶撞击墩身等引起的水平荷载。由于基础往往深埋于水下土层之中,是桥梁施工中难度较大且复杂的部分,也是确保桥梁安全的关键之一。

支座设置在墩台的顶部,用于支承上部结构。它不仅要传递很大的荷载,还要保证上部结构能按设计要求产生一定的变形。

在桥梁建筑工程中,除了上述基本组成部分外,在路堤与桥台衔接处,一般在桥台两侧设置石砌的锥形护坡(图1.1),以保证迎水部分路堤边坡的稳定;另外,还常常包括护岸、导流结构等附属设施。

(1)水位。

河流中的水位是变动的,枯水季节河流的最低水位称为低水位;丰水季节河流的最高水位称为高水位。桥梁设计中按规定的设计洪水频率计算所得出的高水位,称为设计水位;在各级航道中,能保持船舶正常航行的水位称为通航水位。

(2)跨径与桥长。

净跨径:对于梁桥是指设计洪水位相邻两个桥墩(或桥台)之间的净距,用 $l_0$ 表示(图1.1);对于拱式桥是指每孔拱跨两个拱脚截面最低点之间的水平距离(图1.2)。

总跨径是多孔桥梁中各净跨径总和($\sum l_0$),它反映了桥下宣泄洪水的能力。

计算跨径:对于设有支座的桥梁,是指桥跨结构相邻两个支座中心之间的距离;对于拱桥,是两相邻拱脚截面形心点之间的水平距离,用 $l$ 表示。桥跨结构的力学计算是以 $l$ 为基准的。

桥梁全长(以下简称桥长):对于有桥台的桥梁,是两岸桥台后端点之间的水平距离;对于无桥台的桥梁,是桥面行车道长度,用 $L$ 表示。

(3)桥高和净空。

桥梁高度(以下简称桥高)是指桥面与低水位之间的高差,或是指桥面与桥下线路路面之间的距离。桥高在某种程度上反映了桥梁施工的难易性。

桥梁建筑高度是上部结构底缘至桥面顶面的垂直距离(图1.1中的 $h$)。线路定线中所确定的桥面标高与桥下净空界限顶部标高之差,称为桥梁的容许建筑高度。因此,设计的桥梁建筑高度不得大于容许建筑高度,否则,就不能保证桥下的通航或行车等要求。

净矢高(对拱式桥而言)是从拱顶截面下缘至相邻两跨拱脚截面下缘最低点之间连线的垂直距离,用 $f_0$ 表示(图1.2)。

计算矢高是拱顶截面形心至相邻两拱脚截面形心连线的垂直距离,用 $f$ 表示(图1.2)。

桥下净空:为了满足通航(或行车、行人等)需要和保证桥梁结构安全而对上部结构底缘以下所规定的净空间的界限。

桥面净空是桥梁行车道、人行道上方应保持的净空间界限。

## 1.1.2 桥梁的分类

目前,所建造的桥梁种类繁多,按照桥梁的受力特点、用途、主要承重结构的材料、规模大小、跨越障碍的性质的不同有不同的分类方法。

(1) 按桥梁受力特点分类。

按照桥梁受力特点,桥梁可分为梁桥、拱桥和悬索桥(吊桥),简称"梁、拱、吊"三大基本体系。由上述三大基本体系相互组合,在受力上形成具有组合特征的桥梁有斜拉桥及系杆拱桥等。

① 梁桥。

梁桥(图1.3)是一种在竖向荷载作用下而无水平反力的结构[图1.3(a)、(b)],由于外力(恒荷载和活荷载)的作用方向与桥梁结构的轴线接近垂直,因而与同样跨径的其他桥梁相比,梁桥内产生的弯矩最大,即梁桥以受弯为主。因此,通常需用抗弯、抗拉能力强的材料(如钢、钢筋混凝土等)来建造。

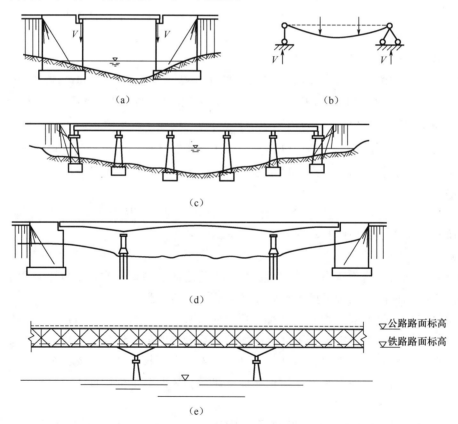

图 1.3 梁桥

中、小跨径的公路桥梁,目前应用最广泛的是标准跨径钢筋混凝土或预应力混凝土简支梁(板)桥,这种梁桥结构简单、施工方便,且对地基承载力的要求不高,其施工方法一般有预制装配式和现浇两种。钢筋混凝土简支梁桥计算跨径一般小于25m，当计算跨径较大时，采用预应力混凝土梁桥，但其计算跨径一般不宜超过50m。为了改善桥梁的受力条件和使用性能，当地质条件较好时，中、小跨径梁桥均可修建连续梁桥，如图1.3（c）所示；对于大跨径和特大跨径的梁桥，可采用预应力混凝土、钢和钢-混凝土组合梁桥，如图1.3（d）、（e）所示。

刚构桥属于梁桥，其主要的承重构件是梁与桥墩。刚构桥与其他梁桥的区别仅在于桥墩与梁之间固结，固结处传递弯矩、竖向力与水平力，而其他梁桥的梁与墩之间设置支座，支座一般仅承受竖向力与水平力、不传递弯矩。

由于桥墩与梁固结，增加了结构整体刚度、减小了主梁弯矩，因此刚构桥的跨越能力比连续梁桥大。由于温度作用及混凝土收缩徐变，连续刚构桥（图1.4）的主梁产生较大的纵向变形，结构产生较大的附加内力，为了适应主梁纵向变形、减小结构附加内力，设计中应尽量减小桥墩的水平抗推刚度，往往采用单肢或双肢薄壁墩。

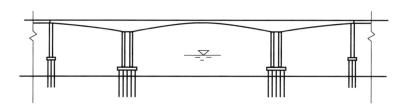

图1.4　连续刚构桥

② 拱桥。

拱桥的主要承重结构是主拱圈或拱肋（拱圈横截面设计成分离形式时称为拱肋），如图1.5所示。在竖向荷载作用下，桥墩和桥台将承受水平推力，如图1.5（b）所示。同时，桥墩和桥台向拱圈或拱肋提供水平反力，这将大大抵消在拱圈或拱肋中由荷载引起的弯矩。因此，与同跨径的梁桥相比，拱桥的弯矩、剪力和变形要小得多，拱圈或拱肋以受压为主。拱桥对桥墩和桥台有水平推力及承重结构以受压为主，这是拱桥的主要受力特点。因此，通常可采用抗压能力强的圬工材料（如砖、石、混凝土等）和钢筋混凝土来建筑。但应注意，由于拱桥往往有较大的水平推力，为了确保拱桥的安全，下部结构（特别是桥台）和地基必须有承受较大水平推力的能力。一般选择地质条件较好的场地修建拱桥。

当然，在地基土较软弱，不适合承受较大水平推力的情况下，也可采用无水平推力的系杆拱桥，如图1.5（c）所示，其水平推力由系杆承受，不传递给墩台和地基。系杆分为刚性系杆和柔性系杆，刚性系杆一般采用钢或预应力混凝土构件，柔性系杆采用拉索。还有，三跨自锚式系杆拱桥，如图1.5（d）所示，即在边跨拱的两端施加水平预加力$H$，通过边跨拱传至拱脚，以抵消主跨拱脚处的水平推力，使得墩台和地基不承受水平推力。

拱桥不仅跨越能力大，而且外形也较美观，在条件允许的情况下，修建拱桥往往是经济合理的。

按照行车道处于主拱圈的不同位置，拱桥可分为上承式拱桥［图1.5（a）］、中承式拱桥［图1.5（d）］、下承式拱桥［图1.5（c）］三种。

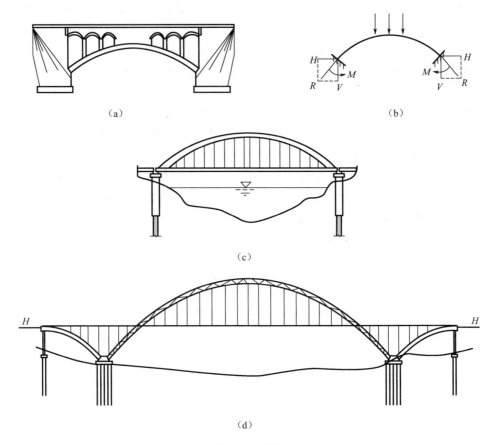

图 1.5 拱桥

③ 悬索桥（也称吊桥）。

悬索桥的承重结构包括主缆、塔柱、加劲梁、锚碇及吊杆，如图 1.6 所示。在桥面系的竖向荷载作用下，通过吊杆使主缆承受巨大的拉力，主缆悬跨在两边塔柱上，锚固于两端的锚碇结构中；锚碇承受主缆传来的巨大拉力，该拉力可分解为垂直分力和水平分力，因此，悬索桥是具有水平反力（拉力）的结构。悬索桥的主缆用高强度的钢丝成股编制而成，可充分发挥其优良的抗拉性能，因此，悬索桥是跨越能力（计算路径）最大的桥型。悬索桥受力简单明确，在将主缆架设完成之后，便形成了强大而稳定的结构支承系统，使得加劲梁的施工安全方便，施工过程中的风险相对较小。

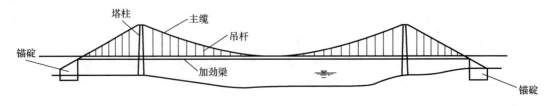

图 1.6 悬索桥

相较于梁桥和拱桥,悬索桥的刚度最小,属于柔性结构,在车辆荷载作用下,悬索桥将产生较大的变形。由于悬索桥的刚度小,其静力、动力(如抗风等)稳定性应在设计和施工过程中予以重视。

④ 斜拉桥。

斜拉桥的上部结构是由塔柱、主梁和斜拉索组成的,如图1.7所示,实际上是梁桥与悬索桥的组合形式。它的主要受力特点是:斜拉索受拉力,将主梁多点吊起(类似吊桥),将主梁的恒荷载和车辆等其他荷载传至塔柱,再通过塔柱传至基础和地基。塔柱受力以受压为主。主梁由于被斜拉索吊起,类似于多点弹性支承的连续梁,从而使其承受的弯矩较一般梁桥大大减小,这是斜拉桥具有较大跨越能力的主要原因;主梁由于同时受斜拉索水平力的作用,为偏心受压构件。

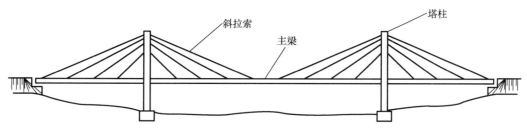

图1.7 斜拉桥

斜拉桥的塔柱、斜拉索和主梁在纵向平面内形成了稳定的三角形,因此,斜拉桥的结构刚度较悬索桥大,其动力(抗风)稳定性较悬索桥好。在目前所有的桥型中,斜拉桥的跨越能力仅次于悬索桥。但是,当斜拉桥的跨径很大时,主梁悬臂过长,承受斜拉索传来的水平压力很大;塔柱很高;斜拉索很长,这是斜拉桥的跨越能力不及悬索桥的主要原因。

(2)桥梁的其他分类方法。

桥梁除上述按受力特点分类外,还可按桥梁的用途、主要承重结构的材料、规模大小、跨越障碍的性质进行分类。

① 按用途来划分,桥梁可分为公路桥、铁路桥、公铁两用桥、人行桥、水运桥(或渡桥)和管线桥等。

② 按主要承重结构的材料来划分,桥梁可分为混凝土桥、圬工桥(包括砖、石、混凝土)、钢桥、钢-混凝土组合桥和木桥等。木材的强度与耐久性有限,一般木桥主要用于人行桥。

③ 按桥梁的规模大小来划分,桥梁可分为特大桥、大桥、中桥、小桥。

我国《公路桥涵设计通用规范》(JTG D60—2015)规定了特大桥、大桥、中桥、小桥按多孔跨径总长和单孔跨径的划分标准,见表1-1。

表1-1 桥梁按多孔跨径总长和单孔跨径分类

| 桥梁分类 | 多孔跨径总长 $L$ /m | 单孔跨径 $L_0$ /m | 桥梁分类 | 多孔跨径总长 $L$ /m | 单孔跨径 $L_0$ /m |
| --- | --- | --- | --- | --- | --- |
| 特大桥 | $L>1000$ | $L_0>150$ | 中桥 | $30<L<100$ | $20 \leqslant L_0<40$ |
| 大桥 | $100 \leqslant L \leqslant 1000$ | $40 \leqslant L_0 \leqslant 150$ | 小桥 | $8 \leqslant L \leqslant 30$ | $5 \leqslant L_0<20$ |

凡是多孔跨径的总长不到8m和单孔跨径不到5m的泄水构筑物，均称为涵洞。

④ 按跨越障碍的性质，可分为跨河桥、跨线桥（或立交桥）、高架桥和栈桥。高架桥一般指跨越深沟峡谷以代替高路堤的桥梁，以及在城市中跨越道路的桥梁。

## 1.2 国内外桥梁建设成就

### 1.2.1 桥梁发展的基本历程

纵观世界桥梁建筑的发展史，它同社会上的其他事物一样，也是随着社会生产力的发展而发展。

17世纪中期以前，人们主要运用木材、砖、石等建造桥梁，受当时生产力的限制，桥梁的跨径较小。到了18世纪，第一次工业革命，出现蒸汽机和动力机械等，社会生产力得到了较大的发展。19世纪中期钢材的出现，使桥梁的发展获得了第一次飞跃，桥梁的跨径不断增加。到了20世纪，钢筋混凝土与预应力混凝土技术及高强钢材的出现，使桥梁建筑获得了廉价、耐久，且刚度和承载力均较大的建筑材料，从而推动桥梁的发展产生第二次飞跃。20世纪50年代，随着有限元计算方法的应用，大大提高了人们的计算能力，使得大规模的结构计算变为可能，从而推动了桥梁工程向更大跨径方向发展，实现了桥梁发展的第三次飞跃。

总之，桥梁建设发展至今，经历了以上三次飞跃，它是伴随着建筑材料、社会生产力水平和计算能力的发展而不断发展的。

### 1.2.2 我国桥梁建设成就

我国作为世界四大文明古国之一，有着悠久的历史文化，我们的祖先在世界桥梁史上谱写了许多光辉灿烂的篇章。

根据史料记载，距今3000多年的周代就已在宽阔的渭河上架设大型浮桥。春秋战国时期（公元前700年—公元前221年）在黄河流域和其他地区修建了柱式桥梁，以木材为墩柱，上置木梁、石梁等。

我国古代的桥梁以石桥居多。举世闻名的河北赵县的赵州桥（图1.8），又称安济桥，为隋大业初年（公元605年）李春所建，是我国古代石拱桥的杰出代表。该桥是一座空腹式圆弧形石拱桥，跨径37.02m，拱顶宽9.0m，拱矢7.23m，在拱圈两肩上各设有两个不等跨的腹拱，这样既减轻了桥身自重又节省了材料，还便于泄洪并且增加美观。赵州桥的设计构思和施工工艺，在当时不仅为我国首屈一指，而且为世界领先水平，像这样的空腹式拱桥，欧洲19世纪中叶才出现，比我国晚了1200多年。赵州桥在世界桥梁史上具有崇高的地位，1961年被列为全国重点保护文物，停止通车；1991年，被选定为最悠久的"国际历史土木工程里程碑"。

我国代表性的桥梁还有北宋元祐五年（公元1090年）始建的福建屏南县的万安桥（木拱廊桥，桥长1106m），南宋嘉熙四年（公元1240年）建造的福建漳州虎渡桥（石梁

图 1.8　河北赵县的赵州桥

桥，桥长 335m），建于中唐时期（约公元 816 年）的宝带桥（多孔连拱桥，共 53 孔，桥长 316.8m）及南宋淳熙十六年（公元 1189 年）建于北京永定河上的卢沟桥等。

木结构廊桥，又称风雨桥（图 1.9），是我国独有的桥，主要流行于湖南、广西、贵州等地。桥墩石砌；上部结构由梁、塔、亭组成，全用木材建成；桥面铺板，设栏杆、长凳，桥顶盖瓦，形成长廊式走道。塔、亭建在石桥墩上，有多层。因为行人过往能避风雨，故名风雨桥。

图 1.9　木结构廊桥（风雨桥）

然而，由于我国封建社会严重束缚了社会生产力的发展，18 世纪和 19 世纪的第一次工业革命和第二次工业革命后，西方国家纷纷进入了工业化的快速发展阶段，而我国仍然闭关自守，导致我国生产力的发展远远落后于西方国家。由于社会生产力的落后，桥梁建设处于停滞不前状态。中华人民共和国成立之前，我国绝大多数桥梁仍为木桥、石桥等，且年久失修、破烂不堪，即使修过一些钢桁架桥、吊桥和钢筋混凝土桥等，但与当时世界上的桥梁建筑技术相比，已处于非常落后的状态。

1949 年以后，尤其是 20 世纪 80 年代改革开放以来，我国的综合国力及社会生产力得到了迅速发展，科技水平迅速提高，交通事业随之得到快速发展。特别是 20 世纪 90 年代以来大力发展高等级公路，使得桥梁工程得到了空前的发展，取得了巨大的成就。目前，我国在桥梁建设方面已经跻身于世界先进行列。

（1）混凝土梁桥。

混凝土梁桥主要有简支梁桥、连续梁桥、连续刚构桥等。

① 简支梁桥和连续梁桥。

我国跨径最大的简支梁桥是于 1997 年建成的昆明南过境干道高架桥，该桥为预应力混凝土简支梁桥，跨径 63m。预应力混凝土连续梁桥有 1991 年建成的云南怒江大桥（跨径 85m+154m+85m）；2001 年建成的南京长江第二大桥北汊桥（跨径 90m+3×165m+90m）；2015 年建成的四川岷江大桥（图 1.10），主跨 180m，是目前我国最大跨径的预应力混凝土连续梁桥。

图 1.10　四川岷江大桥

② 连续刚构桥。

连续刚构桥具有结构整体刚度大、行车平顺，并且中墩不设支座、方便平衡悬臂施工等优点，因此，连续刚构桥在我国得到快速发展。

1988 年建成的广东番禺洛溪大桥是我国第一座大跨径连续刚构桥，跨径为 65m+125m+180m+110m。1996 年建成的湖北黄石长江大桥，主跨 245m，主桥长达 1060m。1997 年建成的广东虎门辅航道桥，连续刚构跨径为 150m+270m+150m，该桥建成时跨径居同类桥世界第一。2009 年建成的湖北龙潭河大桥（图 1.11）为 5 跨连续刚构桥，跨径为 106m+3×200m+106m，主墩高 178m，为世界第一高墩刚构桥。

图 1.11　湖北龙潭河大桥

2006 年建成的重庆石板坡长江大桥复线桥（图 1.12），主跨为 330m 钢混组合连续刚构，该桥采用长联大跨刚构-连续混合梁体系，桥跨布置为 87.75m+4×138m+330m+133.75m，总长 1103.5m，主跨中部的 108m 采用钢梁，其他均为预应力混凝土结构。

图 1.12　重庆石板坡长江大桥复线桥

（2）拱桥。

拱桥是我国最常见的桥型之一，也是大桥的主要形式之一。

1990年建成的湖南凤凰乌巢河桥（图1.13），主跨120m，其主拱圈由两条宽2.5m的石板拱组成，板肋间用钢筋混凝土横梁联系。1999年建成的新丹河大桥为石拱桥，桥梁全长425.6m，主跨146m，跨径居世界同类桥第一。

图1.13　湖南凤凰乌巢河桥

钢管混凝土拱桥是我国20世纪90年代兴起的一种桥型，发展迅速，使用较多。该桥型是先合龙自重轻、强度高的钢管拱圈，并将其用作施工拱架；再向钢管内灌注混凝土，形成承载能力大的主拱圈。2003年建成的上海卢浦大桥（图1.14），主跨550m，是目前世界上跨径最大的钢箱拱桥，为中承式系杆拱桥。2009年建成的重庆朝天门大桥（图1.15），主跨552m，是目前世界上最大跨径的钢桁架拱桥。2020年建成的广西平南三桥（图1.16），为主跨575m的中承式钢管混凝土拱，是目前世界上最大跨径的钢管混凝土拱桥。2023年建成的广西天峨龙滩大桥（图1.17），主跨600m，为世界上跨径最大的以钢管混凝土作为劲性骨架的混凝土拱桥。

图1.14　上海卢浦大桥

图1.15　重庆朝天门大桥

图 1.16　广西平南三桥

图 1.17　广西天峨龙滩大桥

(3) 悬索桥（吊桥）。

我国的大跨径悬索桥从 20 世 90 年代中期开始得到了飞速发展。1997 年建成的广东虎门大桥（图 1.18）是我国现代第一座大跨径悬索桥，主跨 888m，为钢箱梁悬索桥。2005 年建成的江苏润扬长江大桥，主跨 1490m，为钢箱梁悬索桥。2008 年建成的浙江西堠门大桥（图 1.19），主跨 1650m，为两跨连续钢箱梁悬索桥，使得我国悬索桥技术达到世界先进水平。2019 年建成的广州虎门二桥，主跨 1688m，为钢箱梁悬索桥。2022 年 6 月开工建设的江苏张靖皋长江大桥，主跨 2300m，是目前世界上最大跨径的悬索桥。

图 1.18　广东虎门大桥

图 1.19  浙江西堠门大桥

（4）斜拉桥。

斜拉桥在我国起步较晚，1974 年建成的跨径 76m 的四川云阳桥，是我国第一座斜拉桥，在中国桥梁史上具有划时代的意义，该桥于 2006 年拆除。

20 世纪 90 年代后，斜拉桥在我国得到了迅速发展，修建了许多斜拉桥。2008 年建成的江苏苏通长江大桥（图 1.20），主跨 1088m，为我国目前最大（世界第二）跨径的钢箱梁斜拉桥。2009 年建成的香港昂船洲大桥（图 1.21），主跨 1018m，为我国跨径超过千米的斜拉桥，中跨主梁为钢箱梁，边跨为混凝土箱梁。2013 年建成的浙江嘉绍大桥（图 1.22），为 6 塔钢箱梁斜拉桥，桥长 2680m，主跨 428m，为目前我国最多塔的斜拉桥，为解决长主梁的温度变形问题，该桥在全桥跨中设置刚性铰装置的创新结构体系。2013 年建成的南京眼桥（图 1.23），跨越夹江，桥长 531.5m，为主跨 240m 的双塔双索面钢塔钢箱梁斜拉桥。该桥是一座景观人行桥，颇有特色。

图 1.20  江苏苏通长江大桥

图 1.21  香港昂船洲大桥

图 1.22　浙江嘉绍大桥

图 1.23　南京眼桥

### 1.2.3　国外桥梁建设成就

纵观国外桥梁建筑的发展历史，其对于促进和发展现代桥梁有着的深远影响。尤其是 18 世纪的第一次工业革命促进了社会生产力的快速发展，从而也促进了桥梁建筑的发展。

1855 年法国建造了第一批应用水泥砂浆砌筑的石拱桥。1899—1903 年卢森堡建成了跨径 84m 的石拱桥。1946 年瑞典建成的绥依纳松特桥，跨径达 155m，至今仍为世界上最大跨径的石拱桥。

钢筋混凝土桥的出现，要追溯到 1873 年法国约瑟夫莫尼尔建成的一座人行钢筋混凝土拱桥。钢筋混凝土拱桥的兴起，推动了拱桥向更大跨径方向发展。1930 年法国建成了三孔跨径为 186m 的拱桥。1940 年瑞典建成主跨达 264m 的桑独桥。1980 年，南斯拉夫首次用无支架悬臂施工方法，建成了跨径达 390m 的克尔克大桥，该桥跨径保持了 18 年的世界纪录。目前，无支架悬臂施工法在大跨径拱桥施工中被广泛采用。

英国于 1890 年建成了世界第一座大跨径钢桁架悬臂梁桥——福斯桥（图 1.24），主跨 519m，该桥至今仍在通车，是英国人引以为豪的工程杰作，也是世界桥梁设计和建筑史上的里程碑，已列入世界遗产名录。著名的澳大利亚悉尼港湾大桥（图 1.25），是一座跨径为 503m 的中承式钢桁架拱桥，建于 1932 年。

图 1.24　英国福斯桥

图 1.25　澳大利亚悉尼港湾大桥

1928年法国的著名工程师弗莱西奈经过20年研究，使预应力混凝土技术付诸现实。此后，新颖的预应力混凝土桥梁在法国和德国迅速发展起来，大大推进了梁桥的发展。第二次世界大战之后，法国应用预应力方法修复了马恩河上的五座桥梁，最大跨径约74m。

德国最早用全悬臂法建造预应力混凝土桥梁，1952年成功地建成莱茵河上的沃伦斯桥（跨径为101.65m+114.20m+104.20m，具有跨中剪力铰的连续刚构桥）后，该施工方法传遍全世界，可以说是桥梁施工方法的一次革命。10年后莱茵河上另一座本道尔夫桥的问世，将预应力混凝土桥的跨径提高到208m，悬臂施工技术更加完善。目前世界上跨径最大的预应力混凝土连续梁桥是挪威的伐罗德桥（$l=260$m，1994年）；最大跨径的连续刚构桥是挪威斯托尔马桥（$l=301$m，1998年）（图1.26），该桥边跨跨径小，为解决边主跨质量的不平衡，在两个边跨部分范围内，箱梁填以砾卵，中跨用轻质高强混凝土（CL60）。

图 1.26　挪威斯托尔马桥

世界上第一座具有钢筋混凝土主梁的斜拉桥是1925年在西班牙修建的跨越坦波尔河的水道桥，主跨60.35m。世界上第一座现代化斜拉桥是1955年瑞典建成的斯特罗姆海峡桥，其主跨为182.6m。美国在1978年建成的P-K桥，主跨为299m，是世界上第一座密索体系预应力混凝土斜拉桥。还有1995年建成的法国诺曼底大桥（图1.27），主跨856m，为中跨钢箱梁与边跨混凝土梁的组合结构；1999年建成的日本多多罗桥（图1.28），主跨890m，为中跨钢桁及边跨混凝土梁的组合结构；2012年建成的俄罗斯海参崴跨海大桥（图1.29），主跨1104m，是目前世界第一跨长的斜拉桥。

图1.27 法国诺曼底大桥

图1.28 日本多多罗桥

图1.29 俄罗斯海参崴跨海大桥

在悬索桥方面，美国在19世纪50年代从法国引进了近代悬索桥技术后，于19世纪70年代发明了空中架线法编纺主缆。1883年美国建成了纽约布鲁克林大桥，主跨达483m，开创了现代悬索桥的先河。1937年美国建成了旧金山金门大桥（图1.30），主跨达1280m，该桥保持了27年桥梁最大跨径的世界纪录。

图 1.30　美国旧金山金门大桥

英国 1981 年建成的亨伯桥,主跨为 1410m,为当时世界上悬索桥之冠。1996 年丹麦建成的大带桥,主跨为 1624m。目前世界上跨径最大的悬索桥是日本 1998 年建成的明石海峡大桥(图 1.31),设计主跨为 1990m,后因阪神大地震,地壳位移,竣工跨径为 1991m。

图 1.31　日本明石海峡大桥

1894 年英国建成伦敦塔桥,是一座 244m 长的开启桥,通过开启桥面让船舶通过。英国 2000 年建成盖茨黑德千禧桥(图 1.32),横跨泰恩河,人行桥,桥长 126m,该桥可以通过两端的压力机进行旋转,以便通船,是世界上第一座旋转式大桥。2004 年建成的马来西亚兰卡威天空之桥(图 1.33),总长 125m,钢结构人行桥,由斜塔、空间拉索与曲线梁组成,该桥顺应环境、自然和谐。

(a) 平常状态

(b) 旋转状态

图 1.32　英国盖茨黑德千禧桥

图 1.33 马来西亚兰卡威天空之桥

目前世界上已建成的大跨桥梁统计情况见表 1-2～表 1-5。

表 1-2 混凝土梁桥

| 序号 | 桥名 | 主跨/m | 结构形式 | 桥址 | 建成年份/年 |
| --- | --- | --- | --- | --- | --- |
| 1 | 重庆石板坡长江大桥复线桥 | 330 | 钢-混组合连续刚构 | 中国 | 2006 |
| 2 | 斯托尔马桥 | 301 | 连续刚构 | 挪威 | 1998 |
| 3 | 拉脱圣德桥 | 298 | 连续刚构 | 挪威 | 1998 |
| 4 | 亚松森桥 | 270 | 三跨T构 | 巴拉圭 | 1979 |
| 5 | 虎门大桥辅航道桥 | 270 | 连续刚构 | 中国 | 1997 |
| 6 | 云南元江大桥 | 265 | 连续刚构 | 中国 | 2003 |
| 7 | 云南红河大桥 | 265 | 连续刚构 | 中国 | 2009 |
| 8 | 门道桥 | 260 | 连续刚构 | 澳大利亚 | 1985 |
| 9 | 伐罗德2号桥 | 260 | 连续梁 | 挪威 | 1994 |
| 10 | 宁德下白石大桥 | 260 | 连续刚构 | 中国 | 2003 |
| 11 | 重庆鱼洞长江大桥 | 260 | 连续刚构 | 中国 | 2008 |
| 12 | 泸州长江二桥 | 252 | 连续刚构 | 中国 | 2001 |
| 13 | 重庆嘉华嘉陵江大桥 | 252 | 连续刚构 | 中国 | 2007 |
| 14 | 宜宾江安长江大桥 | 252 | 连续刚构 | 中国 | 2007 |
| 15 | 斯考顿桥 | 250 | 连续刚构 | 奥地利 | 1989 |
| 16 | 道特桥 | 250 | 连续刚构 | 葡萄牙 | 1991 |
| 17 | 斯克夏桥 | 250 | 连续刚构 | 英国 | 1995 |
| 18 | 重庆黄花园大桥 | 250 | 连续刚构 | 中国 | 1999 |
| 19 | 马鞍石嘉陵大桥 | 250 | 连续刚构 | 中国 | 2002 |
| 20 | 四川岷江大桥 | 180 | 连续梁 | 中国 | 2015 |

表 1-3　拱桥

| 序号 | 桥名 | 主跨/m | 结构形式 | 桥址 | 建成年份/年 |
|---|---|---|---|---|---|
| 1 | 重庆朝天门大桥 | 552 | 钢桁架 | 中国 | 2009 |
| 2 | 上海卢浦大桥 | 550 | 钢箱 | 中国 | 2003 |
| 3 | 新河峡桥 | 518.2 | 钢桁架 | 美国 | 1977 |
| 4 | 四川合江长江一桥 | 530 | 钢管混凝土 | 中国 | 2013 |
| 5 | 贝永桥 | 504 | 钢桁架 | 美国 | 1931 |
| 6 | 悉尼港湾桥 | 503 | 钢桁架 | 澳大利亚 | 1932 |
| 7 | 重庆巫山长江大桥 | 492 | 钢管混凝土 | 中国 | 2005 |
| 8 | 宁波明州大桥 | 450 | 双肢钢箱 | 中国 | 2011 |
| 9 | 沪昆高铁贵州北盘江大桥 | 445 | 钢骨架混凝土 | 中国 | 2015 |
| 10 | 成贵高铁鸭池河大桥 | 436 | 钢-混组合拱肋 | 中国 | 2016 |
| 11 | 湖北支井河特大桥 | 430 | 钢管混凝土 | 中国 | 2009 |
| 12 | 广州新光大桥 | 428 | 钢箱桁架 | 中国 | 2006 |
| 13 | 重庆珊瑚长江大桥 | 420 | 钢箱 | 中国 | 2007 |
| 14 | 重庆万州长江大桥 | 420 | 钢筋混凝土 | 中国 | 1997 |
| 15 | 莲城大桥（湘潭湘江四桥） | 400 | 钢管混凝土 | 中国 | 2006 |
| 16 | 重庆巫山大宁河桥 | 400 | 钢桁架 | 中国 | 2008 |
| 17 | 克尔克1号桥 | 390 | 混凝土箱形拱 | 南斯拉夫 | 1980 |
| 18 | 弗里芝特桥 | 383 | 钢拱 | 美国 | 1973 |
| 19 | 广西平南三桥 | 575 | 钢管混凝土 | 中国 | 2020 |
| 20 | 广西天峨龙滩大桥 | 600 | 劲性骨架混凝土 | 中国 | 2023 |

表 1-4　悬索桥

| 序号 | 桥名 | 主跨/m | 结构形式 | 桥址 | 建成年份/年 |
|---|---|---|---|---|---|
| 1 | 明石海峡大桥 | 1991 | 钢桁梁 | 日本 | 1998 |
| 2 | 广州虎门坭洲水道桥 | 1688 | 钢箱梁 | 中国 | 2019 |
| 3 | 浙江西堠门大桥 | 1650 | 钢箱梁 | 中国 | 2009 |
| 4 | 大贝尔特大桥 | 1624 | 钢桁梁 | 丹麦 | 1998 |
| 5 | 润扬长江公路大桥南汊桥 | 1490 | 钢箱梁 | 中国 | 2005 |
| 6 | 岳阳洞庭湖二桥 | 1480 | 钢桁梁 | 中国 | 2018 |
| 7 | 南京长江四桥 | 1418 | 钢箱梁 | 中国 | 2012 |
| 8 | 亨伯桥 | 1410 | 钢桁梁 | 英国 | 1981 |
| 9 | 江阴长江公路大桥 | 1385 | 钢箱梁 | 中国 | 1999 |

续表

| 序号 | 桥名 | 主跨/m | 结构形式 | 桥址 | 建成年份/年 |
| --- | --- | --- | --- | --- | --- |
| 10 | 香港青马大桥 | 1377 | 钢箱梁 | 中国 | 1997 |
| 11 | 维拉扎诺桥 | 1298 | 钢桁梁 | 美国 | 1964 |
| 12 | 金门大桥 | 1280 | 钢桁梁 | 美国 | 1937 |
| 13 | 阳逻长江大桥 | 1280 | 钢箱梁 | 中国 | 2007 |
| 14 | 广州虎门大沙水道桥 | 1200 | 钢箱梁 | 中国 | 2019 |
| 15 | 霍加大桥 | 1210 | 钢桁梁 | 瑞典 | 1997 |
| 16 | 湖南矮寨大桥 | 1176 | 钢桁梁 | 中国 | 2011 |
| 17 | 麦金内克桥 | 1158 | 钢桁梁 | 美国 | 1957 |
| 18 | 江苏张靖皋长江大桥 | 2300 | 钢箱梁 | 中国 | 在建 |

表 1-5 斜拉桥

| 序号 | 桥名 | 主跨/m | 结构形式 | 桥址 | 建成年份/年 |
| --- | --- | --- | --- | --- | --- |
| 1 | 俄罗斯海参崴跨海大桥 | 1104 | 钢-混组合 | 俄罗斯 | 2012 |
| 2 | 苏通长江大桥 | 1088 | 混合梁 | 中国 | 2008 |
| 3 | 昂船洲大桥 | 1018 | 混合梁 | 中国 | 2008 |
| 4 | 湖北鄂东长江大桥 | 926 | 混合梁 | 中国 | 2010 |
| 5 | 多多罗桥 | 890 | 混合梁 | 日本 | 1999 |
| 6 | 诺曼底桥 | 856 | 混合梁 | 法国 | 1995 |
| 7 | 荆岳长江大桥 | 816 | 混合梁 | 中国 | 2010 |
| 8 | 上海长江大桥 | 730 | 钢箱梁 | 中国 | 2009 |
| 9 | 宁波象山港大桥 | 688 | 钢箱梁 | 中国 | 2012 |
| 10 | 南京长江三桥 | 648 | 钢箱梁 | 中国 | 2005 |
| 11 | 铜陵长江公铁大桥 | 630 | 钢桁梁 | 中国 | 2015 |
| 12 | 南京长江二桥南汊桥 | 628 | 钢箱梁 | 中国 | 2001 |
| 13 | 江苏常泰长江大桥 | 1176 | 钢桁梁 | 中国 | 在建 |

从表 1-2～表 1-5 可以看出，我国的桥梁建设无论是从各种桥型的跨径，还是结构形式均已处于世界先进水平。桥梁科学发展趋势是遵循"安全、耐久、适用、环保、经济与美观"原则下的有意义的创新，包括新材料与结构体系、新技术及计算理论方向的发展。新材料与结构体系主要是发展具有高强度、高弹性模量等高性能混凝土及其与钢、复合材料等的组合体系；新技术主要是智能化设计和装配式施工技术；计算理论主要是精细化的有限元数值分析方法。

## 本 章 小 结

本章主要介绍了桥梁的基本组成、分类及国内外桥梁发展成就。

桥梁一般由三个基本部分，即上部结构、下部结构与支座组成。

本章介绍了桥梁工程中常用的一些术语名称及基本概念，如水位、净跨径、总跨径、计算跨径、桥梁全长、桥梁高度、桥下净空、桥面净空、桥梁建筑高度等。

目前所建造的桥梁种类繁多，按照桥梁的受力特点、用途、主要承重结构的材料、规模大小和跨越障碍的性质等的区别，有不同的分类方法。

桥梁按照受力特点，可分为梁桥、拱桥和悬索桥（或称吊桥），简称"梁、拱、吊"三大基本体系。另外，由上述三大基本体系相互组合，形成组合体系，如斜拉桥、系杆拱桥等。

## 习 题

1-1 桥梁一般由哪几个基本部分组成？阐述各基本部分的主要作用。

1-2 什么是桥梁的计算跨径、净跨径、总跨径及全长？

1-3 按照受力特点划分，桥梁可分为哪几种基本体系？阐述各种桥梁体系的主要受力特点及适用场合。

1-4 简述桥梁高度与桥梁建筑高度的定义。

1-5 桥梁科学的发展趋势是什么？

# 第2章 桥梁的总体规划设计

> **教学目标**

本章主要介绍桥梁总体规划设计的原则,桥梁设计步骤和基本资料、桥梁设计方案的选择。通过本章学习,学生应达到以下目标。

(1) 理解桥梁设计的原则。
(2) 了解桥梁设计的步骤和基本资料。
(3) 掌握桥梁平面、纵断面、横断面设计的具体内容和方法。
(4) 熟悉桥梁设计方案的选择。

> **教学要求**

| 知识要点 | 能力要求 | 相关知识 |
| --- | --- | --- |
| 桥梁设计的原则 | (1) 理解桥梁设计的各项原则;<br>(2) 理解各项原则在桥梁设计时的综合运用 | (1) 结构的两种极限状态;<br>(2) 桥梁美观要求 |
| 桥梁设计的步骤和基本资料 | (1) 了解我国桥梁设计的步骤;<br>(2) 了解桥梁设计所需的基本资料 | (1) 概预算基本知识;<br>(2) 地质、地形、水文等基本知识 |
| 桥梁平面、纵断面、横断面设计 | (1) 掌握桥梁平面设计及桥位选择的原则和方法;<br>(2) 掌握桥梁长度确定、跨径布置和桥道标高布置的原则和方法;<br>(3) 掌握桥梁横断面设计的原则和方法;<br>(4) 熟悉桥梁附属设施的设计方法和要求 | (1) 道路线形布置;<br>(2) 地质、地形、水文等基本知识;<br>(3) 力学分析;<br>(4) 造价分析 |

续表

| 知识要点 | 能力要求 | 相关知识 |
|---|---|---|
| 桥梁设计方案的选择 | （1）熟悉桥梁设计方案选择的步骤；<br>（2）熟悉桥梁设计方案选择的方法 | （1）桥梁设计基本原则；<br>（2）桥型的力学分析；<br>（3）桥梁的施工工艺；<br>（4）经济性分析 |

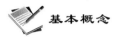

桥梁设计原则；三阶段设计；平面线形；流水净空；通航净空；净空限界。

随着社会经济的发展和科学技术的进步，桥梁建设的新结构、新工艺、新材料不断涌现。广西天峨龙滩大桥，跨径600m，为目前世界上最大跨径的拱桥；苏通长江大桥，跨径1088m，为目前世界上第二大跨径斜拉桥。

这些著名的桥梁令人赞叹，其优秀的设计思路、新颖的施工工艺、先进的材料等使我们为之震惊。我们一定在思考：一座桥梁从开始规划到获得完美的设计方案，再到采取合理先进的施工方案修建成功，将是怎样的一个过程？身边的任何一座不论大小的桥梁，是否都需要一个从规划到设计再到优中选优的过程？

## 2.1 桥梁设计的原则、步骤和基本资料

### 2.1.1 桥梁设计的原则

桥梁是公路、铁路和城市道路的重要组成部分，特别是大、中桥的建设对当地政治、经济等都具有重要意义。因此，桥梁应遵照"安全、耐久、适用、环保、经济和美观"的原则，在保证安全和耐久的前提下，桥梁设计应优先考虑满足功能的要求，即满足"适用"的要求，然后再根据情况考虑环保、经济和美观要求。桥梁设计应遵循的各项原则如下。

（1）安全。

① 公路桥梁结构应考虑恒荷载、汽车（人群）荷载及其他荷载的最不利组合作用，按承载能力极限状态和正常使用极限状态进行设计，确保其在强度和稳定性方面具有足够的安全储备。

② 桥梁应进行抗风、抗震及抗撞等防灾减灾设计。

③ 桥梁的钢结构部分一般应进行抗疲劳设计。

④ 防撞栏杆应具有足够的高度和强度，人与车流之间应做好防撞栏杆，防止车辆驶入人行道或撞坏栏杆而落到桥下。

⑤ 对于交通繁忙的桥梁，应设计好照明设施及明确的交通标志，两端引桥坡度不宜太陡，以避免发生车辆碰撞等事故。

(2) 耐久。

① 桥梁应按照设计使用年限和环境条件进行耐久性设计，同时应考虑养护需要，按照可到达、可检查、可维修和可更换的要求进行设计。桥梁主体结构与可更换部件的设计使用年限不低于表2-1的规定。

表2-1 桥梁主体结构与可更换部件的设计使用年限　　　　　　　　　　单位：年

| 公路等级 | 主体结构 | | | 可更换部件 | |
| --- | --- | --- | --- | --- | --- |
| | 特大桥、大桥 | 中桥 | 小桥 | 斜拉索、吊索、系杆等 | 栏杆、伸缩缝装置、支座等 |
| 高速公路、一级公路 | 100 | 100 | 50 | 20 | 15 |
| 二级公路、三级公路 | 100 | 50 | 30 | | |
| 四级公路 | 100 | 50 | 30 | | |

② 应对桥址区域环境进行调查，参考附近类似结构受环境侵蚀的情况，明确桥梁所处的环境类别及作用等级，并根据环境类别及作用等级选用材料，提出耐久性控制指标。

③ 耐久性技术措施应包括结构混凝土保护层、抗裂设计、构造措施、钢结构防腐蚀涂层、防水、排水等方面的要求。

④ 复杂环境作用下，桥梁应采取合理防腐蚀措施或多重防护策略。

(3) 适用。

① 桥面宽度能满足当前及今后规划年限内的交通流量（包括行人通行）。

② 桥梁结构在设计的汽车荷载与人群荷载作用下不出现过大的变形，以满足司机及行人的舒适性要求。

③ 桥跨结构的下面有利于泄洪、航行（跨河桥）、车辆、行人的通行（旱桥）。

④ 桥梁的两端方便车辆的进入和疏散，不致产生交通堵塞现象等。

⑤ 方便各种管线（水、电、通信管线等）的搭载。

(4) 环保。

桥梁设计应落实可持续发展理念，重视环境保护和资源节约，从桥位选择、方案比选、桥跨布置、基础方案、墩身外形、施工方法及施工组织设计等多方面全面考虑环保要求，采取必要的工程控制措施，并建立环境监测保护体系，最大限度地降低不利影响。设计时应将环保设计纳入工程的总体设计，并做好各阶段的环保设计。在可行性研究阶段应介入环境影响评价，在初步设计阶段应对拟订的环境保护总体设计方案进行论证，在施工图设计阶段应根据审定意见做出环境保护工程设计，在施工阶段应根据环境保护的思想制定利于环境保护的施工方法与措施。

(5) 经济。

① 桥梁设计应遵循因地制宜、就地取材和方便施工的原则。

② 经济的桥型应该是造价和养护费用综合最省的桥型，设计时应充分考虑维修的方便性和维修费用最少，维修时尽可能不中断交通或中断交通的时间最短。

③ 所选择的桥位应是地质、水文条件较好的区域，桥梁长度也较短。

④ 桥位应考虑建在能缩短河道两岸的运距的位置，产生最大的经济效益；过桥收费的桥梁应能吸引更多的车辆通过，达到尽快收回投资的目的。

(6) 美观。

一座桥梁应具有优美的外形，表现在结构选型和谐与比例良好，并具有秩序感和韵律感。美观强调的是合理的结构布局和轮廓，而不是豪华的细部装饰。桥型应重视与环境协调，城市桥梁和游览地区的桥梁，可较多地考虑建筑艺术上的要求。特殊大桥宜进行景观设计，以与自然环境相协调。

桥梁设计的几个主要名词解释如下。

① 设计使用年限：在正常设计、正常施工和正常养护条件下，桥梁结构或结构构件不需大修或更换，即可按预定目的使用的年限。

② 极限状态：整个结构或结构的一部分超过某一特定状态就不能满足设计规定的某一功能要求，此特定状态为该功能的极限状态。

③ 承载能力极限状态：对应于结构或构件达到最大承载力或不适于继续承载的变形状态。

④ 正常使用极限状态：对应于结构或构件达到正常使用或耐久性能的某项规定限值的状态。

⑤ 结构耐久性：在设计确定的环境作用和养护、使用条件下，结构及构件在设计使用年限内保持其安全性和适用性的能力。

## 2.1.2 桥梁设计的步骤

桥梁设计涉及的因素很多，特别是对于工程比较复杂的大、中桥，是一个综合性的系统工程。设计合理与否，将直接影响区域的政治、经济、文化及人民的生活。因此必须建立一套严格的管理体制和有序的工作程序。在我国，桥梁基本建设程序分为前期工作和正式设计两大步骤，它们的关系如图 2.1 所示。现分别简要介绍它们的主要内容及要求。

(1) 预可行性研究阶段。

预可行性研究阶段着重研究建桥的必要性及宏观经济上的合理性。

在预可行性研究研究形成的工程预可行性研究报告书（简称预可报告）中，应从经济、政治等方面，详细阐明建桥理由和工程建设的必要性和重要性，同时初步探讨技术上的可行性。对于区域性线路的桥梁，应以建桥地点（渡口等）的车流量调查（考虑国民经济逐年增长）为立论依据。

预可行性研究阶段的主要工作目标是解决建设项目的上报立项问题，因而，在预可报告中，应编制几个可能的桥型方案，并应对工程造价、资金来源、投资回报等问题有初步估算和设想。

设计方将预可报告提交给业主后，由业主据此编制项目建议书，报主管省（市）计划部门审批；若投资额在限额以上时，报国家有关部门审批。

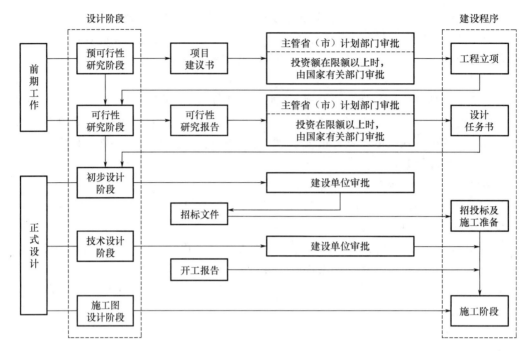

图 2.1　桥梁基本建设程序关系

(2) 可行性研究阶段。

在项目建议书被审批确认后，着手可行性研究阶段的工作。在这一阶段，应与河道、航运、规划等部门协商，着重研究和制定桥梁的技术标准，包括设计荷载标准，桥面宽度，通航标准，设计车速，桥面纵坡，桥面平、纵曲线半径等。

在可行性研究阶段，应提出多个桥型方案，并估算造价，对资金来源和投资回报等问题应基本落实。

(3) 初步设计阶段。

初步设计应根据批复的可行性研究报告、测设合同和初测、初勘或定测、详勘资料编制。

初步设计的目的是确定最优设计方案，应通过多个桥型方案的比选，推荐最优方案，报建设单位审批或作为投标方案。在编制各个桥型方案时，应提供平、纵、横布置图，标明主要尺寸，并估算工程数量和主要材料数量，提出施工方案的意见，编制设计概算，提供文字说明和图表资料，初步设计经批复后，则成为施工准备、编制施工图设计文件和控制建设项目投资等的依据。

(4) 技术设计阶段。

对于技术上复杂的特大桥、互通式立交或新型桥梁结构，需进行技术设计。

技术设计应根据建设单位对初步设计的批复意见和测设合同的要求，对重大、复杂的技术问题通过科学试验、专题研究、加深勘探调查及分析比较，进一步完善批复的桥型方案的总体和细部各种技术问题以及施工方案，并修正工程概算。

(5) 施工图设计阶段。

两阶段（或三阶段）施工图设计应根据项目建议书的（或技术设计）批复意见、测绘合同，进一步对所审定的修建原则、设计方案、技术决定加以具体和深化，在此阶段，必须对桥梁各种构件进行详细的结构计算，并且确保强度、稳定、刚度、裂缝、构造等各种技术指标满足规范要求，绘制出施工详图，提出文字说明及施工组织计划，并编制施工图预算。

国内一般的（常规的）桥梁采用两阶段设计，即初步设计和施工图设计，对于技术简单、方案明确的小桥，也可采用一阶段设计，即施工图设计。

## 2.1.3 桥梁设计的基本资料

在设计之前应选择合理的桥位，这常常是影响桥梁设计、施工和使用的全局问题，这部分内容在"桥涵水文"课程中介绍。对于所选定的桥位，必须进一步调查研究，详细分析建桥的具体情况，才能做出合理的设计方案。一般桥梁设计中需要的基本资料调查工作如下。

（1）调查桥梁的使用任务。即调查桥上的交通种类和行车、行人的往来密度，以确定桥梁的荷载等级和行车道、人行道宽度等。调查桥上是否需要铺设电缆或输水、输气管道等，为此需设置专门的构造装置。

（2）测量桥位附近的地形，并绘制地形图，供设计和施工用。

（3）探测桥位的地质情况，包括土层标高、物理力学性能、地下水等，并将钻探资料绘成地质剖面图，作为基础设计的重要依据。对于所遇到的不良地质现象，如滑坡、断层、溶洞、裂隙等，应详加注明。为使地质资料更接近实际，可以根据初步拟定的桥梁分孔方案将钻孔布置在墩台附近。

（4）调查和测量河流的水文情况，包括调查河道性质（如河床及两岸的冲刷和淤积、河道的自然变迁等），收集和分析历年的洪水资料，测量河床断面图，调查河槽各部分的形态标志、糙率等，通过计算确定各种特征水位、流速、流量等。与航运部门协商确定通航水位和通航净空。了解河流上有关水利设施对新建桥梁的影响。

（5）调查和收集桥位处的地震资料，确定桥梁的抗震设防烈度。

（6）调查和收集有关气象资料，包括气温、雨量及风速（或台风影响）等情况。

（7）调查当地建筑材料（砂、石等）的来源，水泥钢材的供应情况及水陆交通的运输情况。

（8）调查施工单位的技术水平、施工机械等装备情况，以及施工现场的动力设备和电力供应情况。

（9）调查新建桥位上下游有无老桥，其桥型布置和使用情况等。

（10）调查桥址区域环境及附近类似结构物受环境侵蚀的情况。

很明显，选择桥位需要一定的地形、地质、水文与环境等资料，而选定桥位后，又需要进一步为桥梁设计提供更为详尽的资料。因此，以上各项工作往往是互相渗透、交错进行的。

## 2.2 桥梁平面、纵断面、横断面设计

### 2.2.1 桥梁平面设计与桥位选择

桥梁平面设计与桥位选择一般应按照下列要求进行。

(1) 特大桥及大桥的线形设计应综合考虑路线总体走向、地质、地形、安全通行、已有建筑设施、环境敏感区等因素。

(2) 特大桥、大桥宜采用较高的平曲线指标。当受公路线形限制时,可采用曲线桥梁,但应避免采用反向曲线。

(3) 中桥、小桥线形设计应符合路线设计的总体要求。

(4) 桥梁纵轴线宜与洪水主流方向正交。通航河流上的桥梁,其墩台沿水流方向的轴线应与最高通航水位时的主流方向一致。当斜交不可避免时,交角不宜大于5°。

(5) 高速公路、一级公路上的桥梁宜设计为上、下行分离的独立桥梁。

(6) 特大桥、大桥桥位应选择河道顺直稳定、河床地质良好、河槽能通过大部分设计流量的河段。桥位应避开断层、岩溶、滑坡、泥石流等不良地质条件,不宜选择在河汊、沙洲、古河道、急弯、汇合口、港口作业区及容易形成流冰、漂流物阻塞的河段。

(7) 当桥址处有两个及两个以上的稳定河槽,或滩地流量占设计流量比例较大,且水流不易引入同一座桥时,可在各河槽、滩地、河汊上分别设桥,但不宜用长大的导流堤强行集中水流;平坦、草原、漫流地区,可按分片泄洪布置桥涵;天然河道不宜改移或截弯取直。

### 2.2.2 桥梁纵断面设计

桥梁纵断面设计包括确定桥梁的总跨径、桥梁的分孔、桥道的标高、桥上和桥头引道的纵坡及墩台基础等。

1. 桥梁总跨径的确定

对于一般跨河桥梁,总跨径需满足洪水、泥石流等安全通过的要求,根据水文计算来确定。由于桥梁墩台和桥头路堤压缩了河道宽度,使桥下过水断面减小,水流流速加大,引起河床冲刷。因此桥梁的总跨径必须保证桥下有足够的排洪面积,使河床不致遭受过大的冲刷。

桥梁总跨径的设计规定如下。

(1) 必须保证设计洪水范围以内的各级洪水及流冰、泥石流、漂流物等安全通过。

(2) 应考虑桥位上下游已建或拟建桥涵和水工建筑物的状况及其对河床演变的影响。

(3) 应注意河床地形,不宜过分压缩河道、改变水流的天然状态。

(4) 小桥的跨径、涵洞的跨径(孔径),应根据设计洪水流量、河床地质、河床和锥坡加固形式等条件确定,并应符合下列规定。

① 当缺乏水文资料时，可根据现场调查的多年洪水痕迹、泛滥范围和既有桥涵验算小桥的跨径、涵洞的跨径（孔径）。

② 当小桥、涵洞的上游许可积水时，依暴雨径流计算的流量可考虑减少，但减少的流量不大于总流量的1/4。

（5）特大桥、大桥、中桥的跨径，应按设计洪水流量和桥位河段的特性进行设计计算，并对跨径大小、结构形式、墩台基础埋置深度、桥头引道及调治构造物的布置等进行综合比较。

2. 桥梁的分孔

较长的桥梁应当分成若干孔。孔径划分的大小，有几个河中桥墩，哪些是通航孔，这些问题要根据通航要求、地形和地质情况、水文情况、技术经济和美观的条件来加以确定。

桥梁的分孔关系到桥梁的造价。跨径和孔数不同时，上部结构和墩台的总造价是不同的。跨径愈大，孔数愈少，上部结构的造价就愈高，而墩台的造价就愈低。通常采用最经济的分孔方式，即使得上部和下部结构的总造价趋于最低。因此当桥墩较高或地质条件不良，基础工程较复杂而造价较高时，跨径就可选得大一些；反之，当桥墩较矮或地基较好时，跨径就可选得小一些。在实际工作中，应对不同的跨径布置进行粗略的方案比较，选择最经济的跨径和孔数。

对于通航河流，在分孔时应满足桥下的通航要求，并宜减少在通航水域设置桥墩。桥梁的通航孔应布置在航行最方便的河域。对于变迁性河流，考虑航道可能发生变化，应多设几个通航孔。当桥梁纵轴线与洪水主流方向斜交角度大于5°时，宜增加通航孔净宽。

在平原区宽阔河流上的桥梁，通常在主河槽部分按需要布置较大的通航孔，而在两侧浅滩部分按经济跨径进行分孔。如果经济跨径较通航要求大，则通航孔也应取较大跨径。

在山区深谷上、水深流急的江河上，或需在水库上修桥时，为了减少中间桥墩，应加大跨径。如果条件允许的话，甚至可以采用特大跨径的单孔。

对于河流中存在不利的地质段，如岩石破碎带、裂隙、溶洞等，在布孔时，要将桥基位置避开这些地段，或适当加大跨径。

桥梁跨越有中央分隔带的多车道公路时，不宜在中央分隔带内设桥墩。需要设桥墩时，其结构应考虑汽车的撞击作用，并应在桥墩附近设置必要的防撞设施及警示标志、标线。

当标准设计或新建桥涵的跨径在50m及以下时，宜采用标准化跨径。采用标准化跨径的桥涵宜采用装配式结构及机械化、工厂化施工，桥涵标准跨径有0.75m、1.0m、1.25m、1.5m、2.0m、2.5m、3.0m、4.0m、5.0m、6.0m、8.0m、10.0m、13.0m、16.0m、20.0m、25.0m、30.0m、35.0m、40.0m、45.0m、50.0m。

在不同的桥梁结构体系中，为了结构受力合理和用材经济，需采用合理的分孔布置。例如根据连续梁的受力特点，大、中跨径的连续梁桥一般宜采用不等跨布置，但多于三跨的连续梁桥的中跨一般采用等跨布置。连续梁桥的跨数连续超过五跨时的内力情况虽然与五跨时相差不大，但连续梁桥过长会造成梁端伸缩量很大，需设置大位移量的伸缩缝，因此，连续梁桥的跨数一般不超过五跨，以三跨最为适宜。当采用三跨或多跨连续梁桥时，为使边跨与中跨的最大正弯矩接近相等，边跨取中跨的 0.8 倍为宜。

跨径的选择与所采用的施工方法密切相关，如同样是预应力混凝土连续梁桥，当采用顶推法施工或者简支-连续施工时，多采用等跨布置，这样桥的结构简单、模式统一；当采用满堂支架施工时，边跨取中跨长度的 0.7～0.8 倍是经济合理的；当采用挂篮悬臂施工时，考虑到一部分边跨采用悬臂施工外，剩余的边跨还需另搭脚手架现浇施工，为使脚手架长度最短，边跨长度取中跨长度的 0.65 倍为宜。

跨径的选择与施工能力有关，有时选用较大跨径的桥梁虽然在经济上是合理的，但限于当时的施工技术能力和设备条件，不得不将跨径减小。对于大桥施工，基础工程往往对工期起控制作用，在此情况下，宜减少基础数量而修建较大跨径的桥梁。

总之，对于大、中型桥来说，分孔问题是设计中最基本、最复杂的问题，必须进行深入全面的分析，才能做出比较完美的方案。

**3. 桥道标高的确定**

对于跨河桥梁，桥道的标高应保证桥下排洪和通航的需要；对于跨线桥，桥道的标高应确保桥下安全行车。在平原区建桥时，桥道标高的抬高往往伴随着桥头引道路堤土方量的显著增加。在修建城市桥梁时，桥道标高较高时会使两端引道的延伸增长，从而影响市容；或者需要设置立体交叉或高架栈桥，这导致造价高。合理的桥道标高必须根据流水净空的要求、桥下通航净空的要求、跨线桥桥下的交通要求，并结合桥型、跨径等一起考虑。在有些情况下，桥道标高在路线纵断面设计中已做规定。

(1) 流水净空的要求。

① 按计算水位（设计水位计入壅水、浪高等）计算桥面最低设计高程时，按式 (2-1)、式 (2-2) 计算。

$$H_{\min} = H_j + \Delta h_j + \Delta h_0 \tag{2-1}$$

$$H_j = H_s + \sum \Delta h \tag{2-2}$$

式中：$H_{\min}$——桥面最低设计高程 (m)；

　　　　$H_j$——计算水位 (m)；

　　　　$H_s$——设计水位 (m)；

　　　$\sum \Delta h$——考虑壅水、浪高、波浪壅高、河弯超高、水拱、局部股流壅高（水拱与局部股流壅高只取其大者）、河床面淤高、漂浮物高度等诸因素的水位总和 (m)；

　　　　$\Delta h_j$——桥下最小净空 (m)，应符合表 2-2 的规定；

　　　　$\Delta h_0$——桥梁上部结构的建筑高度 (m)，应包括桥面铺装高度。

当河流有形成流冰阻塞的危险或有漂浮物通过时，应按实际调查的数据，在计算水位的基础上，结合当地具体情况酌留一定富余量，作为确定桥下最小净空的依据。对于有淤积的河流，桥下最小净空应适当增加。

表 2-2　非通航河流桥下最小净空 $\Delta h_j$

| 桥梁部位 | | 高出计算水位/m | 高出最高流冰水位/m |
| --- | --- | --- | --- |
| 梁底 | 洪水期无大漂流物 | 0.50 | 0.75 |
| | 洪水期有大漂流物 | 1.50 | — |
| | 有泥石流 | 1.00 | — |
| 支座垫石顶面 | | 0.25 | 0.50 |
| 拱脚 | | 0.25 | 0.25 |

无铰拱的拱脚，允许被设计洪水淹没，但不宜超过拱圈高度的 2/3，且拱顶底面至计算水位的净高不得小于 1m。

在不通航和无流筏的水库区域内，梁底面或无铰拱拱顶底面离开水面的高度不应小于计算浪高的 0.75 倍加上 0.25m。

② 按设计最高流冰水位计算桥面最低设计高程时，应按式（2-3）计算。

$$H_{\min} = H_{SB} + \Delta h_j + \Delta h_0 \qquad (2-3)$$

式中：$H_{SB}$——设计最高流冰水位（m），应考虑河床面淤高。

（2）桥下通航净空的要求。

在通航及通行木筏的河流上，必须设置保证桥下安全通航的通航孔（图 2.2）。通航孔桥跨结构下缘的标高，应高出自设计通航水位算起的通航净空高度。所谓通航净空，就是在桥孔中垂直于水流方向所规定的空间界限（图 2.3 中虚线所示的多边形图），任何结构构件或航运设施均不得伸入其内。《内河通航标准》（GB 50139—2014）规定了水上过河建筑物的通航净空，表 2-3 列出了天然和渠化河流水上过河建筑物通航净空，对于限制性河道、黑龙江水系和珠江三角洲至港澳内河航道的通航净空另有相关规定。《海轮航道通航标准》（JTJS 180—3—2018），适用于沿海、海湾及区域内通航海轮航道的桥梁。

图 2.2　通航孔照片

图 2.3 通航净空

表 2-3 天然和渠化河流水上过河建筑物通航净空　　单位：m

| 航道等级 | 净高 H | 单向通航孔 | | | 双向通航孔 | | |
| --- | --- | --- | --- | --- | --- | --- | --- |
| | | 净宽 B | 上底宽 b | 侧高 h | 净宽 B | 上底宽 b | 侧高 h |
| Ⅰ-(1) | 24.0 | 200 | 150 | 7.0 | 400 | 350 | 7.0 |
| Ⅰ-(2) | 18.0 | 160 | 120 | 7.0 | 320 | 280 | 7.0 |
| Ⅰ-(3) | | 110 | 82 | 8.0 | 220 | 192 | 8.0 |
| Ⅱ-(1) | 18.0 | 145 | 108 | 6.0 | 290 | 253 | 6.0 |
| Ⅱ-(2) | | 105 | 78 | 8.0 | 210 | 183 | 8.0 |
| Ⅱ-(3) | 10 | 75 | 56 | 6.0 | 150 | 131 | 6.0 |
| Ⅲ-(1) | 18.0★ / 10.0 | 100 | 75 | 6.0 | 200 | 175 | 6.0 |
| Ⅲ-(2) | 10.0 | 75 | 56 | 6.0 | 150 | 131 | 6.0 |
| Ⅲ-(3) | | 55 | 41 | 6.0 | 110 | 96 | 6.0 |
| Ⅳ-(1) | | 75 | 61 | 4.0 | 150 | 136 | 4.0 |
| Ⅳ-(2) | 8.0 | 60 | 49 | 4.0 | 120 | 109 | 4.0 |
| Ⅳ-(3) | | | | | | | |
| Ⅳ-(4) | | 45 | 36 | 5.0 | 90 | 81 | 5.0 |
| Ⅴ-(1) | 8.0 | 55 | 44 | 4.5 | 110 | 99 | 4.5 |
| Ⅴ-(2) | 8.0 或 5.0▲ | 40 | 32 | 5.5 或 3.5▲ | 80 | 72 | 5.5 或 3.5▲ |
| Ⅴ-(3) | | | | | | | |

续表

| 航道等级 | 净高 H | 单向通航孔 | | | 双向通航孔 | | |
|---|---|---|---|---|---|---|---|
| | | 净宽 B | 上底宽 b | 侧高 h | 净宽 B | 上底宽 b | 侧高 h |
| Ⅵ-(1) | 4.5 | 25 | 18 | 3.4 | 40 | 33 | 3.4 |
| Ⅵ-(2) | 6.0 | | | 4.0 | | | 4.0 |
| Ⅶ-(1) | 3.5 | 20 | 15 | 2.8 | 32 | 27 | 2.8 |
| Ⅶ-(2) | 4.5 | | | | | | |

注：1. 角注★的尺度仅适用于长江；角注▲的尺度仅适用于通航拖带船队的河流。
2. 当水上过河建筑物的法线方向与水流方向的交角大于5°，且横向流速大于0.3m/s时，通航净宽需适当加大；当横向流速大于0.8m/s时，应一跨过河或在通航水域中不设置墩柱。
3. 当水上过河建筑物的墩柱附近可能出现碍航紊流时，通航净宽值应适当加大。
4. 通航净空（表2-3）的符号示意如图2.4所示。

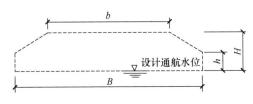

**图 2.4 通航净空的符号示意**

（3）跨线桥桥下的交通要求。

在设计跨线路（铁道、公路或农村道路）的桥梁时，桥跨结构底缘的标高应高出规定的车辆净空高度，还应满足桥下公路的视距和前方信息识别的要求。对于公路所需的净空限界，见下一节的桥梁横断面设计部分，铁路的净空限界可查阅《铁路桥涵设计规范》（TB 10002—2017）。当公路跨越农村道路时，应满足农村道路的最小净空要求，见表2-4。

表 2-4 农村道路净空  单位：m

| 道路类型 | 净高 | 净宽 | 道路类型 | 净高 | 净宽 |
|---|---|---|---|---|---|
| 人行通道 | 2.2 | 4.0 | 农用汽车通道 | 3.2 | 4.0 |
| 畜力车及拖拉机通道 | 2.7 | 4.0 | 汽车通道 | 3.5 | 6.0 |

综上所述，全桥位于河中各跨的桥道标高均应首先满足流水净空的要求；对于通航或跨线桥的桥孔还应满足通航净空或建筑净空限界的要求；另外，还应考虑桥的两端能够与公路或城市道路顺利衔接等。因此，全桥各跨的桥道标高是不相同的，必须综合考虑和规划，一般将桥梁的纵断面设计成具有单向或双向坡度的桥梁，既利于交通，又具有美观效果，还便于桥面排水（小桥可以做成平坡桥）。

桥梁纵坡设计应符合下列规定。

① 桥上纵坡不宜大于4%，桥头引道纵坡不宜大于5%；桥头两端的线形应与桥梁线形相匹配。

② 位于城镇混合交通繁忙处的桥梁，桥上纵坡和桥头引道纵坡均不得大于3%。
③ 对易结冰、积雪的桥梁，桥上纵坡不宜大于3%。

### 2.2.3 桥梁横断面设计

桥梁横断面的设计，主要是决定桥面的宽度和桥跨结构横截面的布置。确定桥面净宽时，应首先考虑与桥梁相连的公路路段的路基宽度，保持桥面净宽与路基宽度相同。多车道公路上的特大桥为整体式上部结构时，中央分隔带宽度应根据所采用的护栏形式确定，路肩宽度经论证后可采用现行《公路工程技术标准》（JTG B01—2014）有关规定的最小值。《公路桥涵设计通用规范》（JTJ D60—2015）规定了各级公路桥面净空限界，如图2.5所示。桥面净空是指为了保证车辆和行人的安全通过，在桥面以上垂直于行车方向应保留的界限空间，桥上设置的各种安全设施及标志等不得侵入桥涵净空限界。图2.5中所代表的车道宽度、中间带宽度和路肩宽度，可以根据公路等级和设计速度分别从表2-5~表2-9中选取。

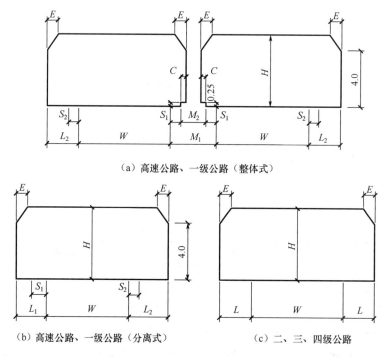

(a) 高速公路、一级公路（整体式）

(b) 高速公路、一级公路（分离式）　　(c) 二、三、四级公路

图2.5　公路桥面净空限界（尺寸单位：m）

桥涵净空尺寸符号（图2.5）说明如下。
① 桥梁设置人行道时，桥涵净空应包括该部分的宽度。
② 行道、自行车道与行车道分开设置时，其净高不应小于2.5m。
图中：W——行车道宽度，为车道数乘以车道宽度，并计入所设置的加（减）速车道、紧急停车道、爬坡车道、慢车道或错车道的宽度，车道宽度规定见表2-5；

$C$——中央分隔带左、右两侧台阶宽度,当设计速度大于100km/h时为0.5m,等于或小于100km/h时为0.25m;

$S_1$——行车道左侧路缘带宽度,取值见表2-6;

$S_2$——行车道右侧路缘带宽度,一般取0.5m;

$M_1$——中间带宽度,为两条左侧路缘带宽度之和与中央分隔带宽度之和,取值见表2-6;

$M_2$——中央分隔带宽度,取值见表2-6;

$E$——桥涵净空顶角宽度($L \leqslant 1$m时,$E=L$;$L>1$m时,$E=1$m);

$H$——净空高度(以下简称净高),一条公路应采用一个净高,高速公路和一级、二级公路上的桥梁净高为5.0m,三级、四级公路上的桥梁净高应为4.5m;

$L_1$——桥梁左侧路肩宽度,取值见表2-7(八车道及八车道以上高速公路上的桥梁宜设置左路肩,其宽度应为2.50m,左侧路肩宽度内含左侧路缘带宽度);

$L_2$——桥梁右侧路肩宽度,取值见表2-8,当受地形条件及其他特殊情况限制时,可采用最小值(高速公路和一级公路上桥梁应在右侧路肩内设右侧路缘带,其宽度为0.5m。设计速度为120km/h的四车道高速公路上桥梁,宜采用3.50m的右侧路肩;六车道、八车道高速公路上的桥梁,宜采用3.00m的右侧路肩。高速公路、一级公路上特大桥梁的右侧路肩宽度小于2.50m且桥长超过1000m时,宜设置紧急停车带和过渡段,紧急停车带宽度包括路肩在内为3.50m,有效长度不应小于40m,间距不宜大于500m);

$L$——侧向宽度[高速公路、一级公路上桥梁的侧向宽度为路肩宽度($L_1$、$L_2$),二、三、四级公路上桥梁的侧向宽度为其相应的路肩宽度减去0.25m]。

表2-5 车道宽度

| 设计速度/(km/h) | 120 | 100 | 80 | 60 | 40 | 30 | 20 |
|---|---|---|---|---|---|---|---|
| 车道宽度/m | 3.75 | 3.75 | 3.75 | 3.50 | 3.50 | 3.25 | 3.00(单车道为3.50) |

注:高速公路上的八车道桥梁,当设计左侧路肩时,内侧车道宽度可采用3.50m。

表2-6 中间带宽度

| 设计速度/(km/h) | | 120 | 100 | 80 | 60 |
|---|---|---|---|---|---|
| 中央分隔带宽度/m | 一般值 | 3.00 | 2.00 | 2.00 | 2.00 |
| | 最小值 | 2.00 | 2.00 | 1.00 | 1.00 |
| 左侧路缘带宽度/m | 一般值 | 0.75 | 0.75 | 0.50 | 0.50 |
| | 最小值 | 0.75 | 0.50 | 0.50 | 0.50 |
| 中间带宽度/m | 一般值 | 4.50 | 3.50 | 3.00 | 3.00 |
| | 最小值 | 3.50 | 3.00 | 2.00 | 2.00 |

注:一般值为正常情况下的采用值;最小值为条件受限值时,可采用的值。

表2-7 分离式断面高速公路、一级公路左侧路肩宽度

| 设计速度/(km/h) | 120 | 100 | 80 | 60 |
|---|---|---|---|---|
| 左侧路肩宽度/m | 1.25 | 1.00 | 0.75 | 0.75 |

表2-8 右侧路肩宽度

| 公路等级 | | 高速公路、一级公路 | | | | 二、三、四级公路 | | | | |
|---|---|---|---|---|---|---|---|---|---|---|
| 设计速度/(km/h) | | 120 | 100 | 80 | 60 | 80 | 60 | 40 | 30 | 20 |
| 右侧路肩宽度/m | 一般值 | 3.00或3.50 | 3.00 | 2.50 | 2.50 | 1.50 | 0.75 | — | — | — |
| | 最小值 | 3.00 | 2.50 | 1.50 | 1.50 | 0.75 | 0.25 | — | — | — |

注:一般值为正常情况下的采用值;最小值为条件受限制时,可采用的值。

各等级公路的设计速度见表2-9。

表2-9 各等级公路的设计速度

| 公路等级 | 高速公路 | | | 一级公路 | | | 二级公路 | | 三级公路 | | 四级公路 |
|---|---|---|---|---|---|---|---|---|---|---|---|
| 设计速度/(km/h) | 120 | 100 | 80 | 100 | 80 | 60 | 80 | 60 | 40 | 30 | 20 |

高速公路上的桥梁应设检修道,不宜设人行道。一、二、三、四级公路上桥梁的桥上人行道和自行车道的设置,应根据需要而定,并应与前后路线布置协调。人行道、自行车道与行车道之间,应设分隔设施。一个自行车道的宽度为1.0m,当单独设置自行车道时,不宜小于两个自行车道的宽度。人行道的宽度宜为1.0m,当其大于1.0m时,按0.5m的级差增加。设路缘石时,路缘石高度可取用0.25~0.35m;当跨越急流、大河、深谷、重要道路、铁路、主要航道,或桥面常有积雪、结冰时,路缘石高度宜取用较大值。漫水桥可不设人行道。

桥梁护栏设置应符合现行《公路交通安全设施设计规范》(JTG D81—2017)的相关规定。

为利于桥面排水,桥梁应将桥面铺装沿横向设置路拱,路拱的设置应与路线总体布设相协调。对于弯道桥梁,为便于行车,桥面应按线路要求设置超高及加宽。

### 2.2.4 附属设施设计

桥梁的附属设施包括桥头引道与锥体、调治构造物及管线设施等。

1) 桥头引道与锥体

桥头引道与锥体是桥梁重要的附属构造,其设计应符合下列规定。

(1) 在洪水泛滥区域内,特大、大、中桥桥头引道的路肩高程,应高出桥梁设计洪水位加壅水、波浪、河湾超高及河床淤积等影响高度0.5m以上。

(2) 小桥涵引道的路肩高程，宜高出桥涵前的壅水水位（不计浪高）0.5m 以上，压力式或半压力式涵洞的路肩高程宜高出涵前壅水水位 1.0m 以上。

(3) 桥头锥体及桥台台后 5~10m 长度内的引道，可用砂性土等材料填筑。在非严寒地区，当无透水性土时，可就地取土经处理后填筑。

(4) 锥坡坡度应满足以下要求。

① 锥坡与桥台两侧正交线的坡度：当有铺砌时，路肩边缘下的第一个 8m 高度内不宜陡于 1∶1；在 8~12m 高度内不宜陡于 1∶1.25；12m 以上高度的边坡坡度由计算确定，但不应陡于 1∶1.5，变坡处台前宜设宽 0.5~2m 的锥坡平台；不受洪水冲刷的锥坡，可采用不陡于 1∶1.25 的坡度；常受水淹没部分的边坡坡度不应陡于 1∶2。

② 埋置式桥台、钢筋混凝土灌注桩式或排架桩式桥台，其锥坡坡度不应陡于 1∶1.5；对不受洪水冲刷的锥坡，加强防护时可采用不陡于 1∶1.25 的坡度。

(5) 洪水泛滥范围以内的锥坡和引道的边坡坡面，应根据设计流速布置铺砌层。铺砌层的高度应为特大、大、中桥高出计算水位 0.5m 以上；小桥涵高出设计水位加壅水（不计浪高）0.25m 以上；当有逆风、冰冻或漂流物等影响时，应适当提高。

(6) 桥台侧墙后端和悬臂梁桥的悬臂端伸入桥头锥坡顶点以内的长度，均不小于 0.75m（按路基和锥坡沉实后计）。

(7) 高速公路、一~三级公路的桥头一般宜设置搭板，搭板长度一般不小于 5m。当桥台高度大于或等于 5m 时，搭板长度不宜小于 8m。搭板宽度宜与桥台侧墙内缘相齐，并用柔性材料隔离，最小宽度不宜小于行车道宽度。搭板厚度不宜小于 0.25m，长度大于或等于 6m 的搭板，其厚度不宜小于 0.30m。

2) 调治构造物

为保证桥位附近水流顺畅，河槽、河岸不发生严重变形，必要时可在桥梁上下游修建调治构造物。调治构造物的形式及其布置应根据河流性质、地形、地质、河滩水流情况、通航要求、桥头引道、水利设施等综合考虑确定，且符合下列规定。

(1) 非淹没式调治构造物的顶面，应高出桥涵设计洪水位至少 0.25m，必要时还应考虑壅水、浪高、河床淤积等影响。

(2) 容许淹没的调治构造物顶面，应高出常水位。

(3) 单边河滩水流量不超过总流量的 15% 或双边河滩水流量不超过总流量的 25% 时，可不设调治构造物。

3) 管线设施

管线设施布置应符合下列规定。

(1) 电信线、电缆、管道等的布置，不得侵入公路桥涵净空限界，不得妨害桥涵交通安全，不得损害桥涵的构造和设施。

(2) 严禁易燃、易爆、高压等管线设施利用或通过公路桥梁。天然气管道与特大、大、中桥的安全距离不应小于 100m，与小桥的安全距离不应小于 50m。

(3) 高压线跨河塔架的轴线与桥梁的最小间距，不得小于 1 倍塔高。高压线与公路桥涵的交叉应符合现行《公路路线设计规范》（JTG D20—2017）的规定。

## 2.3 桥梁设计方案的选择

### 2.3.1 设计方案选择的步骤

为了获得经济、适用和美观的桥梁设计方案,设计者必须根据各种自然、技术条件,因地制宜,在综合应用专业知识、国内外新技术、新材料、新工艺的基础上,进行深入细致的分析、研究、对比,才能科学地得出完美的设计方案。桥梁设计方案的选择可按下列步骤进行。

1) 明确各种标高的要求

在桥位纵断面图上,先行按比例绘出设计水位、通航水位、堤顶标高、桥面标高、通航净空、堤顶行车净空位置。

2) 桥梁分孔和初拟桥型方案草图

在上述确定了各种标高的纵断面图上,根据泄洪总跨径的要求,进行桥梁分孔和初拟桥型方案草图。作草图时思路要宽广,只要可行,尽可能多绘一些草图,以免遗漏可能的桥型方案。

3) 方案初选

对草图方案做技术和经济上的初步分析和判断,筛去弱势方案,从中选出2~4个构思好、各具特点、但一时还难以判定孰优孰劣的方案,以做进一步的详细研究和比较。

4) 详绘方案

根据不同的桥型、跨径、宽度和施工方法,拟定主要尺寸并尽可能细致地绘制各个桥型方案的尺寸详图。对于新结构,应做初步的力学分析,以准确拟定各方案的主要尺寸。

5) 编制估算或概算

依据编制方案的详图,可以计算出上、下部结构的主要工程量,然后依据各省、市或行业的估算定额或概算定额,编制出各方案的主要材料(钢、木、混凝土等)用量、劳动力数量、全桥总造价(分上下部结构列出)等。

6) 方案选定和文件汇总

全面考虑建设造价、养护费用、建设工期、营运适用性、美观等因素,综合分析,阐述每个方案的优缺点,选定推荐方案。在深入比较过程中,应当及时发现并调整方案中的不尽合理之处,确保选定的方案是优中选优的方案。

上述工作全部完成之后,着手编写方案说明。说明书中应阐明方案编制的依据和标准、各方案的主要特色、施工方法、设计概算及方案比较的综合性评述。对于推荐方案应做较详细的说明。各种测量资料、地质勘查和地震烈度复核资料、水文调查与计算资料等应按附件载入。

## 2.3.2 桥型总体布置方案实例

本节共介绍5座桥梁的设计方案，分述如下。

1) 预应力混凝土连续刚构箱梁桥

如图2.6、图2.7所示，主桥采用五跨预应力混凝土连续刚构箱梁，跨径为106m+3×200m+106m。两岸引桥采用预应力混凝土T形梁，先简支后连续。下部构造主桥6～9号桥墩采用双肢变截面空心墩，5号、10号过渡墩和引桥11号桥墩采用空心墩，引桥1～4号、12号、13号桥墩采用双柱式墩。全桥桥墩基础均采用灌注桩基础。0号、14号桥台采用U形台，扩大基础。主桥上部结构采用移动挂篮逐节悬浇施工，引桥上部构造采用预制架设施工，墩身采用爬模或翻模现浇施工，桩基础成孔可采用钻孔或人工挖孔施工。

2) 预应力混凝土空心板桥

如图2.8所示，桥型为预应力混凝土先简支后连续空心板桥，跨径为5×20m；下部结构采用钢筋混凝土柱式桥墩、东岸肋板式桥台及钻孔灌注桩基础，西岸采用重力式桥台及扩大基础。

3) 预应力混凝土T形梁桥

如图2.9、图2.10所示，桥型为预应力混凝土先简支后连续T形梁桥，分3联布置，跨径为3×43m+3×50m+4×43m；下部结构采用钢筋混凝土柱式桥墩，钻孔灌注桩基础。

4) 预应力混凝土连续箱梁桥

如图2.11所示，桥型为预应力混凝土等截面连续箱梁桥，跨径为3×30m；下部结构采用钢筋混凝土柱式墩台和钻孔灌注桩基础。

5) 下承式钢管混凝土系杆拱桥

如图2.12、图2.13所示，桥型为下承式钢管混凝土系杆拱桥，跨径为290.12m，拱肋为等截面钢管混凝土桁架结构，主桥横梁采用预应力混凝土T形梁，吊杆采用高强镀锌平行钢丝，采用分离式高桩承台及钻孔灌注桩基础。

## 2.3.3 桥型方案比选实例

某水库交通桥是连接进出水口操作平台和坝顶之间的一座交通桥梁。桥梁宽度6m，两端分别与进出水口操作平台（高程293.000m）及坝顶（高程295.000m）同高，无通航要求。桥位位于山岭重丘区，水文条件简单，地下水主要受大气降水补给，地下水位较浅。地质条件较好，地形险峻。桥下净空（50～60m）较高，桥墩、立柱高度较大。

1) 方案设计简介

方案1：预应力混凝土简支T形梁桥（图2.14）

预应力混凝土简支T形梁桥全长为155.2m。桥面布置为0.5m（防撞墙）+5.0m（车行道）+0.5m（防撞墙），桥面总宽6.0m。主梁采用预应力混凝土T形梁，梁高2.8m，横桥向设3片T形梁。桥墩采用方形实体墩，墩柱横桥向宽3.5m，纵桥向宽2.0～2.5m；大坝侧采用肋形埋置式桥台，台后设搭板，桥台下设2φ180cm的桩。进出水塔体侧直接设牛腿连接。

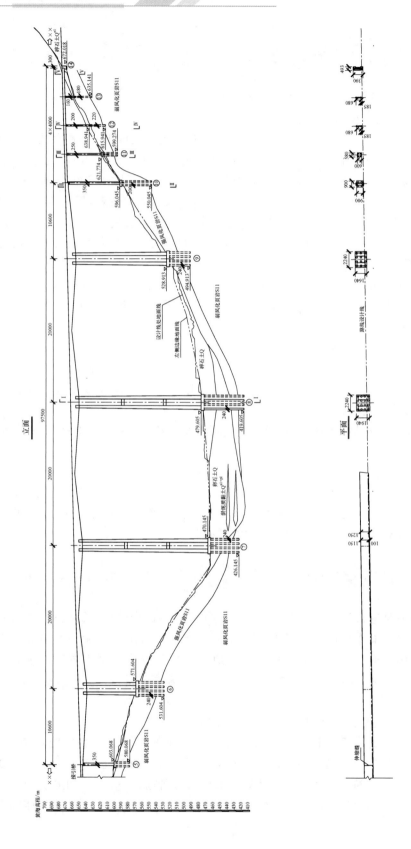

图 2.6 预应力混凝土连续刚构箱梁桥总体布置图

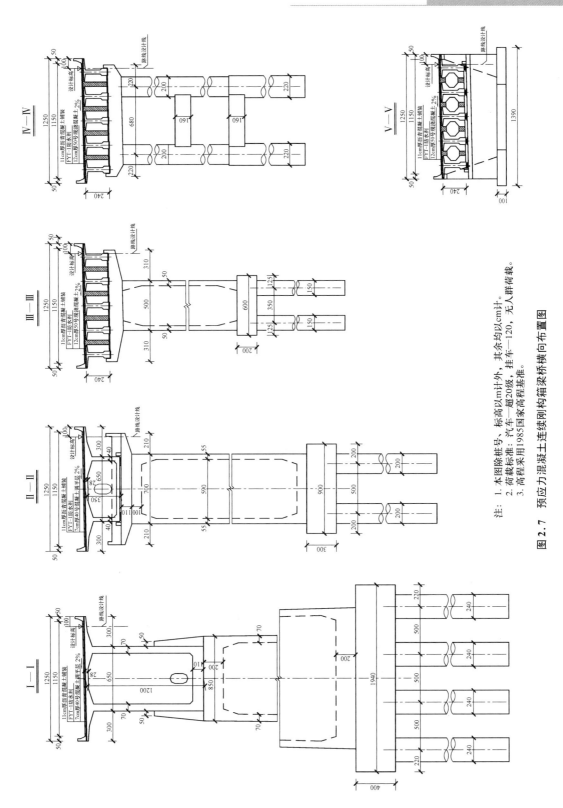

图 2.7 预应力混凝土连续刚构箱梁桥横向布置图

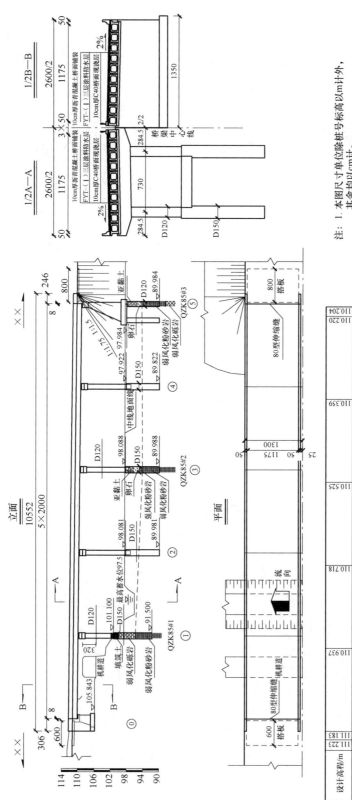

图 2.8 预应力混凝土空心板桥总体布置图

# 第2章 桥梁的总体规划设计

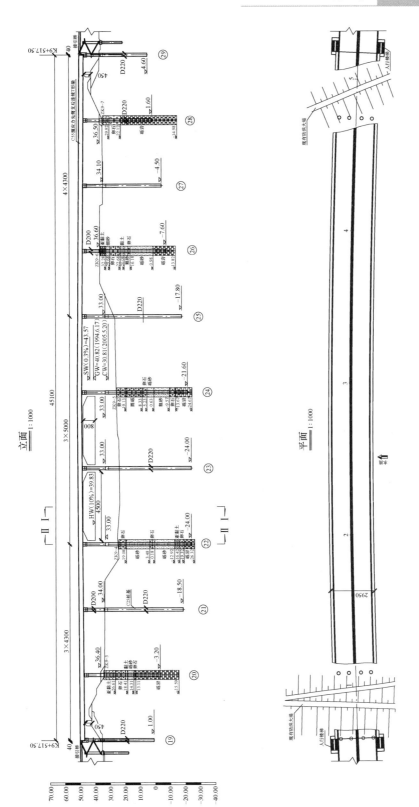

图 2.9 预应力混凝土 T 形梁桥总体布置图

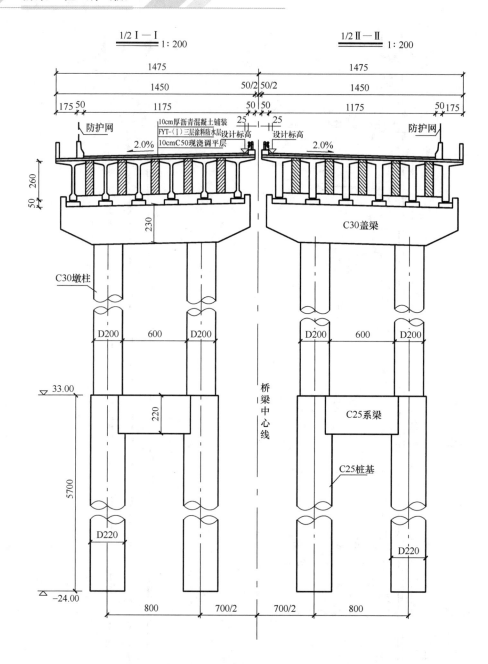

注：1. 本图尺寸除桩号、标高、竖曲线要素以m计外，其余均以cm计。
2. 技术标准：
①荷载等级：公路—Ⅰ级，人群荷载3.45kN/m²。
②桥宽：主桥29.5m，2×[0.75m（中央分隔带）+11.75m（车行道）+0.5m（防撞栏杆）+1.75m（人行道）]。
③洪水标准：1/300。
④通航标准：Ⅳ（3）级航道，通航净空尺度为45m×8m（净宽×净高），设两个通航孔。
⑤地震动参数：地震动峰值加速度<0.05g，地震动反应谱特征周期为0.35s。
3. 高程采用1985国家高程基准。

图 2.10 预应力混凝土T形梁桥横向布置图

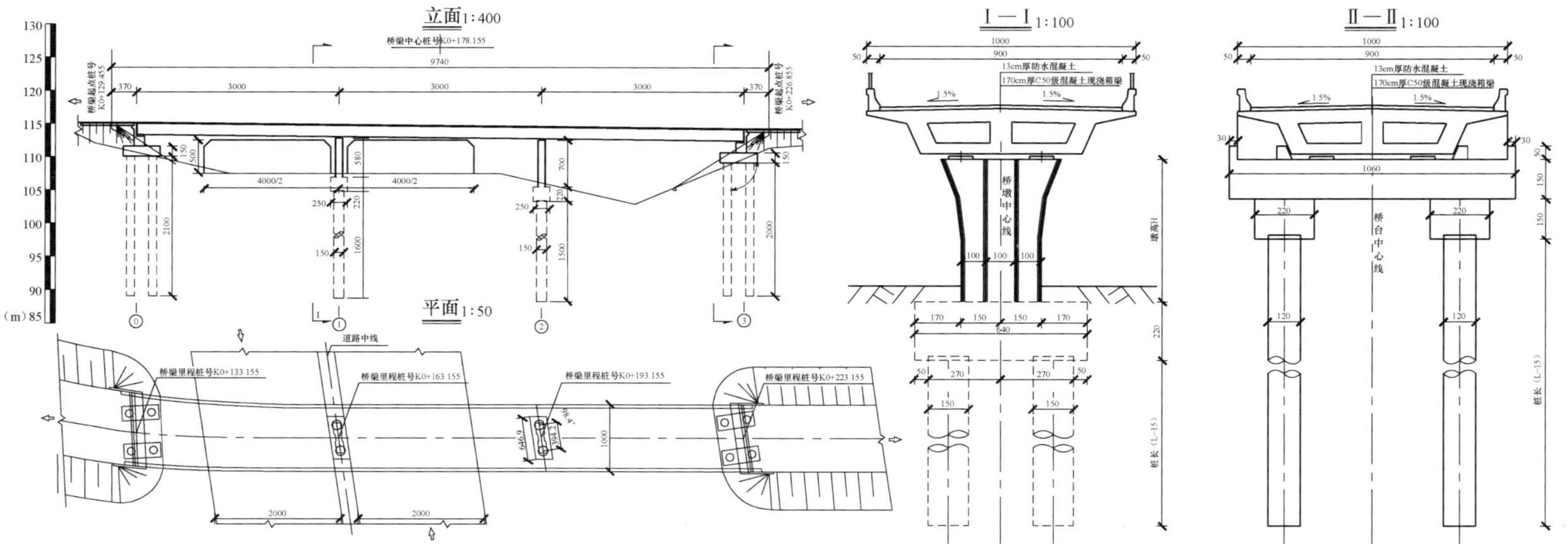


| 里程桩号（m） | K0+129.455 | +133.155 | +147.000 | +137.000 | +163.155 | +187.000 | +193.155 | +207.000 | +223.155 | +226.855 |
|---|---|---|---|---|---|---|---|---|---|---|
| 设计高程（m） | 115.172 | 115.135 | | | 114.835 | | 114.535 | | 114.235 | 114.198 |
| 坡度(%) / 坡长(m) | -1 / 97.4 | | | | | | | | | |
| 地面高程（m） | 111.483 | | 107.500 | 109.770 | | 107.500 | | 102.880 | | 111.339 |

注：
① 本图尺寸除高程、里程桩号以m计外，其余均以cm为单位。
② 设计荷载：公路-Ⅱ级。
③ 本桥所处地区地震动峰值加速度为0.05$g$。
④ 本图高程采用1985国家高程基准。
⑤ 本桥在0号桥台、3号桥台处分别设置一道D80型的伸缩缝。
⑥ 图中$H$为墩柱高度，$L$为桩基长度。
⑦ 本桥第一跨处在缓和曲线上，桥面变宽，具体见箱梁一般构造图。

图 2.11 预应力混凝土连续箱梁桥总体布置图

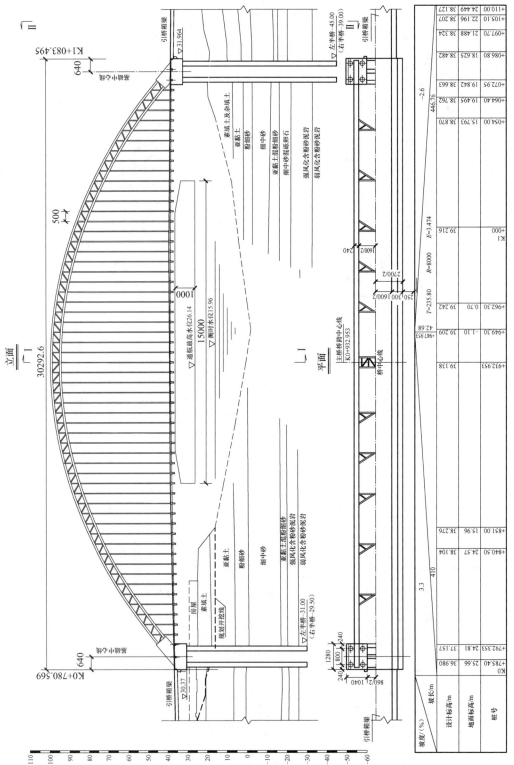

图 2.12 下承式钢管混凝土系杆拱桥总体布置图

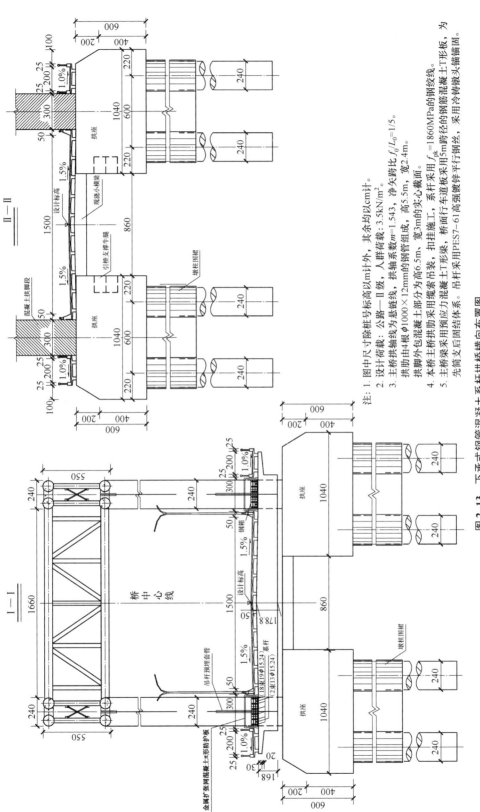

图 2.13 下承式钢管混凝土系杆拱桥横向布置图

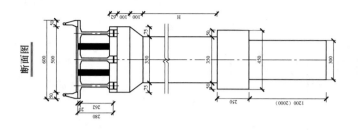

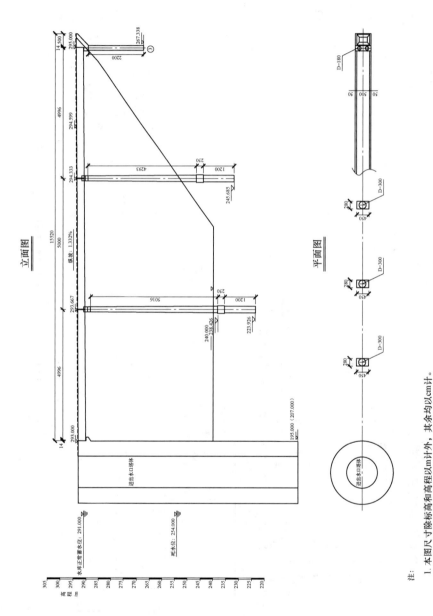

图2.14 方案1：预应力混凝土简支T形梁桥

注：
1. 本图尺寸除标高和高程以m计外，其余均以cm计。
2. 设计荷载：公路—Ⅱ级，人群荷载：3.0kN/m²。
3. 桥面宽度：0.5m（防撞栏）+5.0m（行车道）+0.5m（防撞栏）=6.0m。
4. 设计地震烈度：7度。
5. 桥面设计标高为桥面道路路中线主梁顶面标高（已计入10cm厚沥青铺装层）。

方案 2：预应力混凝土连续刚构桥（图 2.15）

三跨预应力混凝土连续刚构桥，主跨 72m，跨径为 40m+72m+40m=152m，桥梁全长为 157.24m。桥面布置为 0.5m（防撞栏杆）+5.0m（行车道）+0.5m（防撞栏杆），桥面总宽 6.0m。主梁采用预应力混凝土箱梁，单箱单室断面，主跨跨中梁高 1.8m，支点处箱梁梁高 4.0m。桥墩采用双肢薄壁墩，墩柱横桥向与箱梁底板同宽（4.0m），纵桥向 1.2m，相距 5.8m，净宽 4.6m；大坝侧采用肋形埋置式桥台，台后设搭板，桥台下设 2ϕ180cm 的桩。进出水塔体侧直接设牛腿连接。

方案 3：单跨下承式钢管混凝土系杆拱桥（图 2.16）

单跨下承式钢管混凝土系杆拱桥全长为 166.4m。桥面布置为 0.5m（防撞栏杆）+5.0m（行车道）+0.5m（防撞栏杆），桥面总宽 6.0m。主梁采用预应力混凝土肋形梁，梁高 3.0m。中间不设桥墩。大坝侧采用肋形埋置式桥台，台后设搭板，桥台下设 2ϕ180cm 的桩。进出水塔体侧直接设牛腿连接。

方案 4：独塔预应力混凝土斜拉桥（图 2.17）

独塔预应力混凝土斜拉桥跨径为 60m+90m=150m，桥梁全长为 155.6m。桥面布置为 0.5m（拉索锚固区）+0.5m（防撞栏杆）+5.0m（行车道）+0.5m（防撞栏杆）+0.5m（拉索锚固区），桥面总宽 7.0m。主梁采用预应力混凝土肋板梁，梁高 1.5m。桥塔采用倒 Y 形塔柱。斜拉索采用斜向双索面布置形式，塔上索距 1.2m，主跨梁上索距 5.0m，边跨梁上索距 7.5m，全桥共设 22 对索。大坝侧采用肋形埋置式桥台，台后设搭板，桥台下设 2ϕ180cm 的桩。进出水塔体侧直接设牛腿连接。

2）桥型方案比较

对所列 4 种桥型方案进行比较分析，参见表 2-10。

按照桥梁设计基本原则"安全、耐久、适用、环保、经济和美观"的要求，结合本桥位的具体情况，如抗震要求较高、桥下水位较高等，通过综合比较分析，推荐方案如下。

(1) 方案 1（预应力混凝土简支 T 形梁桥）作为该桥的第一实施方案，其安全、耐久、适用、环保、经济性均好；美观性较好。

(2) 方案 2（预应力混凝土连续刚构桥）作为该桥的第二实施方案，其安全、适用、环保、美观性均好；耐久性较好；经济性中等。

(3) 其余两个方案虽然有美观上的优势，但考虑到安全、耐久、经济等各种因素，不是合理的方案，不予推荐。

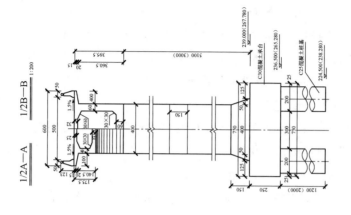

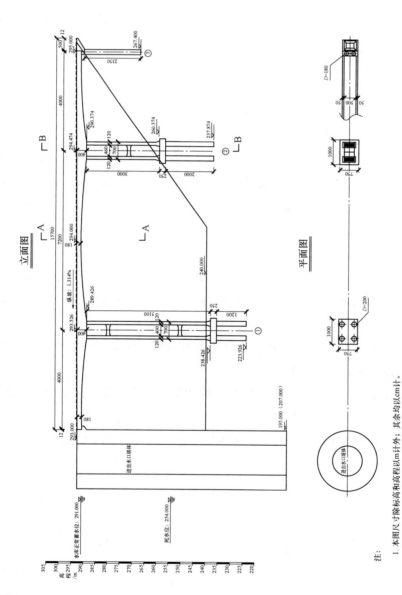

图 2.15 方案2：预应力混凝土连续刚构桥

注：
1. 本图尺寸除标高和高程以m计外，其余均以cm计。
2. 设计荷载：公路—Ⅱ级，人群荷载：3.0kN/m²。
3. 桥面宽度：0.5m（防撞栏杆）+5.0m（行车道）+0.5m（防撞栏杆）=6.0m。
4. 设计地震烈度：7度。
5. 支座采用盆式橡胶支座：GPZ（Ⅱ）3DX型和GPZ（Ⅱ）3SX型各2个。
6. 桥面设计标高为桥面道路路中线主梁顶面标高（已计入10cm厚沥青铺装层）。
7. 其中括号内的数字表示2号墩。

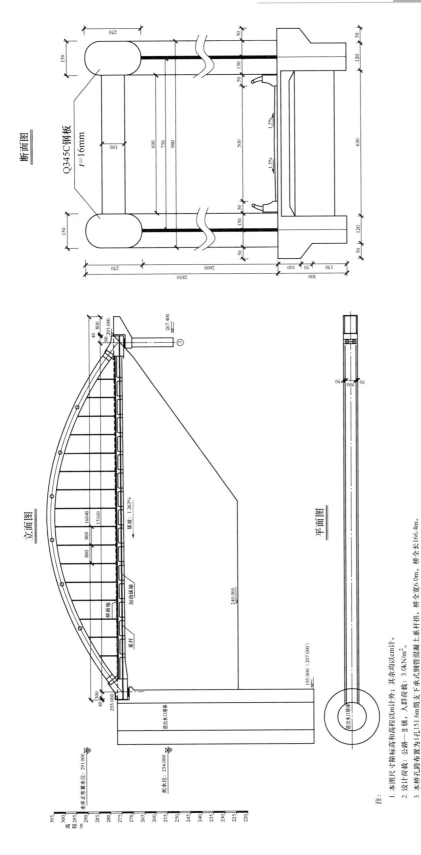

图 2.16 方案3：单跨下承式钢管混凝土系杆拱桥

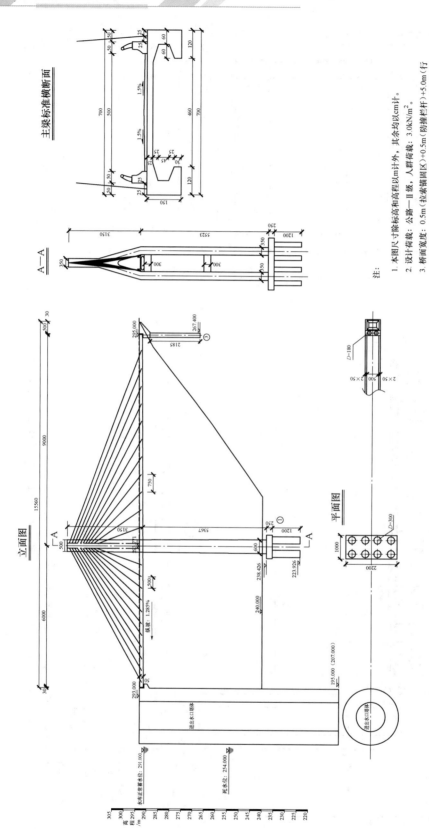

图 2.17 方案4：独塔预应力混凝土斜拉桥

## 第2章 桥梁的总体规划设计

表2-10 桥型方案比较综合分析表

| 序号 | 比较项目 | 桥型方案 | | | |
|---|---|---|---|---|---|
| | | 方案1：预应力混凝土简支T形梁桥 | 方案2：预应力混凝土连续刚构桥 | 方案3：单跨下承式钢管混凝土系杆拱桥 | 方案4：独塔预应力混凝土斜拉桥 |
| 1 | 桥梁全长/m | 155.2 | 157.24 | 166.4 | 155.6 |
| 2 | 安全 | 属于静定结构，受力性能好、抗震性能好，施工安全风险小，综合安全性高 | 属于超静定结构，受力性能好、抗震性能好，施工安全风险小，综合安全性高 | 属于外部静定结构，内部超静定结构，抗震性能较好，施工安全风险高，综合安全性中等 | 属于高次超静定结构，结构受力复杂，高墩结构抗震性能较差，施工安全风险小，综合安全性中等 |
| 3 | 耐久 | 属于混凝土梁桥，跨径不大，混凝土徐变收缩及预应力损失等影响较小，耐久性好 | 属于大跨径混凝土梁桥，混凝土徐变收缩及预应力损失等对结构有一定的影响，耐久性较好 | 系杆和吊杆及其锚固系统易腐蚀，疲劳，耐久性较差 | 斜拉索及其锚固系统易腐蚀，疲劳，混凝土徐变收缩及预应力损失的影响较大，耐久性较差 |
| 4 | 适用 | 好 | 好 | 好 | 好 |
| 5 | 环保 | 好 | 好 | 好 | 好 |
| 6 | 经济 | 可就地取材，施工工艺简单、成熟，工程量相对少；造价低；维护费用少；经济性好 | 可就地取材，工程量相对较大，挂篮悬浇施工工艺成熟，需要施工监控技术支持，造价较高；维护费用少；经济性中等 | 跨径大、工程量大，需要大型的缆索吊装设备，拱助焊接工艺的精度要求高，造价高；养护费用高；经济性较差 | 跨径大、工程量大；施工技术要求高，斜拉索张拉工艺和塔柱爬模施工技术与设备，需要施工监控技术支持，造价高；养护费用高；经济性较差 |
| 7 | 美观 | 较好 | 好 | 好 | 好 |
| 8 | 优点 | 安全、耐久、适用、环保，经济性均好；美观性较好 | 安全、适用、环保、美观均好 | 适用、环保、美观性均好 | 适用、环保、美观性均好 |
| 9 | 缺点 | 行车舒适性中等 | 经济性中等 | 安全性中等、耐久、经济性均较差 | 安全性中等、耐久、经济性均较差 |

## 本 章 小 结

本章主要介绍了桥梁设计的原则、步骤、基本资料,桥梁平面、纵断面、横断面设计和桥梁设计方案的选择。

桥梁设计应遵循"安全、耐久、适用、环保、经济、美观"的原则,同时应充分考虑桥位的具体情况及建造技术的先进性。

桥梁设计包括前期工作的预可行性研究阶段和可行性研究阶段,以及正式设计过程的初步设计、技术设计和施工图设计三个阶段。对于技术上复杂的桥梁、互通式立交或新兴桥梁结构要求进行三阶段设计;国内一般的桥梁采用两阶段设计,即初步设计和施工图设计;对于技术简单、方案明确的小桥,也可采用一阶段设计即施工图设计。

桥梁平面设计应考虑桥位的合理选择、路线总体布设的要求;桥梁纵断面设计应根据水文计算确定总跨径,根据地形和地质、水文、通航、技术经济、美观确定分孔,根据排洪、通航、通车等情况确定桥道标高;桥梁横断面设计应考虑各级公路桥面净空限界等要求。

桥梁设计方案选择需全面考虑建设造价、养护费用、建设工期、营运适用性、美观等因素,按照桥梁设计原则,综合分析选定推荐方案。

## 习 题

2-1 桥梁设计应遵循哪些原则?

2-2 桥梁设计如何保证结构的安全性?

2-3 桥梁纵断面设计包括哪些内容?

2-4 桥梁分孔应考虑哪些主要因素?

2-5 如何确定桥道标高?

2-6 桥梁设计方案的选择应遵循怎样的步骤?

# 第3章 桥梁的作用

## 教学目标

桥梁的作用是桥梁设计的主要技术标准及桥梁结构计算的主要依据，桥梁上的作用选取是否合理，关系到桥梁结构设计的安全性、耐久性、适用性和经济性等。通过本章学习，学生应达到以下目标。

(1) 掌握作用与荷载的概念。
(2) 掌握桥梁作用的分类、代表值、作用效应组合等基本内容。
(3) 熟悉永久作用、可变作用的主要类型及取值方法。

## 教学要求

| 知识要点 | 能力要求 | 相关知识 |
| --- | --- | --- |
| 桥梁设计作用与荷载的概念；桥梁作用的分类、代表值、作用效应组合 | (1) 掌握桥梁设计作用的概念及分类；<br>(2) 掌握作用代表值的概念；<br>(3) 掌握作用效应的组合 | (1) 永久作用、可变作用、偶然作用；<br>(2) 作用标准值、作用准永久值、作用频遇值；<br>(3) 承载能力极限状态和正常使用极限状态 |
| 永久作用、可变作用的主要类型及取值方法 | (1) 熟悉永久作用包括结构重力、预加力、土的重力、土压力、混凝土收缩及徐变作用、水的浮力；<br>(2) 熟悉可变作用包括汽车荷载、汽车冲击力、人群荷载、风荷载、温度作用等 | (1) 结构重力；<br>(2) 预应力混凝土结构中的预加力；<br>(3) 土的重力、土压力、土侧压力；<br>(4) 混凝土收缩及徐变作用；<br>(5) 车道荷载和车辆荷载；<br>(6) 汽车冲击力；<br>(7) 人群荷载 |

### 基本概念

永久作用；可变作用；偶然作用；作用标准值；作用准永久值；作用频遇值；承载能力极限状态；正常使用极限状态；结构重力；预应力混凝土结构中的预加力；土的重力；土压力；混凝土收缩及徐变作用；车道荷载；车辆荷载；汽车冲击力；人群荷载。

### 引例

2018年8月15日至8月30日，长沙市路桥征费维护管理处组织工程技术人员与工人，对橘子洲大桥（湘江一桥）桥面进行了改造，包括拱上填料修补、桥面铣刨、沥青摊铺，增设了55道无缝伸缩缝，以减少桥面病害、提高其承载力。

近年来，由于交通量的不断增加，大型超重车辆的不断出现，风荷载、地震荷载的重要性愈显突出等，导致实际与可能作用在桥梁结构上的荷载越来越复杂，这就为桥梁荷载的选定和分析造成了困难，常因初始设计荷载标准值偏低，而造成桥梁早期破坏或需要加固。在桥梁设计中应考虑哪些荷载和变形，这些荷载和变形对桥梁产生的效应应该如何叠加？高速公路和城市道路中的设计荷载如何选取？这都是本章要讲述的内容。

## 3.1 作用分类、代表值和作用效应组合

作用是指施加在结构上的集中力或分布力，以及引起结构外加变形或约束变形的原因。前者以力的形式作用在结构上，称为直接作用，也称为荷载，如结构的自重、桥面的行车荷载等；后者以变形的形式作用在结构上，称为间接作用，如墩台变位作用等。作用的种类、形式和大小的选定是桥梁计算工作中的主要部分，它关系到桥梁结构在设计使用期限内的安全和桥梁建设费用的合理投资。

### 3.1.1 桥梁设计作用的分类

按作用随时间的变化和出现的可能性，将作用进行分类。下面分别介绍公路及城市桥梁作用的分类和铁路桥梁作用的分类。

1）公路及城市桥梁作用的分类

《公路桥涵设计通用规范》（JTG D60—2015）和《城市桥梁设计规范（2019年版）》（CJJ 11—2011）中，将作用分为永久作用、可变作用、偶然作用和地震作用四大类，见表3-1。

永久作用是在结构设计基准期内，其量值不随时间变化，或其变化值与平均值相比可以忽略不计的作用。

可变作用是在结构设计基准期内，其量值随时间变化，且其变化与平均值相比不可忽略的作用。

表 3-1 公路及城市桥梁作用的分类

| 编号 | 作用分类 | 作用名称 |
| --- | --- | --- |
| 1 | 永久作用 | 结构重力（包括结构附加重力） |
| 2 | | 预加力 |
| 3 | | 土的重力 |
| 4 | | 土压力 |
| 5 | | 混凝土收缩、徐变作用 |
| 6 | | 水的浮力 |
| 7 | | 基础变位作用 |
| 8 | 可变作用 | 汽车荷载 |
| 9 | | 汽车冲击力 |
| 10 | | 汽车离心力 |
| 11 | | 汽车引起的土侧压力 |
| 12 | | 汽车制动力 |
| 13 | | 人群荷载 |
| 14 | | 疲劳荷载 |
| 15 | | 风荷载 |
| 16 | | 流水压力 |
| 17 | | 冰压力 |
| 18 | | 波浪力 |
| 19 | | 温度（均匀温度和梯度温度）作用 |
| 20 | | 支座摩阻力 |
| 21 | 偶然作用 | 船舶的撞击作用 |
| 22 | | 漂流物的撞击作用 |
| 23 | | 汽车撞击作用 |
| 24 | 地震作用 | 地震作用 |

偶然作用是在结构设计基准期内，出现的概率很小，一旦出现，其值很大且持续时间较短的作用。

地震作用是在结构设计基准期内，施加在结构上的地震力或位移，是一种特殊的偶然作用。

2）铁路桥梁作用的分类

铁路桥梁结构在制造、运输、安装和运营过程中，应具有规定的强度、刚度、稳定性，并应满足轨道平顺性、列车运行安全性和旅客乘坐舒适性的要求。作用在铁路桥梁上的荷载分为主力、附加力和特殊荷载三类。主力又分为恒荷载和活荷载两个部分。铁路桥梁作用的分类见表3-2。

表3-2 铁路桥梁作用的分类

| 荷载分类 | | 荷载名称 |
|---|---|---|
| 主力 | 恒荷载 | 结构构件及附属设备自重 |
| | | 预加力 |
| | | 混凝土收缩和徐变的影响 |
| | | 土压力 |
| | | 静水压力及水浮力 |
| | | 基础变位的影响 |
| | 活荷载 | 列车竖向静活荷载 |
| | | 公路（城市道路）活荷载 |
| | | 列车竖向动力作用 |
| | | 离心力 |
| | | 横向摇摆力 |
| | | 活荷载土侧压力 |
| | | 人行道人行荷载 |
| | | 气动力 |
| 附加力 | | 制动力或牵引力 |
| | | 支座摩擦阻力 |
| | | 风力 |
| | | 流水压力 |
| | | 冰压力 |
| | | 温度作用 |
| | | 冻胀力 |
| | | 波浪力 |
| 特殊荷载 | | 列车脱轨荷载 |
| | | 船只或排筏的撞击作用 |
| | | 汽车撞击作用 |
| | | 施工临时荷载 |
| | | 地震作用 |
| | | 长钢轨纵向作用（伸缩力、挠曲力和断轨力） |

## 3.1.2 作用代表值

现以《公路桥涵设计通用规范》(JTG D60—2015) 为例,介绍作用代表值及其取用原则,城市桥梁作用代表值与公路桥梁一致,铁路桥梁作用代表值请参考《铁路桥涵设计规范》(TB 10002—2017) 的具体要求。

1) 作用代表值

作用代表值是结构或构件设计时,针对不同设计目的所采用的各种作用规定值,它包括作用标准值、准永久值、频遇值和组合值。

(1) 作用的标准值。

作用的标准值是结构按极限状态设计时采用的作用基本代表值,其值可根据作用在设计基准期内最大值概率分布的某一分位值确定。《公路桥涵设计通用规范》(JTG D60—2015) 的设计计算式中,一般用符号 $G_{ik}$ 表示永久作用的标准值,用符号 $Q_{jk}$ 表示可变作用的标准值。

桥梁的结构重力是永久荷载,通常称为恒荷载,其值不随时间变化或变化很小。结构重力是根据构件体积和材料重力密度确定的。桥梁中的汽车荷载、人群荷载等属于可变荷载,其值随时间而变化。作用若为正态分布,则如图 3.1 所示的 $P_k$ 荷载值。作用标准值理论上应为结构在使用期间,且正常情况下,可能出现的具有一定保证率的偏大荷载值。当无充分资料时,可根据工程经验,经分析后确定。

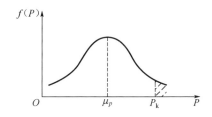

图 3.1 作用的正态分布

(2) 可变作用的组合值。

当桥梁结构及构件承受两种或两种以上的可变作用时,考虑到这些可变作用不可能同时达到最大值(作用标准值),因此,除了一个主要的可变作用(公路桥梁上一般取汽车荷载作用)取标准值外,其余的可变作用都取组合值参与荷载组合。

可变作用的组合值为可变作用的标准值 $Q_{jk}$ 乘以组合值系数 $\psi_c$,除汽车荷载(含汽车冲击力、离心力)外的其他可变作用的组合值系数取为 0.75。

(3) 可变作用的准永久值。

结构或构件按正常使用极限状态准永久组合或频遇组合设计时,采用的一种可变作用代表值为可变作用的准永久值。如图 3.2 所示,可变作用 $Q$ 的随机过程中,其超过某水平 $Q_x$ 的表示方式,可用超过 $Q_x$ 的总持续时间 $T_x = \sum t_i$ 与设计基准期 $T$ 的比率 $\mu_x = T_x/T$ 来表示。可变作用的准永久值是指在设计基准期内,其超越的总时间约为设计基准期的一半（即 $\mu_x$ 约等于 0.5）时，$Q_{jk}$ 对应的可变作用代表值，即在结构上经常出现的且量值较小的可变作用的取值。

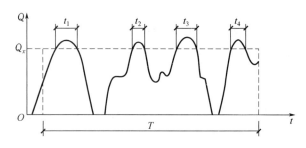

图 3.2  可变作用

可变作用的准永久值为可变作用的标准值 $Q_{jk}$ 乘以准永久值系数 $\psi_{qj}$。

（4）可变作用的频遇值。

结构或构件按正常使用极限状态频遇组合设计时，采用的一种可变作用代表值为可变作用的频遇值。可变作用的频遇值是指在设计基准期内，其超越的总时间为规定的较小比率（即 $\mu_x \leqslant 0.1$）或超越频率为规定频率的荷载值。它相当于在结构上时而出现的较大荷载值，但总小于荷载标准值。

可变作用的频遇值为可变作用的标准值 $Q_{jk}$ 乘以频遇值系数 $\psi_{fj}$。

2）作用代表值的采用

（1）永久作用的代表值为其标准值。永久作用标准值可根据统计、计算，并结合工程经验综合分析确定。

（2）可变作用的代表值包括标准值、组合值、频遇值和准永久值。

（3）偶然作用取其设计值作为代表值，可根据历史荷载、现场观测和试验，并结合工程经验综合分析确定，也可根据有关标准的专门规定确定。

（4）地震作用的代表值为其标准值。地震作用的标准值应根据现行《公路工程抗震规范》（JTG B02—2013）的规定确定。

3）作用的设计值

作用的设计值为作用的标准值或组合值乘以相应的作用分项系数。

## 3.1.3  作用组合

桥梁结构设计计算应考虑到结构上可能出现的多种作用的情况，例如公路桥梁结构上的作用除构件永久作用外，可能同时出现汽车荷载、人群荷载等多种可变作用。作用组合是在不同作用的同时影响下，为保证某一极限状态的结构具有必要的可靠性而采用的一组作用。作用最不利组合是指所有可能的作用组合中，对结构或结构的构件产生最不利的一组作用组合。

实际上，在结构设计计算时采用的作用组合是作用在结构或构件内产生的内力和变形的叠加，称为作用效应组合。结构对所受作用的反应，如内力、位移等称为作用效应，作用效应组合是指结构上几种作用分别产生的效应的随机叠加。

公路桥梁作用效应组合与城市桥梁一致,在桥梁结构设计时应考虑结构上可能同时出现的作用,按承载能力极限状态和正常使用极限状态进行作用组合。其中,承载能力极限状态作用效应组合分基本组合、偶然组合和地震组合三种;正常使用极限状态作用效应组合分为频遇值组合和准永久组合两种。铁路桥梁设计时,应仅考虑主力与一个方向(顺桥或横桥方向)的附加力相结合,请参考《铁路桥涵设计规范》(TB 10002—2017)的具体要求。现以《公路桥涵设计通用规范》(JTG D60—2015)为例介绍作用效应组合。

1) 承载能力极限状态设计作用效应组合

(1) 基本组合。

永久作用设计值与可变作用设计值相组合。作用基本组合的效应设计值一般按式(3-1)或式(3-2)计算。

$$S_{ud} = \gamma_0 S\Big(\sum_{i=1}^{m} \gamma_{Gi} G_{ik}, \gamma_{L1} \gamma_{Q1} Q_{1k}, \psi_c \sum_{j=2}^{n} \gamma_{Lj} \gamma_{Qj} Q_{jk}\Big) \quad (3-1)$$

或

$$S_{ud} = \gamma_0 S\Big(\sum_{i=1}^{m} G_{id}, Q_{1d}, \sum_{j=2}^{n} Q_{jd}\Big) \quad (3-2)$$

式中:$S_{ud}$——承载能力极限状态下作用基本组合的效应设计值;

$S()$——作用组合的效应函数;

$\gamma_0$——结构重要性系数,对应于设计安全等级一级、二级和三级分别取 1.1、1.0 和 0.9;公路桥涵结构的设计安全等级见表 3-3;

$\gamma_{Gi}$——第 $i$ 个永久作用效应的分项系数,分项系数是指为保证所设计的结构具有规定的可靠度而在设计表达式中采用的系数,见表 3-4;

$G_{ik}$、$G_{id}$——第 $i$ 个永久作用的标准值和设计值;

$\gamma_{Q1}$——汽车荷载(含汽车冲击力、离心力)的分项系数(采用车道荷载计算时,取 $\gamma_{Q1}=1.4$;采用车辆荷载计算时,取 $\gamma_{Q1}=1.8$;当某个可变作用在效应组合中其值超过汽车荷载效应时,则该作用取代汽车荷载,取 $\gamma_{Q1}=1.4$;对专为承受某作用而设置的结构或装置,设计时该作用的分项系数取 $\gamma_{Q1}=1.4$;当计算人行道板和人行道栏杆的局部荷载时,取 $\gamma_{Q1}=1.4$);

$Q_{1k}$、$Q_{1d}$——汽车荷载(含汽车冲击力、离心力)的标准值和设计值;

$\gamma_{Qj}$——在作用组合中除汽车荷载(含汽车冲击力、离心力)、风荷载外的其他第 $j$ 个可变作用的分项系数,取 $\gamma_{Qj}=1.4$,但风荷载的分项系数取 $\gamma_{Qj}=1.1$;

$Q_{jk}$、$Q_{jd}$——在作用组合中除汽车荷载(含汽车冲击力、离心力)外的其他第 $j$ 个可变作用的标准值和设计值;

$\psi_c$——在作用组合中除汽车荷载(含汽车冲击力、离心力)外的其他可变作用的组合系数,取 $\psi_c=0.75$;

$Q_{jk}$——在作用组合中除汽车荷载(含汽车冲击力、离心力)外的第 $j$ 个可变作用的组合值;

$\gamma_{Lj}$——第 $j$ 个可变作用的结构设计使用年限荷载调整系数〔公路桥涵结构的设计使用年限按现行《公路工程技术标准》(JTG B01—2014)取值时,可变作用的设计使用年限荷载调整系数取 $\gamma_{Lj}=1.0$;否则,$\gamma_{Lj}$ 取值应按专题研究确定〕。

另外，当作用与作用效应可按线性关系考虑时，作用基本组合的效应设计值 $S_{ud}$ 可通过作用效应代数相加计算。设计弯桥时，当离心力与制动力同时参与组合时，制动力标准值或设计值按70%取用。

表 3-3 公路桥涵结构设计安全等级

| 设计安全等级 | 破坏后果 | 适用对象 |
|---|---|---|
| 一级 | 很严重 | (1) 各等级公路上的特大桥、大桥、中桥；<br>(2) 高速公路、一级公路、二级公路、国防公路及城市附近交通繁忙公路上的小桥 |
| 二级 | 严重 | (1) 三、四级公路上的小桥；<br>(2) 高速公路、一级公路、二级公路、国防公路及城市附近交通繁忙公路上的涵洞 |
| 三级 | 不严重 | 三、四级公路上的涵洞 |

表 3-4 永久作用效应的分项系数

| 序号 | 作用类别 | | 永久作用效应分项系数 | |
|---|---|---|---|---|
| | | | 对结构的承载能力不利时 | 对结构的承载能力有利时 |
| 1 | 混凝土和圬工结构重力（包括结构附加重力） | | 1.2 | 1.0 |
| | 钢结构重力（包括结构附加重力） | | 1.1 或 1.2 | 1.0 |
| 2 | 预加力 | | 1.2 | 1.0 |
| 3 | 土的重力 | | 1.2 | 1.0 |
| 4 | 混凝土的收缩及徐变作用 | | 1.0 | 1.0 |
| 5 | 土压力 | | 1.4 | 1.0 |
| 6 | 水的浮力 | | 1.0 | 1.0 |
| 7 | 基础变位作用 | 混凝土和圬工结构 | 0.5 | 0.5 |
| | | 钢结构 | 1.0 | 1.0 |

注：本表序号1中，当钢桥采用钢桥面板时，永久作用分项系数取1.1；当采用混凝土桥面板时，永久作用分项系数取1.2。

(2) 偶然组合。

永久作用标准值与可变作用某种代表值、一种偶然作用设计值相组合；与偶然作用同时出现的可变作用，可根据观测资料和工程经验取用频遇值或准永久值。作用偶然组合的效应设计值可按式（3-3）计算。

$$S_{ad} = S\left(\sum_{i=1}^{m} G_{ik}, A_d, (\psi_{f1} \text{ 或 } \psi_{q1})Q_{1k}, \sum_{j=2}^{n} \psi_{qj}Q_{jk}\right) \quad (3-3)$$

式中：$S_{ad}$——承载能力极限状态下作用偶然组合的效应设计值；

$A_d$——偶然作用的设计值；

$\psi_{f1}$——汽车荷载（含汽车冲击力、离心力）的频遇值系数，取 $\psi_{f1}=0.7$（当某个可变作用在组合中其效应值超过汽车荷载效应时，则该作用取代汽车荷载，人群荷载 $\psi_f=1.0$，风荷载 $\psi_f=0.75$，温度梯度作用 $\psi_f=0.8$，其他作用 $\psi_f=1.0$）；

$\psi_{f1}Q_{1k}$——汽车荷载的频遇值；

$\psi_{q1}$、$\psi_{qj}$——第1个和第$j$个可变作用的准永久值系数，汽车荷载（含汽车冲击力、离心力）$\psi_q=0.4$（人群荷载 $\psi_q=0.4$，风荷载 $\psi_q=0.75$，温度梯度作用 $\psi_q=0.8$，其他作用 $\psi_q=1.0$）。

另外，当作用与作用效应可按线性关系考虑时，作用偶然组合的效应设计值 $S_{ad}$ 可通过作用效应代数相加计算。

(3) 作用地震组合。

作用地震组合的效应设计值应按现行《公路工程抗震规范》（JTG B02—2013）的有关规定计算。

2) 正常使用极限状态设计效应组合

(1) 频遇组合。

永久作用标准值与汽车荷载频遇值、其他可变作用准永久值相组合。作用频遇组合的效应设计值可按式（3-4）计算。

$$S_{fd}=S\Big(\sum_{i=1}^{m}G_{ik},\psi_{f1}Q_{1k},\sum_{j=2}^{n}\psi_{qj}Q_{jk}\Big) \tag{3-4}$$

式中：$S_{fd}$——作用频遇组合的效应设计值；

$\psi_{f1}$——汽车荷载（不计汽车冲击力）频遇值系数，取 $\psi_{f1}=0.7$（当某个可变作用在组合中其效应值超过汽车荷载效应时，则该作用取代汽车荷载，人群荷载 $\psi_f=1.0$，风荷载 $\psi_f=0.75$，温度梯度作用 $\psi_f=0.8$，其他作用 $\psi_f=1.0$）。

另外，当作用与作用效应可按线性关系考虑时，作用频遇组合的效应设计值 $S_{fd}$ 可通过作用效应代数相加计算。

(2) 准永久组合。

永久作用标准值与可变作用准永久值相组合。作用准永久组合的效应设计值可按式（3-5）计算。

$$S_{qd}=S\Big(\sum_{i=1}^{m}G_{ik},\sum_{j=1}^{n}\psi_{qj}Q_{jk}\Big) \tag{3-5}$$

式中：$S_{qd}$——准永久组合的作用效应设计值；

$\psi_{qj}$——第$j$个可变作用的准永久值系数，汽车荷载（不计汽车冲击力）$\psi_q=0.4$，人群荷载 $\psi_q=0.4$，风荷载 $\psi_q=0.75$，温度梯度作用 $\psi_q=0.8$，其他作用 $\psi_q=1.0$。

当作用与作用效应可按线性关系考虑时，准永久组合的作用效应设计值 $S_{qd}$ 可通过作用效应代数相加计算。

当结构构件需进行弹性阶段截面应力计算时，除特别指明外，各作用应采用标准值，各作用分项系数应取为1.0，各项应力限值应按相应的设计规范采用。

## 3.2 永久作用

永久作用包括结构重力、预加力、土压力、浮力、混凝土收缩及徐变作用等作用。

### 3.2.1 结构重力

结构重力包括结构自重及桥面铺装、附属设备等附加重力。结构重力可按结构构件的设计尺寸与材料的密度计算确定。桥梁结构重力占全部设计荷载的比例较大，因此采用轻质高强的建筑材料对减轻桥梁自重、增大跨径具有重要意义。

### 3.2.2 预加力

对于预应力混凝土结构，在结构进行正常使用极限状态设计和使用阶段构件应力计算时，预加力应作为永久作用并计算其主、次效应，且应考虑相应阶段的预应力损失，但不计由于预加力偏心距增大引起的附加效应。

在结构承载能力极限状态设计时，预加力不应作为永久作用，而应将预应力钢筋作为结构抗力的一部分。但在连续梁等超静定结构中，仍需计算预加力引起的次效应。

### 3.2.3 土压力

作用在墩台上的土重力、土压力可参照《公路桥涵设计通用规范》（JTG D60—2015）的规定计算。

在验算墩台及挡土墙倾覆和滑动稳定性时，其前侧地面以下不受冲刷的部位的土压力可按静土压力计算。

计算作用于桥台后的主动土压力的标准值时，一般应考虑桥台后有车辆作用和桥台后无车辆作用等情况。

### 3.2.4 浮力

当基础底面位于透水性地基上时，验算墩台的稳定性，应采用设计水位计算浮力。当验算地基承载力时，可仅考虑低水位时的浮力或不考虑浮力。

当基础嵌入不透水性地基上时，可不考虑浮力。

当不能确定地基是否为透水性地基时，应以透水性地基和不透水性地基两种情况分别与其他作用组合，取最不利的情况。

作用在桩基承台底面的浮力，应考虑承台（包括桩）的全部底面积。对嵌入不透水地基并灌注混凝土封闭的桩，不应考虑桩的浮力。当计算承台底面的浮力时，应扣除桩的截面积。

### 3.2.5 混凝土收缩及徐变作用

对于超静定的混凝土结构、钢和混凝土组合结构等，均应考虑混凝土的收缩和徐变影响。混凝土收缩应变终极值可按《公路钢筋混凝土及预应力混凝土桥涵设计规范》（JTG 3362—2018）的规定计算。计算混凝土徐变作用，可假定徐变作用与应力呈线性关系。

## 3.3 可 变 作 用

### 3.3.1 汽车荷载

1）公路桥梁汽车荷载

汽车荷载由车道荷载和车辆荷载组成。桥梁结构的整体计算采用车道荷载；桥梁结构的局部加载、涵洞、桥台和挡土墙土侧压力等的计算采用车辆荷载。车道荷载与车辆荷载的作用不得叠加。

公路桥梁设计时，将汽车荷载分为公路—Ⅰ级和公路—Ⅱ级两个等级，其荷载等级的确定参照表 3-5。

表 3-5 各级公路桥梁的汽车荷载等级

| 公路等级 | 汽车荷载等级 |
| --- | --- |
| 高速公路 | 公路—Ⅰ级 |
| 一级公路 | 公路—Ⅰ级 |
| 二级公路 | 公路—Ⅰ级 |
| 三级公路 | 公路—Ⅱ级 |
| 四级公路 | 公路—Ⅱ级 |

二级公路作为集散公路且交通量小、重型车辆少时，其桥梁设计时的汽车荷载等级可采用公路—Ⅱ级。

交通组成中的重载交通比重较大的公路桥梁，宜采用与该公路交通组成相适应的汽车荷载等级进行结构整体和局部验算。

(1) 车道荷载。

车道荷载的计算图式如图 3.3 所示。

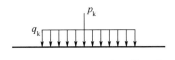

图 3.3 车道荷载的计算图式

① 公路—Ⅰ级车道荷载的均布荷载标准值为 $q_k=10.5\text{kN/m}$；集中荷载标准值 $p_k$ 按表 3-6 选取。计算剪力效应时，集中荷载标准值 $p_k$ 应乘以 1.2。

表 3-6 集中荷载标准值 $p_k$

| 计算跨径 $L_0/\text{m}$ | $p_k/\text{kN}$ |
| --- | --- |
| $L_0 \leqslant 5$ | 270 |
| $5 < L_0 < 50$ | $2(L_0+130)$ |
| $L_0 \geqslant 50$ | 360 |

② 公路—Ⅱ级车道荷载的均布荷载标准值 $q_k$ 和集中荷载标准值 $p_k$ 按公路—Ⅰ级车道荷载的 0.75 倍取值。

③ 车道荷载的均布荷载标准值应满布于使结构产生最不利效应的同号影响线上；集中荷载标准值只作用于相应影响线中的最大影响线峰值处。

(2) 车辆荷载。

公路—Ⅰ级和公路—Ⅱ级采用相同的车辆荷载标准值。车辆荷载按图 3.4 所示尺寸布置，其主要技术指标见表 3-7。

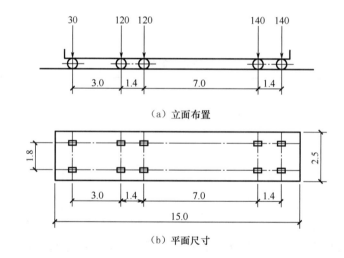

图 3.4 车辆荷载布置（尺寸单位：m，荷载单位：kN）

表 3-7 车辆荷载主要技术指标

| 项目 | 技术指标 | 项目 | 技术指标 |
| --- | --- | --- | --- |
| 车辆重力标准值/kN | 550 | 轮距/m | 1.8 |
| 前轴重力标准值/kN | 30 | 前轮着地宽度及长度/m | 0.3×0.2 |
| 中轴重力标准值/kN | 2×120 | 中、后轮着地宽度及长度/m | 0.6×0.2 |
| 后轴重力标准值/kN | 2×140 | 车辆外形尺寸（长×宽）/m | 15×2.5 |
| 轴距/m | 3+1.4+7+1.4 | — | — |

(3) 设计车道数、车道荷载的横向布置及荷载效应的折减。

① 设计车道数。

公路桥梁设计车道数与车行道宽度的关系见表 3-8。

表 3-8　公路桥梁设计车道数与车行道宽度的关系

| 桥面宽度 $W$/m | | 公路桥梁设计车道数 |
| --- | --- | --- |
| 车辆单向行驶时 | 车辆双向行驶时 | |
| $W<7.0$ | — | 1 |
| $7.0 \leqslant W<10.5$ | $6.0 \leqslant W<14.0$ | 2 |
| $10.5 \leqslant W<14.0$ | — | 3 |
| $14.0 \leqslant W<17.5$ | $14.0 \leqslant W<21.0$ | 4 |
| $17.5 \leqslant W<21.0$ | — | 5 |
| $21.0 \leqslant W<24.5$ | $21.0 \leqslant W<28.0$ | 6 |
| $24.5 \leqslant W<28.0$ | — | 7 |
| $28.0 \leqslant W<31.5$ | $28.0 \leqslant W<35.0$ | 8 |

② 车辆荷载的横向布置。

车道荷载的横向分布系数，应按表 3-8 的公路桥梁设计车道数和图 3.5 所示的车辆荷载横向布置进行计算。

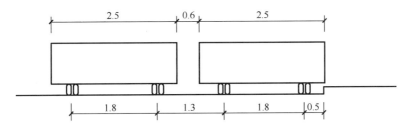

图 3.5　车辆荷载横向布置（尺寸单位：m）

③ 多车道荷载效应的横向折减。

当桥梁横向布置多车道汽车荷载时，由于单向并行通过的几率较小，应考虑车辆荷载效应的横向折减；布置一条车道汽车荷载时，应考虑提高汽车荷载。横向车道布载系数应符合表 3-9 的规定。多车道的荷载效应不得小于两条车道的车辆荷载效应。

表 3-9　横向车道布载系数

| 横向布载车道数/条 | 横向车道布载系数 |
| --- | --- |
| 1 | 1.20 |
| 2 | 1.00 |
| 3 | 0.78 |

续表

| 横向布载车道数/条 | 横向车道布载系数 |
| --- | --- |
| 4 | 0.67 |
| 5 | 0.60 |
| 6 | 0.55 |
| 7 | 0.52 |
| 8 | 0.50 |

④ 荷载效应的纵向折减。

当桥梁计算跨径大于150m时，应按表3-10选取车道荷载的纵向折减系数。桥梁为多跨连续结构时，整个结构应按最大的计算跨径选取荷载效应的纵向折减系数。

表3-10 纵向折减系数

| 计算跨径 $L_0$/m | 纵向折减系数 | 计算跨径 $L_0$/m | 纵向折减系数 |
| --- | --- | --- | --- |
| $150 < L_0 < 400$ | 0.97 | $800 \leqslant L_0 < 1000$ | 0.94 |
| $400 \leqslant L_0 < 600$ | 0.96 | $L_0 \geqslant 1000$ | 0.93 |
| $600 \leqslant L_0 < 800$ | 0.95 | — | — |

2）城市桥梁汽车荷载

《城市桥梁设计规范（2019年版）》（CJJ 11—2011）规定：城市桥梁设计时，汽车荷载应分为城—A级和城—B级两个等级。应根据道路的功能、等级和发展要求等具体情况选用设计汽车荷载。城市桥梁的设计汽车荷载等级应根据表3-11选用，并应符合下列规定。

表3-11 城市桥梁的设计汽车荷载等级

| 道路等级 | 设计汽车荷载等级 |
| --- | --- |
| 快速路 | 城—A级或城—B级 |
| 主干路 | 城—A级 |
| 次干路 | 城—A级或城—B级 |
| 支路 | 城—B级 |

① 快速路、次干路上如重型车辆行驶频繁时，设计汽车荷载等级应选用城—A级汽车荷载；② 小城市中的支路上如行驶的重型车辆较少时，设计汽车荷载等级采用城—B级，车道荷载效应乘以0.8的折减系数，车辆荷载效应乘以0.7的折减系数；③ 小型车专用道路，设计汽车荷载等级可采用城—B级，车道荷载效应乘以0.6的折减系数，车辆荷载效应乘以0.5的折减系数。

（1）车道荷载。

城—A级和城—B级车道荷载的纵向布置如图3.6所示，与公路桥梁相同，城市桥梁汽车荷载为均布荷载（$q_k$）加一个集中荷载（$p_k$），其计算应符合下列规定。

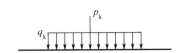

**图 3.6 城—A 级和城—B 级车道荷载的纵向布置**

① 城—A 级车道荷载的均布荷载标准值 $q_k$ 应为 10.5kN/m。集中荷载标准值 $p_k$ 的选取：当桥梁计算跨径小于或等于 5m 时，$p_k=180$kN；当桥涵计算跨径大于或等于 50m 时，$p_k=360$kN；当桥涵计算跨径在 5~50m 之间时，$p_k$ 值按线性内插法求得。计算剪力效应时，集中荷载标准值（$p_k$）应乘以 1.2。

② 城—B 级车道荷载的均布荷载标准值（$q_k$）和集中荷载标准值（$p_k$）应按城—A 级车道荷载的 75% 采用。

③ 车道荷载的均布荷载标准值应满布于使结构产生最不利效应的同号影响线上；集中荷载标准值只布置在其作用影响线中的最大影响线峰值处。

（2）车辆荷载。

① 城市桥梁城—A 级车辆荷载及立面、平面、横桥向布置如图 3.7 所示，其标准值应符合表 3-12 的规定。

| 车轴编号 | 1 | 2 | 3 | 4 | 5 |
|---|---|---|---|---|---|
| 轴重/kN | 60 | 140 | 140 | 200 | 160 |
| 轮重/kN | 30 | 70 | 70 | 100 | 80 |
| 总重/kN | 700 | | | | |

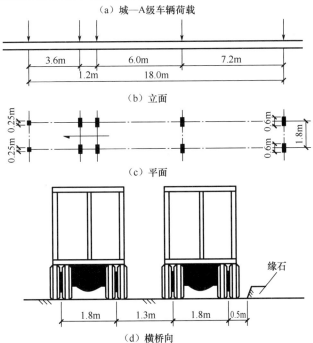

**图 3.7 城市桥梁城—A 级车辆荷载及立面、平面、横桥向布置**

表 3-12  城—A 级车辆荷载标准值

| 车轴编号 | 轴重/kN | 轮重/kN | 纵向轴距/m | 每组车轮的横向中距/m | 车轮着地的宽度×长度/m |
|---|---|---|---|---|---|
| 1 | 60 | 30 | 3.6 | 1.8 | 0.25×0.25 |
| 2 | 140 | 70 | 1.2 | 1.8 | 0.6×0.25 |
| 3 | 140 | 70 | 6 | 1.8 | 0.6×0.25 |
| 4 | 200 | 100 | 7.2 | 1.8 | 0.6×0.25 |
| 5 | 160 | 80 |  | 1.8 | 0.6×0.25 |

② 城市桥梁城—B 级车辆荷载的立面、平面布置及标准值应按照《公路桥涵设计通用规范》（JTG D60—2015）的规定取值。

（3）城市桥梁车道荷载的横向分布系数、多车道的横向折减系数、大跨径桥梁的纵向折减系数都应按照《公路桥涵设计通用规范》（JTG D60—2015）的规定取值。

### 3.3.2  汽车冲击力

汽车以一定的速度在桥上行驶，由于桥面不平整、车轮不圆及发动机抖动等原因，会使桥梁结构发生振动而产生动力作用。这种动力作用会使桥梁产生的内力与变形比相应的静荷载作用时大。这种由于荷载的动力作用使桥梁发生振动而造成内力加大的现象称为冲击力。

汽车荷载的冲击力有车体的振动和桥跨结构自身的变形和振动。当车辆的振动频率与桥梁结构的自振频率一致时，即形成共振，振幅的大小与桥梁结构的阻尼大小及共振时间的长短有关。桥梁结构的阻尼主要与其材料和连接方式有关，且随桥梁结构的跨径增大而减小。增大桥梁的纵、横向连接刚度，对于减小共振影响有一定的作用。

钢桥、钢筋混凝土与预应力混凝土桥、圬工拱桥等上部构造和钢支座、板式橡胶支座、盆式橡胶支座及钢筋混凝土柱式墩台，应计算汽车冲击力。填料厚度（包括路面厚度）等于或大于 0.5m 的拱桥、涵洞及重力式墩台不计汽车冲击力。

汽车荷载的冲击力标准值为汽车荷载标准值乘以冲击系数 $\mu$，冲击系数是汽车过桥时对桥梁结构产生的竖向动力效应的增大系数，其计算见式（3-6）。

$$\mu = \frac{Y_{d,\max} - Y_{j,\max}}{Y_{j,\max}} \quad (3-6)$$

式中：$Y_{d,\max}$——汽车过桥时测得的效应时间历程曲线上，最大静力效应处量取的最大动力效应值；

$Y_{j,\max}$——汽车过桥时测得的效应时间历程曲线上，最大静力效应处量取的最大静力效应值。

公路桥梁和城市桥梁冲击系数的计算方法一致，冲击系数与结构的基频有关，现将《公路桥涵设计通用规范》（JTJ D60—2015）中冲击系数的计算方法列举如下。

当 $f<1.5\text{Hz}$ 时，$\mu=0.05$；当 $1.5\text{Hz} \leq f \leq 14\text{Hz}$ 时，$\mu=0.1767\ln f - 0.0157$；当 $f>$

14Hz 时，$\mu=0.45$。

当对桥梁结构局部进行汽车荷载加载时（包括在 T 形梁、箱形梁悬臂板等上加载），其冲击系数采用 0.3。

### 3.3.3 汽车离心力

曲线桥应计算汽车荷载引起的离心力。离心力为车辆荷载（不计冲击力）标准值乘以离心力系数 $C$，离心力系数计算见式（3-7）。

$$C=\frac{v^2}{127R} \tag{3-7}$$

式中：$v$——计算行车速度（km/h），应按桥梁所在路线等级的规定取值（高速公路设计行车速度为 120km/h、100km/h、80km/h；一级公路设计行车速度为 100km/h、80km/h、60km/h；二级公路设计行车速度为 80km/h、60km/h；三级公路设计行车速度为 40km/h、30km/h；四级公路设计行车速度为 30km/h）；

$R$——曲线半径（m）。

在计算多车道桥梁的汽车离心力时，车辆荷载标准值应乘以表 3-9 规定的横向车道布载系数；离心力的着力点在桥面以上 1.2m 处（为计算简便也可移至桥面，不计由此引起的力矩）。

### 3.3.4 汽车引起的土侧压力

汽车荷载引起的土侧压力采用车辆荷载加载。汽车荷载在桥台或挡土墙后填土的破坏楔体上引起的土侧压力，应首先计算桥台后填土的破裂楔体的长度 $l_0$，再将车辆荷载换算为等代厚度的均布土层。等代均布土层的厚度计算见式（3-8）。

$$h=\frac{\sum G}{Bl_0\gamma} \tag{3-8}$$

式中：$\gamma$——土的重度（kN/m³）；

$l_0$——桥台或挡土墙后填土的破坏楔体长度（m）；

$B$——桥台横向全宽或挡土墙的计算长度（m）；

$\sum G$——布置在 $Bl_0$ 面积内的车轮的总重力（kN）。

挡土墙的计算长度可按式（3-9）计算，但不应超过挡土墙分段长度。

$$B=13+H\tan 30° \tag{3-9}$$

式中：$H$——挡土墙高度（m），墙顶有填土的挡土墙，$H$ 为两倍墙顶填土厚度加挡土墙高度。

当挡土墙分段长度小于 13m 时，$B$ 取分段长度，并在该长度内按不利情况布置轮重。

当计算涵洞顶车辆荷载引起的竖向土压力时，压力扩散线按车轮着地面积的边缘向下 30°范围内分布。当几个车轮的压力扩散线相重叠时，扩散面积以最外边的扩散线为准。

### 3.3.5 人群荷载

设有人行道的桥梁,当用汽车荷载计算时,应同时计入人行道上的人群荷载。

1) 公路桥梁人群荷载

公路桥梁人群荷载标准值取值见表 3-13。

表 3-13 公路桥梁人群荷载标准值

| 计算跨径 $L_0$/m | 人群荷载标准值/(kN/m²) |
| --- | --- |
| $L_0 \leqslant 50$ | 3.0 |
| $50 < L_0 < 150$ | $3.25 - 0.005 L_0$ |
| $L_0 \geqslant 150$ | 2.5 |

(1) 非机动车、行人密集的公路桥梁,人群荷载标准值取表 3-13 标准值的 1.15 倍。

(2) 专用人行桥梁,人群荷载标准值为 3.5kN/m²。

(3) 人群荷载在横向应布置在人行道的净宽度内,在纵向应施加于使结构产生最不利荷载效应的区段内。

(4) 人行道板(局部构件)可以一块板为单元,人群荷载标准值按 4.0kN/m² 的均布荷载计算。

(5) 作用在人行道栏杆立柱顶的水平推力标准值取 0.75kN/m,作用在人行道栏杆扶手的竖向力标准值取 1.0kN/m。

2) 城市桥梁人群荷载

人行道板的人群荷载按 5kPa 或 1.5kN 的竖向集中力作用在一块板上,分别计算,取其不利者。

梁、桁架、拱及其他大跨结构的人群荷载($W$)可采用式(3-10)、式(3-11)计算,且 $W$ 值在任何情况下不得小于 2.4kPa。

当加载长度 $L < 20$m 时:

$$W = 4.5 \times \frac{20 - \omega_p}{20} \tag{3-10}$$

当加载长度 $L \geqslant 20$m 时:

$$W = \left(4.5 - 2 \times \frac{L - 20}{80}\right)\left(\frac{20 - \omega_p}{20}\right) \tag{3-11}$$

式中:$W$——单位面积的人群荷载(kPa/m²);

$L$——加载长度(m);

$\omega_p$——单边人行道宽度(m);在专用非机动车桥上为 1/2 桥宽,大于 4m 时按 4m 计。

专用人行桥和人行地道的人群荷载应按现行行业标准《城市人行天桥与人行地道技术规范》(CJJ 69—1995)的有关规定执行。

在设计人行道栏杆时,城市桥梁由于人流量较大,作用在栏杆扶手上的竖向活荷载采用 1.2kN/m,水平向外荷载采用 2.5kN/m。两者应分别考虑,不得同时采用。

## 3.3.6 汽车制动力

汽车制动力是车辆在刹车时为克服车辆的惯性力而在路面与车辆之间发生的滑动摩擦力。

(1) 汽车制动力按同向行驶的汽车荷载（不计冲击力）计算，并按照使桥梁墩台产生最不利纵向力的加载长度进行纵向折减。

① 一个设计车道上由汽车制动力标准值按车道荷载标准值在加载长度上计算的总重力的10%计算，但公路—Ⅰ级汽车制动力标准值不得小于165kN；公路—Ⅱ级汽车制动力标准值不得小于90kN。

② 同向行驶双车道的汽车制动力标准值为一个设计车道汽车制动力标准值的2倍；同向行驶三车道的汽车制动力为一个设计车道汽车制动力标准值的2.34倍；同向行驶四车道的汽车制动力为一个设计车道汽车制动力标准值的2.68倍。

(2) 汽车制动力的着力点在桥面以上1.2m处，计算墩台时，可移至支座铰中心或支座底面上。计算刚构桥、拱桥时，汽车制动力的着力点可移至桥面，但不应计因此而产生的竖向力和力矩。

(3) 设有板式橡胶支座的简支梁、连续桥面简支梁或连续梁排架式柔性墩台，应根据支座与墩台的抗推刚度的集成情况分配和传递汽车制动力。设有板式橡胶支座的简支梁刚性墩台，应按单跨两端的板式橡胶支座的抗推刚度分配汽车制动力。

(4) 设有固定支座、活动支座（滚动或摆动支座、聚四氟乙烯板支座）的刚性墩台传递的汽车制动力，按表3-14选用。每个活动支座传递的汽车制动力，其值不应大于摩阻力；当大于摩阻力时，按摩阻力计算。

表 3-14  刚性墩台各种支座传递的汽车制动力

| 桥梁墩台及支座类型 | | 汽车制动力 |
|---|---|---|
| 简支梁桥台 | 固定支座 | $T_1$ |
| | 聚四氟乙烯板支座 | $0.30T_1$ |
| | 滚动或摆动支座 | $0.25T_1$ |
| 简支梁桥墩 | 两个固定支座 | $T_2$ |
| | 一个固定支座，一个活动支座 | 注1 |
| | 两个聚四氟乙烯板支座 | $0.30T_2$ |
| | 两个滚动或摆动支座 | $0.25T_2$ |
| 连续梁桥墩 | 固定支座 | $T_3$ |
| | 聚四氟乙烯板支座 | $0.30T_3$ |
| | 滚动或摆动支座 | $0.25T_3$ |

注：1. 固定支座按照 $T_4$ 计算，活动支座按 $0.30T_5$（聚四氟乙烯板支座）计算或按 $0.25T_5$（滚动或摆动支座）计算，$T_4$ 和 $T_5$ 分别为与固定支座或活动支座相应的单跨跨径的汽车制动力，桥墩承受的汽车制动力为上述固定支座与活动支座传递的汽车制动力之和。

2. $T_1$—加载长度为计算跨径时的汽车制动力；$T_2$—加载长度为相邻两跨计算跨径之和时的汽车制动力；$T_3$—加载长度为一联长度的汽车制动力。

## 3.3.7　风荷载

作用在桥上的风力是由迎风面的压力和背风面的吸力所组成的。它可分为垂直桥轴方向的横向风力和顺桥轴方向的纵向风力。

横向风力等于横向风压乘以迎风面积，横向风压是每平方米迎风面积上所受横向风力的大小，其值与设计风速、地形地理条件、风压高度、风速频率和风荷载体型等有关，具体计算可参见《公路桥梁抗风设计规范》(JTG/T 3360—01—2018) 的规定。

纵向风力因受上部结构和墩台、路堤的阻挡，较横向风力小，常按折减后的横向风力来计算。例如，桥墩上纵向风力可按横向风力的70%乘以桥墩迎风面积计算等。由上部结构传至墩台的纵向风力，其在支座上的着力点与汽车制动力相同。

## 3.3.8　流水压力

作用在桥墩上的流水压力标准值可按式(3-12)计算。

$$F_\mathrm{W} = KA\frac{\gamma V^2}{2g} \tag{3-12}$$

式中：$F_\mathrm{W}$——流水压力标准值（kN）；

　　　$K$——桥墩形状系数，见表3-15；

　　　$A$——桥墩阻水面积（m²），计算至一般冲刷线处；

　　　$\gamma$——水的重度（kN/m³）；

　　　$V$——设计流速（m/s）；

　　　$g$——重力加速度，$g = 9.81 \mathrm{m/s^2}$。

流水压力合力的着力点，假定在设计水位线以下0.3倍水深处。

表3-15　桥墩形状系数

| 桥墩形状 | K | 桥墩形状 | K |
| --- | --- | --- | --- |
| 方形桥墩 | 1.5 | 尖端形桥墩 | 0.7 |
| 矩形桥墩（长边与水流平行） | 1.3 | 圆端形桥墩 | 0.6 |
| 圆形桥墩 | 0.8 | — | — |

## 3.3.9　冰压力

(1) 对具有竖向前棱的桥墩，冰压力可按下述规定计算。

冰对桩或墩产生的冰压力标准值可按式(3-13)计算。

$$F_i = mC_t bt R_{ik} \tag{3-13}$$

式中：$F_i$——冰压力标准值（kN）；

　　　$m$——桩或墩迎冰面形状系数，可按表3-16取用；

$C_t$——冰温系数,可按表 3-17 取用;

$b$——桩或墩迎冰面投影宽度(m);

$t$——计算冰厚(m),可取实际调查的最大冰厚;

$R_{ik}$——冰的抗压强度标准值(kN/m²),可取当地冰温 0℃时的冰抗压强度(当缺乏实测资料时,海冰可取 $R_{ik}=750$kN/m²;河冰:流冰开始时 $R_{ik}=750$kN/m²,最高流冰水位时 $R_{ik}=450$kN/m²)。

表 3-16 桩或墩迎冰面形状系数

| 桩或墩迎冰面系数 | 迎冰面形状 | | | | | | |
|---|---|---|---|---|---|---|---|
| | 平面 | 圆弧形 | 尖角形 | | | | |
| | | | 45° | 60° | 75° | 90° | 120° |
| $m$ | 1.00 | 0.90 | 0.54 | 0.59 | 0.64 | 0.69 | 0.77 |

表 3-17 冰温系数

| 冰温/℃ | $C_t$ |
|---|---|
| 0 | 1.0 |
| −10 及以下 | 2.0 |

注:1. 冰温系数可用直线内插法求取。

2. 海冰冰温取结冰期最低冰温,河冰冰温取解冻期最低冰温。

① 当冰块流向与桥轴线的角度 $\varphi \leqslant 80°$ 时,桥墩边缘的竖向冰荷载应乘以 $\sin\varphi$ 予以折减。

② 冰压力合力着力点作用在计算结冰水位以下 0.3 倍冰厚处。

(2) 当流冰范围内桥墩有倾斜表面时,冰压力应分解为水平分力和竖向分力。

(3) 建筑物受冰压力作用的部位宜采用实体结构。对于具有强烈流冰的河流中的桥墩、柱,其迎冰面宜做成圆弧形、多边形或尖角,并做成 3:1~10:1(竖:横)的斜度,在受冰压力作用的部位宜缩小其迎冰面投影宽度。

(4) 对流冰期的设计高水位以上 0.5m 到设计低水位以下 1.0m 的部位宜采取抗冻性混凝土或花岗岩镶面、包钢板等防护措施。同时,对建筑物附近的冰体采取适宜的措施减小冰压力。

### 3.3.10 温度作用

1) 均匀温度作用

计算桥梁结构因均匀温度作用引起外加变形或约束变形时,应从受到约束时的结构温度开始,考虑最高、最低有效温度的作用效应。如缺乏实际调查资料,公路桥梁结构的有效温度标准值可按表 3-18 取用。

表 3-18　公路桥梁结构的有效温度标准值　　　　　　　　　　　　　单位：℃

| 气温分区 | 钢桥面板钢桥 | | 混凝土桥面板钢桥 | | 混凝土、石桥 | |
|---|---|---|---|---|---|---|
| | 最高有效温度标准值 | 最低有效温度标准值 | 最高有效温度标准值 | 最低有效温度标准值 | 最高有效温度标准值 | 最低有效温度标准值 |
| 严寒地区 | 46 | −43 | 39 | −32 | 34 | −23 |
| 寒冷地区 | 46 | −21 | 39 | −15 | 34 | −10 |
| 温热地区 | 46 | −9（−3） | 39 | −6（−1） | 34 | −3（0） |

注：1. 全国气温分区参见有关规范。
　　2. 表中括号内数值适用于昆明、南宁、广州、福州。

2）梯度温度作用（温差作用）

计算桥梁结构的竖向梯度温度作用效应时，可采用图 3.8 所示的竖向梯度温度曲线。竖向日照正温差计算的温度基数 $T_1$ 和 $T_2$ 取值见表 3-19。对混凝土结构，当梁高 $H$ 小于 400mm 时，图中 $A=H-100$（mm）；梁高 $H \geqslant 400$mm 时，$A=300$mm。对带混凝土桥面板的钢结构，$A=300$mm。

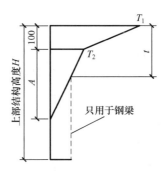

图 3.8　竖向梯度温度曲线

表 3-19　竖向日照正温差计算的温度基数

| 结构类型 | $T_1/℃$ | $T_2/℃$ |
|---|---|---|
| 混凝土铺装层 | 25 | 6.7 |
| 50mm 沥青混凝土铺装层 | 20 | 6.7 |
| 100mm 沥青混凝土铺装层 | 14 | 5.5 |

混凝土上部结构和带混凝土桥面板的钢结构的竖向日照反温差为正温差乘以-0.5。

无悬臂的宽幅箱形梁宜考虑横向梯度温度作用效应。

圬工拱桥考虑徐变影响引起的梯度温度作用效应时，计算的梯度温度作用效应应乘以折减系数 0.7。

沥青混凝土铺装的混凝土桥面板桥梁必要时应考虑施工阶段沥青摊铺引起的温度作用。

## 3.3.11 支座摩阻力

支座摩阻力是上部构造因温度变化而产生的效应,其标准值可按式(3-14)计算。

$$F=\mu W \quad (3-14)$$

式中：$W$——作用于活动支座上,由上部结构重力产生的效应；

$\mu$——支座摩阻系数,无实测数据时,可按表 3-20 选用。

表 3-20　支座摩阻系数

| 支座类型 | | 支座摩阻系数 $\mu$ |
|---|---|---|
| 滚动支座或摆动支座 | | 0.05 |
| 板式橡胶支座 | 支座与混凝土面接触 | 0.30 |
| | 支座与不锈钢板接触 | 0.20 |
| | 聚四氟乙烯板与不锈钢板接触 | 0.06（加 5201 硅脂润滑后,温度低于－25℃时为 0.078） |
| | | 0.12（不加 5201 硅脂润滑,温度低于－25℃时为 0.156） |
| 盆式支座 | | 加 5201 硅脂润滑后,常温型活动支座摩阻系数不大于 0.03（支座适用温度为－25℃～＋60℃） |
| | | 加 5201 硅脂润滑后,耐寒型活动支座摩阻系数不大于 0.06（支座适用温度为－40℃～＋60℃） |
| 球形支座 | | 加 5201 硅脂润滑后,活动支座摩擦系数不大于 0.03（支座适用温度为－25℃～＋60℃） |
| | | 加 5201 硅脂润滑后,活动支座摩擦系数不大于 0.05（支座适用温度为－40℃～＋60℃） |

## 3.3.12 疲劳荷载

我国现行规范中新增了疲劳荷载计算模型,共三种计算模型,应符合下列规定。

(1) 疲劳荷载计算模型Ⅰ对应于无限寿命设计方法,这种方法考虑的是构件永不出现疲劳破坏的情况。该计算模型采用等效的车道荷载,集中荷载为 $0.7p_k$,均布荷载为 $0.3q_k$；$p_k$ 和 $q_k$ 按 3.3.1 节的相关内容选取,同时应考虑多车道的影响,横向车道布载系数应按表 3-8 选取。

(2) 疲劳荷载计算模型Ⅱ采用双车模型,双车模型轴距与轴重相同,其单车的轴重与轴距布置如图 3.9 所示。计算疲劳荷载时,两车的中心距不得小于 40m。

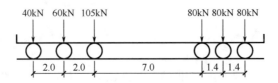

图 3.9　疲劳荷载计算模型 II 单车的轴重与轴距布置（尺寸单位：m）

（3）疲劳荷载计算模型 III 采用单车模型，其轴重与轴距布置如图 3.10 所示。

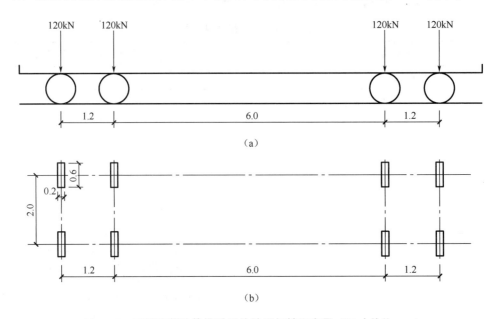

图 3.10　疲劳荷载计算模型 III 的轴重与轴距布置（尺寸单位：m）

（4）当构件和连接不满足疲劳荷载计算模型 I 的验算要求时，应按疲劳荷载计算模型 II 验算。

（5）桥面系构件的疲劳验算应采用疲劳荷载计算模型 III。

### 3.3.13　波浪力

位于外海、海湾、海峡的桥梁，其下部结构设计时应考虑波浪力的作用，且宜开展专题研究确定波浪力的大小。

## 3.4　偶然作用

### 3.4.1　船舶或者漂流物的撞击作用

位于通航河流或有漂浮物的河流中的桥梁墩台，设计时应考虑船舶或漂流物的撞击作用。当无实测资料时，可参照《公路桥涵设计通用规范》（JTG D60—2015）中的第4.4.1条规定。

规划航道内可能遭受大型船舶撞击作用的桥墩，应根据桥墩的自身抗撞击能力、桥墩的位置和外形、水流流速、水位变化、通航船舶类型和碰撞速度等因素做桥墩防撞设施的设计。当设有与墩台分开的防撞击的防护结构时，桥墩设计时可不考虑船舶的撞击作用。

内河船舶的撞击作用着力点，假定为计算通航水位线以上2m的桥墩宽度或长度的中点。海轮船舶撞击作用着力点需视实际情况而定。

### 3.4.2 汽车撞击作用

桥梁结构必要时应考虑汽车的撞击作用。汽车撞击作用标准值在车辆行驶方向取1000kN，在车辆行驶垂直方向取500kN，两个方向的撞击作用标准不同时考虑。撞击作用着力点在行车道以上1.2m处，直接分布于撞击涉及的结构构件上。

对于设有防撞设施的结构构件，可视防撞设施的抗撞击能力，对汽车撞击作用标准值予以折减，但折减后的汽车撞击作用标准值不应低于上述规定值的1/6。

## 3.5 地震作用

地震动峰值加速度大于0.10g、0.15g、0.20g、0.30g地区的公路桥梁，应进行抗震设计。地震动峰值加速度大于或等于0.30g地区的公路桥梁，应进行专门的抗震研究和设计。地震动峰值加速度小于或等于0.10g地区的公路桥梁，除有特殊要求外，可采用简易地震设防措施。做过地震区划的地区，应按主管部门审批后的地震动参数进行抗震设计。

公路桥梁地震作用的计算及结构的设计，应符合现行《公路工程抗震规范》（JTG B02—2013）和《公路桥梁抗震设计细则》（JTG/T B02—01—2008）的规定。

## 本 章 小 结

本章主要介绍了桥梁的作用与荷载的概念。

永久作用是指在结构使用期内，其量值不随时间变化，或其变化值与平均值相比可以忽略不计的作用。

可变作用是指在结构使用期内，其量值随时间变化，且其变化与平均值相比不可忽略的作用。

结构或构件设计时，针对不同设计目的所采用的各种作用规定值包括作用标准值、准永久值、频遇值和组合值。

公路桥梁按承载能力极限状态设计和正常使用极限状态设计时采用不同的作用效应组合。

汽车荷载由车道荷载和车辆荷载组成，车道荷载由均布荷载和集中荷载组成。当桥梁横向布置车道数等于或大于2时，应考虑车辆荷载的横向折减；当桥梁计算跨径大于150m时，应考虑车道荷载的纵向折减。

## 习 题

3-1 试阐述桥梁的作用与荷载的含义及其区别。

3-2 我国《公路桥涵设计通用规范》(JTJ D60—2015) 中,将桥梁作用分为哪几类?说明每类作用的定义。

3-3 试阐述作用代表值、作用标准值及作用频遇值的具体含义。

3-4 永久作用的代表值是什么?

3-5 什么是作用效应?公路桥梁结构按正常使用极限状态设计时,采用哪两种效应组合?

3-6 钢筋混凝土简支梁桥主梁在结构重力、汽车荷载和人群荷载作用下,分别得到主梁1/4跨径处截面弯矩标准值:结构重力产生的弯矩 $M_{Gk}=552$kN·m,汽车荷载弯矩值 $M_{L1k}=459.7$kN·m(冲击系数为0.26),人群荷载弯矩 $M_{L1k}=40.6$kN·m。试计算设计时的作用效应组合。

3-7 公路桥梁汽车荷载分为哪几个等级?汽车荷载由哪几种荷载组成?桥梁结构的整体计算和局部计算分别采用哪种汽车荷载?

3-8 桥梁可变作用包括哪些?

3-9 桥梁偶然作用包括哪些?

# 第4章 桥面构造与布置

### 教学目标

本章主要介绍桥面构造及布置，包括桥面组成和布置，桥面铺装，桥面防水和排水，桥面伸缩缝，人行道、栏杆、灯柱和护栏。通过本章的学习，学生应达到以下目标。

（1）掌握桥面的组成和布置。
（2）掌握桥面铺装的作用、类型和设置。
（3）了解桥面防水和排水设施的类型和设置。
（4）掌握桥面伸缩缝的作用、种类、适用特点及设置注意事项。
（5）了解人行道、栏杆、灯柱与护栏等构造及设置要求。

### 教学要求

| 知识要点 | 能力要求 | 相关知识 |
| --- | --- | --- |
| 桥面的构造和布置 | （1）掌握桥面构造的组成；<br>（2）掌握桥面布置的形式 | （1）桥面构造；<br>（2）分车道桥面 |
| 桥面铺装及防水和排水设施的作用、类型和设置 | （1）掌握桥面铺装的作用、类型和设置；<br>（2）掌握桥面纵、横坡的设置；<br>（3）了解桥面防水和排水设施的类型和设置 | （1）水泥混凝土；<br>（2）沥青混凝土；<br>（3）沥青表面处治；<br>（4）排水系统 |
| 桥面伸缩缝的作用、种类和适用特点及注意事项 | （1）掌握伸缩缝的作用与基本要求；<br>（2）掌握伸缩缝的种类和适用特点；<br>（3）掌握伸缩缝设置的注意事项 | （1）温度变化及其对结构的影响；<br>（2）混凝土收缩徐变；<br>（3）结构安全余量；<br>（4）梁端转角变位 |
| 人行道、栏杆、灯柱及护栏等构造及设置要求 | （1）了解人行道的构造形式；<br>（2）了解栏杆和灯柱的设置要求；<br>（3）了解护栏的种类、构造及设置要求 | 护栏设置原则 |

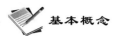

**基本概念**

桥面布置形式；桥面铺装；泄水管；伸缩缝。

当汽车等交通工具行驶在桥梁上时，桥面构造直接与车辆和大气等接触，可以保护桥面板不受车辆轮胎的直接磨耗，防止主梁遭受雨水的侵蚀，并能对车辆轮重的集中荷载起一定的分布作用。

桥面构造本身对环境的影响十分敏感，属于桥梁工程中的薄弱环节。但是由于桥面构造工程量小，项目繁杂，以及其附属性的地位，往往在设计和施工中得不到应有的重视，从而容易在运营过程中引发弊病，直接影响到行车安全和桥梁的使用功能、布局及美观。因此，必须全面了解桥面各部件的工作性能，合理选择结构类型，精心设计，精心施工。

## 4.1 桥面的组成和布置

桥面构造通常包括桥面铺装、防水和排水设施、伸缩装置、人行道（或安全带）、缘石、栏杆、中间分隔带和照明灯具等（图 4.1）。桥面构造直接与车辆、行人接触，虽然不是主要承重结构，但它对桥梁功能的正常发挥，主要构件的保护，车辆、行人的安全及桥梁的美观等都是十分重要的。因此，应对桥面构造的设计和施工给予足够的重视。

桥面布置应在桥梁的总体设计中考虑，并应根据道路等级、桥梁宽度、行车要求等条件确定。

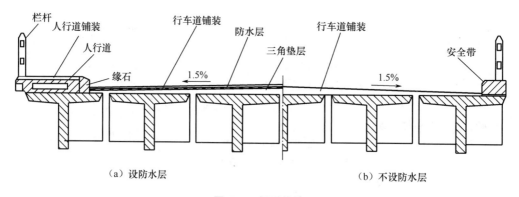

图 4.1 桥面构造

### 4.1.1 城市桥梁的桥面布置

城市桥梁桥面布置形式主要有如下几种。

（1）双向车道桥面布置，即行车道的上下行交通布置在同一桥面上（图 4.1）。在桥面上，上下行交通用画线分隔，没有明显的界线，由于在桥梁上同时存在上下行机动车和非机动车,车辆只能中速或低速行驶,对交通量较大的道路,往往会造成交通滞流状态。

(2) 分车道桥面布置,即桥面上设置分隔带(图 4.2),使上下行交通分隔,甚至机动车道与非机动车道分隔、行车道与人行道分隔。这种桥面布置形式可提高行车速度,便于交通管理。

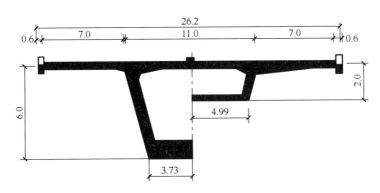

图 4.2　分车道桥面布置(尺寸单位:m)

(3) 双层桥面布置,即桥梁结构在空间上提供两个不在同一平面上的桥面构造(图 4.3)。双层桥面布置可以使不同的交通严格分道行驶,提高了车辆和行人的通行能力,便于交通管理。同时,在满足交通要求时,可以充分利用桥梁净空,减小桥梁宽度、缩短引桥长度,达到较好的经济效益。

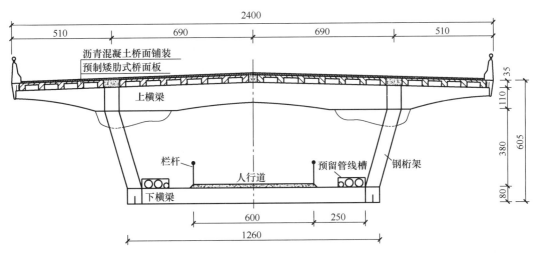

图 4.3　双层桥面布置(尺寸单位:cm)

### 4.1.2　高等级公路桥梁的桥面布置

高等级公路桥梁的桥面一般采用分隔带或分离式主梁布置(图 4.4),使上下行交通完全分开,减少行车干扰、提高车速。高等级公路桥梁不宜设人行道。

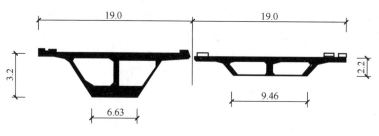

图 4.4 分离式主梁布置（尺寸单位：m）

## 4.2 桥面铺装

### 4.2.1 桥面铺装

桥面铺装也称行车道铺装，其功能是保护桥面板不受车辆轮胎（或履带）的直接磨损，防止主梁遭受雨水的侵蚀，并能对车辆轮重的集中荷载起一定的分散作用。因此，桥面铺装应具有抗车辙、行车舒适、抗滑、不透水、刚度好和与桥面板结合良好等特点。

桥面铺装可采用沥青表面处治、水泥混凝土和沥青混凝土等。沥青表面处治桥面铺装，耐久性较差，仅在中级或低级公路桥梁上使用。水泥混凝土和沥青混凝土桥面铺装性能良好，应用较广。

水泥混凝土的耐磨性能好，适合重载交通。水泥混凝土桥面铺装直接铺设在防水层或桥面板上，层厚不宜小于 8cm，水泥强度等级不应低于 C40，铺设时应避免水泥二次成形。水泥混凝土铺装层内应配置钢筋网，钢筋直径不应小于 8mm，间距不宜大于 10cm。

大桥和特大桥因结构体系的原因，桥面板常受拉、压应力的交替作用，为防止桥面铺装参与受力而导致开裂，在高速公路、一级公路上的特大桥、大桥宜采用沥青混凝土桥面铺装。

沥青混凝土桥面铺装由黏层、防水层、保护层及沥青面层组成，其总厚度宜为 6～10cm，铺设方式分为单层式和双层式两种。高速公路、一级公路的沥青混凝土桥面铺装为双层式，下层为 3～4cm 中粒式沥青混凝土整平层，表面层的厚度与级配类型可与其相邻桥头引线相同，但不宜小于 2.5cm。多雨潮湿地区、纵坡大于 5% 或设计车速大于 50km/h 的大中型高架桥、立交桥的桥面铺装应设抗滑表层。

沥青混凝土维修养护方便，铺筑后几小时就能通车，但易老化和变形。因此，沥青材料应采用重交通沥青或改性沥青。改性沥青混凝土是高性能沥青混凝土材料，具有抗滑、密实、抗车辙、减少开裂等优点，值得推广应用。

### 4.2.2 桥面纵坡、横坡

桥面设置纵坡、横坡，以利于雨水迅速排出，可防止或减少雨水对铺装层的渗透，从而保护了行车道板，延长了桥梁使用寿命。

桥面上设置纵坡有利于排水，同时，在平原地区，还可以在满足桥下通航净空要求的前提下，降低墩台标高，减少引桥跨长或桥头引道土方量，从而节省工程费用。桥面的纵坡，一般都做成双向纵坡，纵坡坡度一般为3%～4%。

桥梁除了设有纵坡外，尚应将桥面铺装沿横向设置足够的横坡，横坡坡度可与路面横坡坡度相同或比后者大0.5%。对于沥青混凝土或水泥混凝土桥面铺装，行车道桥面通常采用抛物线形横坡，人行道桥面则用直线形横坡。对于匝道桥，为了平衡汽车行驶的离心力，一般将桥面做成外侧高、内侧低的圆弧形单向横坡（图4.5）。

图4.5 匝道桥桥面单向横坡（桥面外侧高、内侧低的圆弧形）

桥面横坡的形成通常有3种方法。

（1）对于板桥（矩形板梁或空心板梁）或就地浇筑的肋板式梁桥，将墩台顶部做成倾斜的，在其上盖桥面板[图4.6（a）]，可节省铺装材料并减轻恒荷载。

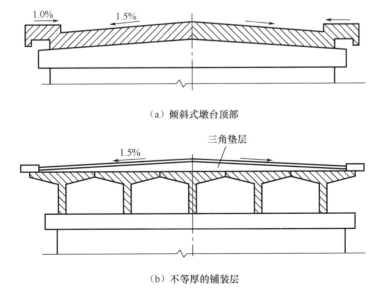

(a) 倾斜式墩台顶部

(b) 不等厚的铺装层

图4.6 桥面横坡的形成方法

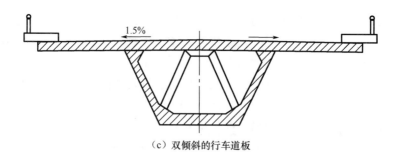

(c)双倾斜的行车道板

图 4.6　桥面横坡的形成方法（续）

（2）对于装配式肋板桥，可采用不等厚的铺装层包括混凝土的三角垫层和等厚的路面铺装层［图 4.6（b）］，方便施工。

（3）桥宽较大时，直接将行车道板做成双倾斜的［图 4.6（c）］，可减轻恒荷载，但主梁构造、制作均较复杂。

桥宽不大时，经常采用第 2 种方法。

## 4.3　桥面防水和排水

为了保障桥面行车畅通、安全，防止桥梁结构受降水侵蚀，应设置完善的桥面防水和排水设施。

### 4.3.1　防水层的设置

桥面的防水层设置在铺装层下，可将透过铺装层渗下的雨水汇集到排水设备（泄水管）而排出。

对于防水要求高或桥面板位于结构受拉区可能出现裂纹的混凝土梁桥，应在铺装层内设置防水层（图 4.7）。

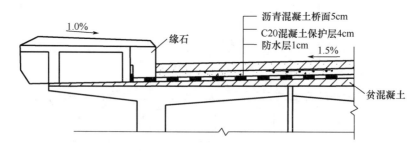

图 4.7　铺装层内防水层的设置

防水层有以下 3 种类型。

（1）沥青涂胶下封层，即洒布薄层沥青或改性沥青，其上布一层砂，经碾压形成。

（2）高分子聚合物涂胶，如聚氨酯胶泥、环氧树脂、阳离子乳化沥青、氯丁胶乳等。

（3）沥青或改性沥青防水卷材，以及浸渍沥青的无纺土工布等。

设计时应选用便于施工、坚固耐久、质量稳定的防水材料。为避免防水层在施工过程中被破坏，其上宜铺设厚度为1cm的AC-10或AC-5沥青混凝土或沥青表面处治。

当采用柔性防水层材料（如卷材）时，为了增强桥面铺装的抗裂性，应在其上的混凝土铺装层或垫层中铺设 $\phi 3 \sim \phi 6$ 的钢筋网，网格尺寸为15cm×15cm～20cm×20cm。

无专门防水层时，应采用防水混凝土铺装或加强排水和养护。

## 4.3.2 排水设施的设置

为了迅速排除桥面积水，防止雨水积滞于桥面并渗入梁体而影响桥梁的耐久性，在桥梁设计时要有一套完整的排水系统，包括桥面上设置纵、横坡排水及设置一定数量的泄水管和排水管。

1. 泄水管

梁桥上常用的泄水管宜设置在桥面行车道边缘处，距离缘石10～15cm，如图4.8所示，沿行车道两侧可以对称排列，也可以交错排列。

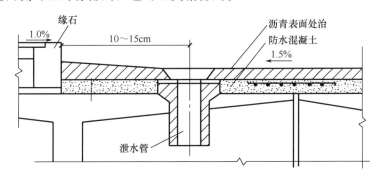

**图4.8 泄水管的设置**

泄水口的间距应依据设计径流量计算确定，但最大间距不宜超过20m。通常当桥面纵坡大于2%而桥长小于50m时，桥上可以不设泄水管，此时，可在引道两侧设置流水槽，以免雨水冲刷路基；当桥面纵坡大于2%而桥长大于50m时，桥上每隔12～15m设置一个泄水管；当桥面纵坡小于2%时，桥上每隔6～8m设置一个泄水管。在桥梁伸缩缝的上游方向应增设泄水管，在凹型竖曲线的最低点及前后3～5m处应各设置一个泄水管。桥面上泄水管的过水面积按每平方米桥面不少于2～3cm²设置。

泄水管可采用圆形或矩形。圆形泄水管的内径宜为15～20cm；矩形泄水管的宽度宜为20～30cm，长度宜为30～40cm。泄水管顶部采用铸铁格栅盖板，其顶面应比周围路面低5～10mm。

泄水管常采用铸铁管或塑料管，最小内径为15cm。泄水管周围的桥面板应配置补强钢筋网。

对于跨越一般河流、水沟的桥梁，桥面水流入泄水管后可直接向下排放（图4.8）。对于一些跨径不大、不设人行道的小桥，可以直接在行车道两侧的安全带或缘石上预留横向孔道，用铁管或竹管将水排出桥面，横向孔道口要伸出构件2～3cm以便滴水，但这种做法的横向孔道易淤塞。

2. 排水管或排水槽

排水管材料有铸铁管、塑料管（聚氯乙烯 PVC 或聚乙烯 PE）或钢管，其内径应等于或大于泄水管的内径。排水槽宜采用铝质或钢质材料，也可采用水泥混凝土材料，其横截面常为矩形或 U 形，宽度或深度均宜为 20cm 左右。纵向排水管或排水槽的坡度不得小于 0.5%。桥梁伸缩缝处的纵向排水管或排水槽应设置可供伸缩的柔性套筒。寒冷地区的竖向排水管，其末端宜距地面 50cm 以上。

跨越公路、铁路、通航河流的桥梁及城市桥梁，流入泄水管中的雨水，应汇集在纵向排水管或排水槽内，并通过设在墩台处的竖向排水管（落水管）流入地面排水设施或河流中（图 4.9）。

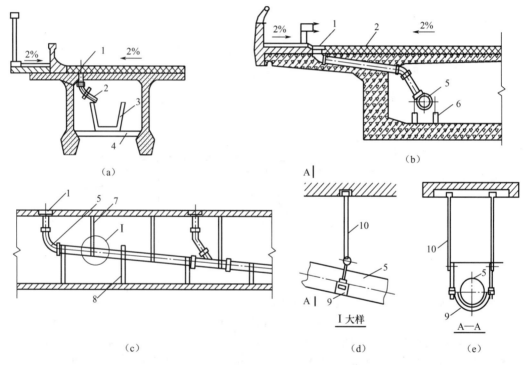

注：1—泄水漏斗；2—泄水管；3—钢筋混凝土排水槽；4—横梁；5—纵向排水管；
6—支撑结构；7—悬吊结构；8—支柱；9—弧形箍；10—吊杆。

图 4.9 桥面排水设施构造

## 4.4 桥面伸缩缝

### 4.4.1 伸缩缝的作用及基本要求

桥面伸缩缝的主要作用是适应桥梁上部结构在气温变化、活荷载作用、混凝土收缩徐变等因素的影响下变形的需要，并保证车辆平稳地通过桥面。一般设在两梁端之间及梁端与桥台背墙之间。特别要注意,在伸缩缝附近的栏杆、人行道结构也应断开,以满足桥梁的自由变形。

桥梁变形量主要是考虑以伸缩缝设置时的温度为基准,由温度变化引起的伸缩量和混凝土的收缩徐变所引起的伸缩量作为基本伸缩量,其计算见式(4-1)。

$$\Delta l = \Delta l_t^+ + \Delta l_t^- + \Delta l_s + \Delta l_e \qquad (4-1)$$

式中:$\Delta l_t^+$——温度升高引起的桥梁的伸长量;

$\Delta l_t^-$——温度下降引起的桥梁的缩短量;

$\Delta l_s$——由于混凝土收缩引起的桥梁的收缩量;

$\Delta l_e$——由于混凝土徐变引起的桥梁的收缩量。

对于其他因素,如梁端的转角变位、安装时的偏差等,一般都作为安全裕量和构造上的需要来考虑。通常在基本伸缩量的基础上,再增加20%的安全裕量即可。

## 4.4.2 常用伸缩装置的构造

桥梁伸缩装置的类型有钢梳齿板式伸缩装置、橡胶伸缩装置(含模数式)及无缝式伸缩装置,其构造如图4.10所示,目前多用橡胶伸缩装置。

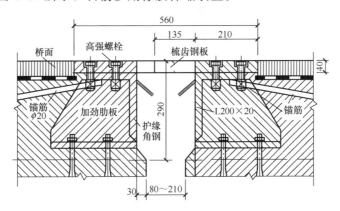

(a)钢梳齿板式伸缩装置的构造

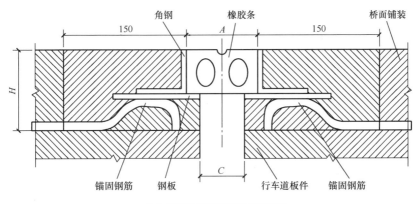

(b)矩形橡胶条型伸缩装置的构造

图4.10 桥梁伸缩装置的构造(尺寸单位:mm)

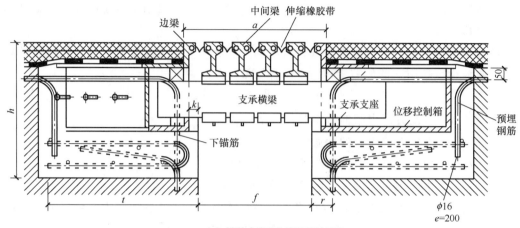

(c)模数式橡胶伸缩装置的构造

(d)模数式橡胶伸缩装置的鸟形密封胶条照片

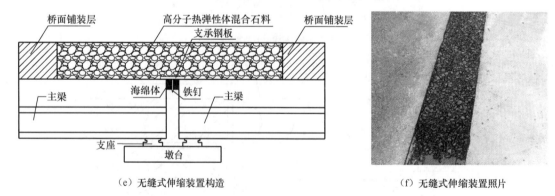

(e)无缝式伸缩装置构造  (f)无缝式伸缩装置照片

图 4.10 桥梁伸缩装置构造（尺寸单位：mm）（续）

1）钢梳齿板式伸缩装置

对于梁端变形量较大（40mm 以上）的情况，可采用钢板为跨缝材料的伸缩缝构造[图 4.10（a）]。钢板做成梳齿形式，为钢梳齿板式伸缩装置，多用于中、大型桥梁。

2）橡胶伸缩装置

橡胶作为伸缩缝的填嵌材料，既富于弹性，又易于胶贴（或胶接），能满足变形要求并兼备防水功能。

按照伸缩缝结构不同，桥梁橡胶伸缩装置可分为纯橡胶式、板式、组合式和模数式四种，其选型主要视桥梁变形量的大小和活荷载轮重而定，最大的伸缩量可达2000mm。图4.10（b）所示为矩形橡胶条型伸缩装置，当桥梁架好后，在端部焊好角钢，涂上胶，再将橡胶条强行嵌入，伸缩量为20~50mm。图4.10（c）所示为德国毛勒伸缩装置的一种（模数式橡胶伸缩装置），密封橡胶条为鸟形构造［图4.10（d）］，伸缩量为80~1040mm。

3）无缝式伸缩装置

无缝式伸缩装置是一种新颖伸缩装置，主要由高分子热弹性混合石料和跨缝支承钢板构成［图4.10（e）］。无缝式伸缩装置是将伸缩缝上面一窄条范围的桥面铺装层替换为一种高分子热弹性混合石料，热弹性混合石料具有很强的黏结力，能与沥青混凝土、水泥混凝土、钢板等黏合牢固，无须锚固结构。热弹性混合石料高温下呈塑性，便于施工［图4.10（f）］；在常温下呈弹性，能支承车辆荷载，并适应桥梁的伸缩位移；与桥面接合平顺，行车平稳舒适；防水性能较好。

《公路钢筋混凝土及预应力混凝土桥涵设计规范》（JTG 3362—2018）规定：公路桥梁宜根据结构要求选用模数式伸缩装置、钢梳齿板式伸缩装置和无缝式伸缩装置。有特殊要求时，经专门研究论证后，可选用其他形式的伸缩装置。

桥梁伸缩装置暴露在大气中，直接经受车辆荷载、人群荷载的反复摩擦、冲击作用，稍有缺陷或不足，就会引起跳车等不良现象，严重时还会影响到桥梁结构本身和通行者的生命安全，是桥梁中最易损坏而又较难修缮的部位，需经常维护，清除缝内杂物，并及时更换。

## 4.4.3　伸缩缝在桥梁中的设置

不同体系的桥梁，伸缩缝的设置各有不同。

1）简支梁桥

（1）单跨简支梁桥。单跨简支梁桥的伸缩缝布置在桥跨结构和桥台的结合处，一端设置一条，但不一定需要在两端的伸缩缝处都安装伸缩装置。从满足桥梁变形和平衡车辆制动力方面考虑，一端设置伸缩装置；另一端设置一条可以传递轴力但不能传递弯矩、不能补偿缝宽的简易接缝，其构造类似于混凝土路面上的假缝。

（2）多跨简支梁桥。板式橡胶支座的出现，改变了以往在多跨简支梁桥上，每跨都必须设置伸缩缝的做法。板式橡胶支座具备既能承受水平力，又能产生水平变位的特性，使得将若干孔简支梁连成一联成为可能，仅在每联的两端设置伸缩缝，而在连接处设置不能传递弯矩的假缝。如此，不仅减少了伸缩装置的数量，还提高了行车的舒适性。但是，没有必要因此而将每联的长度做得太长。综合考虑伸缩装置和支座的技术经济指标，每联的长度以80~100m为宜。对于2、3跨的多跨简支小桥，仍然可以考虑仅在一端设置伸缩装置，另一端用假缝直接和桥台背墙连接。对于4跨简支梁小桥，由于总长度不大，也可以考虑把伸缩缝和伸缩装置设置在桥梁中间部位，以充分利用桥台的刚度来承受制动力。

2）连续梁桥

连续梁桥在桥台处必定设置伸缩缝，每个连续区段的两端也必须设置伸缩缝。

3）拱桥

凡是拱桥的桥面采用无推力的梁式体系，就必须设置伸缩缝。

4）悬索桥

悬索桥桥面的伸缩缝既可以设置在桥塔下，也可以设置在桥台，宜根据具体情况而定。

5）斜拉桥

斜拉桥的桥面，只能在其连续桥面的两端设置伸缩缝。

对于多跨简支梁桥，桥面应做到尽量连续，使得多孔简支梁在竖向荷载作用下的变形形态为简支或部分连续体系，而在纵向水平力作用下的变形形态为连续体系。图 4.11 所示为简支梁桥桥面连续构造示意图。钢筋 $N_2$ 和钢板 $N_1$ 需预先焊好，埋设在主梁内。预制梁时，梁端接缝处从翼板根部向上在全梁宽度按 10∶1 做成斜面，在进行桥面连接前应先涂黄油再填 C30 混凝土。

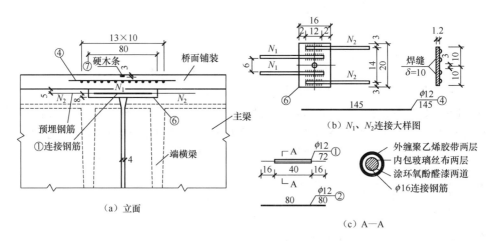

图 4.11 简支梁桥桥面连续构造示意图（尺寸单位：cm）

但经验表明，采用桥面板连续构造，连续部分桥面易开裂，因此近年来发展了简支-连续结构（图 4.12），使多跨简支梁在一期恒荷载作用下处于简支体系受力，在二期恒荷载和活荷载作用下处于连续体系受力。这种简支-连续结构具有施工方便、桥面伸缩小、行车平顺等优点，因此得到了越来越广泛的使用。

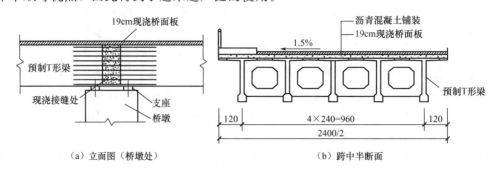

图 4.12 简支-连续构造（尺寸单位：cm）

### 4.4.4 伸缩缝设置注意事项

1) 伸缩缝装置在桥梁接缝处的排水

在桥梁的接缝处，人行道或防撞栏杆也是断开的，行车道桥面上的雨水不宜通过人行道或防撞栏杆处的缝隙横向径自流落地面，而应选用能阻挡桥面雨水横向排出的伸缩缝。桥台处的伸缩缝应将端部向上弯起，桥台背墙也应高起，以便将桥面泄水导向台背，流向路堤，而不是下泄到台帽。

2) 桥梁接缝处人行道或防撞栏杆的连接构造

在桥梁接缝处，对人行道和防撞栏杆要做适当处理。通用的做法是在人行道上覆盖钢板，钢板一端和下面的步道固定，另一端跨过伸缩缝随梁体在伸缩缝另一端的步道上来回滑动。高速公路桥梁上的钢筋混凝土墙式防撞栏杆或组合式栏杆，当接缝处的伸缩量不大于 80mm 时，可任其空缺或充填腻子；当伸缩量超过 80mm 时，宜用钢板做一个和防撞栏杆外形相符的罩子，将伸缩缝缺口罩住，罩子的一端必须和同一端的防撞栏杆固定，另一端则是活动端。

3) 顺桥向的伸缩缝

在某些特定情况下，桥梁上部结构需要设置顺桥向的伸缩缝，这种伸缩缝横桥向的宽度基本不变，但伸缩缝的两边会随着梁体的伸缩出现顺桥向的错动。在这里设置的伸缩缝必须能在错动的条件下，满足防水、防漏的要求。

4) 立交匝道处的伸缩缝设置

立交的匝道和主桥桥面之间宜设置伸缩缝，做到受力分离。

5) 坡桥上的简支连续桥面

简支连续桥面采用板式橡胶支座。对于坡桥，由于桥台和边墩的刚度相对较大，那么该联桥面的变形中性点并不是想当然地就在其长度的 1/2 处；而且在架设预制梁时，通常都没有在梁底的支点处设置楔形垫块，这样桥面的伸缩还受到重力影响，从而使得同一联桥面两端的伸缩缝装置的活动量并不相等，高端桥面处伸缩装置的伸缩量明显大于低端桥台处伸缩缝装置的伸缩量，甚至超过容许值，造成高端桥面处伸缩装置被拉坏。这一点在设计时应多加注意，计算伸缩量时要考虑中性点的位置。

## 4.5 人行道、栏杆、灯柱与护栏

### 4.5.1 人行道

位于城镇和近郊的桥梁均应设置人行道，其宽度和高度应根据行人的交通流量和周围环境确定。人行道的宽度宜为 1m；当宽度要求大于 1m 时，按 0.5m 的倍数增加。表 4-1 为城市桥梁桥面人行道参考宽度。在快速路、主干路、次干路或行人稀少路段，若两侧无人行道，则应设安全带。安全带宽度为 0.50～0.75m，高度不小于 0.25m。近年来，为了保证行车安全，安全带的高度已经达到 0.4m 以上。

表 4-1　城市桥梁桥面人行道参考宽度

| 桥梁等级及地段 | 人行道宽度（单侧）/m | 桥梁等级及地段 | 人行道宽度（单侧）/m |
|---|---|---|---|
| 火车站、码头、长途汽车站附近和其他行人聚集地段 | 3～5 | 一般街道地段 | 1.5～3 |
| 大型商店和大型公共文化机关附近，商业闹市区 | 2.5～4.5 | 大桥、特大桥 | 2～3 |

人行道顶面应做成倾向桥面 1%～1.5% 的排水横坡，城市桥梁人行道顶面可铺彩砖，以增加美观。此外，人行道在桥面断缝处必须设置伸缩缝。

人行道的构造形式多种多样，根据不同的施工方法有就地浇注式、预制装配式、部分装配和部分现浇的混合式。就地浇注式的人行道现在已经很少采用，而预制装配式的人行道具有构件标准化、拼装简单化等优点，在各种桥梁结构中应用广泛。

常见的人行道构造如图 4.13 所示。图 4.13（a）所示为整体预制的 F 形人行道，搁置在主梁上，适用于各种净宽的人行道，人行道下可以放置过桥的管线，但是管线的检修和更换十分困难。图 4.13（b）所示为人行道附设在板上，人行道部分用填料填高，上面敷设 2～3cm 砂浆面层或沥青砂，人行道内层设置缘石；图 4.13（c）所示为小跨宽桥上将人行道部分墩台加高，在其上搁置独立的人行道板，成为独立的人行道；图 4.13（d）所示为就地浇注式人行道，适用于整体浇注的钢筋混凝土梁桥，而将人行道设在挑出的悬臂上，这样就可以缩短墩台宽度。

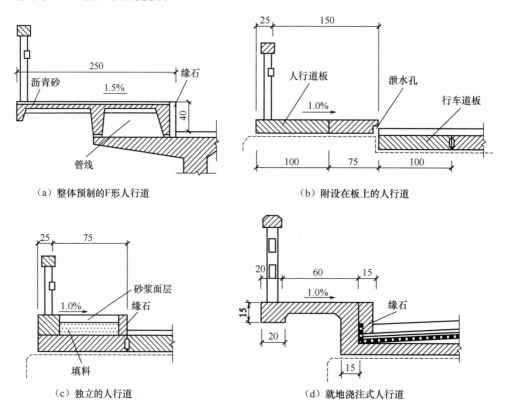

图 4.13　常见的人行道构造（单位：cm）

图 4.14 所示为《公路桥涵标准图 梁式桥上部公用构造 安全带、人行道、栏杆、伸缩缝、泄水管、支座》(JT/GQB 014—1973)中分体预制悬臂装配式人行道构造。人行道横梁 A（用于安装栏杆柱）、人行道横梁 B 搁在行车道主梁上，一端悬臂挑出，另一端则通过预埋的钢板与主梁预留的锚固钢筋焊接。支撑梁用来固定人行道横梁的位置。按《公路钢筋混凝土及预应力混凝土桥涵设计规范》(JTG 3362—2018) 的规定，现浇混凝土人行道板厚度不小于 8cm，预制装配式人行道板厚度不小于 6cm。

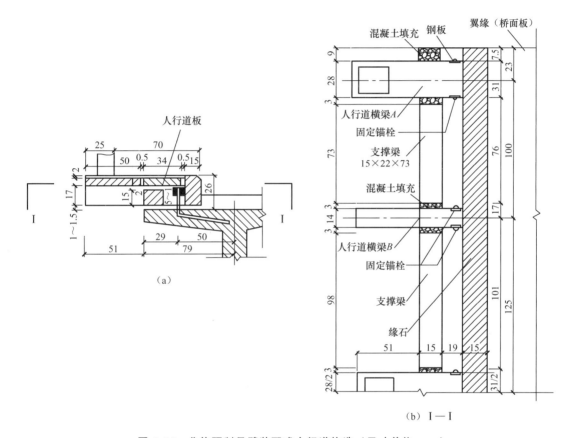

图 4.14 分体预制悬臂装配式人行道构造（尺寸单位：cm）

## 4.5.2 栏杆

桥梁栏杆设置在人行道上，其重要功能在于防止行人和非机动车辆掉落。其设计应符合受力要求，并注意美观，高度不应小于 1.1m。注意：在靠近桥面伸缩缝处的所有栏杆，均应断开，使扶手与柱之间能自由伸缩。

## 4.5.3 灯柱

在城市桥梁上及城郊行人和车辆较多的公路桥梁上，都要设置照明设备。桥梁照明应防止眩光，必要时应采用严格的控光灯具，而不宜采用栏杆照明方式。大型桥梁和具有艺术、历史价值的中、小型桥梁的照明应进行专门设计，既要满足功能要求，又要顾及艺术效果，还要与桥梁的风格相协调。

灯柱可以设在栏杆扶手的位置上，在较宽的人行道上也可设在靠近路缘石处。照明用灯一般高出车道 8～12m。钢筋混凝土灯柱的柱脚可以就地浇筑并将钢筋锚固于桥面中。铸铁灯柱的柱脚可固定在预埋的锚固螺栓上。照明及其他用途所需的电信线路等通常都从人行道下的预留孔道内通过。

### 4.5.4　护栏

为了避免发生机动车辆碰撞行人和非机动车辆的严重事故，对于高速公路，汽车专用一级公路上的特大、大、中型桥梁，必须根据其防撞等级在人行道与车行道之间设置护栏。一般公路的特大、大、中型桥梁在条件许可的情况下也应设置护栏。在有人行道的桥梁上，应按实际需要在人行道和行车道分界处设置机动车辆与行人之间的分隔护栏。

1) 护栏一般规定及设置原则

护栏的一般规定如下。

(1) 常用路侧桥梁护栏按防撞等级可分为 C、B、A、SB、SA、SS、HB、HA 八级，常用中央分隔带桥梁护栏按防撞等级可分为 Bm、Am、SBm、SAm、SSm、HBm、HAm 七级。高速公路、一级公路桥梁护栏的混凝土等级不应低于 C30，其他公路桥梁护栏的混凝土强度等级不应低于 C20。

(2) 桥梁护栏的任何部分不得侵入现行《公路工程技术标准》(JTG B01—2014) 规定的公路建筑限界以内。

(3) 当分离式桥梁的中央分隔带宽度大于标准段时，护栏应按路侧桥梁护栏的防撞等级进行设计。

桥上设置护栏不仅是为了提高桥上行驶车辆的安全程度，还要避免车辆越出行车道或桥外，发生二次事故。据此护栏的设置原则如下。

① 高速公路桥梁的外侧和中央分隔带必须设置桥梁护栏。

② 作为干线公路的一级、二级公路桥梁必须设置路侧护栏，作为干线公路的一级公路桥梁必须设置中央分隔带护栏。

③ 作为集散公路的一级、二级公路桥梁应设置路侧护栏，作为集散公路的一级公路桥梁宜设置中央分隔带护栏。

④ 跨越深谷、深沟、江河湖泊的三、四级公路桥梁应设置路侧护栏，位于其他路段经综合认证可不设置护栏的桥梁应设置视线诱导设施或人行栏杆。跨越干线铁路的道路桥梁须设置护栏。二级及以上等级公路小桥、通道、明涵的护栏防撞等级宜与相邻的路基护栏相同。

⑤ 根据车辆驶出桥外或进入对向车行道的交通事故严重程度等级，按表 4-2 的规定选取桥梁护栏的防撞等级。因桥梁线形、车辆行驶速度、桥梁高度、交通量和车辆构成等因素易造成更严重碰撞后果的路段，应在表 4-2 的基础上提高护栏的防撞等级。其中，跨越大型饮用水水源一级保护区和高速铁路的桥梁及特大悬索桥、斜拉桥等缆索承重桥梁，防撞等级宜采用八(HA)级。

表 4-2　桥梁护栏防撞等级

| 公路等级 | 设计速度 /(km/h) | 车辆驶出桥外或进入对向车道的交通事故严重程度等级 ||
|---|---|---|---|
| | | 高：跨越公路、铁路或城市饮用水水源一级保护区等路段的桥梁 | 中：其他桥梁 |
| 高速公路 | 120 | 六（SS、SSm）级 | 五（SA、SAm）级 |
| | 100、80 | 五（SA、SAm）级 | 四（SB、SBm）级 |
| 一级公路 | 60 | 四（SB、SBm）级 | 三（A、Am）级 |
| 二级公路 | 80、60 | 四（SB）级 | 三（A）级 |
| 三级公路 | 40、30 | 三（A）级 | 二（B）级 |
| 四级公路 | 20 | | |

2）护栏形式

桥梁护栏按构造特征可分为梁柱式护栏、钢筋混凝土墙式护栏和组合式护栏，如图 4.15 所示。可采用材料有金属（钢，铝合金）和钢筋混凝土。

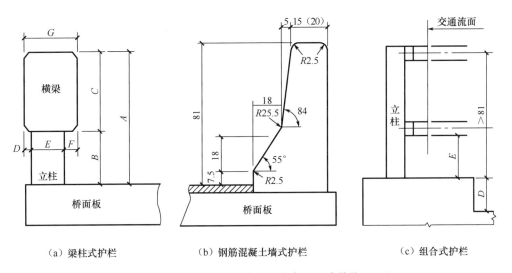

(a) 梁柱式护栏　　　(b) 钢筋混凝土墙式护栏　　　(c) 组合式护栏

图 4.15　桥梁护栏按构造特征分类（尺寸单位：cm）

桥梁护栏的形式选择，首先应满足其防撞等级的要求，避免在相应设计条件下的失控车辆跃出，同时还应综合考虑公路等级、桥梁护栏外侧危险物的特征、美观、经济性及养护维修等因素。例如，在美观要求较高或积雪严重的地区，宜采用梁柱式护栏或组合式护栏；钢桥为了减轻恒荷载，宜采用金属制护栏。

组合式护栏兼有钢筋混凝土墙式护栏的坚固和梁柱式护栏的美观的优点，在我国高速公路的桥梁上普遍采用。图 4.16 所示是一种名为美国新泽西防撞组合式护栏构造图，它的优越性在于：当汽车车轮与之相撞且碰撞角小于 10°时，能保证汽车运行轨道的校正，而不会出现较大的损伤。

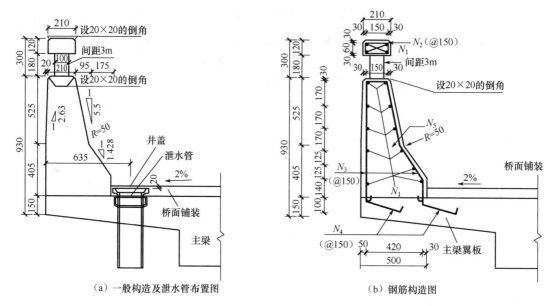

图 4.16 一种名为美国新泽西防撞组合式护栏构造图（尺寸单位：mm）

3）护栏与桥面的连接

桥梁护栏与桥面的连接方式，可根据防撞等级、护栏形式及强度计算结果进行选择。

（1）金属制护栏。

对于混凝土梁体，宜在护栏立柱底端加焊钢板和加劲板，桥面混凝土在护栏立柱位置预埋钢板，预埋钢板的周边尺寸要稍大于立柱底面的钢板，以补偿施工误差并提供焊缝所需的宽度。护栏立柱和预埋钢板的焊缝和预埋钢板的锚筋，应进行强度验算。护栏立柱和预埋钢板也可采用法兰盘地脚螺栓连接。对于钢结构桥面，护栏立柱可直接和桥面焊接。

（2）钢筋混凝土墙式护栏、梁柱式护栏。

钢筋混凝土墙式护栏、梁柱式护栏宜采用现场浇筑，为此，在桥梁混凝土桥面板的相应位置必须预留连接钢筋，连接钢筋应进行强度验算。

# 本 章 小 结

本章主要介绍了桥面的构造及布置形式，包括各组成部分的作用、类型、设置原则。

桥面构造包括桥面铺装、防水和排水设施、伸缩装置、人行道（或安全带）、栏杆、灯柱、缘石、中间分隔带和照明灯具等。

桥面铺装有沥青表面处治、水泥混凝土和沥青混凝土等类型。

桥面上设置纵坡、横坡（包括超高）排水及设置一定数量的泄水管和排水管。桥梁常用的泄水管道有竖向、横向和封闭式等形式。

为了适应桥梁上部结构在气温变化、活荷载作用、混凝土收缩徐变等因素的影响下变形的需要，并保证车辆通过桥面时平稳，常需在两梁端之间及梁端与桥台背墙之间设置桥面伸缩装置。桥梁伸缩装置的类型有钢梳齿板式伸缩装置、橡胶伸缩装置（含模数式）及无缝式伸缩装置等。

在桥梁的人行道（或安全带）外侧应设置栏杆或护栏，栏杆只起到安全防护作用，不能抵挡车辆的撞击；护栏则能抵挡车辆的撞击。

## 习　　题

4-1　桥面部分通常包括哪些构造？

4-2　城市桥梁主要有哪几种桥面布置形式？高速公路桥梁的桥面一般怎样布置？

4-3　桥面铺装的主要作用是什么？桥面铺装有哪几种类型？

4-4　桥面为什么要设置纵坡、横坡？一般如何设置纵坡、横坡？

4-5　桥面伸缩缝的主要作用是什么？主要有哪些类型伸缩装置？并阐述各类伸缩装置的主要特点？

4-6　桥梁护栏有哪几种构造形式？

# 第5章 混凝土梁桥的构造

### 教学目标

本章主要介绍混凝土梁桥的基本体系、混凝土梁桥的基本类型和构造。通过本章学习,学生应达到以下目标。

(1) 掌握混凝土梁桥的基本体系和受力特点。
(2) 掌握板桥的构造。
(3) 掌握简支梁桥的构造。
(4) 了解曲线梁桥的构造。
(5) 熟悉连续梁桥与刚构桥的构造。

### 教学要求

| 知识要点 | 能力要求 | 相关知识 |
| --- | --- | --- |
| 混凝土梁桥的基本体系和受力特点 | (1) 掌握混凝土梁桥的基本体系;<br>(2) 掌握混凝土梁桥的受力特点 | (1) 静定结构;<br>(2) 超静定结构;<br>(3) 正弯矩;<br>(4) 负弯矩 |
| 板桥的构造 | (1) 掌握板桥的特点与分类;<br>(2) 掌握整体式简支板桥与装配式简支板桥的构造;<br>(3) 掌握斜交板桥的构造 | (1) 板桥的特点与分类;<br>(2) 整体式简支板桥的构造;<br>(3) 装配式简支板桥的构造与横向连接;<br>(4) 斜交板桥的受力特点及构造 |
| 简支梁桥的构造 | (1) 掌握装配式简支梁桥的构造;<br>(2) 掌握组合梁桥的构造 | (1) 装配式简支T形梁桥的主梁构造、桥面板及横向连接、横梁及横向连接、墩顶连接构造;<br>(2) 预应力混凝土简支梁预应力筋的布置;<br>(3) 组合梁桥的特点 |

续表

| 知识要点 | 能力要求 | 相关知识 |
| --- | --- | --- |
| 曲线梁桥的构造 | （1）了解曲线梁桥的受力变形特点及分类；<br>（2）了解曲线梁桥的构造 | （1）弯扭耦合作用；<br>（2）曲线梁桥的桥墩和支座布置 |
| 连续梁桥与刚构桥的构造 | （1）熟悉连续梁桥的构造；<br>（2）熟悉连续刚构桥的构造 | （1）连续梁桥与刚构桥的受力特点；<br>（2）跨径布置与主梁截面形式、尺寸；<br>（3）施工方法与预应力筋布置；<br>（4）连续刚构桥的桥墩布置 |

板桥；简支梁桥；曲线梁桥；连续梁桥；连续刚构桥。

人类从一些自然现象中得到启发：在窄而浅的溪流中，用石头垫起一个接一个略出水面的石蹬，再将溪边被雷击倒的树木架于石蹬上，构成一种简陋的"木梁桥"。这便是最原始的梁桥，随着社会生产力的发展，梁桥不断由低级演进为高级，逐渐产生各式各样的桥梁。

梁桥以受弯为主的主梁作为承重结构，在竖向荷载的作用下只承受弯矩和剪力作用。由于构造简单，制造、架设和维修均较方便，加之混凝土材料优良的经济性和耐久性，使得混凝土梁桥得到了广泛的应用，这种桥型成为我国桥梁主要的结构形式。

混凝土梁桥包括板桥、简支梁桥、曲线梁桥、连续梁桥、刚构桥等，因各种桥型构造不尽相同，初学者一开始可能存在如下疑问：整体式板桥、梁桥和装配式板桥、梁桥有何差异，装配式板桥、梁桥各主板（梁）间如何连接，曲线梁桥与直线梁桥在受力上有何差异等。通过本章的学习，将对上述问题进行详细阐述。

梁桥是指在竖向荷载作用下，支座只产生竖向反力而无水平反力的结构，梁作为主要承重结构，主要承受弯矩和剪力。公路与城市道路中建造的梁桥大多采用钢筋混凝土结构或预应力混凝土结构，统称为混凝土梁桥。混凝土梁桥具有造型简单、适应工业化施工、经济及耐久性好等优点，特别是预应力技术的应用，为现代装配式结构提供了最有效的接头和拼装手段，使得混凝土梁桥得到了广泛应用，这种桥型成为我国大、中、小跨径桥梁的主要结构形式。小跨径桥梁，当主要承重的上部结构做成板的形式时，称为板桥。

刚构桥属于梁桥范畴，其与一般梁桥的主要区别在于墩梁固结。刚构桥由于墩梁固结，使得梁和墩整体受力，桥墩不仅承受梁上荷载引起的竖向压力，还承受弯矩和水平推力。刚构桥在竖向荷载作用下，梁的弯矩通常比同等跨径连续梁或简支梁小，其跨越能力更大；墩梁固结省去了大型支座，结构整体性强、抗震性能好。因此，预应力混凝土刚构桥是目前大跨径桥梁的主要桥型，最大跨径已达301m（挪威Stolma桥）。

## 5.1 混凝土梁桥的基本体系

混凝土梁桥按受力特征可分为简支梁桥、连续梁桥、悬臂梁桥及刚构桥,即 4 种基本体系(图 5.1)。当桥梁轴线在平面上是曲线或桥梁轴线与支承线斜交时,则分别称为曲线梁桥和斜梁桥(图 5.2)。

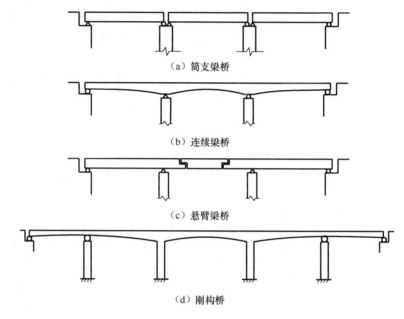

图 5.1 混凝土梁桥的基本体系

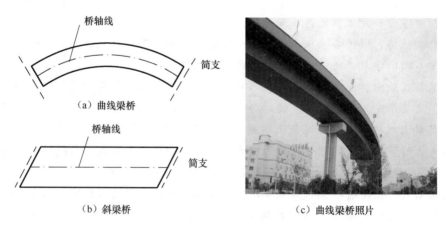

图 5.2 曲线梁桥与斜梁桥

### 5.1.1 简支梁桥

简支梁桥[图5.1（a）]是结构受力和构造最简单的桥型，其应用广泛，属于静定结构。简支梁桥的设计主要受跨中正弯矩的控制，钢筋混凝土简支梁桥的合理跨径在20m以下，预应力混凝土简支梁桥的合理跨径一般不超过50m，我国目前预应力简支梁桥的标准设计最大跨径为40m。

简支梁桥一般用于中小桥梁。在多孔简支梁桥中，为减少伸缩装置，使得行车平整舒适，目前常采用桥面连续的预应力混凝土简支梁桥。

### 5.1.2 连续梁桥

连续梁桥属于超静定结构[图5.1（b）]，在竖向荷载作用下，支点截面产生负弯矩。连续梁桥与同等跨径的简支梁桥相比，其跨中正弯矩显著减小，从而跨越能力大。连续梁桥还具有结构刚度大、变形小、主梁变形挠曲线平缓、动力性能好及有利于高速行车等优点。预应力混凝土连续梁桥的合理跨径一般在120m以内。因连续梁桥是超静定结构，基础不均匀沉降将在结构中产生附加内力，因此，其基础要求相对较高，宜用于地基较好的场所。

### 5.1.3 悬臂梁桥

悬臂梁桥[图5.1（c）]属于静定结构，在竖向荷载作用下，支点截面产生负弯矩，跨中正弯矩比简支梁桥小，跨越能力比简支梁桥大，但小于连续梁桥；主跨要增加悬臂与挂梁间的牛腿与伸缩装置，并且牛腿处变形大、伸缩缝易损坏、行车不平顺，目前已较少使用。

曲线梁桥的桥轴线在平面上为曲线[图5.2（a）]，可采用单跨一次超静定简支曲线梁或多跨连续曲梁的结构形式，属超静定结构。曲线梁桥无论是恒荷载还是汽车荷载作用都会产生扭矩，存在弯扭耦合现象，这是曲线桥与直线桥的不同之处。钢筋混凝土曲线梁桥和预应力混凝土曲线梁桥广泛用于城市立交桥中。

斜梁桥的桥轴线虽然是直线[图5.2（b）]，但其与支承线的夹角$\alpha \neq 90°$，所以为斜桥。由于桥轴线与支承线斜交，斜梁桥存在弯扭耦合现象，受力较为复杂，一般仅用于地形受到限制的跨线桥中。

### 5.1.4 刚构桥

刚构桥按受力体系可分为连续刚构桥、斜腿刚构桥、门式刚构桥和T形刚构桥（图5.3）。刚构桥的主梁一般均需承受正负弯矩作用，其横截面形式宜采用箱形，连续刚构桥主梁受力与连续梁基本相同，横截面形式和尺寸与连续梁也基本相同。

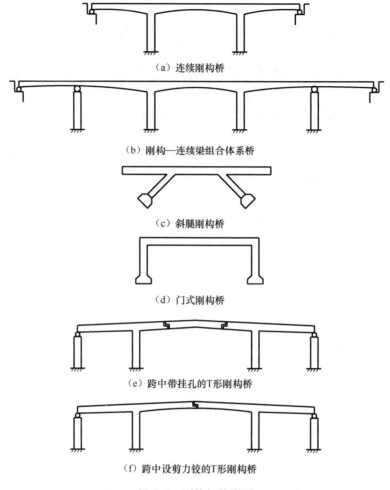

图 5.3　刚构桥的类型

1) 连续刚构桥

连续刚构桥［图 5.3（a）］，属于多次超静定结构。在大跨径连续刚构桥中，由于体系温度变化、混凝土收缩徐变等作用将使梁产生较大的纵向变形（伸长或缩短），从而导致墩顶产生较大的水平位移；为了减小墩顶水平位移产生的墩顶水平推力、墩底弯矩及结构中的其他附加内力，在设计中一般应减小墩顶的水平抗推刚度。因此，对于墩高较矮的连续刚构桥，通常采用水平抗推刚度小的双肢薄壁墩；墩高较高的连续刚构桥则可采用双肢薄壁墩或单肢薄壁墩。

对于跨数多、连续长度很长的桥梁，为了减小桥墩对梁纵向位移的约束作用及其在结构中产生的附加内力，往往在梁桥两侧的一个或多个边跨上设置滑动支座，成为刚构-连续梁组合体系桥［图 5.3（b）］。

连续刚构桥主梁连续无缝，行车平顺，特别适合于悬臂法施工，并且高墩的柔性有利于减小温度变化产生的墩顶水平推力等结构附加内力，因此大跨预应力混凝土连续刚构桥是跨越深谷、河流的合理桥型。

2）斜腿刚构桥

斜腿刚构桥的主墩斜置［图5.3（c）］属于超静定结构。在竖向荷载作用下，斜腿底端除承受竖向反力外，还承受较大的水平推力。由中跨主梁与斜腿组成的部分，相当于折线形拱桥，其压力线接近于拱桥，因此受力状态也接近于拱桥，斜腿与中跨主梁均承受较大的轴向压力。温度变化与混凝土收缩徐变等使斜腿刚构桥产生较大的附加内力，为了减小这种附加内力，一般在斜腿底部设置铰支座。由于斜腿施工难度大，斜腿与主梁连接处构造及受力较复杂，一般需在斜腿底部设置永久性铰支座，这种桥型一般用于中小跨径桥梁（跨线或跨越深谷桥梁），大跨径桥梁不常采用。

3）门式刚构桥

门式刚构桥［图5.3（d）］在竖向荷载作用下，梁的跨中弯矩值比相同跨径的简支梁小，可以降低跨中建筑高度、增大桥下净空；但是，墩柱受力严重不对称，即使在结构自重作用下，墩柱也产生较大的弯矩，从而使得主梁与墩柱相连接的节点部位，受有很大的外缘受拉的弯矩，节点外缘混凝土产生较大的拉应力，内缘混凝土产生较大的压应力，对于钢筋混凝土结构，节点往往容易产生裂缝。因此，这种桥型目前较少采用。

4）T形刚构桥

T形刚构桥有跨中带挂孔［图5.3（e）］和跨中设剪力铰的两种基本形式［图5.3（f）］。混凝土T形刚构桥是20世纪50—70年代曾经使用的一种桥型，属于静定或低次超静定结构，其受力特点是长悬臂体系，除挂孔外，主梁主要承受负弯矩作用；在混凝土收缩徐变与车辆荷载共同作用下，悬臂端的挠度较大，从而在悬臂端和挂梁（或剪力铰）的结合处形成折角，不仅导致伸缩缝与剪力铰容易损坏，且车辆在此跳动，导致行车不适；因此，这种桥型目前已较少使用。

## 5.2 板桥的构造

### 5.2.1 板桥的特点与分类

板桥是小跨径桥梁最常用的桥型之一。由于它的外形像一块薄板，故习惯称之为板桥。板桥的主要优点如下。

（1）建筑高度小，适用于桥下净空受限制的桥梁。

（2）外形简单，制作简便。内部一般无须配置抗剪钢筋，或仅按构造弯起少量斜筋。

（3）装配式板桥的预制构件，质量轻、架设方便。

板桥的主要缺点是跨径不宜过大。当跨径超过一定限度时，截面显著变大，从而自重变大，材料使用不经济。钢筋混凝土简支板桥的标准跨径不宜大于13m，钢筋混凝土连续板桥的标准跨径不宜大于16m。预应力混凝土简支板桥的标准跨径不宜大于25m，预应力混凝土连续板桥的标准跨径不宜大于30m。

板桥按施工方式可分为整体式板桥和装配式板桥，按截面形式可分为实心板桥、空心板桥和异形板桥等，按力学图式可分为简支板桥、悬臂板桥和连续板桥等，按线形布置可分为正交板桥和斜交板桥。

## 5.2.2　整体式简支板桥

整体式简支板桥一般设计为等厚度的矩形截面，如图5.4（a）所示，有时为了减轻自重，也可将截面受拉区稍加挖空设计成图5.4（b）所示的矮肋式截面，图5.4（c）、（d）是常见的城市高架桥的板桥截面形式。图5.5所示为整体式矩形实心简支板桥上部构造图。

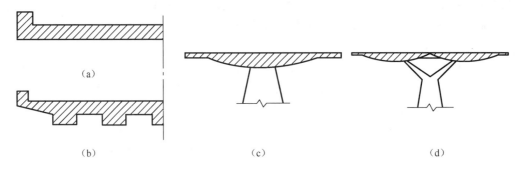

图 5.4　整体式简支板桥断面形式

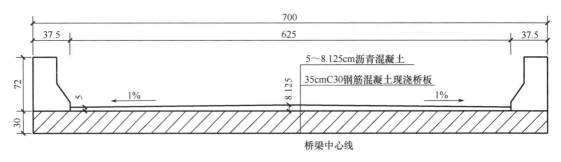

图 5.5　整体式矩形实心简支板桥上部构造图（尺寸单位：cm）

1) 整体式简支板桥的受力特点

（1）在均布恒荷载作用下，桥跨板基本处于单向受力状态，其跨中截面单位宽度上的弯矩 $M_x$ 可像简支梁跨中弯矩那样确定，而与之正交截面单位宽度上的弯矩 $M_y$ 比弯矩 $M_x$ 小得多。

（2）当车轮荷载作用在板中时，桥跨板处于双向受力状态。其跨中截面弯矩 $M_x$ 沿板横向（$y$ 轴方向）是非均匀分布的，$M_x$ 随着距荷载作用点的距离增加而减小。而横向弯矩 $M_y$ 虽大于均布荷载作用下的该值，但与 $M_x$ 相比仍然很小（图5.6）。

（3）当车轮荷载作用在桥跨板的自由边附近时，$M_x$ 和 $M_y$ 的分布规律与荷载作用在桥跨板中类似，但 $M_x$ 较大，而 $M_y$ 较小。

根据上述受力特点，实际工程中整体式简支板桥通常作为单向板考虑，采用更为实用的简化计算方法，如折算宽度法，确定其内力。该法假定车轮荷载引起的跨中弯矩 $M_x$ 由桥跨板的折算宽度 $b$ 来承担，折算宽度 $b$ 取车轮荷载的有效分布宽度。由此计算单位桥跨板宽度上的弯矩，最终确定桥跨板的受力钢筋数量。

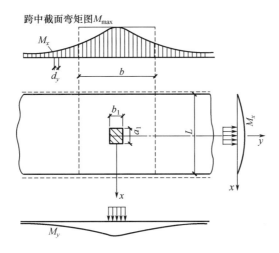

图 5.6 车轮荷载作用下,桥跨板的受力状态

2) 构造与设计

钢筋混凝土整体式简支板桥的跨径一般在 8m 以下,板厚与跨径之比一般为 1/16~1/12,就地浇筑的人行道混凝土板厚度不应小于 80mm。

整体式简支板桥主要配置纵向受力主钢筋,在垂直于主钢筋的方向,布置一定数量的横向分布钢筋。其跨径通常与桥面板宽相差不大,在荷载作用下实际上处于双向受力状态,因此当桥面板宽较大时,除配置纵向受力主钢筋外,在横向也应配置分布钢筋。

行车道板内主钢筋直径不宜小于 10mm,人行道板内的主钢筋直径不应小于 8mm,主钢筋间距不应大于 20cm,一般也不宜小于 7cm。行车道板内分布钢筋直径不应小于 8mm,截面面积不宜小于板的截面面积的 0.1%;人行道板内分布钢筋直径不应小于 6mm,间距不应大于 20cm。

当车辆荷载作用在桥面板的边缘附近时,桥面板边缘截面上的 $M_x$ 较大(车轮荷载有效分布宽度小于车辆荷载作用板中心线附近的分布宽度),因此在桥面板边缘的 1/6 板宽内主钢筋配筋量通常增加 15%,同时应考虑布置适量的边缘构造钢筋。

整体式简支板桥的主拉应力较小,不须布置弯起钢筋,但通常还是将部分主钢筋在 1/6~1/4 跨径处按照 30°~45°弯起。通过支点的不弯起主筋,每米板宽内不应少于 3 根,且其截面面积不应少于主钢筋截面面积的 1/4。

为保证混凝土结构在设计使用年限内具有足够的耐久性,避免混凝土内部的钢筋受到环境腐蚀,钢筋表面的混凝土应满足保护层厚度的要求,如在 I 类环境条件下,桥面板的受力钢筋最小混凝土保护层厚度为 3cm,箍筋的最小混凝土保护层厚度为 2cm。

图 5.7 所示为整体式简支板桥的构造,其标准跨径 8m,单幅桥面净宽 11.0m(两侧未示出防撞护栏),荷载等级为公路—I 级。该桥计算跨径为 7.58m,板厚 45cm;纵向主筋(N1、N2、N4)为直径 25mm 的 HRB335 钢筋,焊接成骨架,每隔 50cm 设置一片骨架,虽然整体式简支板桥内主拉应力很小,骨架内仍设置了直径 20mm、间距 30cm(N3)的斜筋;板的上缘 N6、下缘 N7 及翼缘板底面 N8 为横向分布钢筋(直径 12mm、间距 15cm);N9、N10 为箍筋,具体尺寸可参考有关设计图。

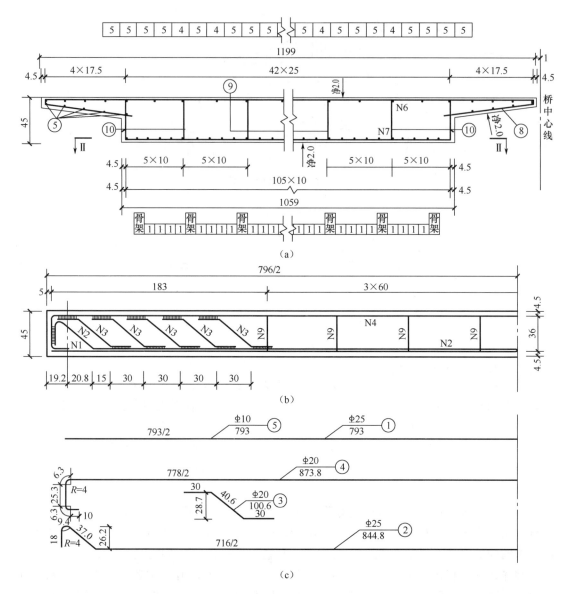

图 5.7 整体式简支板桥的构造（尺寸单位：cm；钢筋直径：mm）

## 5.2.3 装配式简支板桥

装配式简支板桥的横截面有空心板和实心板两种。各板间一般采用现浇混凝土连接，使得板在横向整体受力。

矩形实心板桥跨径通常为5～8m，板高为0.16～0.36m。装配式钢筋混凝土空心板桥的常见跨径为6～13m，装配式预应力混凝土空心板桥的常见跨径为8～20m。

1) 装配式简支空心板桥的构造

（1）板高及截面形式。

空心板截面相对于实心板截面可以减轻自重，充分发挥材料的性能。一般装配式钢筋混凝土空心板高为 40~80cm，装配式预应力混凝土空心板高为 50~120cm。空心板的顶板和底板厚度应不小于 8cm，空洞端部应填封。

图 5.8 所示为常用的空心板截面形式。其中图 5.8（a）和（b）的板挖出单个较宽的孔洞，挖空体积最大，块件质量最轻，但顶板需布置一定数量的横向受力钢筋以承担荷载作用，图 5.8（a）顶板略呈微弯形，可以节省一些钢筋，但模板较图 5.8（b）复杂。图 5.8（c）和 5.8（d）为双圆孔形板，其中图 5.8（c）为双圆孔板，施工时可用无缝钢管（或充气囊）作芯模，但挖空率较小，质量较大；图 5.8（d）芯模由两个半圆及两块侧模板组成，对不同厚度的板只需更换两块侧模板即可，挖空率较大，适用性较好。为了保证抗剪强度，应在截面内按计算需要配置弯起钢筋和箍筋数量。

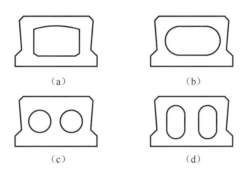

图 5.8　常用的空心板截面形式

（2）实例。

图 5.9 所示为装配式先张法预应力混凝土简支空心板上部构造横断面图，其标准跨径 20m，荷载等级为公路—Ⅰ级，桥面宽度为 2×11.5m，单幅桥梁由 8 块宽 99cm 的空心板中板和 2 块带 62.5cm 单侧悬臂底板宽 99.5cm 的空心板边板组成，板与板之间的间隙为 1cm，板高 95cm。

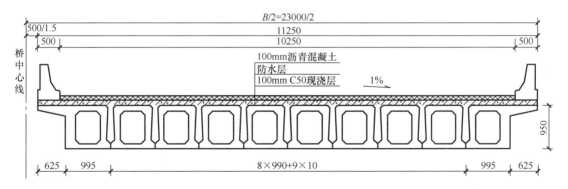

图 5.9　装配式先张法预应力混凝土简支空心板上部构造横断面图（尺寸单位：mm）

中板钢筋如图 5.10 和图 5.11 所示。采用 C50 混凝土，普通钢筋采用 R235 和 HRB335 钢筋，直径 6mm 和 8mm 钢筋为 R235 级，直径 10mm 及以上钢筋为 HRB335 级。预应力钢筋采用抗拉强度标准值 1860MPa、公称直径 15.2mm 的低松弛高强度钢绞线，张拉控制应力为 1395MPa。预应力筋端部配置螺旋钢筋加强自锚作用并应考虑其有效长度，有效长度以外的部分，采取有效措施处理，失效范围的预应力筋可用硬塑料管套住，使预应力筋与混凝土不结合。

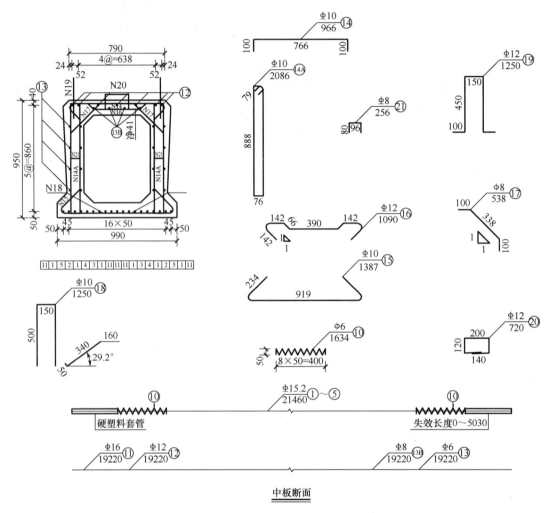

图 5.10 装配式先张法预应力混凝土简支空心板桥中板钢筋图（一）（尺寸单位：mm）

2）装配式简支板桥的横向连接

为了使装配式板块组成整体，共同承受车辆荷载，块件之间必须横向连接，一般采用现浇混凝土连接（图 5.12）。在预制板之间预留横向接缝，预制板安装就位后，将相邻预制板下部的预埋钢筋绑扎后，布置交叉钢筋，并浇筑细骨料混凝土。预制板顶面应铺设现浇混凝土层，其厚度不宜小于 8cm。为使桥面铺装层与主板共同受力，先将预制板中的钢筋伸出并与相邻板的同类钢筋互相绑扎，再浇筑铺装层。接缝的上口宽度应满足施工时使用插入式振捣器的需要，缝槽的深度应不小于预制板高的 2/3。实践证明，现浇混凝土的连接牢固可靠。

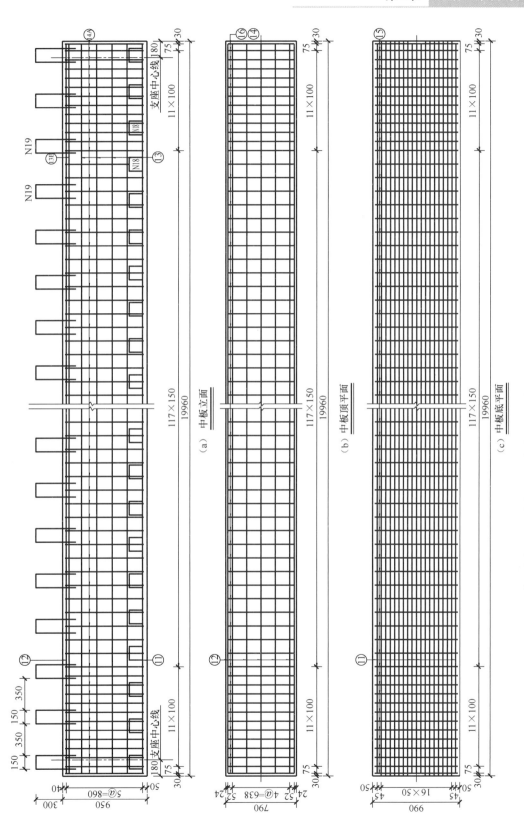

图 5.11 装配式先张法预应力混凝土简支空心板桥中板钢筋图（二）（尺寸单位：mm）

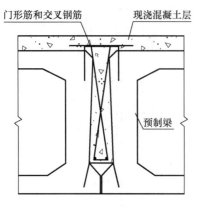

图 5.12 装配式板块的现浇混凝土连接

## 5.2.4 斜交板桥

公路与河流或其他线路呈斜交形式跨越时,将桥梁结构布置成斜交板桥形式较为经济。斜交板桥的支承轴线的垂直线与桥纵轴线的夹角称为斜交角,如图 5.13 所示。

1) 斜交板桥的受力特点

(1) 荷载有向两支承边之间最短距离方向传递的趋势。首先,在较宽的斜交板中部,其最大主弯矩方向(垂直于该方向的截面上没有扭矩)几乎与支承边正交。其次,无论是宽的还是窄的斜交板,其两侧的主弯矩方向虽接近平行于自由边,但仍有向支承边垂线方向偏转的趋势。

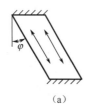
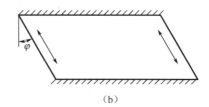

图 5.13 斜交板桥的斜交角

(2) 各角点受力情况可以用比拟连续梁的工作来描述,如图 5.14 所示。在斜交板 Z 形条带 $A-B-C-D$ 上各点的受力情况,可以用三跨连续梁来比拟,在钝角部位点 $B$、$C$ 处产生较大的负弯矩,其方向垂直于钝角的二等分线;同时,在钝角部位,点 $B$、$C$ 处的反力较大,在锐角部位点 $A$、$D$ 处的反力较小,当斜交角与斜交板跨宽比都较大时,锐角部位便有向上翘起的趋势。此时若固定锐角角点,势必导致板内有较大的扭矩。

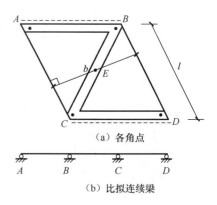

图 5.14 各角点受力情况用比拟连续梁的工作描述

(3) 在均布荷载作用下,当桥纵轴线方向的跨长相同时,斜交板桥的最大跨内弯矩比正交板桥要小,跨内纵向最大弯矩或最大应力的位置,随着斜交角 $\varphi$ 的变大而自中央向钝角方向移动。

图 5.15 所示为弯矩随斜交角的变化曲线。图 5.15(a) 所示为斜交板桥最大跨内弯矩 $M_\varphi$ 与正桥跨中弯矩 $M_{\varphi=0}$ 的比值,随斜交角 $\varphi$ 改变的变化曲线;图 5.15(b) 所示为在满布均布荷载时,最大跨内弯矩位置沿板宽的变化曲线。由图可见,当斜交角 $\varphi$ 在 15°以内时,最大跨内弯矩与正交板桥跨中弯矩相差不大,可以近似地按正交板桥计算。

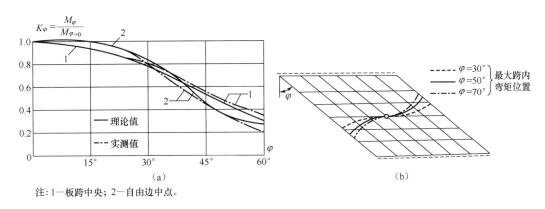

注：1—板跨中央；2—自由边中点。

图 5.15 弯矩随斜交角的变化曲线

（4）在上述同样情况下，斜交板桥的跨中横向弯矩比正交板桥的大，可以认为横向弯矩增加的量，相当于跨径方向弯矩减少的量。

（5）斜交板桥的跨中剪力比相同跨径的正交板桥大。

2）斜交板桥的构造

斜交板桥的钢筋，如图 5.16 所示，可按下列规定布置。

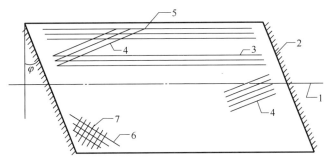

注：1—桥纵轴线；2—支承轴线；3—顺桥纵轴线钢筋；4—与支承轴线正交钢筋；5—平行于自由边的钢筋带；6—垂直于钝角平分线的钝角钢筋；7—平行于钝角平分线的钝角钢筋。

图 5.16 斜交板桥的钢筋布置

（1）当整体式斜交板桥的斜交角 $\varphi \leqslant 15°$ 时，主钢筋平行于桥纵轴线方向布置；当整体式斜交板桥的斜交角 $\varphi > 15°$ 时，主钢筋宜垂直于板的支座轴线方向布置，此时，在板的自由边上下应各设一条不少于 3 根平行于自由边的钢筋带，并用箍筋箍牢。在钝角部位靠近板顶的上层，应布置垂直于钝角平分线的加强筋；在钝角部位靠近板底的下层，应布置平行于钝角平分线的加强筋。加强筋的直径不小于 12mm，间距为 100～150mm，布置于钝角两侧 1～1.5m 长的扇形面积内。

（2）斜交板桥的分布钢筋宜垂直于主钢筋方向布置，其直径不小于 8mm，间距不大于 200mm，分布钢筋的面积不宜小于板截面积的 0.1%。在斜交板桥的支座附近宜布置平行于支座轴线的分布钢筋，或将分布钢筋向支座方向由扇形分布过渡到平行于支承轴线分布。

（3）预制斜交板桥的主钢筋可与桥纵轴线平行，其钝角部位的加强筋布置与整体式斜交板桥相同。

图 5.17 所示为装配式先张法预应力混凝土空心板斜交板桥的中板钢筋示意图，其标准

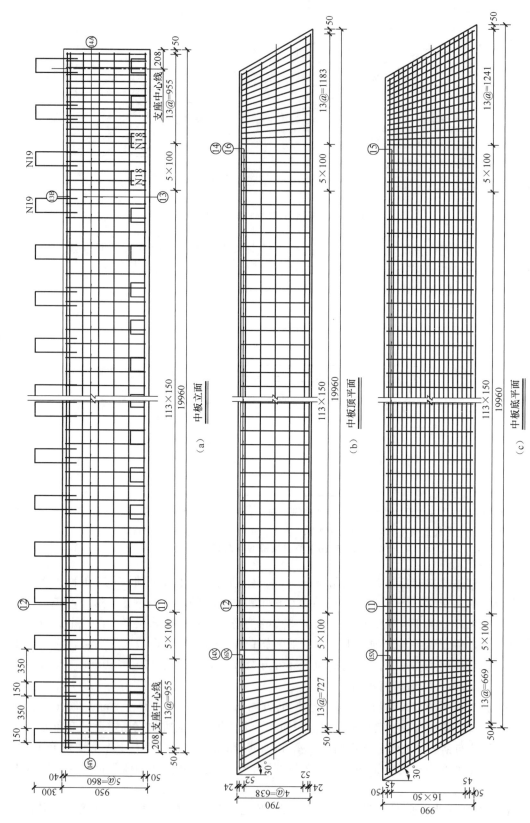

图 5.17 装配式先张法预应力混凝土空心板斜交板桥的中板钢筋示意图（尺寸单位：mm）

跨径为 20m。斜交板桥的分布钢筋由跨中向靠近支座位置呈扇形分布，由垂直于主钢筋方向过渡到平行于支承轴线方向。

## 5.3 简支梁桥的构造

简支梁桥的上部构造由主梁、横梁、桥面板和桥面铺装等部分组成。主梁是桥梁的主要承重结构，一般采用 T 形截面；横梁（也称横隔梁或横隔板）保证各根主梁相互连成整体，以提高桥梁的整体刚度；主梁的上翼缘构成桥面板，组成行车（人）平面，承受车辆（人群）荷载的作用。这类桥梁可采用整体现浇和预制装配两种方式施工。

装配式简支梁桥方便工业化施工、可节约模板支架、有效降低劳动强度、缩短工期，因此，目前在国内外被广泛采用。装配式钢筋混凝土简支梁常用跨径为 8～20m，在我国的标准跨径为 10m、13m、16m 和 20m；装配式预应力混凝土简支梁常用跨径为 20～40m，在我国的标准跨径为 20m、25m、30m、35m 和 40m；世界上预应力混凝土简支梁最大跨径已达 76m。

图 5.18 所示为典型的装配式简支 T 形梁桥的上部构造。几根主梁并列，并设置有端横梁和中横梁，两相邻 T 形梁顶部翼板和横梁均设置连接构造将各主梁横向连成整体，使结构共同受力。

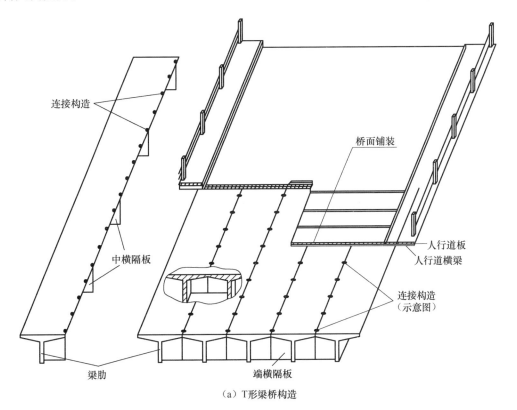

(a) T 形梁桥构造

图 5.18 典型的装配式简支 T 形梁桥的上部构造

(b) T形梁桥架设中的照片　　　　　　　(c) 单片混凝土T形梁截面的照片

图 5.18　典型的装配式简支 T 形梁桥的上部构造（续）

整体式简支梁桥，因其施工进度慢，要耗费大量支架模板，目前除了弯桥、斜桥外，一般情况下较少修建。

### 5.3.1　装配式简支梁桥的截面形式

装配式简支梁桥主梁的截面可分为 T 形 ［图 5.19（a）~（c）］ 和箱形 ［图 5.19（d）］ 两种基本形式。

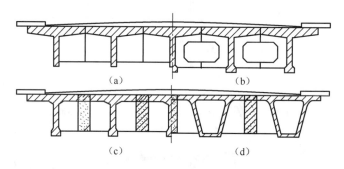

图 5.19　装配式简支梁桥的截面形式

T 形是使用最普遍的截面形式，其优点是受力合理、整体性好、制造简单、接头方便；缺点是单梁稳定性较差，运输和安装时需采取稳定措施。预应力混凝土 T 形梁的梁肋底部做成加宽的马蹄形 ［图 5.19（b）、(c)］，以满足布置预应力筋和承受压应力的需要。

箱形截面抗扭及竖向、横向抗弯刚度均较大，适用于承受正、负弯矩的连续梁，但预制施工较复杂，其单梁安装质量也比 T 形梁大。装配式预应力混凝土小箱形梁主要用于先简支后连续的结构体系。

### 5.3.2　装配式简支 T 形梁桥

1）主梁几何尺寸

表 5-1 为常用的简支 T 形梁桥主梁尺寸的经验数值，其变化范围较大，跨径较大时

应取较小的值；反之，则应取较大的值。

表 5-1　常用的装配式简支 T 形梁桥主梁尺寸

| 桥梁形式 | 适用跨径/m | 主梁间距/m | 主梁高度/m | 主梁肋宽度/m |
| --- | --- | --- | --- | --- |
| 钢筋混凝土简支 T 形梁桥 | $8<l<20$ | 1.5~2.2 | $(1/18~1/11)l$ | 0.16~0.20 |
| 预应力混凝土简支 T 形梁桥 | $20<l<50$ | 1.8~2.5 | $(1/25~1/14)l$ | 0.18~0.20 |

一般来讲，如果没有起重能力的限制，对跨径较大的桥梁，可适当减少主梁片数、增大主梁间距，则材料用量比较经济，且可缩短工期；但 T 形梁翼板不宜挑出过大，以免悬臂板弯矩过大。

主梁的合理高度与梁的间距、荷载大小及跨径大小等因素有关。若梁高不受限制，高跨比宜取偏大值，则可在混凝土用量增加不多的情况下，节省钢筋。

梁肋厚度在满足抗剪要求下可适当减薄，但梁肋太薄，混凝土不易振捣密实。梁肋端部 2~5m 范围内可逐步加宽，以满足该部位的抗剪和安放支座要求。对于预应力混凝土主梁的梁肋，一般做成马蹄形，便于布置预应力筋，端部宽度尚应满足预应力筋锚具的布置要求。

2）装配式钢筋混凝土 T 形梁钢筋构造

装配式钢筋混凝土 T 形梁内的钢筋有纵向受拉钢筋（主钢筋）、弯起钢筋或斜钢筋、箍筋、架立钢筋和水平纵向钢筋等。在装配式钢筋混凝土 T 形梁中，钢筋数量多，一般采用焊接钢筋骨架。先将主钢筋、弯起钢筋或斜筋、架立钢筋焊接成平面骨架，然后用箍筋将数片焊接的平面骨架组成空间骨架。图 5.20 所示为焊接平面钢筋骨架示意图。

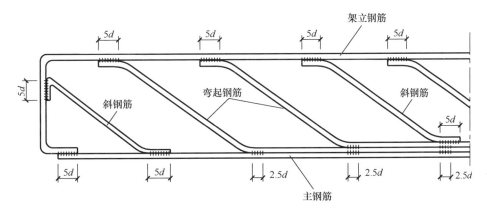

图 5.20　焊接平面钢筋骨架示意图

简支梁承受正弯矩作用，抵抗拉力的主钢筋设置在梁肋的下缘，数量由计算决定。随着弯矩向支点处减小，主钢筋可在跨间适当位置处弯起，一般不宜在受拉区截断。为了保证主钢筋在梁端有足够的锚固要求，在钢筋混凝土梁的支点处，应至少有 2 根且不少于总数 1/5 的下层受拉主钢筋通过；底层两外侧之间不向上弯曲的受拉主筋，伸出支点截面以外的长度应不小于 $10d$（R235 钢筋应带半圆钩），对环氧树脂涂层钢筋应不小于 $12.5d$，$d$ 为受拉主钢筋直径。主钢筋直径一般为 12~32mm，通常不得超过 40mm。在同一根梁内主钢筋宜用相同直径的钢筋，当采用两种以上直径的钢筋时，为了便于施工识别，直径应相差2mm以上。

由主钢筋弯至梁上部的弯起钢筋用来增强梁体的抗剪强度，主要承受主拉应力，若不满足强度要求，尚需配置专门焊于主钢筋和架立钢筋上的斜钢筋，弯起角度宜取45°，它们的设置及数量均由抗剪计算确定。

箍筋除了增强主梁的抗剪强度外，在构造上起着固定纵向钢筋位置的作用并与纵向钢筋、架立钢筋等组成钢筋骨架。因此，无论是否需要，梁内均应设置箍筋。箍筋的直径不小于8mm且不小于1/4主钢筋直径，箍筋的间距不应大于梁高的1/2且不大于400mm。当箍筋为按受力需要的纵向受压钢筋时，其直径应不大于受压钢筋直径的15倍，且不应大于400mm。支座中心向跨径方向长度不小于1倍梁高范围内，箍筋间距不宜大于100mm。

架立钢筋是构成钢筋骨架而附加设置的纵向钢筋，其直径依梁截面尺寸而定，通常直径为10~14mm。

水平纵向钢筋主要是为防止梁肋两侧面因混凝土收缩徐变等原因而产生裂缝，其固定在箍筋外侧，直径一般为6~8mm，常用光圆钢筋，也可以用带肋钢筋。梁内水平纵向钢筋的总截面积可取（0.001~0.002）$bh$，$b$为梁肋宽度，$h$为梁截面高度。其间距在受拉区不应大于梁肋宽度，且不应大于200mm；在受压区不应大于300mm。在梁支点附近剪力较大区段，水平纵向钢筋间距宜为100~150mm。

3）预应力混凝土T形梁钢筋构造

预应力混凝土梁内的配筋除主要的纵向预应力筋外，与钢筋混凝土T形梁一样，需按构造要求布置箍筋、架立钢筋和纵向水平钢筋等，在锚固区内，还应设置承受局部应力的加强钢筋。预应力筋比较集中的下翼缘（下马蹄）内必须设置闭合式或螺旋形的加强箍筋。

（1）预应力筋的立面布置。

装配式后张法预应力混凝土简支梁跨中预应力筋均靠近梁的下翼缘布置（图5.21），在一定区段后逐渐弯起，弯起的目的如下。

① 由于简支梁弯矩从跨中向支点逐渐减小，故预应力筋的偏心距也逐渐减小，否则梁上翼缘的拉应力及下翼缘的压应力都会过大。为此，必须将大部分的预应力筋弯起，减小预加力及其引起的负弯距。

② 由于支点附近区段剪力较大，故可以利用弯起预应力筋所产生的竖向分力来抵消一部分剪力。

③ 为了使梁端部分所受的预加力不太集中和分散布置锚具，也须将预应力筋弯起。如将部分预应力筋弯出梁顶，则不仅可以得到较好的抗剪作用，还可以缩小端块。

从梁的立面上看，预应力束筋应布置在束界内，以保证梁的任何截面在弹性工作阶段时，梁的上下翼缘应力不超过规定值。预应力束筋一般在梁端三分点处弯起，同时考虑横截面的位置及锚固位置，具体多在第一道横隔板附近弯起。

当预应力筋数量不太多时，一般全部在梁端锚固[图5.21（a）]，这种布置预应力筋弯起角度不大（一般在20°以下），对减小摩阻损失有利。当梁跨径较大或梁高受限制时，将部分预应力筋弯出梁顶锚固[图5.21（b）]，这样不仅有利于抗剪，而且在梁拼装完成后，在桥面上进行二次张拉时，可防止梁上翼缘开裂，但这种布置方式会使张拉作业稍趋复杂，预应力筋弯起角度较大（20°~30°），因此应采取措施减小摩阻损失。

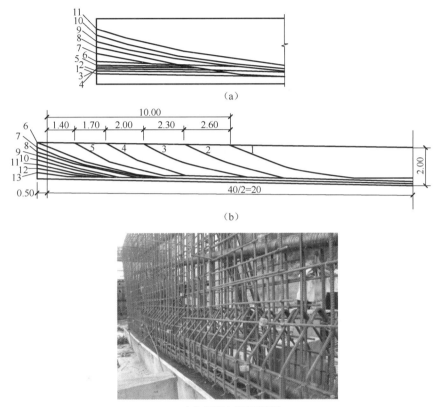

图 5.21 预应力筋布置立面图（尺寸单位：m）

预应力束筋的曲线形状可以采用圆弧线、抛物线或悬链线。实际应用较多的是在梁中部保持一段水平直线后按圆弧弯起（注意增设定位筋）。后张法预应力钢筋弯起的曲率半径，可按表 5-2 采用。

表 5-2 后张法预应力钢筋弯起的曲率半径

| 材料 | 直径 $d$/mm | 弯起的曲率半径 $R$/m |
| --- | --- | --- |
| 钢丝束，钢铰线 | $d \leqslant 5$ | $R \geqslant 4$ |
| | $d > 5$ | $R \geqslant 6$ |
| 精轧螺纹钢 | $d \leqslant 25$ | $R \geqslant 12$ |
| | $d > 25$ | $R \geqslant 15$ |

（2）预应力筋在横截面上的布置。预应力筋在 T 形梁横截面上的布置原则是尽量相互紧密靠拢，以减小下马蹄尺寸，减轻结构自重；在保证梁底保护层厚度的前提下，尽量使预应力筋的重心靠下，以获得较大的预应力弯矩，从而节省预应力筋；应将适当数量的预应力筋布置在腹板中线处（图 5.22），以便于弯起。

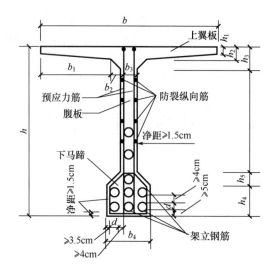

图 5.22 预应力筋布置在腹板中线

(3) 预应力筋在梁端上锚具的布置。

预应力筋在梁端上锚具的布置原则如下。

① 应尽量减小梁端局部应力,集中、过大的锚具不利,分散、小的锚具有利。

② 应满足安放张拉设备所需的锚具之间最小净距的要求。

③ 锚具应在梁端横向对称、均匀布置,同时沿纵向可将梁腹板加宽;在梁端附近,应按要求布置间距较密的纵向钢筋和箍筋。

④ 后张法预应力混凝土构件的端锚固区,在锚具下面应采用带喇叭管的锚垫板;锚垫板下应设间接钢筋,其体积配筋率不小于 0.5%。

4)桥面板

(1) 桥面板的构造。

装配式简支 T 形梁翼缘板除承受自重和桥面恒荷载外,主要承受由车轮引起的局部荷载。根据其受力特点,一般做成变厚度板,其厚度随主梁间距而定,翼缘板根部(与梁肋衔接处)的厚度应不小于梁高的 1/10,悬臂端厚度不应小于 10cm。当板间采用横向整体现浇连接时,悬臂端厚度不应小于 14cm。

桥面板上翼缘承受负弯矩,行车道板内主钢筋直径不应小于 10mm;人行道板内主钢筋直径不应小于 8mm,间距不大于 20cm,但其最小净距不应小于 30mm,并不小于钢筋直径;在垂直于主钢筋方向布置分布钢筋,分布钢筋设在主钢筋的内侧,其直径不应小于 8mm,间距不应大于 20cm,截面面积不宜小于板截面的 0.1%。在主钢筋的弯折处,应布置分布钢筋。

图 5.23 所示为桥面板钢筋布置,主梁间距 2.25m,T 形梁外伸悬臂长 0.75m,现浇混凝土接缝宽 0.55m,N9 钢筋为边梁外翼缘板加强钢筋,紧靠 N1 钢筋布置,图中未示出。

(2) 桥面板的横向连接。

桥面板(翼缘板)横向连接通常采用现浇混凝土连接。将接缝处预制 T 形梁翼缘板伸出的钢筋连成整体,然后浇筑混凝土。接缝处钢筋大样如图 5.24 所示,翼缘 N3、N4 钢筋与接缝内 N8 钢筋相互绑扎连成整体。

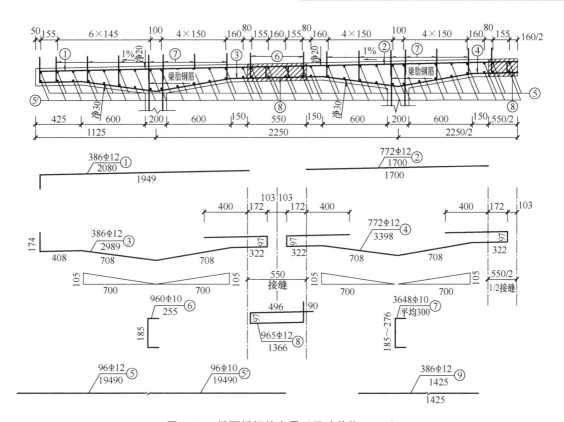

图 5.23 桥面板钢筋布置（尺寸单位：mm）

5）横梁

（1）横梁的构造。

横梁在装配式 T 形梁桥中起着保证各主梁相互连接成整体的作用，应设置端横梁与跨内横梁。横梁间距一般为 5～10m，且不应大于 10m。

横梁一般为钢筋混凝土构件，其高度一般为梁肋高度的 0.7～0.9 倍。预应力梁的横梁常与马蹄的斜坡下端齐平，其中部可挖空。横梁的宽度一般为 15～18cm，为便于施工脱模，一般做成上宽下窄和内宽外窄的楔形。

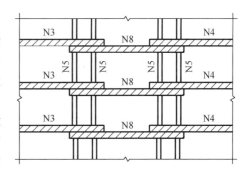

图 5.24 接缝处钢筋大样

（2）横梁的连接。

横梁一般采用现浇混凝土连接，连接段的混凝土强度等级与预制 T 形梁相同。

图 5.25 为装配式 T 形梁桥端横梁及连接钢筋的布置图，横梁的现浇连接段长度为 55cm。横梁下翼缘布置 6ϕ28（N1、N1′）的受力钢筋，上翼缘布置 4ϕ25（N2、N2′）的受力钢筋，N6、N7 钢筋为横梁加腋钢筋，A—A 截面未示出 N6 钢筋。T 形梁预制时，预埋的横梁钢筋 N1 与 N1′、N2 与 N2′在现浇段需采用单面焊接，其焊缝长度不得小于 10d。N3 与 N3′钢筋间采用绑扎连接。横梁上下端的 N1 与 N1′、N2 与 N2′钢筋为束筋，施工时应对应点焊成束。若预应力筋或梁肋钢筋与横梁钢筋相干扰时，可适当挪动横梁钢筋。

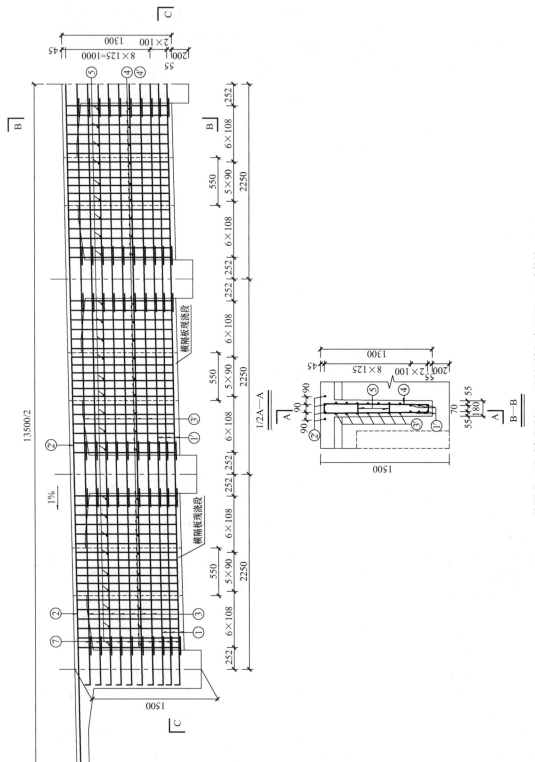

图 5.25 装配式T形梁桥端横梁及连接钢筋的布置图（尺寸单位：mm）

6) 装配式钢筋混凝土简支 T 形梁桥举例

图 5.26～图 5.28 所示为标准跨径 20m 的装配式钢筋混凝土简支 T 形梁桥的横断面布置图、一般构造图及钢筋布置图。主梁间距 2.2m，其预制宽度 1.6m，吊装后现浇接缝宽度 60cm。

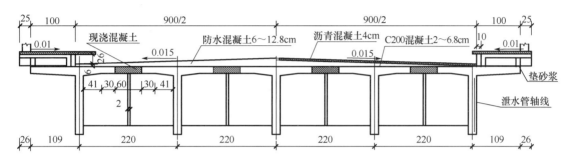

图 5.26　标准跨径 20m 的装配式钢筋混凝土简支 T 形梁桥的横断面布置图（单位：cm）

主梁钢筋骨架中，每根梁内主钢筋为 8Φ32 的 HRB335 钢筋，其中最下层的 4 根 N1 将通过梁端支承中心，其余 8 根则按梁的抗剪要求从不同位置弯起。设在梁顶部的 Φ22 架立钢筋在梁端向下弯起并与主钢筋 N1 焊接。箍筋采用 Φ8@140 的 R235 级钢筋，但在支座附近加倍。附加斜筋采用 Φ16 的 HRB335 级钢筋，其具体位置要通过计算确定。防收缩钢筋采用 Φ8 的 R235 级钢筋，按下密上疏的要求布置。所有钢筋的焊缝均为双面焊。

7) 装配式预应力混凝土简支 T 形梁桥举例

图 5.29 所示为标准跨径 30m 的装配式预应力混凝土简支 T 形梁桥的一般构造图，预制主梁桥面连续，荷载等级为公路—Ⅰ级，边梁预制宽度 2.05m，中梁宽度 1.7m，现浇混凝土接缝宽度 0.65m，C50 混凝土。预应力筋束立面、竖弯大样、平弯大样及断面图如图 5.30 所示，钢筋束竖向坐标值为钢筋束中心至梁底的距离，钢筋束采用标准 Φ15.2mm 高强低松弛钢绞线。预制梁混凝土立方体强度达到混凝土强度设计等级的 90% 且龄期不少于 7d 方可张拉。

8) 装配式预应力混凝土 T 形梁墩顶连接构造

装配式预应力混凝土 T 形梁桥在结构体系上分为先简支后结构连续和 T 形梁简支桥面连续两种。

(1) 先简支后结构连续。

先简支后结构连续体系是在相邻两跨预制简支 T 形梁端部（墩顶位置）预留接缝（接缝高度与 T 形梁同高、接缝宽度约 70cm），待简支 T 形梁安装就位后，在接缝内布置连接钢筋、浇筑混凝土并张拉预应力筋束形成连续 T 形梁。接缝处的预应力筋束必须布置在顶部翼缘板内，以抵抗支座截面的负弯矩。施工顺序为：预制 T 形梁→架梁→浇筑墩顶连续段混凝土及翼缘板、横梁连接→张拉中墩顶 T 形梁连接钢筋束→形成连续体系→施工桥面系。应待墩顶现浇段混凝土立方体强度达到混凝土强度设计等级的 85% 后，才能张拉连接钢筋束。预制梁支安装时，应设置临时支座，待桥面现浇层混凝土施工完成后才能拆除。

图 5.31 所示为标准跨径为 30m 的 T 形梁先简支后连续结构体系的墩顶现浇连续段预应力钢筋束布置图，普通钢筋布置详见国家标准图集。预应力筋束竖向坐标值为钢筋束重

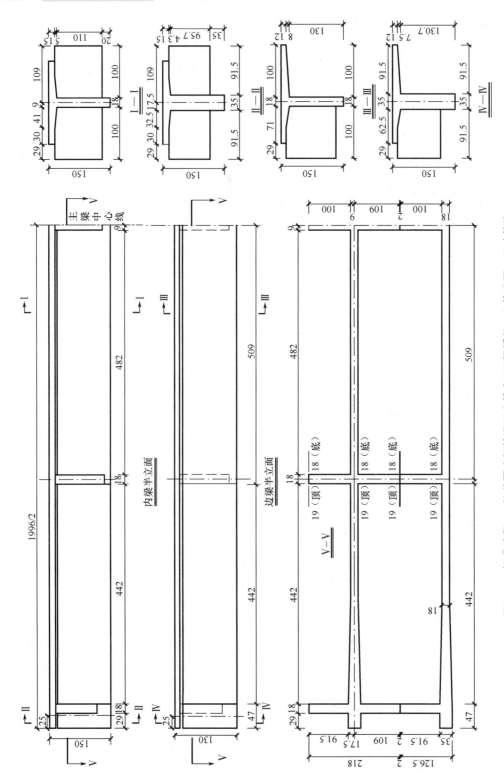

图 5.27 标准跨径 20m 的装配式钢筋混凝土简支T形梁桥的一般构造图（尺寸单位：cm）

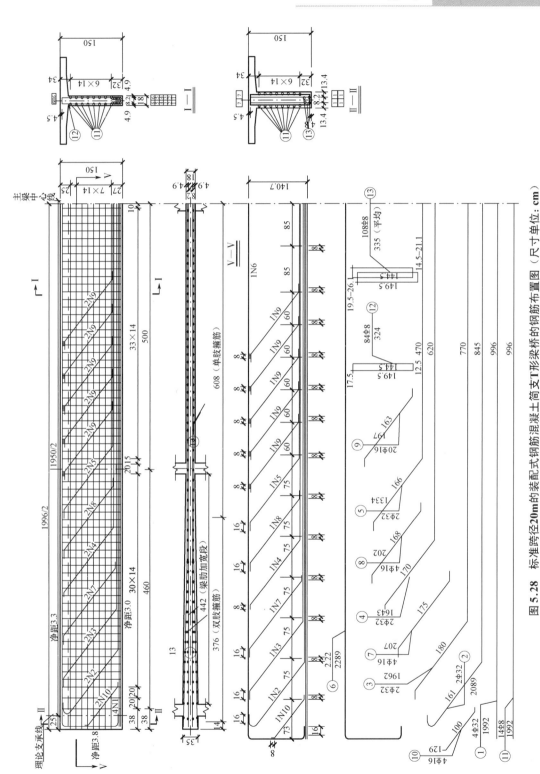

图 5.28 标准跨径20m的装配式钢筋混凝土简支T形梁桥的钢筋布置图（尺寸单位：cm）

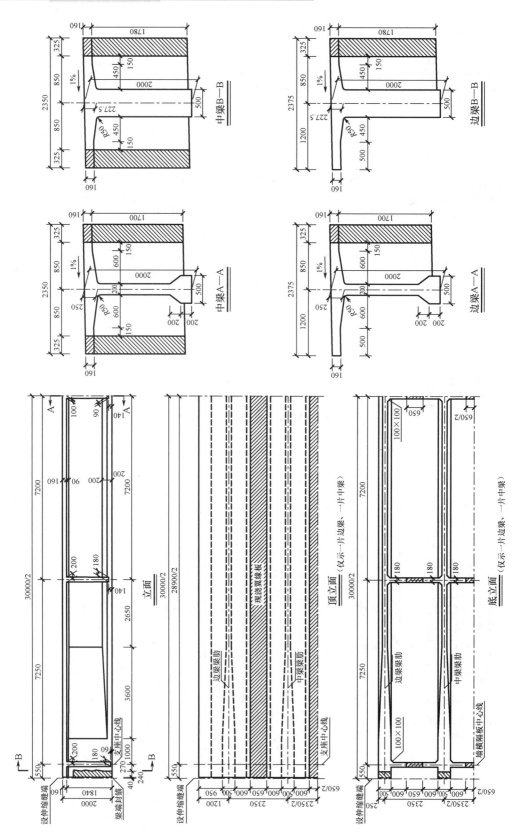

图 5.29 标准跨径30m的装配式预应力混凝土简支T形梁桥的一般构造图（尺寸单位：mm）

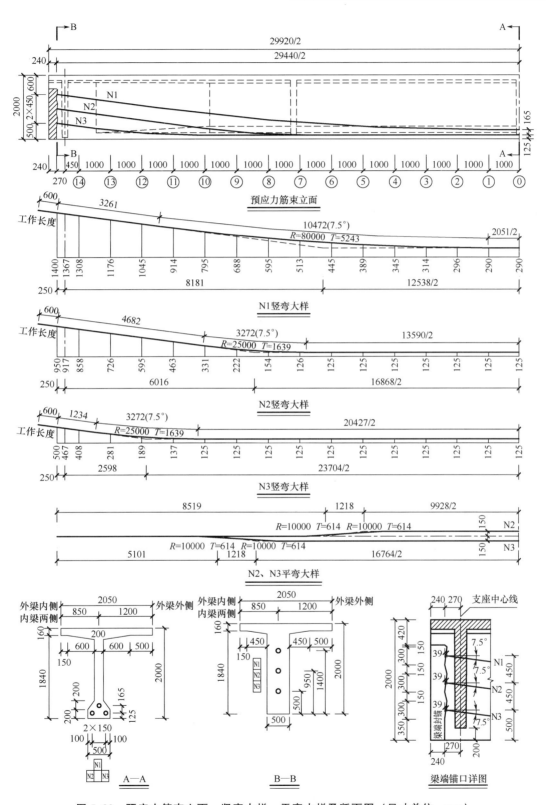

图 5.30 预应力筋束立面、竖弯大样、平弯大样及断面图（尺寸单位：mm）

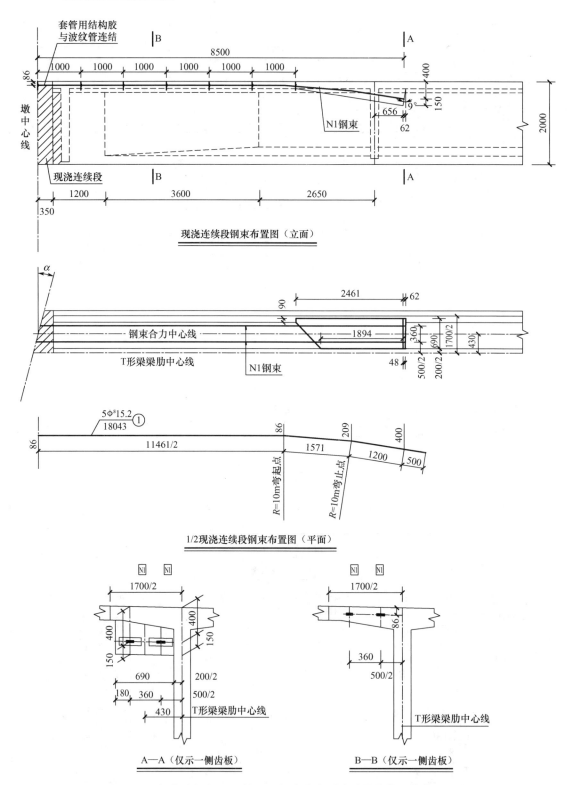

图 5.31　标准跨径为 30m 的 T 形梁先简支后连续结构体系的墩顶现浇
连接段预应力筋束布置图（尺寸单位：mm）

心至预制梁顶面的距离,当墩顶现浇段混凝土立方体强度达到混凝土强度设计等级的85%后,方能张拉钢筋束。

(2) T形梁简支桥面连续。

T形梁简支桥面连续体系只桥面板连接、梁肋不连接,连接部分相对于整个T形梁截面而言,其抗弯与抗剪强度均较小,在结构上未完全形成连续T形梁。桥面连续主要是使桥面变形连续、行车平顺,T形梁受力一般仍按简支梁计算。施工顺序为预制T形梁→架梁→浇筑横梁与桥面板的横向连接→浇筑桥面现浇层(桥面连续)→施工桥面系。

图5.32为标准跨径为30m的T形梁简支桥面连续体系的桥面连续构造图。N2钢筋采用环氧树脂涂层成品钢筋,两端平面焊接在T形梁预制行车道板内纵向钢筋上。接缝在梁桥中通长浇筑,接缝纵向钢筋也通长布置,并在墩中心线两侧各600mm范围内采用环氧树脂涂层成品钢筋。为防止桥面连续结构在负弯矩区出现反射裂缝,在桥墩中心线两侧各500mm长度区域内的水泥混凝土铺装和沥青混凝土铺装层间结合面上铺贴SBS防水卷材。N1(直径12mm)、N4(直径10mm)为横向钢筋,通长布置(与桥面板宽相同)。

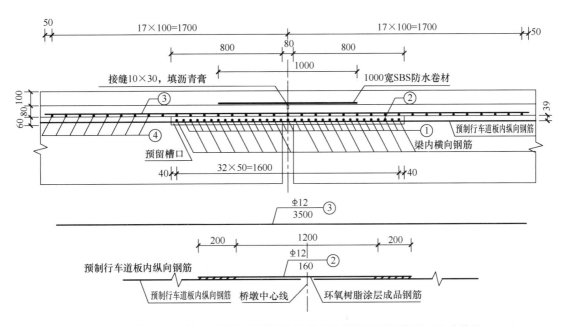

图5.32 标准跨径为30m的T形梁简支桥面连续体系的桥面连续构造图(尺寸单位:mm)

### 5.3.3 组合梁桥

组合梁桥是一种装配式的桥跨结构,即用纵向水平缝将桥梁的梁肋部分与桥面板(翼板)分隔开来,使单梁的整体截面变成板与肋的组合截面。施工时先架设梁肋,再安装预制板(有时采用微弯板以节省钢筋),最后在接缝内或接缝内板上现浇一部分混凝土使结构连成整体。

目前国内外采用的组合梁桥有两种形式:I形组合梁桥[图5.33(a)、(b)]和箱形组合梁桥[图5.33(c)]。前者适用于钢筋混凝土简支梁桥,后者则只适用于预应力混凝土梁桥。其优点在于可以显著减轻预制构件的质量,便于集中制造和运输吊装。但由于是沿主梁截面高度方向分层制作的,为确保结构的整体性,需采用可靠连接。

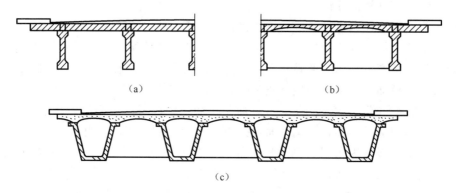

图 5.33 组合梁桥的形式

在组合梁中,梁与现浇板的结合面处,板的厚度不应小于 15cm,当梁顶伸入板中时,梁顶以上板的厚度不应小于 10cm。

组合梁是分阶段受力的,在梁肋架设后,所有后安装的预制板和现浇桥面混凝土(甚至现浇横梁)的重量,连同梁肋的自重,都要由尺寸较小的预制梁肋来承受。这与装配式 T 形梁由主梁全截面来承受全部恒荷载不同,因而组合梁梁肋的上下翼缘应力远大于 T 形梁上下翼缘的应力。图 5.34 所示为装配式 T 形梁与组合梁的跨中截面应力比较图。

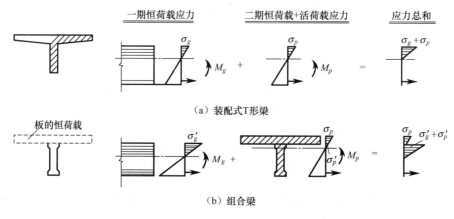

图 5.34 装配式 T 形梁与组合梁的跨中截面应力比较图

## 5.4 曲线梁桥的构造

### 5.4.1 曲线梁桥的受力变形特点及分类

1) 曲线梁桥的受力特点

曲线梁桥即桥面中心线在平面上为曲线的梁桥,又称弯梁桥。曲线梁桥的出现在于跨越地形地物的需要和路线设计的需要，比如山区道路路线设计中难以避免出现的弯坡斜桥，以及在高速公路或城市立交的出口或转向设计中经常出现的跨线曲线梁桥和匝道曲线梁桥。曲线梁桥的受力特点如下。

(1) 在竖向荷载作用下，梁内产生弯矩，同时产生扭矩；同理，在扭矩作用下，梁内产生扭矩，同时产生弯矩，这被称为弯扭耦合效应。

(2) 由于弯扭耦合效应及结构不对称（外弧长而内弧短），曲线梁桥横向受力不均匀，即外侧梁的内力、挠度及支座反力一般均大于内侧梁，内侧支座甚至有可能出现负反力，导致支座脱空。

(3) 对于曲线薄壁箱形梁，增设横梁可有效减小截面畸变。

(4) 曲线梁桥中预应力效应对支座反力有较大影响，计算支座反力时必须考虑预应力作用。

产生以上现象的原因有结构及离心力的影响和弯扭耦合效应。

(1) 结构及离心力的影响。

① 体积重心的偏心。

以等厚度矩形截面实心板为例，当在桥中心轴线上截取单位弧长后，再从弯曲中心 $O$ 引出两根辐射线与该弧长两端相连，便构成了两个扇形面积，如图 5.35（a）所示。由于外弧侧的扇形面积大于内弧侧面积，全截面的体积重心将偏离轴线向外弧的一侧，其偏心距离为 $e$。这就是说，即使桥面上为均布荷载，对曲线梁桥的作用也可分解为一个作用于桥中心轴线的垂直分力和向外弧侧倾翻的扭矩。

② 桥面横坡的影响。

曲线梁桥桥面常设置横坡，其铺装层在外弧侧的厚度大于内弧侧的厚度，即 $t_2 > t_1$，工程上称之为路面超高，这样更加大了体积偏心。当然，在设计上可以将桥跨结构斜置，使桥面铺装成等厚度，以减小恒荷载的偏心。

③ 车辆行驶时的离心力。

如图 5.35（b）所示，车辆在桥面上行驶时，除了轴重的垂直力 $P_V$ 外，还有指向外弧且离桥面高度为 $h_c$ 的离心力 $P_H$，该力对结构也要产生向外倾翻的扭矩 $T = P_H \cdot h_c$。

(2) 弯扭耦合效应。

由图 5.35（c）可以看出，对于两端具有抗扭支座的单跨曲线梁桥，当跨中点 $C$ 有集中力 $P$ 作用时，由于 $A$、$B$、$C$ 三点不在同一直线上，且点 $C$ 与 $AB$ 连线的垂距为 $e$，故支点除支反力 $R_A$ 和 $R_B$ 外，还有支点的反力扭矩 $T_A$ 和 $T_B$。因此，在桥跨内每个截面上除了弯矩以外，还产生扭矩，曲率半径越小，此扭矩值越大，即弯扭耦合效应越显著。如果将每个支点上的支点反力和反力扭矩先进行分解再合成，之后便会出现外侧支座反力大和内侧支座反力小甚至为负反力的现象。内外梁受力、挠度差异等现象也可以同理得以解释。

2) 曲线梁桥平面内变形的特点

引起曲线梁桥在平面内产生位移的主要因素有两类。

(1) 温度变化和混凝土收缩徐变引起的水平位移。

这类位移属于弧线段膨胀或缩短性质的位移，它只涉及曲率半径的变化，圆心角不发生改变，即 $r_0 = r$，$\varphi_0 = \varphi$，如图 5.36（a）所示。曲线梁的左端为固定支座，其余为多向活动支座，当温度下降或者混凝土收缩时，位于1#、2#、3#支座处的桥面将分别产生$\delta_1$、$\delta_2$和$\delta_3$的水平位移。虽然它们的位移方向并不相同，但均指向固定支座。

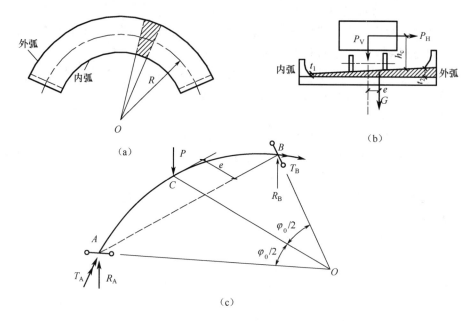

图 5.35 曲线梁桥的受力

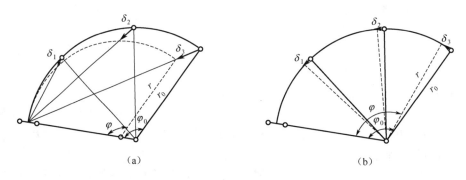

图 5.36 曲线梁桥平面内的变形

（2）预加力和混凝土收缩徐变引起的水平位移。

这类位移属于切线方向的位移。图 5.36（b）所示是在截面形心处施加预应力时由弹性压缩和混凝土收缩徐变所引起的水平位移。此时，曲率半径不发生改变（$r_0 = r$），而圆心角却发生改变，即 $\varphi_0 \neq \varphi$。

3）曲线梁桥的分类

曲线梁桥可以根据平面形状、曲线形状、材料种类、结构体系和施工方法等进行分类。

曲线梁桥平面形状较多，但基本形状可分为两种：正交曲线梁桥[图 5.37（a）]和斜交曲线梁桥[图 5.37（b）、（c）]。正交曲线梁桥为基本形式。

曲线梁桥按曲线形状分为圆曲线梁桥、缓和曲线梁桥及由两种不同曲线组合而成的组合曲线梁桥。最常用的为圆曲线梁桥。

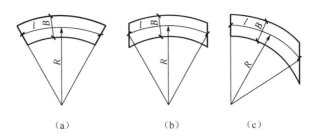

图 5.37　曲线梁桥平面形状

曲线梁桥按建造材料分为钢筋混凝土曲线梁桥、预应力混凝土曲线梁桥、钢-混凝土组合曲线梁桥、钢结构曲线梁桥等。我国目前主要采用钢筋混凝土曲线梁桥和预应力混凝土曲线梁桥。

曲线梁桥按结构体系可分为简支与连续曲线梁桥、连续曲线刚构桥及曲线斜拉桥等。最常见的为简支与连续曲线梁桥。在施工方法上，可采用预制拼装、整体现浇、悬臂浇筑（或拼接）、顶推施工等。

### 5.4.2　曲线梁桥的构造

1）截面形式

如同直线梁桥，混凝土曲线梁桥的截面形式有板、肋板、T形和箱形等。

但曲线梁桥扭矩较大，对横向的抗倾覆稳定性要求较高，因此主要采用箱形截面。常用的箱形截面有单箱单室、单箱双室、双箱单室和单箱多室等（图5.38）。

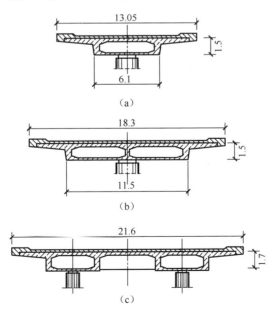

图 5.38　箱形截面的主要形式（尺寸单位：m）

单箱单室受力明确、施工方便、材料用量少,其一般适用桥宽不超过14m。如果桥面太宽,则悬臂板的挑出长度太大,应设置横向加劲肋或施加横向预应力。

双室箱与单室箱相比,其顶板正负弯矩大幅度减小,可显著减小顶板厚度。由于双室箱腹板总厚度增加,提高了截面的抗剪能力,且在布置钢筋束上较容易;但双室箱施工稍麻烦,且腹板自重大。多室箱梁主要用在桥面较宽的桥上。

2) 桥墩形式

城市立交桥和高架桥一般应选用桥下透空度较大的轻型墩台,以满足交通和美观要求。曲线梁桥桥台的形式与直线梁桥相同;当采用箱形梁时,桥墩可选用图5.39所示的形式。

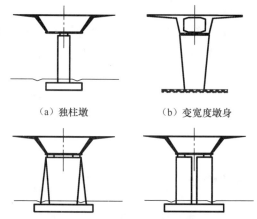

(a) 独柱墩　　　　(b) 变宽度墩身

(c) 在变宽度桥墩两侧各加1个三角形锥体　(d) 并列式桥墩

(e) 采用独柱墩和双柱墩的曲线梁桥照片

图5.39　曲线梁桥的桥墩形式

图5.39(a)所示为独柱墩,当连续曲线梁桥的曲率半径较大时,可采用这种形式,它占地范围小。独柱墩因横向抗弯能力弱、稳定性差,在小半径曲线梁桥中应慎重使用。图5.39(b)所示为变宽度墩身,在地基承载力容许的情况下,在横截面上或立面上都可将墩身做成上宽下窄的形式,以增强美观性。图5.39(c)所示为在变宽度桥墩两侧各加1个三角形锥体。图5.39(d)所示为并列式桥墩。图5.39(e)所示为采用独柱墩和双柱墩的曲线梁桥照片。

3) 支座布置

对于曲线梁桥尤其是连续曲线梁桥而言,支座布置是一个较复杂的问题。由于曲线梁桥的重心常位于杆轴两端连线之外,即使在自重作用下,桥跨结构也会产生扭矩,因此其支座布置必须能够承受由自重和桥面荷载等偏载因素所产生的组合扭矩作用。

对于单跨曲线梁桥,图 5.40 所示为单跨曲线梁桥的两种支座布置方式,图 5.40(a)为简支静定结构,图 5.40(b)为简支超静定结构。静定结构的简支曲线梁桥在实际中是不可取的,因为不抗扭的梁端将产生扭转变形,给伸缩缝的设置带来困难。

(a)简支静定结构　　　　(b)简支超静定结构

图 5.40　单跨曲线梁桥的两种支座布置方式

对于连续曲线梁桥的支座布置,一般正中桥墩上的抗扭支座(或双支座)设为固定支座,其余墩台支座需保证桥面结构切向可自由移动,一方面是为了满足因温度、收缩和预应力张拉等因素产生的变位,另一方面是为了保证伸缩缝免遭破坏。

公路箱形梁匝道桥由于曲率半径小,箱形梁易产生扭转与横向位移,桥墩与支座布置宜满足下列要求。

(1) 桥墩横向宜采用多支座体系(多柱式或独柱双支座式),支座横向间距尽量拉开;当结构受力满足要求时,可采用墩梁固结。

(2) 当建设条件特殊,如在跨越道路中央分隔带的墩位、桥墩必须采用独柱单支座结构时,应避免采用连续的独柱单支座结构。

(3) 过渡墩和桥台处宜设置可靠的限位、防落梁措施。

## 5.5　连续梁桥与刚构桥的构造

### 5.5.1　连续梁桥的构造

1) 连续梁桥的受力特点

连续梁桥的主要受力特点如下。

(1) 除了按简支—连续法施工的连续梁桥外,一般一次落架施工的连续梁桥在结构自重作用下,跨中截面将产生正弯矩,支点截面将产生负弯矩,且支点截面负弯矩大于跨中截面正弯矩;与同等跨径的简支梁桥相比,连续梁桥的最大正弯矩及负弯矩均小于简支梁桥的跨中正弯矩(图 5.41),因此,连续梁桥的内力分布比简支梁桥要均匀,有利于充分发挥材料的作用。

(2) 连续梁桥为超静定结构,刚度比相应的简支梁桥大,即在汽车荷载作用下跨中产生的挠度比简支梁桥小(图 5.42),行车平顺舒适。

(3) 连续梁桥因结构整体发生均匀温度变化引起的纵向水平位移,在结构中不产生附加内力及支承反力,这一特点与简支梁桥相同(图 5.43)。但是,连续梁桥属于超静定结构,非线性温度变化、预应力作用、混凝土收缩徐变及基础沉降等将引起结构附加内力。

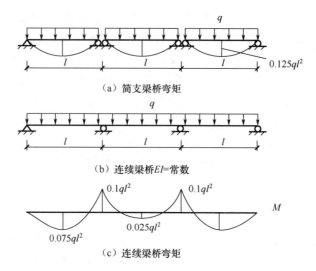

图 5.41 等跨简支梁桥弯矩与连续梁桥弯矩的比较

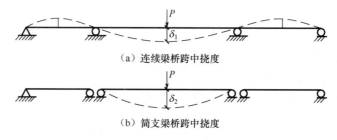

图 5.42 连续梁桥跨中挠度与简支梁桥跨中挠度的比较

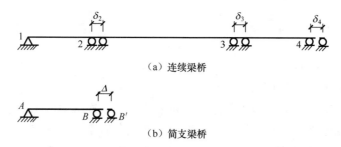

图 5.43 均匀温度变化引起的纵向水平位移

2) 等截面连续梁桥

一般情况下,连续梁桥在恒荷载与活荷载作用下,支点截面负弯矩大于跨中截面正弯矩,但跨径不大时这个差值不大。

(1) 跨径布置与梁高。

跨径可以采用等跨和不等跨两种布置方式(图 5.44)。为使边跨正弯矩减小,受力均匀合理,大多采用不等跨布置,即边跨跨径小,中跨跨径大,一般边跨与中跨跨径之比为 0.6~0.8,大多采用三跨、五跨一联布置。梁高与跨径之比 $h/l=1/25\sim1/15$。

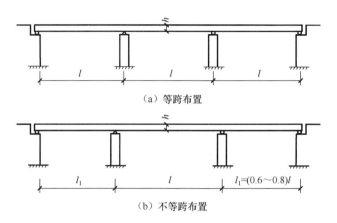

(a) 等跨布置

(b) 不等跨布置

图 5.44 等截面连续梁桥跨径布置

(2) 适用范围。

等截面连续梁桥的适用范围：跨径 40~60m（国外最大达 80m）。

3) 变截面连续梁桥

随着跨径的增大（$l \geqslant 70m$），采用变截面设计更为经济合理。由于连续梁桥的支点截面负弯矩大于跨中截面正弯矩，因此往往采用支点截面梁高大于跨中截面梁高的变截面形式。同时增加支点截面梁高有利于抵抗支座截面较大的剪力，减小跨中截面梁高可减轻结构因自重而产生的弯矩。因此，变截面连续梁桥的跨越能力比等截面连续梁桥大。

图 5.45 所示为三跨变截面连续梁与等截面连续梁的弯矩比较。可以看出，当支点截面梁高从 1.5m 加大到 3.5m 时，跨中截面最大正弯矩减小了一半多，支点截面负弯矩虽然增加了，但其梁高增加，截面抗弯惯性矩加大，最大应力并不增加。

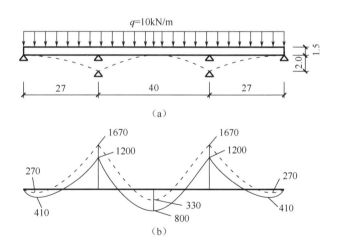

图 5.45 三跨变截面连续梁与等截面连续梁的弯矩比较（尺寸单位：m；弯矩单位：kN·m）

(1) 跨径布置。

连续梁桥一般采用三跨或五跨布置。若跨数太多、连续长度过长，温度变化会使得桥梁纵向水平位移大，从而给伸缩缝设置带来困难。

为了使边跨截面与中跨截面的最大正弯矩基本相等，一般取边跨与中跨跨径之比 $l_1/l = 0.6\sim0.8$；对于城市桥梁，为了满足跨线要求，有时 $l_1/l \leqslant 0.5$，此时需在边跨进行压重，以抵消边支座可能产生的负反力（图5.46）。

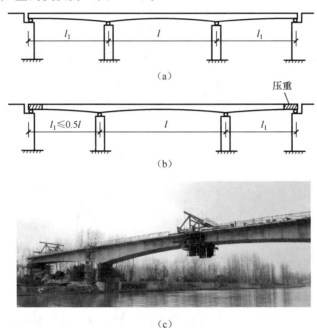

图 5.46　变截面连续梁桥

（2）梁高。

支点截面梁高 $h_支$ 一般取 $(1/18\sim1/16)l$ 且不小于 $l/20$；跨中截面梁高 $h_中 = (1/2.5\sim1/1.5)h_支$。梁高一般按二次抛物线、折线或者 1.5~1.8 次抛物线变化。

（3）适用范围。

目前预应力混凝土变截面连续梁桥常用的跨径为 70~50m，国内最大跨径已达 180m。

4）截面设计

（1）截面形式。

预应力混凝土连续梁一般采用箱形截面，因为箱形截面有利于减小结构自重、截面抗弯与抗扭惯性矩，并且适应抵抗正、负弯矩。箱形截面的基本形式有：单箱单室[图 5.47（a）]，单箱双室[图 5.47（b）]，双箱单室（主要用于双幅桥）[图 5.47（c）]，斜腹板（施工稍复杂）[图 5.47（d）]。

在箱形截面梁桥中，一般应在墩（台）支承处设置横梁（横隔板）。内半径小于 240m 的弯箱形梁应设跨间横梁，其间距对于钢筋混凝土箱形梁不大于 10m；预应力混凝土箱形梁的横梁设置则需经结构分析确定。横梁设在箱内，连接腹板与顶底板；条件许可时，箱形截面梁桥的横梁应设检查过人孔。

（2）横向尺寸布置。

箱形截面梁顶板宽度一般接近桥面总宽；悬臂长度 $b$，两腹板之间距离 $a$，一般取 $b/a = 1/3\sim1/2.5$ [图 5.47（a）]；考虑到悬臂板横向受力（根部弯矩），一般 $b \leqslant 5m$（当 $b > 3m$ 时，宜布横向预应力筋）。

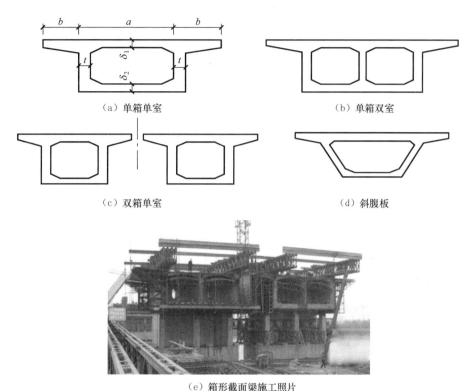

(a) 单箱单室　　(b) 单箱双室

(c) 双箱单室　　(d) 斜腹板

(e) 箱形截面梁施工照片

**图 5.47　箱形截面梁的基本形式**

(3) 顶板厚度。

确定箱形截面梁顶板厚度 $\delta_1$ [图 5.47（a）]，一般需满足两个要求：桥面板横向受力，主要是受弯的要求；布置箱形截面梁纵、横向预应力筋的要求。顶板厚度不小于板净跨径的 1/30，且不小于 20cm；箱形截面梁翼缘悬臂端厚度不小于 10cm，当设置桥面横向预应力筋时，其厚度不小于 14cm。

车行道部分的顶板或连续板及悬臂板厚度可参照表 5-3。

表 5-3　车行道部分顶板或连续板以及悬臂板厚度　　　　　单位：cm

| 位置 | 桥面板跨径方向 | |
|---|---|---|
| | 垂直于行车道方向 | 平行于行车道方向 |
| 顶板或连续板 | $3l+11$（纵肋之间） | $5l+13$（横隔之间） |
| 悬臂板 | 当 $l<0.25$ 时，$28l+16$ | $24l+13$ |
| | 当 $l>0.25$ 时，$8l+21$ | |

注：两个方向厚度计算后取小值，$l$ 为桥面板的跨径，m。

(4) 腹板尺寸。

考虑到连续梁桥支点区域剪力较大、跨中区域剪力较小，箱形截面梁腹板一般采用从跨中向支点逐渐变宽度的设计，以适应支点截面的抗剪要求。

腹板宽度（厚度）设计主要考虑的因素如下。

① 满足抗剪要求。对于连续梁桥，在 $l/4$ 跨径区域，剪力较大，由于弯矩、扭矩及剪力的共同作用，导致腹板承受较大的主拉应力，若腹板强度不够，则往往容易产生斜裂缝。

② 应考虑预应力钢束管道布置、普通钢筋布置及混凝土浇筑要求，腹板设计不宜太薄。

箱形截面梁腹板宽度 $t$ 一般不小于 16cm；对于抗扭构件（如跨中支座），腹板宽度应大于两腹板间距离的 1/10。上下承托之间的腹板高度：当腹板内设有竖向预应力筋时，不应大于腹板宽度的 20 倍；当腹板内不设预应力筋时，不应大于腹板宽度的 15 倍。当腹板宽度沿桥梁纵向有变化时，其过渡段的长度不宜小于 12 倍腹板宽度差，以达到平缓过渡。

腹板最佳厚度参数见式（5-1）、式（5-2）。

墩上腹板最佳厚度参数 $K_1$：

$$K_1 = \frac{t_{wp} h_p}{B l_{max}} \times 10^3 \qquad (5-1)$$

跨中腹板最佳厚度参数 $K_2$：
$$K_2 = \frac{t_{wm} h_m}{B l_{max}} \times 10^3 \qquad (5-2)$$

式中：$t_{wp}$——墩上腹板最佳厚度总和；

$t_{wn}$——跨中腹板最佳厚度总和；

$h_p$——墩上梁高；

$h_m$——跨中梁高；

$B$——桥面总宽；

$l_{max}$——桥梁最大跨径。

连续箱形截面梁腹板最佳厚度参数曲线如图 5.48 所示。

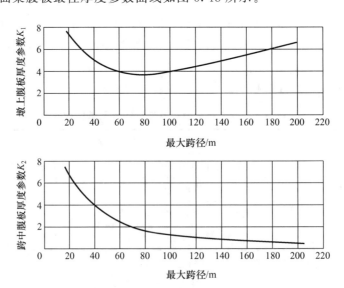

图 5.48　连续箱形截面梁腹板最佳厚度参数曲线

(5) 底板厚度。

考虑到连续梁桥中支点负弯矩峰值一般大于跨中正弯矩峰值,梁截面一般设计为变厚度形式,箱形截面梁底板厚度从跨中向支点逐渐变厚,以适应支点附近截面下缘受压要求。

支座处箱形截面梁底板厚度 $\delta_2$ 与跨径 $l$ 之比一般取 1/170~1/140,并且不小于梁高的 1/10;跨中区域底板的厚度不应小于板净跨径的 1/30 且不小于 20cm,一般取 22~28cm。

为了减小局部应力,在箱形截面梁顶板与腹板连接处应设置承托,腹板与底板连接处应设置倒角。

(6) 普通钢筋布置。

箱形截面梁的顶板内承受局部荷载（如车轮荷载）的受拉钢筋布置,应符合行车道板钢筋布置要求。箱形截面梁的底板上下层,应分别设置平行和垂直的构造钢筋,钢筋截面面积:钢筋混凝土桥不应小于配置钢筋的底板截面面积的 0.4%;预应力混凝土桥不应小于配置钢筋的底板截面面积的 0.3%。所配钢筋可作受力筋,当底板厚度有变化时,可分段设置。钢筋直径不宜小于 10mm,其间距不宜大于 30cm。

5) 预应力筋布置

连续梁桥主梁内力主要有三个方向:纵向受弯、竖向受剪及横向受弯,为了抵抗这三个内力,需布置三向预应力筋,即纵向抗弯、竖向抗剪及横向抗弯预应力筋。其次,预应力混凝土连续梁桥有支架整体现浇、预制装配（含先简支后连续）、顶推及悬臂浇筑与悬臂拼装等各种施工方法,不同的施工方法影响桥梁的内力和预应力配筋。

(1) 纵向预应力筋。

根据不同的施工方法,连续梁桥的恒荷载受力状态及活荷载受力存在一定的差别,因此纵向预应力筋布置有如下几种主要方式。

① 顶推法施工的连续梁桥,一般采用直线布筋方式[图 5.49 (a)]。上下预应力筋通束使得截面接近轴心受压,以抵抗顶推过程中各截面正负弯矩的交替变化;待顶推完成后,在跨中底部和支座顶部增加局部预应力筋,以满足使用阶段活荷载下产生的内力要求;有时,会在支座底部及跨中顶部附近布置设计要求的施工临时预应力筋束,施工完成时予以拆除。

② 简支—连续法,即先简支后连续施工的连续梁桥,先按简支梁桥布置预应力筋束,然后在支座接缝的顶部布置直线或曲线筋,形成连续梁以承担活荷载下产生的负弯矩[图 5.49 (b)]。

③ 悬臂法施工的连续梁桥,一般采用节段浇筑或拼装的施工方法,因此一期预应力筋束布置在截面上缘以抵抗悬臂施工阶段与使用阶段的负弯矩,合龙后在跨中区域截面下缘布置预应力筋束,以抵抗使用阶段活荷载产生的正弯矩。上缘预应力筋主要布置在箱形截面梁顶板处,称为顶板索;下缘预应力筋一般布置在箱形截面梁底板处,称底板索。顶板索有直线配筋[图 5.49 (c)]与曲线配筋[图 5.49 (d)]两种方式,曲线配筋锚固于腹板位置,有利于腹板抗剪,较多采用。

④ 整体现浇法施工的连续梁桥采用连续曲线配筋方式,将跨中部位抵抗正弯矩的底板索与支座部位抵抗负弯矩的顶板索,在全桥范围连续化[图 5.49 (e)]。这种预应力筋布置方式一般适用于整体浇筑施工的中、小跨径连续梁桥。

图 5.49 所示右侧为连续梁施工过程中自重作用下的弯矩示意图。若预应力筋弯曲次

数过多,连续长度过长,预应力损失会偏大,因此预应力筋连续长度一般不宜太长。在连续梁全长上,预应力筋不宜在某个截面或某个区段急剧增加或减少。梁的正负弯矩交替区可设置较长的预应力筋重叠接段,并宜分散布置。

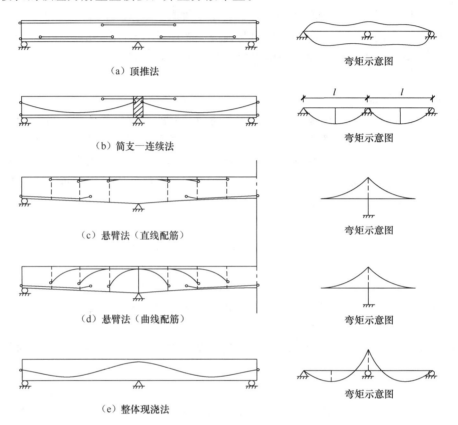

图 5.49　连续梁纵向预应力筋配筋方式及弯矩示意图

当预应力筋需在构件中间布置时,其锚固点宜设在截面重心轴附近或外荷载作用下的受压区。如因锚固而削弱梁截面强度,应用普通钢筋加强。当箱形截面梁的顶底板内的预应力筋引出板外时,应在专设的齿板上锚固,此时,预应力筋宜采用较大的弯曲半径,并按规定设置箍筋。

(2) 竖向预应力筋。

竖向预应力筋的主要作用是提高截面的抗剪能力。一般采用粗钢筋作为竖向预应力筋布置在腹板内,间距由计算要求确定。因桥墩支点截面剪力大,跨中截面剪力小,因此一般支点附近区域竖向预应力筋配置较密(间距小),跨中区域间距稍大(图 5.50)。竖向预应力筋的纵向间距一般为 50~100cm,竖向预应力筋长度短,张拉延伸量小,容易造成预应力损失,一般需进行二次张拉,以确保足够的有效预应力。

预应力混凝土箱形截面梁腹板内应设置直径不小于 12mm 的箍筋,且采用带肋钢筋,间距不宜大于 20cm;自支座中心起长度不小于 1 倍梁高的范围内,应采用闭合式箍筋,间距不应大于 12cm。

预应力筋(纵、横、竖向筋)张拉后应及时对管道进行压浆并封锚,压浆应密实饱满，否则有可能带来严重后果；压浆用的水泥浆抗压强度不低于50MPa，为减小收缩，可通过试验加入适量膨胀剂。预应力箱形梁大多采用C50及以上的高标号混凝土。

（3）横向预应力筋。

横向预应力筋是用以保证桥梁横向整体性、桥面板及横隔板横向抗弯能力的主要受力钢筋。

横向预应力筋一般布置在箱形截面梁顶板和横隔板中。顶板中的横向预应力筋在悬臂段及腹板支承处，布置在顶板上缘；在两腹板支承的跨中部位，布置在顶板下缘（图5.50）。因为箱梁顶板的横向弯曲相当于框架或连续梁工作。

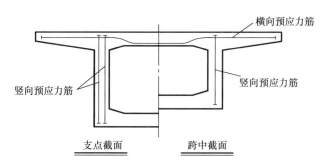

**图 5.50 箱形截面梁横向及竖向预应力筋布置**

由于箱形截面梁顶板厚度小，因此横向预应力筋大多采用扁锚体系，以减小预应力筋管道所占空间。

6）细部构造

（1）端部锚固。

后张法预应力构件的端部锚固区，受力集中且是关键部位，应按下列要求配置普通钢筋。

① 锚下局部区应配置间接钢筋，当采用平板式锚垫板时，应配置不少于4层的方格网钢筋或不少于4圈的螺旋筋；当采用带喇叭管的锚垫板时，应配置螺旋筋，每圈螺旋筋的长度不应小于喇叭管长度。

② 锚下总体区应配置抵抗横向劈裂力的闭合式箍筋，其间距不应大于12cm。

③ 梁端截面应配置抵抗表面剥裂力的抗裂钢筋；当采用大偏心锚固时，锚固端钢筋宜弯起并延伸至纵向受拉边缘。

（2）齿块锚固。

对于多跨连续梁桥与刚构桥，一般需在箱形截面梁中间设置预应力锚固齿块（图5.51）。后张法预应力锚固齿块的几何参数主要有钢筋束弯曲半径$R$、钢筋束倾角$\alpha$、锚固尺寸$S_1$和$S_2$，以及齿块长度$L$。预应力钢筋束的弯曲半径宜参照表5-2取值，预应力钢筋束在齿块内的偏转角不宜大于15°，锚固面的尺寸应根据锚具布置、张拉空间等要求选定，锚固面与齿块斜面的夹角不宜小于90°，齿块长度可根据几何关系确定。

齿块锚固区应进行配筋计算，普通钢筋构造应满足下列要求。

① 齿块锚下应配置抵抗横向劈裂力的闭合式箍筋或U形箍筋，其间距不宜大于15cm，纵向分布范围不宜小于1.2倍齿块高度，锚下局部承压钢筋也应满足相关要求。

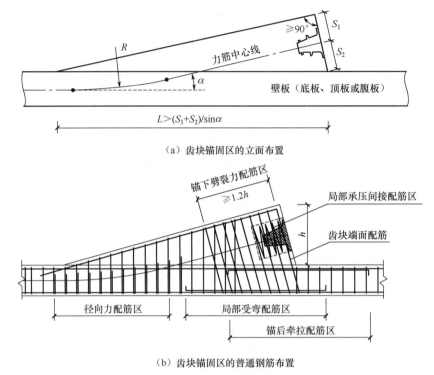

(a) 齿块锚固区的立面布置

(b) 齿块锚固区的普通钢筋布置

图 5.51 齿块锚固区的构造

② 齿块锚固面应配置齿根端箍筋，伸入至壁板外侧。

③ 壁板内外边缘均应配置纵向钢筋，其长度不小于 1.5m，横向分布范围宜在力筋中心线两侧各 1.5 倍锚垫板宽度内。

④ 预应力筋径向力作用区应配置竖向箍筋及沿预应力管道的 U 形防崩钢筋，与壁板内纵筋钩接，纵向分布范围宜取曲线预应力筋段的全长。

(3) 拼装接缝。

随着科学技术的发展，节段预制拼装的预应力混凝土梁桥已逐步得到使用。对于这种装配式施工的结构，预制节段之间的接缝需要特别注意，应满足下列构造要求。

预制节段端部应配置直径不小于 10mm 的钢筋网；预制节段接缝间宜采用胶接缝或现浇混凝土接缝，胶接缝可采用环氧树脂黏接，现浇混凝土接缝可采用细石混凝土填充。环氧树脂接缝的涂层厚度应均匀，接缝应进行挤压；细石混凝土接缝的宽度不应小于 6cm，混凝土强度等级不应低于预制阶段的混凝土强度等级。

预制节段接缝处应设置剪力键，宜在腹板、顶板、底板和加腋处均设置剪力键，并按《公路钢筋混凝土及预应力混凝土桥涵设计规范》(JTG 3362—2018) 要求布置。

(4) 体外预应力。

体外预应力混凝土梁桥应留有供体外预应力系统维护、更换的空间和设备进出的通道，并且采用合适的体外预应力钢索的防腐措施；体外预应力钢绞线的最小转向半径、转向构造、锚固构造及钢筋布置等应符合《公路钢筋混凝土及预应力混凝土桥涵设计规范》(JTG 3362—2018) 的要求。

## 5.5.2 刚构桥的构造

混凝土刚构桥有连续刚构桥、斜腿刚构桥、门式刚构桥及 T 形刚构桥 4 种形式。目前，连续刚构桥应用较多；斜腿刚构桥、门式刚构桥及 T 形刚构桥不是常用桥形，使用较少。这里仅介绍连续刚构桥。

1）连续刚构桥的受力特点

连续刚构桥的主要受力特点如下。

(1) 连续刚构桥是梁墩固结体系，梁墩整体受力。

(2) 悬臂法施工的同等跨径的连续刚构桥与连续梁桥相比，在结构自重作用下两者的结构内力与变形基本一致，如主梁跨中截面正弯矩、支点截面负弯矩及跨中挠度等，两者基本相等。

(3) 由于梁墩固结，在活荷载作用下，连续刚构桥主梁跨中截面正弯矩及支点截面负弯矩都小于相同跨径的连续梁桥，因此连续刚构桥的梁高一般略小于相同跨径的连续梁桥的梁高，连续刚构桥比连续梁桥适应更大的跨径。

(4) 连续刚构桥由于温度变化、混凝土收缩徐变等因素，会使桥产生较大的纵向变形及在墩顶产生较大的水平推力等结构附加内力。为了减小结构附加内力，设计中在确保桥墩抗压与抗弯刚度的前提下，应尽量减小桥墩的水平抗推刚度，可采用单肢薄壁墩或双肢薄壁墩。

预应力混凝土连续刚构桥一般适用的跨径为 100～240m，最大跨径可达 300m；施工方法适合悬臂法，较多采用悬臂浇筑法。

2）跨径布置

预应力混凝土连续刚构桥一般采用 3～5 跨布置，如果采用刚构-连续组合体系，则跨数可以更多。边跨与中跨的跨径之比 $l_1 \sim l$ 一般取 0.5～0.7；当采用悬臂法施工时，在深谷条件下，支架现浇很困难，为了减小边跨的支架现浇长度或取消边跨落地支架采用导梁合龙的方式，往往取边跨与中跨的跨径比 $l_1 \sim l$ 为 0.5～0.55。

3）主梁截面形式、梁高及预应力筋布置

连续刚构桥的主梁一般采用箱形截面；根部梁高 $h_支$ 一般取 $(1/20 \sim 1/16)l$，跨中梁高与根部梁高之比 $h_中/h_支$ 一般取 $1/3.5 \sim 1/2.5$，略小于连续梁桥的跨中梁高；连续刚构桥箱形梁截面的细部尺寸与连续箱形截面梁基本相同；大跨连续刚构桥一般采用悬臂法施工，箱形截面梁预应力筋布置方式与采用悬臂法施工的连续梁桥的箱形截面梁相同。

4）桥墩

连续刚构桥桥墩主要有竖直双肢薄壁墩、竖直单肢薄壁墩、变截面墩、V 形墩（或 Y 形柱式墩）4 种基本形式（图 5.52）。在满足桥墩抗压、抗弯刚度的前提下，连续刚构桥的桥墩可采用水平抗推刚度较小的竖直单肢薄壁墩或竖直双肢薄壁墩，应尽量减小其水平抗推刚度，以适应桥梁纵向变形、减小结构次内力。一般情况下，桥墩的长细比可取 16～20；竖直双肢薄壁墩的中距与主跨之比 $a/l$ 可取 $1/25 \sim 1/20$。

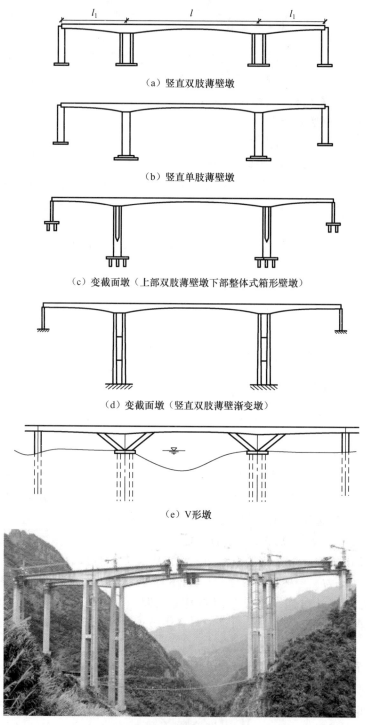

图 5.52 连续刚构桥的桥墩形式

因薄壁墩的防撞能力较弱，在通航河流上建桥时应充分注意桥梁薄壁墩抵抗船舶撞击的安全度，采取合适的防撞措施；大跨连续刚构桥在横桥的约束较弱，桥梁在横向不平衡荷载或风荷载作用下，易产生扭曲变形，为了增大其横向稳定性，桥墩的横向刚度应设计得大一些。

（1）竖直双肢薄壁墩。

竖直双肢薄壁墩是用两个相互平行的薄壁与主梁固结的桥墩［图 5.52（a）］，墩壁可以做成实心的矩形或者空心的箱形截面形式。竖直双薄壁墩抗弯刚度大、稳定性好，同时其水平抗推刚度小，适应桥梁的纵向变形；由于是双薄壁墩，主梁的负弯矩峰值出现在两肢墩的墩顶且比单壁墩小一些，可以减小墩顶主梁截面尺寸，节约材料。因此，竖直双薄壁墩是连续刚构桥理想的桥墩形式，被广泛采用。

（2）竖直单肢薄壁墩。

在高墩连续刚构桥中采用竖直单肢薄壁墩［图 5.52（b）］时，其截面形式有实心的矩形或箱形两种形式。

现以实心矩形截面为例，对竖直单肢薄壁墩与竖直双肢薄壁墩的水平抗推刚度比较如下。

设竖直单肢薄壁墩的截面尺寸为 $b\times 2h$，竖直双肢薄壁墩的单肢尺寸为 $b\times h$（图 5.53），墩高均为 $l$。材料弹性模量 $E$ 相同，竖直单肢薄壁墩的纵向抗弯惯性矩为 $I_1$，而竖直双肢薄壁墩的单肢纵向惯性矩为 $I_2$，则顺桥向墩顶水平抗推刚度见式（5-3）、式（5-4）。

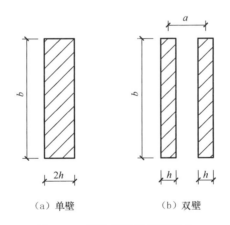

图 5.53 竖直薄壁墩截面形式

竖直单肢薄壁墩：
$$k_1 = \frac{3EI_1}{l^3} = \frac{2Ebh^3}{l^3} \tag{5-3}$$

竖直双肢薄壁墩：
$$k_2 = 2\times\frac{3EI_2}{l^3} = \frac{Ebh^3}{2l^3} \tag{5-4}$$

由式（5-3）和式（5-4）可知，在墩身截面面积相同的情况下，竖直双肢薄壁墩的抗推刚度仅为竖直单肢薄壁墩的 1/4。

一般来说，在截面面积相同的条件下，竖直单肢薄壁墩的抗弯、抗扭及稳定性均较竖直双肢薄壁墩弱，但其抗推刚度大，不利于桥梁的纵向变形。但是，随着墩身高度的增加，竖直单肢薄壁墩的抗推刚度逐渐减小、柔性逐渐增强，并且箱形竖直单肢薄壁墩抗弯、抗扭及稳定性好,因此,对于高墩连续刚构桥,箱形竖直单肢薄壁墩也是理想的墩身形式。

(3) 变截面墩。

随着墩高的增加,当墩高大于60m时,采用等截面墩在受力与经济上不太合理,则一般采用变截面墩。变截面墩主要有两种变截面形式:①上部双肢薄壁墩变化到下部整体式箱形壁墩 [图 5.52 (c)];②竖直双肢薄壁渐变墩,每肢外侧沿高度设置一定的坡度 [图 5.52 (d)],并且截面的尺寸从墩顶至墩底逐步加大。

(4) V形墩(或Y形柱式墩)。

为了减小墩顶处主梁的负弯矩峰值,可将墩柱做成V形墩 [图 5.52 (e)]。Y形墩是上部为V形托架,下部为单柱式,构成Y字形桥墩,这种桥墩可降低主梁在墩顶截面的负弯矩峰值,有利于增大主梁跨径,但应注意施工过程的稳定性。

5) 墩梁固结处的设计

连续刚构桥的梁墩固结处构造与受力均较复杂,是结构设计的关键部位。固结处的连接形式,首先取决于墩柱的形式,其次应考虑使传力路径明确简捷、力线流畅和施工方便。

图 5.54 所示为梁墩固结处的构造。薄壁墩轴线与固结处箱形截面梁的横梁中心线一致,墩顶钢筋经底板伸至横梁内,有足够的锚固长度。为了防止结合部位横向开裂,在横梁上下部包括箱形截面梁底板设置了横向预应力筋,在梁墩结合部位箱形梁底板顶面应力集中处增设了梗腋。对于特大跨径的连续刚构桥,其薄壁空心墩顶宜布置高度2m左右的实体段。

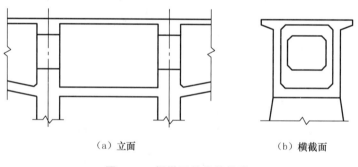

(a) 立面　　　　　　　　(b) 横截面

图 5.54　梁墩固结处的构造

## 5.6　梁桥实例

### 5.6.1　湖南泸溪沅水大桥

泸溪沅水大桥位于湖南长沙—吉首的高速公路上,主桥为68m+3×110m+68m预应力混凝土连续梁桥(图5.55)。本桥设有0.5%的纵坡和竖曲线,有部分平曲线进入大桥,横桥向设2%的双向横坡。设计荷载:汽车—超20级,挂车—120,人群荷载3.5kN/m$^2$。桥面宽度:1.5m(人行道)+0.5m(防撞栏杆)+10.75m(行车道)+2m(分隔带)+10.75m(行车道)+0.5m(防撞栏杆)+1.5m(人行道),桥面总宽27.5m。

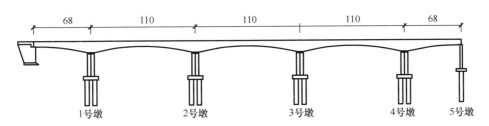

图 5.55　泸溪沅水大桥主桥布置立面图（尺寸单位：m）

1）上部结构

主桥设计为分离式单箱单室截面（图 5.56），箱形截面梁根部高（箱形梁中心线）6.2m，跨中梁高（箱梁中心线）为 3.2m，箱形截面梁高度及底板厚度均按二次抛物线变化。箱形截面梁顶板全宽 13.5m，顶板厚 28cm，设有 2% 的横坡；箱形截面梁底板宽 7.5m，底板跨中板厚 26cm，根部厚 80cm；腹板厚度从跨中至根部分别为 40cm、55cm、70cm；箱形截面梁在 1~4 号墩墩顶处设 40cm 厚的横隔板。每个桥墩上的箱形截面梁共分为 18 段悬臂浇筑，其中 0 号块长 5m，1~18 号梁段分段长为 9×2.5m+7×3m+2×4m，边跨及中跨合龙段长均为 2m。边跨支架现浇段长度为 12m；0 号、1 号块采用托架浇筑，其余梁段均采用挂篮悬浇，悬浇梁段最大重量为 1140kN。合龙顺序：首先两个边跨合龙，然后两个次边跨合龙，最后中跨合龙。

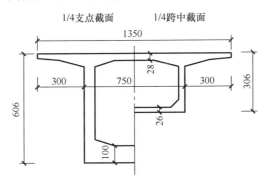

图 5.56　分离式单箱单室截面（尺寸单位：cm）

箱形截面梁采用三向预应力体系，纵、横向预应力采用高强低松弛钢绞线，配 OVM 型锚具，纵向预应力筋采用两端张拉，箱形截面梁顶板横向预应力采用单端交错张拉；箱形截面梁腹板内设竖向预应力精轧螺纹钢筋，直径 $\phi32$mm，纵向间距 50cm，配 YGM 锚具，单端张拉，上端为张拉端。

2）下部结构

0 号桥台设计为重力式桥台，扩大基础；过渡墩（5 号墩）为双柱式墩，墩柱为 2 根 $D200$cm 的圆柱墩，墩顶设盖梁，该位置设悬梯，采用 2 根 $D220$cm 的钻孔灌注桩基础；主桥 1~4 号墩采用双柱式墩，墩柱为 2 根厚 3m 的六边形截面桥墩，墩顶设置横撑，承台厚 3.5m，基础为 4 根 $D250$cm 的钻孔灌注桩。主桥采用 GPZ 系列盆式橡胶支座。

3）连续箱形截面梁悬浇施工要点

连续箱形截面梁悬浇施工顺序：①安装墩顶盆式橡胶支座，浇筑临时固结块；②安装托架浇筑 0、1 号梁段；③安装挂篮，悬浇 2~18 号梁段；④搭设支架浇筑边跨现浇段；

⑤合龙两个边跨，拆除边跨的支架及1、4号墩墩顶临时固结；⑥合龙两个次边跨，拆除2、3号墩墩顶临时固结；⑦合龙中跨，全桥合龙。

每段梁浇筑顺序：①安装挂篮就位，测标高；②立模、扎钢筋、浇筑箱形梁混凝土；③测标高；④待混凝土强度达到设计强度的80%后，张拉三向预应力筋束，张拉顺序为纵向预应力筋→横向预应力筋→竖向预应力筋；⑤测标高；⑥移动挂篮，进行下一梁段的施工；⑦对已张拉的三向预应力筋孔道及时压浆。

施工注意事项：①由于结构受温度影响较大，测量时应尽量在上午进行；②竖向预应力筋必须在挂篮移动前张拉，避免混凝土承受超前主拉应力而导致开裂；在每次挂篮移动后，应采取措施消除其非弹性变形；③箱形截面梁混凝土数量较大，可以分次浇筑，但应注意新老混凝土要结合紧密，及时养护，防止混凝土出现收缩裂缝；④在每一个T构悬浇过程中，应均衡对称施工，两端允许不均衡重为200kN，挂篮重（包括模板、机具及人员等）按700kN控制设计；⑤各T构悬浇施工的工期应合理安排，最大悬臂阶段完成后，尽快合龙，防止悬臂端产生过大的收缩徐变挠度，使得合龙后的桥面标高不平顺。

### 5.6.2 湖北龙潭河大桥

龙潭河大桥（图5.57）位于湖北宜昌—恩施高速公路上，主桥为五跨连续刚构桥，跨径为106m+3×200m+106m，分两幅设计，单幅桥宽12.5m，桥面总宽25m；主墩最大高度178m（图5.57）。

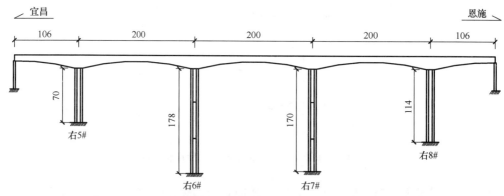

(a) 龙潭河大桥立面布置（尺寸单位：m）

(b) 箱形截面梁悬臂施工照片

图5.57　龙潭河大桥

1) 上部结构

上部结构采用预应力混凝土箱形梁（图 5.58），箱形截面梁根部梁高 12m，跨中梁高 3.5m，顶板厚 28cm，底板厚从跨中至根部由 32cm 变化至 110cm，腹板从跨中至根部三段采用 40cm、55cm、70cm 三种厚度，箱形截面梁高度和底板厚度按 1.8 次抛物线变化。箱形截面梁 0 号节段长 18m（包括墩两侧各外伸 1m），每个悬浇 T 构纵向对称分为 22 个节段，梁段数及梁段长从根部至跨中分别为 7×3.5m、4×4.0m、11×4.5m，节段悬浇总长 91m。悬浇节段最大控制重量 2409kN，挂篮设计自重 1040kN。边、中跨合龙段长均为 2m，边跨现浇段长 5m。箱形截面梁根部设置四道厚为 0.7m 的横隔板，其位置与箱形薄壁墩的箱壁位置对齐；中跨跨中设一道厚 0.4m 的横隔板；边跨梁端设一道厚 2m 的横隔板；横隔板处均设置高 1.8m、宽 1.0m 的过人洞。

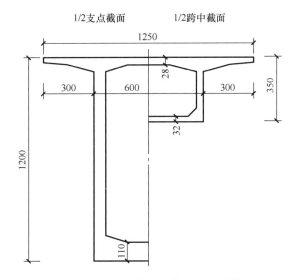

图 5.58 预应力混凝土箱形梁截面（尺寸单位：cm）

箱形截面梁按全预应力混凝土设计，布置三向预应力，纵向、横向及部分竖向预应力筋采用美国 ASTMA416—97a 标准 270 级高强度低松弛钢绞线（标准强度 1860MPa）。箱形截面梁纵向预应力筋束每股直径 15.24mm，大墩位群锚体系；顶板横向预应力筋束每股直径 12.7mm，扁锚体系；竖向预应力筋在箱形截面梁高度大于 6m 时采用钢绞线，箱形截面梁高度小于 6m 时采用精轧螺纹钢筋。纵向预应力筋束管道采用预埋塑料波纹管成孔，真空辅助压浆工艺。箱形截面梁混凝土采用 C55，桥面铺装为 11cm 厚沥青混凝土。

2) 下部结构

下部结构为钢筋混凝土结构，主墩墩身采用双肢变截面矩形空心墩，壁厚 70cm，肢间净距 9m（图 5.59），纵向每墩双肢外侧均按 100∶1、60∶1 和 40∶1 三种坡率，在墩的顶部和底部各设 2m 厚的实心段。主墩承台厚 4m，基础为直径 2.4m 的钻孔灌注桩。每个墩 16 根桩，纵、横向均按 4 排布置；边墩（右 5 号、右 8 号）每个墩 12 根桩，纵向 4 排、横向 3 排布置；主、引桥间过渡墩墩身采用等截面矩形空心墩，承台厚 3m，基础为双排 4 根直径 2.0m 的钻孔灌注桩。墩身混凝土为 C50，承台和基础采用 C30 混凝土。

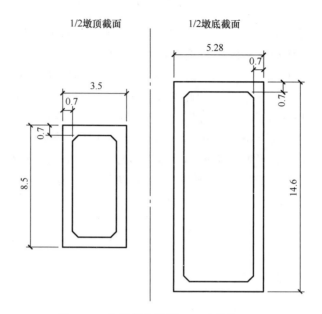

图 5.59 主墩墩身截面（尺寸单位：m）

过渡墩处设 SSFB480 型伸缩缝，主桥箱形梁下设 GPZ（Ⅱ）4DX 单向滑动盆式橡胶支座和 GPZ（Ⅱ）4SX 双向滑动盆式橡胶支座各一套。

3）结构分析及施工要点

主墩桥墩最高 178m，高墩带来整体屈曲稳定性和薄壁局部屈曲稳定性，以及高墩低频风振对施工、运营阶段安全性影响等问题。为此做了高墩稳定性专题研究，考虑几何与材料非线性，最低稳定性安全系数（施工阶段）为 3.7，表明结构安全可靠。

箱形截面梁 0 号块、首节墩身及承台属大体积混凝土，因水化热引起的混凝土内外温差及温度应力，容易导致结构开裂，特别是首节墩身，因受到承台的约束，在收缩及内外温差共同作用下，产生较大的横向拉应力，易导致竖向裂缝，所以在施工中需采取温控措施。

本桥桥墩较高，采用爬模施工。桥墩施工时，顺桥向双壁间设置临时支撑，临时支撑在高度方向每 30m 设置一道，宜布置在有内横隔的位置，临时支撑可采用两根 $\phi 800mm$ 的钢管。

主桥箱形截面梁采用先中跨、后次中跨、最后边跨的合龙顺序，合龙段采用吊架施工，吊架重量按 50t 考虑。施工时首先安装平衡现浇段混凝土重量的压重（如水箱），安装内、外刚性支承并张拉临时钢筋束，浇筑混凝土并同步卸除压重，混凝土强度达到设计强度的 85% 且混凝土龄期不少于 4 天后张拉合龙钢筋束，按先长束、后短束的顺序对称张拉。合龙温度应控制在 15℃±5℃。

4）结构设计特点

（1）龙潭河大桥主桥桥墩最高 178m，主墩墩身采用双肢变截面矩形空心墩，壁厚 70cm，肢间净距 9m，纵向每墩双肢外侧均按 100∶1、60∶1 和 40∶1 三种坡率，在墩的顶部和底部各设 2m 厚的实心段，成功地解决了高墩稳定性、抗风、施工控制等关键技术问题。

（2）上部结构箱梁经计算分析选择合适的梁高变化曲线和细部构造尺寸，腹板内布置下弯钢筋束，加强竖向预应力，在梁高大于 6m 的区段竖向预应力筋采用更有效的钢绞线，设置足够的预拱度，通过这些措施可有效减小截面的剪力和主拉应力，预防腹板开裂和跨中下挠。

### 5.6.3 挪威 Stolma 桥与 Raft sundet 桥

1998 年 11 月，挪威建成了两座特大跨径混凝土连续刚构桥：跨径布置 94m＋301m＋72m 的 Stolma 桥（图 5.60）和 86m＋202m＋298m＋125m 的 Raft sundet 桥，前者首次将混凝土梁桥的跨径突破 300m，居世界首位。这两座桥共同的设计特点是：①主跨中部采用轻质高强混凝土，容重仅为 19.5kN/m³；②截面为单室箱，底板、腹板厚度较小；③边跨配重。这两座桥的跨径布置都由地质条件所决定，Stolma 桥边跨很小，边、主跨之比仅为 0.239 和 0.312，为解决边主跨重力的不平衡，在 94m 边跨的 37m 和 72m 边跨 53m 范围内，箱形截面梁填充砾卵石。

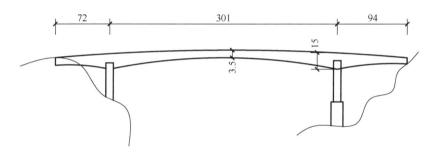

图 5.60　挪威 Stolma 桥立面布置（尺寸单位：m）

Stolma 桥选用的方案是基于经济、景观、审美、历史和实际地质情况的考虑，最终采用 301m 的大跨径，两边跨均很小，且跨径不同。桥梁纵坡设计经过特殊的考虑，两个岛屿的不同高度导致不对称的桥梁曲线。

主梁横截面采用箱形截面（图 5.61），墩柱高 15m，跨中高 3.5m，跨高比在主跨墩柱处为 20，跨中为 86，按抛物线变化。主梁顶板宽 9m，底板宽 7m。底板厚度从墩柱处的 105cm 变至跨中的 27cm。顶板的厚度则根据预应力索的数量来进行调整，其边跨为 70cm，主跨为 44cm。主跨的腹板从墩柱处的 45cm 变至跨中的 25cm。梁所有截面的边角都做成圆形，其半径顶板为 12.5cm，底板为 50cm。其视觉较柔和，并减少了风载效应。在这种情况下，两浇筑节段间的几何不对称也不显著。

墩柱处剪力的 90% 是由悬臂梁的自重产生的。因此优化自重是非常重要的，跨中的 182m 用轻质高强混凝土（LC60），而桥梁的其他部分采用 C65 混凝土。由于永久荷载很大及裂缝限制的需要，桥梁的含筋量很高。

一侧墩柱为空心横截面，外形尺寸为 5.0m×8.2m，纵、横向壁厚分别为 70cm 和 105cm，墩柱刚度较大。另一侧的墩柱为了提供所需沿桥轴向的柔度，以适应温度、徐变和收缩引起的主跨轴向变形，同样采用空心横截面，纵、横向壁厚分别为 30cm 和 70cm。为了美观，两侧墩柱的外形尺寸相同。

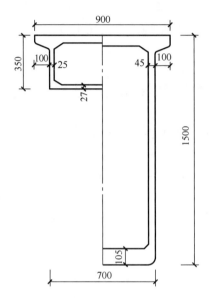

图 5.61　主梁横截面（尺寸单位：cm）

# 本 章 小 结

本章主要介绍了混凝土梁桥的基本体系、受力特点及主要截面形式。混凝土梁桥按受力特征可分为简支梁桥、连续梁桥、悬臂梁桥和刚构桥 4 种基本体系，当桥梁轴线在平面上是曲线或桥梁轴线与支承线斜交时，则分别为曲线梁桥和斜梁桥两种特殊形式；刚构桥与一般梁桥的区别在于墩梁固结。

简支梁桥施工方便，静定体系对地基要求不高，弯矩较大，适用于小跨径桥梁。连续梁桥所受恒荷载、活荷载均有卸载弯矩，行车条件好，适合于中等以上跨径桥梁。刚构桥墩梁固结，省去了大型支座、结构整体性与抗震性能好。

混凝土梁桥的承重结构采用实心板、空心板、肋梁（主要采用 T 形梁）及箱形截面四种主要截面形式。板桥有实心和空心之分，施工方便，适用于小跨径桥梁。肋梁式截面是将板式截面下缘受拉区混凝土进一步挖空，这样能显著减轻结构自重，增加梁高与截面抗弯惯性矩，使跨越能力进一步得到提高。箱形截面的挖空率最高，截面抗弯能力强、抗扭性能好，是大跨连续梁桥和曲线梁桥最适合的截面形式。

简支梁（板）桥按施工工艺分为整体式和装配式两类；装配式梁桥主梁横截面形式可分为空心板、T 形和箱形三种，各片主梁通过横隔梁与桥面板连接共同受力。

曲线梁桥在外荷载作用下，截面内力较同跨径的直线梁桥要大，并且在产生弯矩的同时，必然伴随产生耦合扭矩，而在产生扭矩的同时也伴随产生相应的耦合弯矩，称之为弯扭耦合作用。为避免曲线箱梁倾覆，一般宜设置双支座，在受力容许的情况下，梁墩可固结。

## 第5章 混凝土梁桥的构造

连续刚构桥，主梁因温度、混凝土收缩徐变作用产生较大的纵向变形，为了适应这种变形，应尽量减小桥墩的水平抗推刚度，可采用竖直单肢薄壁墩或竖直双肢薄壁墩。

## 习　题

5-1　按受力特征，混凝土梁桥可分为哪几种基本体系？并阐述各种基本体系的主要受力特征及其适用场合。

5-2　混凝土梁桥主要有哪几种截面形式？阐述各自的特点。

5-3　刚构桥与一般梁桥的主要区别是什么？简述其受力特点。

5-4　简述混凝土简支板桥的受力特点、主要截面形式及跨径适应范围。

5-5　一般来说，预应力混凝土简支梁桥比钢筋混凝土简支梁桥跨越能力大、简支梁桥比简支板桥跨越能力大，为什么？

5-6　简述斜交板桥的受力特点。

5-7　混凝土简支梁桥一般采用T形截面，较少采用箱形截面，从受力和经济方面阐述其理由。

5-8　对于装配式简支梁桥，在确定主梁的间距和高度时，一般要考虑哪些因素？

5-9　简述装配式后张预应力混凝土简支梁的预应力筋立面布置方式及其理由。

5-10　预应力筋在梁端锚具的布置原则是什么？

5-11　装配式简支梁桥的桥面板如何进行横向连接？

5-12　简支梁桥的横梁主要起什么作用？

5-13　简述组合梁桥的施工过程及跨中截面的应力变化过程。

5-14　曲线梁桥有哪些主要受力特点？

5-15　如何选择曲线梁桥的横截面形式？

5-16　曲线梁桥支座布置有何特点？

5-17　简述连续梁桥的受力特点。

5-18　简述连续刚构桥的受力特点。

5-19　为什么连续刚构桥一般采用水平抗推刚度小的柔性墩？

5-20　连续梁桥有哪几种主要施工方法？并绘出相应的纵向预应力筋配筋方式。

5-21　阐述连续梁桥跨径的适用范围。

5-22　在混凝土连续梁桥箱形截面的设计中，一般应如何确定箱形截面梁的顶板、底板及腹板的厚度？

5-23　连续刚构桥桥墩主要有哪几种基本形式？

# 第6章
# 简支梁桥的计算

## 教学目标

本章主要介绍简支梁桥的桥面板内力、主梁内力、横梁内力、主梁挠度及预拱度的计算。通过本章学习,学生应达到以下目标。
(1) 掌握桥面板内力计算。
(2) 掌握主梁内力计算。
(3) 熟悉横梁内力计算。
(4) 熟悉主梁挠度、预拱度计算。

## 教学要求

| 知识要点 | 能力要求 | 相关知识 |
| --- | --- | --- |
| 桥面板内力计算 | (1) 掌握有效工作宽度的概念;<br>(2) 掌握桥面板的内力计算 | (1) 桥面板计算模型;<br>(2) 车轮荷载在桥面板上的分布;<br>(3) 有效工作宽度 |
| 主梁内力计算 | (1) 掌握杠杆法原理及适用条件;<br>(2) 掌握刚性横梁法原理及适用条件;<br>(3) 掌握修正刚性横梁法原理及适用条件;<br>(4) 掌握横向分布系数沿桥跨的变化;<br>(5) 掌握主梁活荷载内力计算;<br>(6) 掌握主梁恒荷载内力计算 | (1) 横向分布系数;<br>(2) 横向分布系数沿桥跨的变化;<br>(3) 荷载横向分布影响线的绘制;<br>(4) 影响线最不利布载;<br>(5) 横向分布系数沿桥跨的变化规律;<br>(6) 主梁活荷载内力计算方法;<br>(7) 主梁恒荷载内力计算方法 |

续表

| 知识要点 | 能力要求 | 相关知识 |
| --- | --- | --- |
| 横梁内力计算 | （1）熟悉刚性横梁法计算横梁内力的计算模型；<br>（2）熟悉横梁内力影响线；<br>（3）熟悉横梁内力计算 | （1）多跨弹性支承连续梁；<br>（2）横梁横向最不利布载；<br>（3）横梁纵向最不利布载；<br>（4）横梁内力计算方法 |
| 主梁挠度、预拱度计算 | （1）熟悉桥梁的两类挠度及特性；<br>（2）熟悉挠度的计算方法；<br>（3）熟悉预拱度的概念；<br>（4）熟悉预拱度的设置规定 | （1）受弯构件挠度；<br>（2）挠度分类；<br>（3）挠度的计算方法；<br>（4）预拱度设置规定 |

有效工作宽度；横向分布系数；影响线；内力计算；挠度；预拱度。

在进行桥梁工程结构设计时，通常总是先根据使用要求、跨径大小、桥面净宽、荷载等级和施工条件等基本资料，运用结构的构造知识并参考已有桥梁的设计经验来拟定结构各构件的截面形式和细部尺寸；然后估算结构自重，并根据作用在结构上的荷载，用数学和力学方法计算出结构各部分可能产生的最不利内力；最后由已求得的内力进行强度、刚度和稳定性验算，从而判断原先所拟定的细部尺寸是否满足要求；若不能满足要求或尺寸选得过大，则需修正原来所拟定的尺寸再进行验算，直至满足要求。

鉴于构件的截面设计和验算问题在"结构设计原理"课程中已经讲述，本章将着重阐述行车道板、主梁和横梁的受力特点及最不利内力的计算方法。

## 6.1 桥面板内力计算

### 6.1.1 桥面板计算模型

混凝土简支梁桥的行车道板（以下称桥面板）直接承受车辆的集中荷载，在构造上，它与主梁（纵梁）梁肋和横梁（也称横隔梁或横隔板）连接在一起，这样既可以保证主梁的整体作用，又可以将车辆荷载传给主梁。

实际工程中常见的桥面板主要有单向板、双向板和悬臂板。

从结构形式上看，整体式梁桥和装配式梁桥（当桥面板横向连接成连续板）具有由主梁和横梁组成或由主梁、次纵梁及横梁组成的梁格（图6.1），桥面板实际上是周边支承的板。当板的长边与短边之比 $l_a/l_b \geqslant 2$ 时，绝大部分荷载会沿短边方向传递，沿长边方向传递的荷载不足 6%。$l_a/l_b$ 的比值越大，向长边方向传递的荷载越小。由此，通常把长宽比大于或等于2的周边支承板看作仅由短边承受荷载的单向受力板（简称单向板），在短边方向布置受力钢筋，而在长边方向适当配置一些分布钢筋。对于长宽比小于2的板，则称为双向板，需按两个方向的内力分别配置受力钢筋。双向板由于用钢量稍大，目前较少使用。

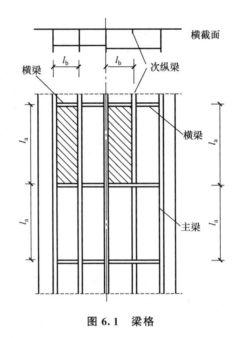

图 6.1 梁格

对于边梁的翼缘板，因其悬臂端边缘是自由边，实际为三边支承的板，可看作沿短跨一端嵌固另一端自由的悬臂板。

下面介绍单向板和悬臂板的计算方法。

## 6.1.2 车轮荷载在桥面板上的分布

如图6.2所示，作用在桥面上的车轮荷载与桥面的接触面近似于椭圆，为便于计算，通常把此接触面看作是 $a_2 \times b_2$ 的矩形面（$a_2$ 为沿行车方向车轮的着地长度；$b_2$ 为垂直于行车方向的车轮的着地宽度），车辆荷载的前轮、中后轮的着地长度及宽度 $a_2 \times b_2$ 值可从我国《公路桥涵设计通用规范》(JTG D60—2015)中查得，显然，车轮沿行车方向的着地长度 $a_2$ 一般小于车轮的着地宽度 $b_2$。

根据试验研究，作用在桥面铺装层上的车轮荷载，可以偏安全地假定呈45°角扩散分布于混凝土桥面板（行车道板）上，则作用于桥面板顶面的矩形荷载压力面的边长见式（6-1）。

$$\left.\begin{array}{l} a_1 = a_2 + 2H（行车方向） \\ b_1 = b_2 + 2H（垂直于行车方向） \end{array}\right\} \quad (6-1)$$

式中：$H$——铺装层的厚度。

设 $P$ 为车辆荷载的轴重，由于车辆荷载的一个车轴有两个车轮，一个车轮重为 $P/2$，则车轮荷载承压面的面积为 $a_1 b_1$，由一个车轮引起的桥面板上的局部分布荷载的应力见式（6-2）。

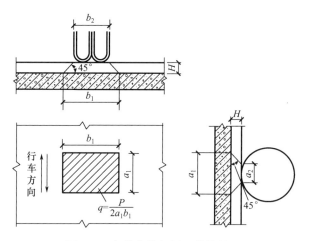

图 6.2　车轮荷载与桥面的接触面

$$q = \frac{\frac{P}{2}}{a_1 b_1} = \frac{P}{2 a_1 b_1} \tag{6-2}$$

### 6.1.3　桥面板的有效工作宽度

桥面板在局部分布荷载的作用下，不仅直接承压部分（承压面 $a_1 \times b_1$）的板带参与工作，而且与其相邻的部分板带也分担一部分荷载，因此，在桥面板的计算中，需确定其有效工作宽度（也称荷载有效分布宽度）。下面分单向板和悬臂板来说明桥面板的有效工作宽度（以下称荷载有效分布宽度）的概念和计算方法。

1）单向板的荷载有效分布宽度

单向板的受力状态如图 6.3 所示，跨径为 $l$ 的单向板，其上作用分布面积为 $a_1 \times b_1$ 的荷载，桥面板在计算跨径 $x$ 方向和垂直于计算跨径的 $y$ 方向分别产生挠曲变形 $w_x$ 和 $w_y$，板条沿 $y$ 方向单位宽度所承受的弯矩 $M_x$（kN·m/m），呈铃形分布，在荷载中心处，板条负担的弯矩最大（其值为 $M_{x,\max}$），离荷载愈远的板条所承受的弯矩愈小。

如果以 $a \times M_{x,\max}$ 的矩形面积等代曲线图形面积，即 $a \times M_{x,\max} = \int M_x \mathrm{d}y = M$，则得弯矩图的换算宽度（荷载的有效分布宽度）为式（6-3）。

$$a = \frac{M}{M_{x,\max}} \tag{6-3}$$

式中：$a$——荷载有效分布宽度；
　　　$M$——车轮荷载产生的跨中总弯矩；
　　$M_{x,\max}$——荷载中心处的最大单宽弯矩值。

单向板的荷载有效分布宽度如图 6.4 所示。

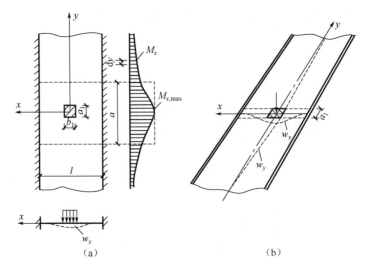

图 6.3　单向板的受力状态

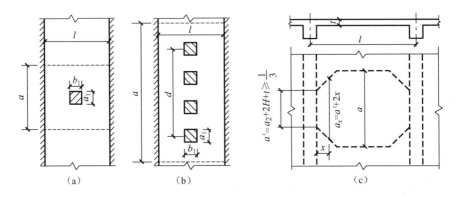

图 6.4　单向板的荷载有效分布宽度

(1) 荷载在跨径中间。

单独一个荷载 [图 6.4 (a)] 的有效分布宽度计算见式 (6-4)。

$$a = a_1 + \frac{l}{3} = a_2 + 2H + \frac{l}{3} \geqslant \frac{2}{3}l \tag{6-4}$$

式中：$l$——两梁肋之间板的计算跨径。

计算弯矩时，$l = l_0 + t$，但不大于 $l_0 + b$；计算剪力时，$l = l_0$。其中，$l_0$ 为板的净跨径，$t$ 为板的厚度，$b$ 为梁肋宽度。

对于两个或几个靠近的相同的车轮荷载，当按式 (6-4) 计算的各相邻荷载的有效分布宽度发生重叠时，车轮荷载取其总和，有效分布宽度按边轮分布外缘 [图 6.4 (b)]，计算见式 (6-5)。

$$a = a_1 + d + \frac{l}{3} = a_2 + 2H + d + \frac{l}{3} \geqslant \frac{2}{3}l + d \tag{6-5}$$

式中：$d$——最外两个车轮荷载的中心距离（如果只有两个相邻荷载计算时，$d$ 为相邻车辆荷载的轴距）。

(2) 荷载在板的支承处的有效分布宽度 [式 (6-6)]。

$$a' = a_1 + t = a_2 + 2H + t \geqslant \frac{l}{3} \qquad (6-6)$$

(3) 荷载靠近板的支承处的有效分布宽度 [式 (6-7)]。

$$a_x = a' + 2x \qquad (6-7)$$

式中：$x$——荷载作用点至支承边缘的距离。

荷载在板的支承处和靠近板的支承处的有效分布宽度不大于荷载在跨中的有效分布宽度。

式 (6-7) 表明：荷载由支承处向板的跨中方向移动时，相应的有效分布宽度可近似地按 45°线过渡。单向板的荷载在不同位置时的有效分布宽度如图 6.4 (c) 所示。荷载愈靠近跨中，有效分布宽度愈宽，荷载的作用影响范围愈大。

2) 悬臂板的荷载有效分布宽度

悬臂长为 $l_0$ 的悬臂板，其端部作用荷载的分布面积为 $a_1 \times b_1$，则在悬臂根部沿 $y$ 方向单位宽板条的弯矩 $M_x$ 分布情况如图 6.5 所示。根据弹性板理论分析，当板端作用集中力 $P$ 时，单位宽板条的最大负弯矩 $M_{x,\max} \approx -0.465P$，总弯矩 $M_0 = -Pl_0$，因此，由式 (6-3) 按最大负弯矩值换算的有效工作宽度见式 (6-8)。

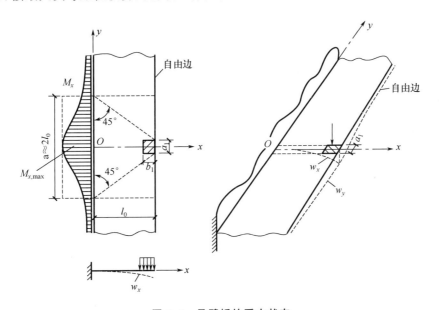

图 6.5 悬臂板的受力状态

$$a = \frac{M_0}{M_{x,\max}} = \frac{-Pl_0}{-0.465P} \approx 2.15 l_0 \qquad (6-8)$$

可见，悬臂板的荷载有效分布宽度近似等于悬臂长度的 2 倍，即荷载近似按 45°角向悬臂板支承处分布。

如图 6.6 所示，悬臂板的荷载有效分布宽度见式 (6-9)。

$$a = a_1 + 2b' = a_2 + 2H + 2b' \qquad (6-9)$$

式中：$b'$——承重板上的荷载压力面外侧边缘至悬臂板根部的距离。

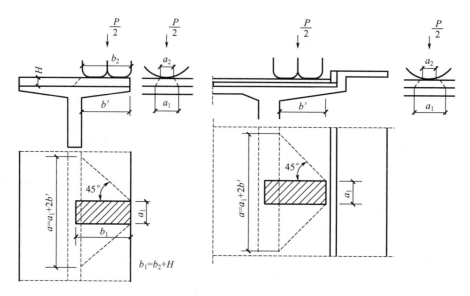

图 6.6 悬臂板的荷载有效分布宽度

实际计算时，由式（6-9）的几何含义，可自荷载压力面外侧边缘的两个顶点，分别向悬臂板根部作 45°射线，两射线与悬臂板根部交点之间的距离即为荷载有效分布宽度。

对于荷载靠近板边的最不利情况，$b'$ 即为悬臂板的跨径 $l_0$，则可得式（6-10）。

$$a = a_1 + 2l_0 \tag{6-10}$$

### 6.1.4 桥面板的内力计算

实心矩形截面桥面板，一般由弯矩控制设计，设计时通常取 1m 宽（即单宽）板条进行计算。对于单向板或悬臂板，一般先计算出板的有效分布宽度 $a$，再计算单宽板条上的荷载及其引起的弯矩。

1）多跨连续单向板的内力

如图 6.7 所示，常见的桥面板实际上是支承在一系列弹性支承上的多跨连续板，板与梁肋整体相连，因此各主梁的不均匀弹性下沉和梁肋本身的扭转刚度必然会影响到桥面板的受力，所以桥面板的实际受力情况是非常复杂的，《公路钢筋混凝土及预应力混凝土桥涵设计规范》(JTG 3362—2018) 采用简化方法计算。

(1) 弯矩。

首先计算出跨径相同的简支板单宽板条在恒荷载和活荷载作用下的跨中弯矩 $M_0$，再乘以相应的修正系数，得跨中、支点的设计弯矩，具体计算见式（6-11）～式（6-12）。弯矩修正系数可根据板厚 $t$ 和梁肋高度 $h$ 的比值来选用。

① 当 $t/h < 1/4$ 时（即主梁的抗扭能力较大）。

$$\left. \begin{array}{l} 跨中弯矩：M_{中} = +0.5 M_0 \\ 支点弯矩：M_{支点} = -0.7 M_0 \end{array} \right\} \tag{6-11}$$

② 当 $t/h \geqslant 1/4$ 时（即主梁的抗扭能力较小）。

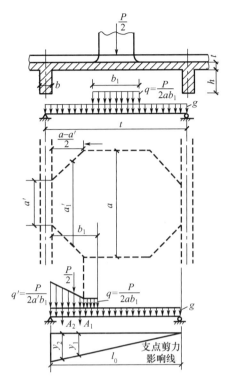

图 6.7 单向板内力计算图式

$$\left.\begin{array}{l}跨中弯矩：M_{中}=+0.7M_0 \\ 支点弯矩：M_{支点}=-0.7M_0 \\ M_0=M_{0p}+M_{0g}\end{array}\right\} \quad (6-12)$$

式中：$M_{0p}$——单宽简支板条的跨中汽车荷载及人群荷载引起的弯矩（即跨中活荷载弯矩）；

$M_{0g}$——单宽简支板条的跨中恒荷载引起的弯矩。

单宽简支板条的跨中活荷载弯矩，见式（6-13）。

$$M_{0p}=(1+\mu)\left(\frac{P}{4a}\times\frac{l}{2}-\frac{P}{4a}\times\frac{b_1}{4}\right)=(1+\mu)\frac{P}{8a}\left(l-\frac{b_1}{2}\right) \quad (6-13)$$

式中：$a$——车辆荷载的有效分布宽度。

$P$——相应于板的有效分布宽度的车轴重量之和。

$l$——板的计算跨径［当梁肋宽度越小时（如窄肋 T 形梁），取梁肋中距；当梁肋宽度较大时（如箱形梁肋），取梁肋间的净距与板厚之和，即 $l=l_0+t\leqslant l_0+b$ （$l_0$ 为板的净跨径，$t$ 为板厚，$b$ 为梁肋宽度）］。

$(1+\mu)$——车辆荷载的冲击系数，一般情况下，当板的计算跨径小于 5m 时，$(1+\mu)=1.3$。

如果板的计算跨径较大，可能还有其他车轮作用于桥面板的跨径内，此时应按结构力学的方法布置荷载，求得跨中弯矩的最大值。

单宽简支板条的跨中恒荷载弯矩见式（6-14）。

$$M_{0g}=\frac{1}{8}gl^2 \quad (6-14)$$

式中：$g$——单宽板条沿板条长度方向上的恒荷载集度。

(2) 剪力。

计算单向板支点剪力时，一般不考虑板和主梁的弹性固结作用，荷载应尽量靠近梁肋边缘布置。考虑了相应的荷载有效分布宽度后，单宽板承受的分布荷载如图 6.7 所示。

对于跨内只有一个车轮荷载的情况，支点剪力 $Q_s$ 的计算见式 (6-15)。

$$Q_s = \frac{gl_0}{2} + (1+\mu)(A_1 y_1 + A_2 y_2) \tag{6-15}$$

式中：$A_1$——矩形部分的合力，$A_1 = qb_1 = \frac{P}{2ab_1} b_1 = \frac{P}{2a}$；

$A_2$——三角形部分荷载的合力，$A_2 = \frac{1}{2}(q'-q)\frac{1}{2}(a-a') = \frac{1}{2}\left(\frac{P}{2a'b_1} - \frac{P}{2ab_1}\right)\frac{1}{2}(a-a') = \frac{P}{8aa'b_1}(a-a')^2$；

$y_1$、$y_2$——对应于荷载合力 $A_1$、$A_2$ 的支点剪力影响线纵坐标值；

$l_0$——板的净跨径。

如行车道板的计算跨径内不止一个车轮时，需计算其他车轮的影响。

2) 悬臂板的内力

(1) 弯矩。

如图 6.8 所示，计算悬臂板根部最大弯矩时，当只有一个车轮作用时，应将车轮荷载 $\frac{P}{2}$ 靠板的边缘布置，此时 $b_1 = b_2 + H$（因为车轮荷载的一侧为板的自由边，车轮荷载仅能在板的另一侧呈 45°角扩散，故 $H$ 前的系数为 1）。如行车道板的计算跨径内不只一个车轮作用时，需计算其他车轮作用的影响。

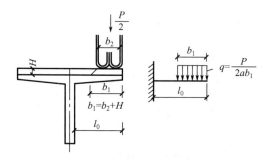

**图 6.8 悬臂板车轮荷载布置**

单宽板条的活荷载弯矩见式 (6-16)。

$$\left.\begin{array}{l} b_1 \geqslant l_0 : M_{sp} = -(1+\mu)\frac{1}{2}ql_0^2 = -(1+\mu)\frac{P}{4ab_1}l_0^2 \\ b_1 < l_0 : M_{sp} = -(1+\mu)qb_1\left(l_0 - \frac{b_1}{2}\right) = -(1+\mu)\frac{P}{2a}\left(l_0 - \frac{b_1}{2}\right) \end{array}\right\} \tag{6-16}$$

单宽板条的恒荷载弯矩见式 (6-17)。

$$M_{sg} = -\frac{1}{2}gl_0^2 \tag{6-17}$$

(2) 剪力。

单宽板条的剪力见式（6-18）。

$$\left.\begin{array}{l} b_1 \geqslant l_0 : Q_s = gl_0 + (1+\mu)\dfrac{P}{2ab_1}l_0 \\ b_1 < l_0 : Q_s = gl_0 + (1+\mu)\dfrac{P}{2a} \end{array}\right\} \quad (6-18)$$

3) 内力组合

计算出结构自重和汽车荷载内力后，根据第 3 章作用组合的规定，单宽板条的内力组合见表 6-1。

表 6-1 单宽板条的内力组合

| 承载能力极限状态 | 基本组合 | 结构重力对结构的承载能力不利时 | $S_{ud} = 1.2G_{自重} + 1.8Q_{汽} + 0.75 \times 1.4Q_{人}$ |
|---|---|---|---|
| | 偶然组合 | 结构重力对结构的承载能力有利时 | $S_{ad} = G_{自重} + 0.7Q_{汽} + 1.0Q_{人}$ <br> $S_{ad} = G_{自重} + 0.4Q_{汽} + 0.4Q_{人}$ |
| 正常使用极限状态 | 频遇组合 | 频遇值 | $S_{fd} = G_{自重} + 0.7Q_{汽(不计冲击力)} + 1.0Q_{人}$ |
| | 偶然组合 | 准永久值 | $S_{qd} = G_{自重} + 0.4Q_{汽(不计冲击力)} + 0.4Q_{人}$ |

**例 6-1** 计算图 6.9 所示的 T 形截面梁翼板所构成的悬臂行道板的设计内力。设计荷载：公路—Ⅱ级。桥面铺装为 5cm 沥青混凝土面层（容重为 21kN/m³）和 15cm 防水混凝土垫层（容重为 25kN/m³）。

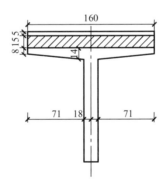

图 6.9 T 形截面梁翼板构成的悬臂行车道板（尺寸单位：cm）

**解：**1) 结构重力及其内力（以纵向单宽板进行计算）

(1) 单板上的结构重力集度。

沥青混凝土面层：$g_1 = 0.05 \times 1.0 \times 21 = 1.05 (\text{kN/m})$

防水混凝土垫层：$g_2 = 0.15 \times 1.0 \times 25 = 3.75 (\text{kN/m})$

T 形梁翼板自重：$g_3 = (0.08 + 0.14) \times 1.0 \times 25 / 2 = 2.75 (\text{kN/m})$

合计：$g = g_1 + g_2 + g_3 = 7.55 (\text{kN/m})$

(2) 单宽板条的结构重力内力。

弯矩：$M_{sg} = -gl_0^2/2 = -7.55 \times 0.71^2 / 2 \approx -1.90 (\text{kN·m})$

剪力：$Q_{sg} = gl_0 = 7.55 \times 0.71 \approx 5.36 (\text{kN})$

2）公路—Ⅱ级车辆荷载产生的内力

公路—Ⅱ级车辆荷载纵向、横向布置如图 6.10 所示。

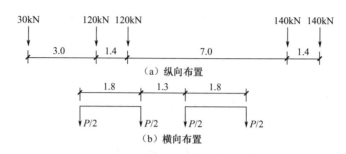

图6.10 公路—Ⅱ级车辆荷载纵向布置、横向布置（尺寸单位：m）

将公路—Ⅱ级车辆荷载的两个140kN轴重的后轮（轴间距1.4m）沿桥梁的纵向作用于悬臂板自由端为最不利荷载。重车后轴轮的着地长度 $a_2=0.2$m，着地宽度 $b_2=0.6$m，车轮在板上的布置及其压力分布图如图6.11所示，铺装层总厚 $H=0.05+0.15=0.20$（m），则板上荷载压力面的边长：

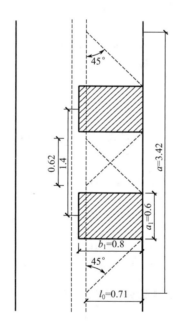

图 6.11 车辆荷载两个后轮作用于悬臂板自由端（尺寸单位：m）

$$a_1=a_2+2H=0.2+2\times 0.20=0.6(\text{m})$$
$$b_1=b_2+H=0.6+0.20=0.8(\text{m})>l_0=0.71(\text{m})$$

由图 6.10 可知：重车后轴两轮的有效分布宽度重叠，重叠的长度：

$$(0.3+0.71)\times 2-1.4=0.62(\text{m})$$

则自由端处纵向两个车轮对于悬臂根部的有效分布宽度：

$$a=a_1+d+2l_0=0.6+1.4+2\times 0.71=3.42(\text{m})$$

冲击系数 $1+\mu=1.3$

作用于单宽板条上的弯矩：

$$M_{sp} = -(1+\mu)\frac{P}{4ab_1}l_0^2 = -1.3 \times \frac{2\times140}{4\times3.42\times0.8}\times 0.71^2 \approx -16.77(\text{kN}\cdot\text{m})(b_1>l_0)$$

（$P$ 为在有效分布宽度内作用于自由端的轴重之和，本例中为 $2\times140\text{kN}=280\text{kN}$）

相应于单宽板条活荷载最大弯矩时的每米宽板条上的剪力：

$$Q_{sp} = (1+\mu)\frac{P}{4a} = 1.3\times\frac{2\times140}{4\times3.42}\approx 26.61(\text{kN})$$

3) 内力组合

(1) 承载能力极限状态内力组合计算。

基本组合：

$$M_{ud} = 1.2M_{Ag} + 1.8M_{Ap} = 1.2\times(-1.90)+1.8\times(-16.77)\approx -27.91(\text{kN}\cdot\text{m})$$

$$Q_{ud} = 1.2Q_{Ag} + 1.8Q_{Ap} = 1.2\times 5.36 + 1.8\times 26.61 \approx 54.33(\text{kN})$$

(2) 正常使用极限状态内力组合计算。

频遇组合：

$$M_{fd} = M_{Ag} + 0.7M_{Ap} = (-1.90)+0.7\times(-16.77)\div 1.3 \approx -7.13(\text{kN}\cdot\text{m})$$

$$Q_{fd} = Q_{Ag} + 0.7Q_{Ap} = 5.36 + 0.7\times 26.61\div 1.3 \approx 19.69(\text{kN})$$

## 6.2 主梁内力计算

对于跨径小于10m的简支梁桥，通常只需计算跨中截面的最大弯矩和剪力，以及支点截面的剪力；跨中与支点各截面的剪力可假定近似按直线规律变化，弯矩可假定近似按二次抛物线规律变化。对于较大跨径的简支梁桥，一般还应计算1/4跨径截面处的弯矩和剪力。如果主梁沿桥轴线方向截面有变化，如梁肋宽或梁高变化，还应计算变化处截面的内力。计算出内力，就可按钢筋混凝土和预应力混凝土结构的计算原理进行主梁各截面的配筋设计和验算。

### 6.2.1 恒荷载内力的计算

计算恒荷载时，一般将横梁自重作为集中力，而将桥面铺装、人行道和栏杆的重量平均分配给各主梁。

如图6.12所示，以简支T形截面梁主梁为研究对象，其承受的恒荷载集度为 $g$，$A$ 截面的弯矩 $M_x$ 和剪力 $Q_x$ 分别为式（6-19）、式（6-20）。

$$M_x = \frac{gl}{2}x - gx\frac{x}{2} = \frac{gx}{2}(l-x) \tag{6-19}$$

$$Q_x = \frac{gl}{2} - gx = \frac{g}{2}(l-2x) \tag{6-20}$$

式中：$x$——计算截面到支点截面的距离（m）；

$l$——计算跨径（m）；

$g$——恒荷载集度（kN/m）。

**例6-2** 一座单跨装配式钢筋混凝土简支梁桥的主梁和横梁截面如图6.13所示，计

算跨径 $l=19.5\text{m}$，结构重要性系数为 1.0。已知每侧的栏杆及人行道构件重量的作用力为 5kN/m。求边主梁的结构自重产生的内力。

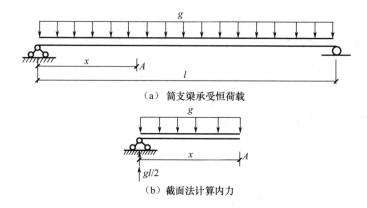

(a) 简支梁承受恒荷载

(b) 截面法计算内力

图 6.12 简支梁 A 截面的内力图示

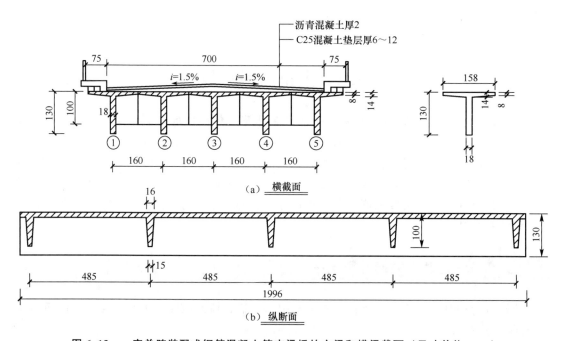

(a) 横截面

(b) 纵断面

图 6.13 一座单跨装配式钢筋混凝土简支梁桥的主梁和横梁截面（尺寸单位：cm）

**解**：(1) 计算结构自重集度，计算结果见表 6-2。

表 6-2 结构自重集度计算结果　　　　　　　　　　　　　　　单位：kN/m

| 结构 | | 计算公式 |
|---|---|---|
| 主梁 | | $g_1 = \left[ 0.18 \times 1.30 + \left( \dfrac{0.08+0.14}{2} \right)(1.60-0.18) \right] \times 25 = 9.76$ |
| 横梁 | 边梁 | $g_2 = \left\{ \left[ 1.00 - \left( \dfrac{0.08+0.14}{2} \right) \right] \times \left( \dfrac{1.60-0.18}{2} \right) \right\} \times \dfrac{0.15+0.16}{2} \times 5 \times 25 / 19.50 \approx 0.63$ |
| | 中梁 | $g_2^1 = 2 \times 0.63 = 1.26$ |

续表

| 结构 | 计算公式 |
|---|---|
| 桥面铺装层 | $g_3 = [0.02 \times 7.00 \times 23 + \frac{1}{2}(0.06+0.12) \times 7.00 \times 24]/5 = 3.67$ |
| 栏杆和人行道 | $g_4 = 5 \times 2/5 = 2.00$ |
| 合计 边梁 | $g = \sum g_i = 9.76 + 0.63 + 3.67 + 2.00 = 16.06$ |
| 合计 中梁 | $g' = 9.76 + 1.26 + 3.67 + 2.00 = 16.69$ |

(2) 结构自重内力。

利用式 (6-19) 和式 (6-20),计算结构自重产生的内力,计算结果见表 6-3。

表 6-3 边主梁自重产生的内力计算结果

| 截面位置 $x$ | 内力 | |
|---|---|---|
| | 剪力 $Q$/kN | 弯矩 $M$/(kN·m) |
| $x=0$ | $Q = \frac{16.06}{2} \times 19.5 \approx 156.6(162.7)$ | $M = 0(0)$ |
| $x = \frac{1}{4}$ | $Q = \frac{16.06}{2}\left(19.5 - 2 \times \frac{19.5}{4}\right) \approx 78.3(81.4)$ | $M = \frac{16.06}{2} \times \frac{19.5}{4}\left(19.5 - \frac{19.5}{4}\right) \approx 572.5(595.0)$ |
| $x = \frac{1}{2}$ | $Q = 0(0)$ | $M = \frac{1}{8} \times 16.06 \times 19.5^2 \approx 763.4(793.3)$ |

注:( ) 内值为中主梁内力。

## 6.2.2 活荷载内力的计算

1) 荷载横向分布的概念

图 6.14 (a) 所示的单梁作用集中荷载 $P'$,以 $\eta_1(x)$ 表示梁上某一截面的内力影响线,则可以方便地计算该截面的内力值 $S = P'\eta_1(x)$。其中 $\eta_1(x)$ 是一个单变量函数,梁在 $xOz$ 平面内的受力和变形是一种平面问题。

对于一座板桥或者由多片主梁通过横梁和桥面板组成的梁桥 [图 6.14 (b)],当桥上作用荷载 $P$ 时,由于结构的横向联系必然会使荷载在 $x$ 和 $y$ 方向内同时发生传递,并使所有主梁不同程度地参与工作,随着荷载作用位置 $(x,y)$ 的变化,某根主梁所承担的荷载也随之变化。鉴于结构受力和变形的空间性,故求解这种结构的内力属于空间计算问题,一般可直接建立空间模型来求解结构上任一点的内力与变形;也可像单梁计算中内力影响线那样,采用内力影响面来计算某点的内力值。如果结构某点的内力影响面用双变量函数 $\eta(x,y)$ 来表示,则该点的内力值可表示为 $S = p\eta(x,y)$。鉴于用影响面来求解最不利内力较复杂,目前常用的方法是将复杂的空间问题合理转化成平面问题来求解。其实质是将内力影响面双变量 $\eta(x,y)$ 分离成两个单变量函数的乘积 $\eta_1(x)\eta_2(y)$,即在桥梁的纵向、横向均引入影响线概念,某根主梁某一截面的内力值 $S$ 可表示为式 (6-21)。

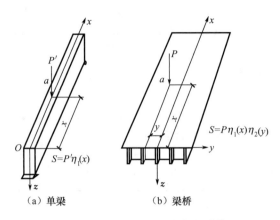

图 6.14 荷载作用下的内力计算

$$S = P\eta(x, y) \approx P\eta_2(y)\eta_1(x) \quad (6-21)$$

式中：$\eta(x, y)$——空间计算中某梁某截面的内力影响面；

$\eta_1(x)$——单梁在 $x$ 轴方向某一截面的内力影响线；

$\eta_2(y)$——单位荷载沿桥面横向（$y$ 轴方向）作用在不同位置时，某梁所分配的荷载比值变化曲线，也称作某梁的荷载横向分布影响线。

$P\eta_2(y)$ 就是 $P$ 作用于 $a$（$x, y$）点时沿桥面横向分配给某梁的荷载[图 6.14（a）]，以 $P'$ 表示，即 $P' = P\eta_2(y)$，这样，就可以按平面问题求得某梁上某截面的内力值。这就是利用荷载横向分布来计算内力的基本原理。

按照最不利位置布载，则可求得最大荷载 $P'_{max}$。定义 $P'_{max} = mP$，其中 $P$ 为车轮轴重（汽车每个轮轴有 2 个车轮，每个轮重为 $P/2$），$m$ 为荷载横向分布系数，它表示某根主梁所承担的最大荷载是各个轴重的倍数（通常小于 1）。

对于汽车荷载、人群荷载的横向分布系数 $m$ 的计算见式（6-22）。

$$\left.\begin{array}{l} 汽车: m_q = \dfrac{\sum \eta_q}{2} \\ 人群: m_r = \eta_r \end{array}\right\} \quad (6-22)$$

式中：$\eta_q$、$\eta_r$——汽车荷载、人群荷载集度的荷载横向分布影响线竖标。

一座桥梁内各根主梁的荷载横向分布系数 $m$ 是不同的，不同类型荷载（汽车荷载、人群荷载）的 $m$ 也是不同的，而且荷载在梁上沿纵向的位置对 $m$ 也有影响。当梁结构具有不同的横向连接刚度时，其对荷载横向分布也有不同的影响。

如图 6.15（a）所示，主梁与主梁间没有任何连接的结构，若在中梁跨中有集中荷载 $P$ 作用，则全桥中只有直接承载的中梁受力，该梁荷载横向分布系数 $m = 1$，显然这种结构整体性差，很不经济。

如图 6.15（b）所示，如果各主梁间借助横梁和桥面板刚性连接起来，各梁共同受力。若横梁刚度接近无穷大，则在荷载 $P$ 作用下，由于横梁无弯曲变形，此时，5 根主梁的挠度相等，荷载 $P$ 由 5 根梁均匀分担，每根梁各承受 $\dfrac{P}{5}$，各梁的荷载横向分布系数 $m = 0.2$。

一般梁桥的各主梁通过横向结构连成整体，但横向连接的刚度并非无穷大。因此，在

荷载 $P$ 作用下，各根主梁竖向挠度不同［图 6.15（c）］，此时中梁的挠度 $w_c$ 必然要小于 $w_a$ 而大于 $w_b$，即 $0.2 \leqslant m_b \leqslant 1$。

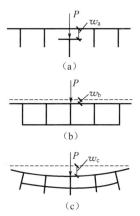

图 6.15 不同横向刚度时主梁的变形和受力

基于工程实际中主梁之间有不同的横向连接，荷载横向分布系数计算的主要方法如下。

（1）杠杆原理法——把横向结构（桥面板和横隔梁）视作在主梁上断开而简支在其上的简支梁或悬臂梁。

（2）刚性横梁（偏心压力）法——把横隔梁视作刚性极大的梁，当考虑主梁抗扭刚度的影响时，此法又称为修正刚性横梁（修正偏心压力）法。

（3）比拟正交异性板法——将主梁和横隔梁的刚度换算成两个正交方向刚度不同的比拟弹性平板来求解。

2）荷载横向分布系数的计算

（1）杠杆原理法。

基本原理：杠杆原理法忽略了主梁之间横向结构的连接作用，即假设桥面板在主梁梁肋处断开，而把桥面板看作沿横向支承在主梁上的简支梁或悬臂梁来考虑。

利用上述假定作出主梁的荷载横向分布影响线（图 6.16），即当移动的单位荷载（$P=1$kN）作用于计算梁上时，该梁承担的荷载为 1；$P$ 作用于相邻梁或其他梁上时，该梁承担的荷载为零，该梁与相邻梁之间的荷载按线性变化。

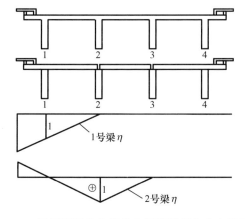

图 6.16 杠杆原理法作出的主梁荷载横向分布影响线

杠杆原理法的适用条件：双肋式梁桥；多梁桥支点截面，此时主梁的支承刚度远大于主梁间的横向联结刚度。

杠杆原理法的计算步骤见例 6-3。

**例 6-3** 如图 6.17（a）所示，桥梁主梁宽 2.2m（主梁间中心距为 2.2m），计算跨径 $l=19.5$m。桥面宽：净 9.0m+2×1.0m（人行道）；设计荷载：公路—Ⅱ级，人群荷载标准值为 $3.0$kN/m$^2$。试用杠杆原理法计算 1 号梁、2 号梁支点截面的荷载横向分布系数。

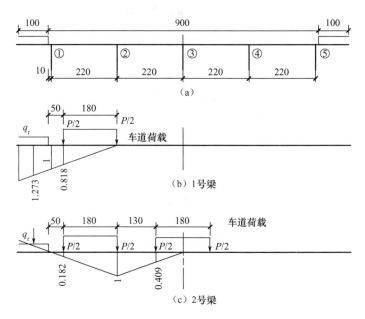

图 6.17 各主梁的横向分布影响线及荷载布置（尺寸单位：cm）

**解：**（1）绘制 1 号梁和 2 号梁的荷载反力影响线。

绘制 1 号梁的荷载反力影响线的方法：应用杠杆原理法，当单位荷载（$P=1$kN）作用于 1 号梁位时，1 号梁所承受的荷载反力（影响线纵标）$R_1=1$；当单位荷载（$P=1$kN）作用于 2 号梁位时，1 号梁所承受的荷载反力（影响线纵标）$R_1=0$；将两点连线，即得 1 号梁的荷载反力影响线 [图 6.17（b）]。同理绘制 2 号梁的荷载反力影响线 [图 6.17（c）]。

（2）确定荷载的横向最不利的布置。

应用"结构力学"中的相关原理，确定荷载的最不利布置。

（3）内插法计算对应于荷载位置的影响线纵标 $\eta_i$。

（4）计算 1 号梁和 2 号梁在汽车荷载和人群荷载作用下的横向分布系数，见表 6-4。

表 6-4 1 号梁和 2 号梁在汽车荷载和人群荷载作用下的横向分布系数

| 梁号 | 荷载 | 横向分布系数 |
| --- | --- | --- |
| 1 | 汽车 | $m_{0q}=0.818/2=0.409$ |
| | 人群 | $m_{0r}=1.273$ |
| 2 | 汽车 | $m_{0q}=(0.182+1+0.409)/2=0.796$ |
| | 人群 | $m_{0r}=0$ |

对于汽车荷载，轮重 = $\frac{1}{2}$ 轴重。

汽车荷载的横向分布系数 $m_{0q} = \sum \frac{1}{2}\eta_i = \frac{1}{2}\sum \eta_i$（即主梁所承担的反力是一列车轴重的 $m_{0q}$ 倍）。

对于人群，单侧人群荷载的集度 $q = 3.0 \text{kN/m}^2 \times$ 单侧人行道宽，其分布系数为人群荷载重心位置的荷载横向分布影响线坐标 $m_{0r} = \eta_r$。

人群荷载作用下，2 号梁的横向分布系数 $m_{0r} = 0$，这是因为人群荷载对 2 号梁将引起负反力，在考虑荷载组合时反而会减小 2 号梁的受力，故在人行道上未加人群荷载。

(2) 刚性横梁法。

根据试验观测和理论分析，当桥的宽跨比 $B/l \leq 0.5$，且主梁间具有可靠连接时，在汽车荷载作用下，中间横梁的弹性挠曲变形比主梁的变形小很多，因此可假定中间横梁像刚性梁一样保持直线形状（图 6.18）。由于此法假定中间横梁无限刚性，故称为刚性横梁法（也称偏心压力法）。

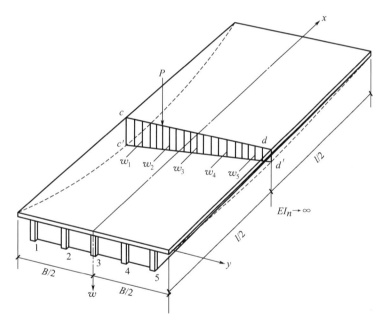

**图 6.18　刚性横梁法梁桥的挠曲变形**

刚性横梁法在计算荷载横向分布系数时不考虑主梁抗扭刚度的影响。如图 6.19 (a)、(b) 所示，第 $i$ 号梁的抗扭惯性矩 $I_i$，各梁的弹性模量均为 $E$，各主梁关于桥梁中心线对称布置。在跨中截面，单位荷载 $P = 1\text{kN}$ 作用点至桥梁中心线之距为 $e$，由于假定横隔梁近似为刚性，故可将荷载简化为两部分：作用于桥梁中心线的中心荷载 $P = 1\text{kN}$，偏心力矩 $M = 1 \times e$。

计算时分别求出在中心荷载 $P = 1\text{kN}$ 作用下各主梁的内力 [图 6.19 (c)] 和在偏心力矩 $M = 1 \times e$ 作用下各主梁的内力 [图 6.19 (d)]，然后将两者叠加 [图 6.19 (e)]，即可求得偏心荷载 $P = 1\text{kN}$ 作用下各主梁的荷载分布。

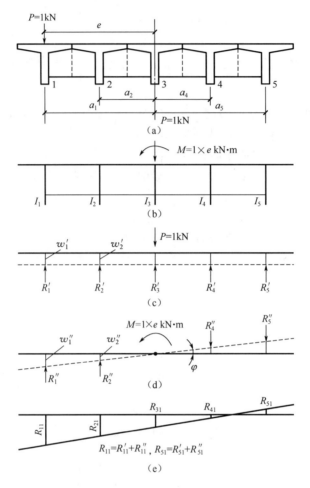

图 6.19 偏心荷载（$P=1$kN）作用下各主梁的荷载分布

① 在中心荷载 $P=1$kN 作用下，各主梁分配的荷载为 $R'_i$，由于假定中横梁是刚性的，故各主梁产生的挠度相等 [式 (6-23)]。

$$w'_1 = w'_2 = \cdots\cdots = w'_n \tag{6-23}$$

作用于简支梁跨中的荷载与挠度的关系见式 (6-24)。

$$w'_i = \frac{R'_i l^3}{48EI_i} \text{ 或 } R'_i = \alpha I_i w'_i \tag{6-24}$$

式中：$\alpha$——常数，$\alpha = \dfrac{48E}{l^3}$（$l$ 为简支梁的计算跨径）。

各主梁所分配的反力按其抗弯刚度分配，由式 (6-23) 和式 (6-24) 可得式 (6-25)。

$$R'_i = \frac{I_i}{\sum_{i=1}^{n} I_i} \tag{6-25}$$

② 偏心力矩 $M = 1 \times e$ 作用下，各主梁的荷载 $R''_i$。

在偏心力矩 $M = 1 \times e$ 作用下，桥的横截面将产生绕中心点 $O$ 的转角 $\varphi$ [图 6.19 (d)]，$a_i$ 为 $i$ 号梁中心距桥梁中心线的距离，各主梁产生的竖向挠度 $w''$ 见式 (6-26)。

$$w_i'' = a_i \tan\varphi \tag{6-26}$$

由式（6-24）可得主梁所受荷载与挠度的关系［式（6-27）］。

$$R_i'' = \alpha I_i w_i'' \tag{6-27}$$

将式（6-26）代入式（6-27）得式（6-28）。

$$R_i'' = \alpha I_i w_i'' = \alpha I_i a_i \tan\varphi = \gamma a_i I_i \tag{6-28}$$

由静力学中的力矩平衡条件 $\sum_{i=1}^{n} R_i'' a_i = \gamma \sum_{i=1}^{n} a_i^2 I_i = 1 \times e$，可得式（6-29）。

$$\gamma = \frac{e}{\sum_{i=1}^{n} a_i^2 I_i} \tag{6-29}$$

对于已经确定的桥梁截面，$\sum_{i=1}^{n} a_i^2 I_i = a_1^2 I_1 + a_2^2 I_2 + \cdots + a_n^2 I_n$ 是一个常数。

将式（6-29）代入式（6-28）得式（6-30）。

$$R_i'' = \frac{e a_i I_i}{\sum_{i=1}^{n} a_i^2 I_i} \tag{6-30}$$

注意，当所计算的主梁与中心荷载 $P=1\text{kN}$ 作用位置在桥梁中心线的同一侧时，$(e a_i)$ 的符号为"+"，反之为"−"。

③ 各主梁所分配的总荷载。

将式（6-25）与式（6-30）叠加，可得中心荷载 $P=1\text{kN}$ 作用时，第 $i$ 号梁所承受的总荷载［式（6-31）］。

$$R_i = \frac{I_i}{\sum_{i=1}^{n} I_i} + \frac{e a_i I_i}{\sum_{i=1}^{n} a_i^2 I_i} \tag{6-31}$$

对于简支梁，若各梁截面均相同，即 $I_i = I, I_{Ti} = I_T$，可得中心荷载 $P=1\text{kN}$ 作用时，第 $i$ 号梁所承受的荷载［式（6-32）］。

$$R_i = \frac{1}{n} + \frac{e a_i}{\sum_{i=1}^{n} a_i^2} \tag{6-32}$$

由式（6-32）可得出，当各主梁截面相同时，$n$ 和 $\sum_{i=1}^{n} a_i^2$ 为常数，当 $a_i e$ 最大时，第 $i$ 号梁所承受的荷载最大。

**例 6-4** 一座计算跨径 $l=19.50\text{m}$ 的五梁式钢筋混凝土 T 形简支梁桥，沿桥长设有 5 道横隔梁，桥面净空为净 $7\text{m}+2\times0.75\text{m}$（人行道），其横截面如图 6.20 (a) 所示，试求荷载位于跨中时 1 号梁在公路—Ⅱ级荷载和人群荷载作用下的荷载横向分布系数。

**解**：从题中可知，此桥设有刚度较大的中横梁，且承重结构的跨宽比为

$$\frac{l}{B} = \frac{19.50}{5 \times 1.6} \approx 2.4 > 2$$

故可按刚性横梁法来计算荷载横向分布系数。

（1）绘出荷载横向分布影响线［图 6.20 (b)］，并按最不利位置布载。

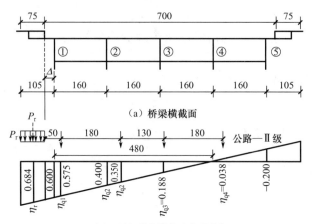

(a) 桥梁横截面

(b) 1号梁荷载横向分布影响线

**图 6.20　刚性横梁法计算荷载横向分布系数**

① 各主梁的横截面均相等，梁数 $n=5$，梁间距为 $1.60\text{m}$。

$$\sum_{i=1}^{5} a_i^2 = a_1^2 + a_2^2 + a_3^2 + a_4^2 + a_5^2$$
$$= (2\times1.60)^2 + 1.60^2 + 0 + (-1.60)^2 + (-1.60\times2)^2$$
$$= 25.60\ (\text{m}^2)$$

② 1号梁在两个边主梁处的荷载横向影响线的竖标值。

$$\eta_{11} = \frac{1}{n} + \frac{a_1^2}{\sum\limits_{i=1}^{5} a_i^2} = \frac{1}{5} + \frac{(2\times1.6)^2}{25.60} = 0.20 + 0.40 = 0.60$$

$$\eta_{15} = \frac{1}{n} + \frac{a_1 a_5}{\sum\limits_{i=1}^{5} a_i^2} = 0.20 - 0.40 = -0.20$$

③ 将公路—Ⅱ级汽车荷载和人群荷载布置在1号梁荷载横向分布影响线上最不利位置，人行道缘石至1号梁轴线的距离 $\Delta$。

$$\Delta = 1.05 - 0.75 = 0.3(\text{m})$$

④ 荷载横向分布影响线的零点至1号梁的距离 $x$ 可按比例关系求得。

$$\frac{x}{0.6} = \frac{4\times1.6-x}{0.20}$$
$$x = 4.8\ (\text{m})$$

⑤ 计算出各荷载作用点对应的1号梁荷载横向分布影响线上的竖标值，从而求出荷载横向分布系数。

(2) 计算荷载横向分布系数 $m_c$。

① 汽车荷载 $m_{cq}$。

$$m_{cq} = \frac{1}{2}\sum \eta_q = \frac{1}{2}(\eta_{q1} + \eta_{q2} + \eta_{q3} + \eta_{q4})$$
$$= \frac{1}{2} \times \frac{0.60}{4.80} \times (4.60 + 2.80 + 1.50 - 0.30) = 0.538$$

② 人群荷载 $m_{cr}$。

$$m_{cr} = \eta_r = \frac{\eta_{11}}{x} \cdot x_r = \frac{0.60}{4.80} \times \left(4.80 + 0.30 + \frac{0.75}{2}\right) = 0.684$$

③ 荷载横向分布系数 $m_c$。

$$m_c = m_{cq} = m_{cr} = 0.538 + 0.684 = 1.222$$

(3) 修正刚性横梁法（也称修正偏心压力法）。

在偏心力距 $M = 1 \times e$ 的作用下，各主梁不仅发生竖向挠度，还发生扭转，考虑主梁抗扭刚度后，第 $i$ 号梁承担的荷载反力见式（6-33）。

$$R_i'' = \beta \frac{ea_i I_i}{\sum_{i=1}^{n} a_i^2 I_i} \tag{6-33}$$

式中：$\beta$——抗扭修正系数（$\beta < 1$），取决于结构的几何尺寸和材料特性。

$\beta$ 的计算见式（6-34）。

$$\beta = \frac{1}{1 + \frac{Gl^2}{12E} \frac{\sum_{i=1}^{n} I_{Ti}}{\sum_{i=1}^{n} a_i^2 I_i}} \tag{6-34}$$

式中：$l$——简支梁的计算跨径；

$I_{Ti}$——第 $i$ 号主梁的抗扭惯性矩；

$G$——材料的剪切模量。

将式（6-25）与式（6-33）叠加，可得中心荷载 $P = 1\text{kPa}$ 作用时，第 $i$ 号梁所承受的荷载 [式（6-35）]。

$$R_i = \frac{I_i}{\sum_{i=1}^{n} I_i} + \beta \frac{ea_i I_i}{\sum_{i=1}^{n} a_i^2 I_i} \tag{6-35}$$

当各主梁的截面相同时，可引入与主梁根数有关的系数 $\xi$，具体计算见式（6-36）～式（6-38）。

$$R_i = \frac{1}{n} + \beta \frac{ea_i}{\sum_{i=1}^{n} a_i^2} \tag{6-36}$$

$$\beta = \frac{1}{1 + \frac{nGl^2 I_T}{12EI \sum_{i=1}^{n} a_i^2}} \tag{6-37}$$

令

$$\frac{n}{12 \sum_{i=1}^{n} a_i^2} = \frac{\xi}{B^2} \tag{6-38}$$

式中：$n$——主梁根数；

$B$——桥梁的全宽；

$\xi$——与主梁根数有关的系数，取值见表 6-5。

表 6-5 $\xi$

| 主梁根数 $n$ | $\xi$ |
| --- | --- |
| 4 | 1.067 |
| 5 | 1.042 |
| 6 | 1.028 |
| 7 | 1.021 |

由此可得式（6-39）。

$$\beta = \frac{1}{1 + \xi \dfrac{GI_T}{EI} \cdot \left(\dfrac{l}{B}\right)^2} \tag{6-39}$$

式中：$\beta$——抗扭修正系数。

从式（6-39）可以看出，$\dfrac{GI_T}{EI}$ 和 $\dfrac{l}{B}$ 越大，$\beta$ 值越小。因此，考虑主梁抗扭刚度的修正刚性横梁法，相对于刚性横梁法实际上是降低了各梁所分配的荷载，对于工程设计是偏不安全的。考虑到 T 形梁的抗扭刚度较小，一般可采用刚性横梁法计算。

在抗扭修正系数 $\beta$ 的计算式中，需计算抗扭惯性矩 $I_T$。以下分别按实体截面、薄壁闭合截面予以介绍。

① 实体截面。

a. 矩形截面抗扭惯性矩 $I_T$

矩形截面的抗扭惯性矩 $I_T$ 计算见式（6-40）。

$$I_T = cbt^3 \tag{6-40}$$

式中：$b$——矩形长边；

$t$——矩形短边；

$c$——矩形截面的抗扭刚度系数，可按式（6-41）计算或从表 6-6 中查取。

$$c = \frac{1}{3}\left[1 - 0.63\frac{t}{b} + 0.052\left(\frac{t}{b}\right)^5\right] \tag{6-41}$$

表 6-6 矩形截面的抗扭刚度系数 $c$

| $t/b$ | 1 | 0.9 | 0.8 | 0.7 | 0.6 | 0.5 | 0.4 | 0.3 | 0.2 | 0.1 | <0.1 |
| --- | --- | --- | --- | --- | --- | --- | --- | --- | --- | --- | --- |
| $c$ | 0.141 | 0.155 | 0.171 | 0.189 | 0.209 | 0.229 | 0.250 | 0.270 | 0.291 | 0.312 | 0.333 |

b. 由狭长矩形截面组成的非闭合截面。

T 形截面、I 形截面等都可看成是由若干个实体矩形截面组成的组合截面，其抗扭惯性矩等于被分割的各个矩形截面的抗扭惯性矩之和［式（6-42）］。

$$I_T = \sum_{i=1}^{n} c_i b_i t_i^3 \tag{6-42}$$

式中：$b_i$、$t_i$——$i$ 矩形截面的长边和短边；

$c_i$——矩形截面的抗扭刚度系数,查表6-6;

$n$——主梁截面被划分为单个矩形的块数。

对于由若干个实体矩形截面组成的组合截面,矩形的分割方法很多,一般需按多种分割方法分别计算抗扭惯性矩,然后取最大值作为组合截面的抗扭惯性矩。

② 薄壁闭合截面。

孔室高度大于或等于截面高度的0.6倍的截面,称为薄壁截面。

a. 任意形状的薄壁闭合截面。

任意形状的薄壁闭合截面(图6.21)的抗扭惯性矩见式(6-43)。

$$I_T = \frac{4A^2}{\oint \frac{ds}{t}} \tag{6-43}$$

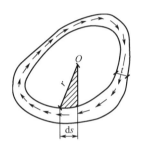

图 6.21　任意形状的薄壁闭合截面

式中:$A$——薄壁中线所包围的面积;

$t$——壁厚;

$s$——薄壁中心线长度。

b. 薄壁箱形截面。

图6.22所示的单箱室的薄壁箱形截面,其抗扭惯性矩可分为两部分:两边悬出部分和闭口薄壁部分。悬出部分的抗扭惯性矩可按实体矩形截面由式(6-42)计算,闭合薄壁部分的抗扭惯性矩可按式(6-44)计算。

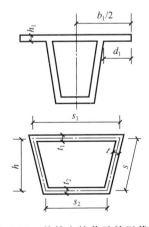

图 6.22　单箱室的薄壁箱形截面

$$I_T = (s_1+s_2)^2 h^2 \frac{1}{2\frac{s}{t}+\frac{s_1}{t_1}+\frac{s_2}{t_2}} \qquad (6-44)$$

则整个单箱室的薄壁箱形截面的抗扭惯性矩为悬出部分和薄壁闭合部分抗扭惯性矩之和。

对于由 $n$ 个薄壁箱形梁拼成的截面，其抗扭惯性矩可近似地按各个单箱室的薄壁箱形截面抗扭惯性矩之和计算。

（4）荷载横向分布系数沿桥跨的变化。

在前述的荷载横向分布系数计算方法中，杠杆原理法适用于荷载作用于支点截面，其他方法适用于荷载作用于跨中截面。当荷载作用于其他位置的截面时，荷载横向分布系数计算较复杂，工程应用中可按如下方法简化处理。

① 一般情况下，因简支 T 形梁桥具有多根内横梁 [图 6.23 (a)]，在计算任意截面最大弯矩和最大剪力时，跨中截面可采用不变的 $m_c$、支点截面采用 $m_0$，从第一根内横梁至支点的 $m_x$，按 $m_c$ 直线形过渡到 $m_0$ [图 6.23 (b)]。

② 在计算简支梁支点截面最大剪力时，由于车辆的重轴一般作用于靠近支点截面，可仅考虑该截面荷载横向分布系数的变化，而其余部分（跨内 $l/4$ 处至远端支点）截面荷载横向分布系数则采用不变的 $m_c$ [图 6.23 (c)]。

③ 在计算简支梁跨中最大弯矩与最大剪力时，由于车辆的重轴一般作用于跨中区段，可采用不变的 $m_c$ [图 6.23 (d)]。

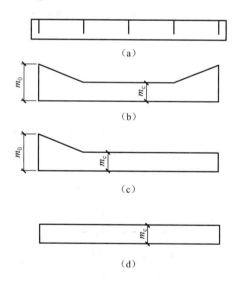

图 6.23 简支 T 形梁桥荷载横向分布系数沿桥跨的变化

3）活荷载内力计算

（1）跨中截面内力。

简支梁跨中截面的内力 [图 (6.24)]（弯矩与剪力）计算 [式 (6-45)] 可采用不变的跨中截面荷载横向分布系数。

$$\left.\begin{aligned}汽车荷载：S_q &= (1+\mu)\xi m_{cq}(P_k y_k + q_k \Omega) \\ 人群荷载：S_r &= m_{cr} q_r \Omega\end{aligned}\right\} \qquad (6-45)$$

式中：$S_q$、$S_r$——由汽车荷载、人群荷载引起的跨中截面弯矩或剪力；

　　　$\mu$——汽车荷载冲击系数；

　　　$\xi$——多车道桥梁的车道荷载折减系数；

　　$m_{cq}$、$m_{cr}$——由汽车荷载、人群荷载引起的跨中截面荷载横向分布系数；

　　　$P_k$、$q_k$——汽车车道荷载的集中荷载标准值、均布荷载标准值；

　　　$y_k$——计算内力影响线纵标的最大值，将集中荷载标准值作用于影响线纵标最大处，即为荷载的最不利布置；

　　　$q_r$——人群荷载集度，一般均取单侧人行道计算，$q_r$＝人群荷载标准值×单侧人行道宽；

　　　$\Omega$——跨中截面计算内力影响线面积。

跨中截面弯矩影响线的面积计算见式（6-46）。

$$\Omega_M = l^2/8 \tag{6-46}$$

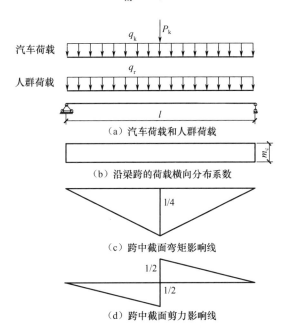

图 6.24　简支梁跨中截面的内力

（2）支点截面剪力。

支点截面的剪力（图 6.25）需考虑荷载横向分布系数在梁端区段的变化，其计算见式（6-47）。

$$Q = Q' + \Delta Q \tag{6-47}$$

式中：$Q'$——按不变的跨中荷载横向分布系数 $m_c$ 计算，由均布荷载 $q_k$、$q_r$ 引起的剪力值；

　　$\Delta Q$——考虑支点附近荷载横向分布系数变化引起的剪力增加值。

① 汽车荷载。

a. 由集中荷载 $P_k$ 引起的剪力 $Q_{q1}$。

集中荷载 $P_k$ 作用于支点截面处，引起的支点截面剪力见式（6-48）。

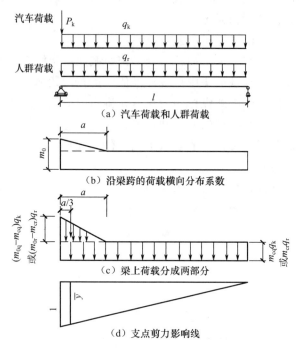

图 6.25 支点截面的剪力

$$Q_{q1}=(1+\mu)\xi m_{0q}P_k\times 1=(1+\mu)\xi m_{0q}P_k \tag{6-48}$$

b. 由均布荷载 $q_k$ 引起的剪力 $Q_{q2}$ ［式（6-49）］

$$Q_{q2}=(1+\mu)\xi\left[m_{cq}q_k\frac{l}{2}+\frac{a}{2}(m_{0q}-m_{cq})q_k\bar{y}\right] \tag{6-49}$$

式中：$\bar{y}$——荷载重心竖标值。

c. 汽车荷载引起的总剪力见式（6-50）。

$$Q_q=Q_{q1}+Q_{q2} \tag{6-50}$$

② 人群荷载。

人群荷载为均布荷载，由其引起的剪力与汽车荷载的均布荷载 $q_k$ 引起的剪力计算方法相同。由人群荷载引起的剪力见式（6-51）。

$$Q_r=m_{cr}q_r\frac{l}{2}+\frac{a}{2}(m_{0r}-m_{cr})q_r\bar{y} \tag{6-51}$$

式中：$m_{cr}$、$m_{0r}$——人群荷载跨中、支点截面的荷载横向分布系数；

$q_r$——单侧人行道的人群荷载集度。

**例 6-5** 五梁式钢筋混凝土简支梁桥，桥梁宽净 9.0m+2×1.0m，设计荷载公路—Ⅱ级，人群荷载 3.0kN/m²，计算跨径 19.5m，冲击系数 $\mu=0.4442$，1 号梁的荷载横向分布系数见表 6-7，计算 1 号梁在汽车荷载和人群荷载作用下的跨中截面弯矩和支点截面剪力。

## 第6章 简支梁桥的计算

表 6-7 1号梁的荷载横向分布系数

| 梁号 | 自跨中至 $l/4$ 段的荷载分布系数 $m_c$ | | 支点的荷载分布系数 $m_0$ | |
|---|---|---|---|---|
| | 汽车荷载 | 人群荷载 | 汽车荷载 | 人群 |
| 1 | 0.611 | 0.599 | 0.409 | 1.273 |

**解：**(1) 汽车车道荷载标准值。

桥面净宽 $w=9.0\text{m}$，车辆双向行驶，$6.0 \leqslant w \leqslant 14.0$，横向布置车队数为 2，不考虑折减系数，$\xi=1$。

公路—Ⅰ级车道荷载：计算跨径介于 5~50m，集中荷载标准值 $P_k=2\times(19.50+130)=299(\text{kN})$，均布荷载标准值 $q_k=10.5\text{kN/m}$。

公路—Ⅱ级车道荷载为公路—Ⅰ级车道荷载的 0.75，则 $P_k=299\times0.75=224.25$ (kN)，$q_k=10.5\times0.75=7.875(\text{kN/m})$。计算剪力效应时，集中荷载标准值应乘以 1.2 的系数，$P_k=224.25\times1.2=269.1(\text{kN})$；均布荷载标准值同前。

(2) 跨中截面弯矩。

跨中截面弯矩影响线的最大纵标：$y_k=\dfrac{l}{4}=\dfrac{19.5}{4}=4.875(\text{m})$

跨中截面弯矩影响线的面积：$\Omega_M=\dfrac{l^2}{8}=\dfrac{19.5^2}{8}\approx 47.531(\text{m}^2)$

车道荷载作用下的 1 号梁跨中截面弯矩：

$M_q=(1+\mu)\xi m_{cq}(P_k y_k+q_k\Omega_M)$
$=(1+0.4442)\times1\times0.611\times(224.25\times4.875+7.875\times47.531)\approx1294.95(\text{kN}\cdot\text{m})$

人群荷载集度：$q_r=3.0\times1.0=3.0(\text{kN/m})$

人群荷载作用下的 1 号梁跨中截面弯矩：$M_r=m_{cr}q_r\Omega_M=0.599\times3.0\times47.531\approx85.41$ (kN·m)

(3) 支点截面剪力。

支点截面剪力计算需考虑荷载横向分布系数 $m_0$ 沿桥纵向的变化，$l/4\sim l$ 段的荷载横向分布系数取 $m_c$，支点~$l/4$ 段的荷载横向分布系数按直线变化。

① 汽车荷载。

由于 $m_{0q}<m_{cq}$，设集中荷载 $p_k$ 作用于距左支座 $x$ 位置处，则

$$Q_{q1}=(1+\mu)\xi m_{xq}P_k y_k=(1+\mu)\xi P_k\left[m_{0q}+\dfrac{x}{a}(m_{cq}-m_{0q})\right]\dfrac{l-x}{l}$$

$$=1.4442\times1\times269.1\times\left[0.409+\dfrac{x}{19.5/4}(0.611-0.409)\right]\times\dfrac{19.5-x}{19.5}$$

由 $\dfrac{dQ_{q1}}{dx}=0$

即可解得 $x\approx4.815(\text{m})$，$a=19.5/4=4.875(\text{m})$

取 $x=4.815\text{m}$

集中荷载作用于距左支座 $x=4.815\text{m}$ 位置处，相应的横向分布系数 $m_{xq}=0.609$，将 $x=4.815\text{m}$ 代入上式，则

$$Q_{q1}=1.4442\times1\times269.1\times0.609\times\frac{19.5-4.815}{19.5}\approx178.24(\text{kN})$$

$$Q_{q2}=(1+\mu)\xi\left[m_{cq}q_k\frac{l}{2}+\frac{a}{2}(m_{0q}-m_{cq})q_k\overline{y}\right]$$

$$=1.4442\times1\times\left[0.611\times7.875\times\frac{19.5}{2}+\frac{4.875}{2}\times(0.409-0.611)\times7.875\times\frac{11}{12}\right]$$

$$\approx62.62\ (\text{kN})$$

$$Q_q=Q_{q1}+Q_{q2}=178.24+62.62=240.86(\text{kN})$$

② 人群荷载。

$$Q_r=m_{cr}q_r\frac{l}{2}+\frac{a}{2}(m_{0r}-m_{cr})q_r\overline{y}]$$

$$=0.599\times3.0\times\frac{19.5}{2}+\frac{1}{2}\times\frac{19.5}{4}\times(1.273-0.599)\times3.0\times1.0\times\frac{11}{12}\approx22.03\ (\text{kN})$$

## 6.3 横梁内力计算

### 6.3.1 计算模型

刚性横梁法将桥梁的中横梁近似看作支承在主梁上的多跨弹性支承连续梁（图6.26）。鉴于各主梁的荷载横向分布影响线（即弹性支承反力影响线）在主梁计算中已经求得，故横梁内力可由静力平衡条件来求解。

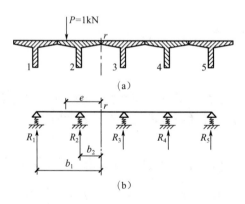

图 6.26 刚性横梁法的计算模型

对于具有多根横梁的简支梁桥，跨中的横梁受力最大，通常仅计算跨中横梁的内力，其他横梁可以偏安全地仿此设计。

### 6.3.2 横梁内力影响线

如图 6.26 所示，当桥梁在跨中有单位荷载（$P=1\text{kN}$）作用时，各主梁所受的荷载

(横梁的支承反力）为 $R_1$，$R_2$，$\cdots$，$R_n$，由静力平衡条件可得到横梁截面 $r$ 的内力计算公式［式（6-52）～式（6-55）］。

（1）荷载 $P=1\text{kN}$ 位于截面 $r$ 的左侧时。

$$M_r = R_1 b_1 + R_2 b_2 - 1 \times e = \sum^{\text{左}} R_i b_i - e \quad (6-52)$$

$$Q_r = R_1 + R_2 - 1 = \sum^{\text{左}} R_i - 1 \quad (6-53)$$

（2）荷载 $P=1\text{kN}$ 位于截面 $r$ 的右侧时。

$$M_r = R_1 b_1 + R_2 b_2 + \cdots + R_i b_i = \sum^{\text{右}} R_i b_i \quad (6-54)$$

$$Q_r = R_1 + R_2 + \cdots + R_i = \sum^{\text{右}} R_i \quad (6-55)$$

式中：$M_r$、$Q_r$——横隔梁截面 $r$ 的弯矩和剪力。

$e$——荷载 $P=1\text{kN}$ 作用处至截面 $r$ 的距离。

$b_i$——支承反力 $R_i$ 至截面 $r$ 的距离。

$\sum^{\text{左}} R_i$、$\sum^{\text{右}} R_i$、——截面 $r$ 左侧、右侧的全部支承反力的作用。

式（6-52）～式（6-55）对于确定的截面 $r$ 来说，所有的 $b_i$ 是已知的，而 $R_i$ 则随荷载 $P=1\text{kN}$ 至截面的距离 $e$ 而变化，因此可直接利用已求得的 $R_i$ 的横向分布影响线来绘制横梁的内力影响线。

通常横梁的弯矩在靠近桥中线的截面处较大，剪力则在靠近桥两侧边缘截面处较大。以图 6.27 为例，一般可以只求 3 号主梁和 2 号梁与 3 号主梁之间（对于装配式桥即横梁接头处）截面的弯矩及 1 号主梁右侧截面的剪力。图中表示出了按刚性横梁法计算的横梁支承反力 $R_i$ 的影响线、弯矩 $M$ 和剪力 $Q$ 的内力影响线。由于支承反力的影响线呈直线变化，所以弯矩和剪力的内力影响线也呈直线变化，故绘制弯矩及剪力的内力影响线时只需计算出几个控制点的竖坐标，然后直线连接即可。

### 6.3.3 横梁内力计算

1）横向加载

如图 6.28 所示，在桥梁的横向，根据横梁的内力影响线进行横向最不利加载，图中 $P_k$ 为汽车车道荷载的标准值（集中力），$q_r$ 为单侧人群荷载集度（线荷载）。

2）纵向加载

图 6.29 所示为计算横梁内力时的纵向加载。对于跨中一根横梁，计算中可假设荷载在相邻横梁之间按杠杆原理法传递。

因此，可在杠杆原理法计算的横梁荷载纵向分布影响线上进行纵向最不利加载，则一列汽车车道荷载分布给横梁的计算荷载为式（6-56）。

$$P_q = q_k \Omega_k + P_k y_k = q_k L_a + P_k \quad (6-56)$$

纵向单侧人群荷载分布给横梁的计算荷载见式（6-57）。

$$P_r = q_r \Omega_k = q_r L_a \quad (6-57)$$

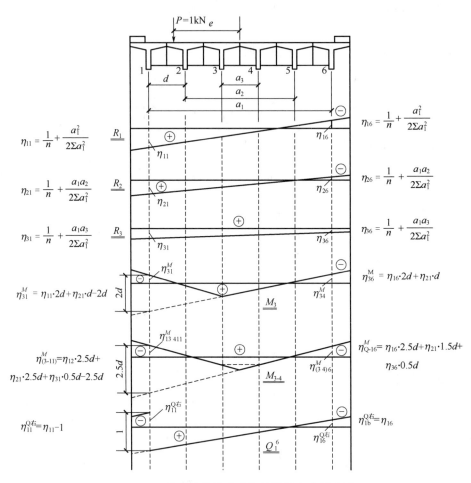

图 6.27 按刚性横梁法计算的横梁内力影响线

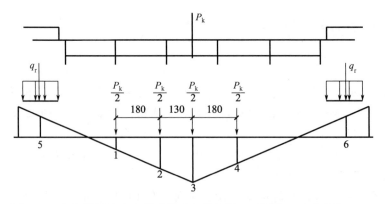

图 6.28 根据横梁的内力影响线进行横向最不利加载（尺寸单位：cm）

式中：$\Omega_k$——按杠杆原理法计算的横梁荷载纵向荷载分布影响线面积；

$L_a$——横梁间距；

$P_k$、$q_k$——汽车车道荷载标准值；

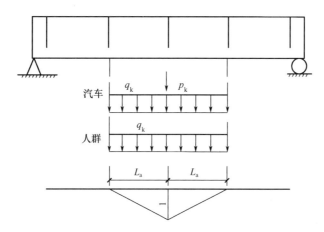

图 6.29 计算横梁内力时的纵向加载

$y_k$——$P_k$ 相应的纵向分布影响线纵标；

$q_r$——单侧人群荷载集度。

3）横梁的内力

考虑纵向、横向最不利加载后，可得横梁最大内力，见式（6-58）、式（6-59）。

汽车荷载最大内力：

$$S_q = (1+\mu)\xi(q_k L_a + P_k)\frac{1}{2}\sum \eta_q \qquad (6-58)$$

式中：$\mu$、$\xi$——冲击系数和车道折减系数；

$\eta_q$、$\eta_r$——汽车车道荷载和单侧人群荷载合力作用点相应的横向分布影响线竖标。

人群荷载最大内力：

$$S_r = q_r L_a \sum \eta_r \qquad (6-59)$$

## 6.4 挠度和预拱度计算

### 6.4.1 挠度验算

对于钢筋混凝土梁桥或预应力混凝土梁桥，需要对正常使用极限状态下桥梁的挠度进行验算，以确保结构具有足够的刚度。若桥梁刚度不够，会导致高速行车困难、行人不适等问题。

桥梁挠度按产生的原因可分为永久作用挠度和可变作用挠度，永久作用挠度又分为短期挠度和长期挠度。永久作用挠度可以通过施工时预设的反向挠度（又称预拱度）抵消，使竣工后的桥梁达到理想的线形。

钢筋混凝土、预应力混凝土受弯构件的短期挠度可根据构件刚度用结构力学方法计算。

1）受弯构件抗弯刚度计算

（1）钢筋混凝土受弯构件刚度计算。

钢筋混凝土受弯构件抗弯刚度可按式（6-60）～式（6-62）计算。

$M_s \geqslant M_{cr}$：

$$B = \frac{B_0}{\left(\frac{M_{cr}}{M_s}\right)^2 + \left[1 - \left(\frac{M_{cr}}{M_s}\right)^2\right]\frac{B_0}{B_{cr}}} \quad (6-60)$$

式中：$B$——开裂截面的抗弯刚度；

$B_0$——全截面的抗弯刚度，$B_0 = E_c I_0$；

$B_{cr}$——开裂截面的抗弯刚度，$B_{cr} = E_c I_{cr}$；

$M_s$——按作用频遇组合计算的弯矩值；

$M_{cr}$——开裂弯矩；

$\gamma$——构件受拉区混凝土塑性影响系数，$\gamma = \frac{2S_0}{W_0}$；

$S_0$——全截面换算的重心轴以上（或以下）部分面积对重心轴的面积矩；

$W_0$——换算截面抗裂边缘的弹性抵抗矩；

$f_{tk}$——混凝土轴心抗拉强度标准值；

$I_0$——全截面换算的抗弯惯性矩；

$I_{cr}$——开裂截面换算的抗弯惯性矩；

$E_c$——混凝土抗弯弹性模量。

$M_s < M_{cr}$：

$$B = B_0 \quad (6-61)$$

$$M_{cr} = \gamma f_{tk} W_0 \quad (6-62)$$

（2）预应力混凝土构件的抗弯刚度。

① 全预应力混凝土和 A 类预应力混凝土构件的抗弯刚度，见式（6-63）。

$$B_0 = 0.95 E_c I_{cr} \quad (6-63)$$

② 容许开裂的 B 类预应力混凝土构件的抗弯刚度。

在开裂弯矩 $M_{cr}$ 作用下，$B_0$ 按式（6-61）计算；在（$M_s - M_{cr}$）作用下，$B_0$ 按式（6-64）计算。

$$B_{cr} = E_c I_{cr} \quad (6-64)$$

开裂弯矩按式（6-65）计算。

$$M_{cr} = (\sigma_{pc} + \gamma f_{tk}) W_0 \quad (6-65)$$

式中：$\sigma_{pc}$——扣除全部预应力损失后，预应力钢筋和普通钢筋合力 $N_{p0}$ 在构件抗裂边缘产生的混凝土预压应力。

2）长期挠度

钢筋混凝土和预应力混凝土简支梁长期挠度 $f_c$ 可按式（6-66）计算。

$$f_c = \eta_\theta f \quad (6-66)$$

式中：$f_c$——长期挠度；

$f$——按荷载频遇组合和前述规定的刚度计算的短期挠度；

$\eta_\theta$——挠度长期增长系数（当采用 C40 以下混凝土时，取 1.60；当采用 C40～C80 混凝土时，取 1.45～1.35，中间强度等级的 $\eta_\theta$ 可按直线法内插计算；计算预加力引起的反拱时，取 2.0）。

预应力混凝土受弯构件使用阶段预加力引起的反拱（反向挠度），可用结构力学方法计算，截面抗弯刚度取 $E_c I_0$、预加力应扣除全部预应力损失，并乘以挠度长期增长系数。

3）挠度验算规定

钢筋混凝土和预应力混凝土受弯构件，按汽车荷载（不计冲击力）与人群荷载频遇组合计算的最大长期挠度：对于梁桥主梁，不应超过计算跨径的 1/600；对于主梁悬臂端，不应超过悬臂长度的 1/300。

## 6.4.2 桥梁预拱度

为了消除恒荷载挠度而设置的预拱度（跨中的反向挠度），其值通常取全部恒荷载和 1/2 活荷载所产生的竖向挠度，这意味着在常遇荷载情况下的桥梁线形基本上接近直线状态。对于位于竖曲线上的桥梁，应视竖曲线的凸起（或凹下）情况，适当增减预拱度，使竣工后桥梁的线形与竖曲线接近一致。

钢筋混凝土受弯构件和预应力混凝土受弯构件的预拱度可按下列规定设置。

1）钢筋混凝土受弯构件

（1）当由荷载频遇组合作用并考虑荷载长期效应影响产生的长期挠度不超过计算跨径的 1/1600 时，可不设预拱度。

（2）当不符合上述规定时应设预拱度，且其值应按结构自重和 1/2 可变荷载频遇值计算的长期挠度之和采用。

2）预应力混凝土受弯构件

（1）当预加力产生的长期反拱大于按荷载频遇组合作用计算的长期挠度时，可不设预拱度。

（2）当预加力的长期反拱小于按荷载频遇组合作用计算的长期挠度时，应设预拱度，其值应按该项荷载的挠度与预加力产生的长期反拱之差采用。

对自重相对于活荷载较小的预应力混凝土受弯构件，应考虑预加力产生的反拱过大可能造成的不利影响，必要时采取其他措施，避免桥面隆起甚至开裂破坏。

**例 6-6** 装配式钢筋混凝土简支梁桥的计算跨径 $L=19.5\mathrm{m}$，主梁开裂截面的抗弯刚度 $B$ 为 $1.750 \times 10^9 \mathrm{N \cdot m^2}$，主梁跨中截面自重弯矩 $M_{Gk}$ 为 $763.4\mathrm{kN \cdot m}$、汽车荷载弯矩（不计冲击力）$M_q$ 为 $789.5\mathrm{kN \cdot m}$、人群荷载弯矩 $M_r$ 为 $73.1\mathrm{kN \cdot m}$。试验算主梁的挠度并计算预拱度。

**解**：（1）验算主梁的挠度。

验算主梁挠度时，不计结构自重，仅考虑汽车荷载与人群荷载频遇组合产生的跨中长期挠度。

$$f_1 = 1.6 \times \frac{5(0.7 \times M_q + M_r)L^2}{48 \times B} = 1.6 \times \frac{5 \times (0.7 \times 789.5 + 73.1) \times 10^3 \times 19.5^2}{48 \times 1.750 \times 10^9}$$

$$\approx 0.0227(\mathrm{m}) = 2.27(\mathrm{cm}) < \frac{L}{600} = \frac{1950}{600} = 3.25(\mathrm{cm})$$

主梁挠度满足规范要求。

(2) 判断是否设置预拱度。

考虑结构自重与活荷载频遇组合产生的跨中长期挠度。

$$f_2 = 1.6 \times \frac{5(M_{Gk} + 0.7 \times M_q + M_r)L^2}{48 \times B}$$

$$= 1.6 \times \frac{5 \times (763.4 + 0.7 \times 789.5 + 73.1) \times 10^3 \times 19.5^2}{48 \times 1.750 \times 10^9}$$

$$\approx 0.0503(\text{m}) = 5.03(\text{cm}) > \frac{L}{1600} = \frac{1950}{1600} = 1.22(\text{cm})$$

跨中长期挠度超过计算跨径的 $L/1600$ 时，应设置预拱度。

(3) 计算最大预拱度。

跨中预拱度等于结构自重和 1/2 可变荷载频遇组合产生的跨中长期挠度。

$$f_3 = 1.6 \times \frac{5\left(M_{Gk} + \frac{1}{2}M_{\text{可变频遇}}\right)l^2}{48 \times B}$$

$$= 1.6 \times \frac{5 \times [763.4 + (0.7 \times 789.5 + 73.1)/2] \times 10^3 \times 19.5^2}{48 \times 1.750 \times 10^9}$$

$$\approx 0.0390(\text{m}) = 3.90(\text{cm})$$

# 本 章 小 结

本章主要介绍了简支梁桥桥面板内力、主梁内力、横梁内力、挠度及预拱度的计算。

桥面板内力计算时，应首先确定桥面板的内力影响线，然后根据影响线计算桥面板的最不利内力，计算时应注意荷载有效分布宽度的选取。

主梁内力计算时，应考虑荷载的横向分布。根据各主梁横向连接方式的不同，采用不同的荷载横向分布系数的计算方法。荷载横向分布系数确定后，即可确定各主梁所分担的荷载大小，从而计算荷载所引起的主梁内力。

要精确分析横梁的内力是十分复杂的，本章主要介绍了刚性横梁法计算横梁内力的方法。计算时将横梁近似看作是竖向支承在多根弹性主梁上的多跨弹性支承连续梁，通过对绘制的横向、纵向内力影响线进行最不利加载，求得横梁的最不利内力。

桥梁的挠度包括永久作用挠度和可变作用挠度，永久作用挠度可以通过预拱度来抵消，可变作用挠度则体现结构的刚度特性。

# 习 题

6-1 何谓单向板、双向板？从受力性能及设计方面阐述其区别。

6-2 桥梁工程中最常遇到的行车道板可分为哪几种？

6-3 阐述荷载有效分布宽度的概念。

6-4 什么是荷载横向分布系数？荷载横向分布系数计算主要有哪几种方法？并阐述各种方法的特点及适用场合。

6-5 什么是桥梁预拱度？对于钢筋混凝土受弯构件及预应力混凝土受弯构件，一般如何设置预拱度？

6-6 某钢筋混凝土简支 T 形梁桥，车行道宽 9m，两侧人行道宽 1m，桥梁横截面为五梁式布置（图 6.30），已知主梁抗扭修正系数 $\beta=0.9$，试按考虑主梁抗扭的修正刚性横梁法，求 1 号梁在汽车荷载及人群荷载作用下的荷载横向分布系数 $m_q$、$m_r$。

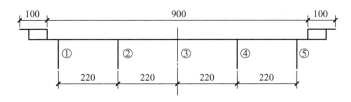

图 6.30 6-6 题图（尺寸单位：cm）

6-7 某一装配式钢筋混凝土简支 T 形梁桥，标准跨径为 20m，计算跨径为 19.5m，桥梁的横向布置如图 6.31 所示，车行道宽 7m，双车道。已知汽车荷载的冲击系数 $\mu=0.191$，2 号梁在汽车荷载作用下的荷载横向分布系数：跨中 $m_c=0.45$，支点截面 $m_0=0.65$。试计算在公路-Ⅰ级汽车荷载作用下，2 号梁跨中最大弯矩及支点最大剪力的标准值。

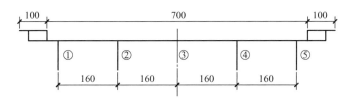

图 6.31 6-7 题图（尺寸单位：cm）

# 第7章
# 连续梁桥与刚构桥的计算

## 教学目标

本章主要介绍了混凝土连续梁桥与刚构桥在各种荷载工况下的内力计算。通过本章学习，学生应达到以下目标。

(1) 掌握混凝土梁桥结构计算一般规定。
(2) 熟悉混凝土连续梁桥与刚构桥的结构恒荷载内力计算。
(3) 熟悉混凝土连续梁桥与刚构桥的活荷载内力计算。
(4) 熟悉混凝土连续梁桥与刚构桥预应力内力计算的等效荷载法。
(5) 熟悉混凝土连续梁桥与刚构桥的徐变内力计算。
(6) 熟悉混凝土连续梁桥与刚构桥的收缩内力计算。
(7) 了解混凝土梁桥的基础沉降内力计算。
(8) 了解混凝土梁桥的挠度及预拱度计算。

## 教学要求

| 知识要点 | 能力要求 | 相关知识 |
| --- | --- | --- |
| 结构计算一般规定 | 掌握混凝土梁桥结构计算的一般规定 | (1) 结构作用效应计算；<br>(2) 应力扰动区 |
| 结构恒荷载内力计算 | (1) 掌握恒荷载内力计算特点；<br>(2) 掌握悬臂法施工的连续梁恒荷载内力计算；<br>(3) 掌握顶推法施工连续梁恒荷载内力计算 | (1) 按施工过程进行内力计算；<br>(2) 成桥状态内力 |
| 活荷载内力计算 | (1) 熟悉横向分布计算的等代简支梁法；<br>(2) 熟悉荷载增大系数 $\eta$ 计算方法 | (1) 等代简支梁法；<br>(2) 荷载横向分布系数 |

续表

| 知识要点 | 能力要求 | 相关知识 |
| --- | --- | --- |
| 预应力内力计算的等效荷载法 | （1）熟悉等效荷载法的基本原理；<br>（2）熟悉等效荷载法的应用；<br>（3）熟悉吻合束的概念 | （1）初始力矩，次内力或二次内力；<br>（2）预应力索的等效荷载；<br>（3）吻合束线形 |
| 混凝土徐变内力计算 | （1）熟悉静定结构在恒荷载作用下的徐变变形计算；<br>（2）熟悉超静定结构的徐变内力及变形计算 | （1）徐变变形，徐变应变，瞬时应变，徐变系数；<br>（2）换算弹性模量法 |
| 混凝土收缩内力计算 | （1）熟悉混凝土收缩应变的概念；<br>（2）熟悉混凝土收缩变形的概念；<br>（3）熟悉收缩内力与变形计算 | （1）收缩应变；<br>（2）收缩变形，收缩内力； |
| 基础沉降内力计算 | 了解基础沉降内力计算 | 超静定结构基础沉降及附加内力 |
| 挠度及预拱度计算 | （1）了解挠度计算；<br>（2）了解预拱度计算与立模标高的确定 | （1）预拱度；<br>（2）立模标高 |

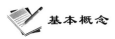

应力扰动区；空间模型；成桥状态；荷载增大系数；预应力等效荷载；徐变系数；等效弹性模量；收缩变形；预拱度；立模标高。

### 引言

混凝土连续梁桥与刚构桥的内力计算，需要考虑施工荷载和结构自重、预应力、混凝土收缩徐变及汽车荷载等各种工况。目前工程中一般采用结构有限元软件计算桥梁的内力，有专门的"桥梁电算"课程。本章主要讲述混凝土梁桥结构计算的一般规定、按施工过程计算混凝土梁桥自重内力，以及基于力法计算预应力内力、混凝土收缩徐变内力的方法等。通过本章学习，可为使用有限元软件计算混凝土梁桥内力提供必要的理论基础。

## 7.1 结构计算的一般规定

### 7.1.1 作用效应计算

混凝土梁桥的作用效应，一般宜采用弹性理论与杆系有限元模型来计算，并应满足下

列要求:

(1) 结构构件成桥状态的内力根据设计施工方案,逐阶段计算并累加确定。

(2) 结构构件成桥状态的应力根据设计施工方案,采用相应的净截面或换算截面逐阶段计算并累加确定。

(3) 汽车荷载的作用效应计入汽车荷载的偏载效应,偏载效应可采用精细化有限元模型计算,或根据可靠的工程经验确定。

(4) 分析超静定结构的作用效应时,构件的抗弯刚度:容许开裂构件取 $0.8E_cI$,不容许开裂构件取 $E_cI$,其中 $E_c$ 为混凝土抗弯弹性模量、$I$ 为毛截面惯性矩。

(5) 计算截面承载力和应力时,T形截面、工字形截面及箱形截面的受压翼缘应取有效宽度。

(6) 计算连续梁或其他超静定结构的作用效应时,应根据情况考虑温度、混凝土收缩徐变、基础沉降及预加力等的效应。

(7) 弯、宽、斜及变宽、分岔等复杂混凝土桥梁结构作用效应可采用实体有限元模型、实用精细化有限元模型(空间网格模型与折面梁格模型),如图 7.1 所示,或 7 个自由度单梁模型计算。

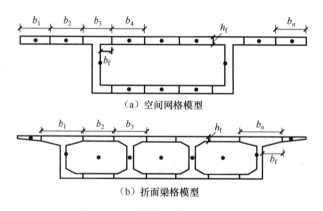

(a) 空间网格模型

(b) 折面梁格模型

图 7.1 实用精细化有限元模型

空间网格模型[图 7.1 (a)]宜用于腹板间距不小于 5m 的混凝土箱梁,纵向梁格的宽度 $b_n$ 不大于 2m;折面梁格模型[图 7.1 (b)]宜用于多梁式的装配式梁桥或单箱多室混凝土箱梁,纵向梁格的宽度 $b_n$ 不大于 3m。这两种模型均要求:工字形截面的翼缘宽度 $b_f$ 不大于 $6h_f$;配有钢束的腹板截面,不宜划分为多个纵向梁格;当带平弯的预应力钢筋横向穿过多个纵向梁格时,预应力钢筋穿过最长距离的纵向梁格应计入预加力效应。

7 个自由度单梁模型宜用于位于曲线段的混凝土箱梁。箱梁按翼缘有效宽度考虑剪力滞效应;7 个自由度单梁模型得到的正应力放大系数 $\lambda_\sigma$ 和剪应力放大系数 $\lambda_\tau$ 分别按式(7-1)、式(7-2)计算。

$$\lambda_\sigma = \frac{\sigma_m + \sigma_w}{\sigma_m} \tag{7-1}$$

式中:$\sigma_m$——弯曲正应力;
$\sigma_w$——约束扭转正应力。

$$\lambda_\tau = \frac{\tau_m + \tau_k + \tau_w}{\tau_m} \tag{7-2}$$

式中：$\tau_m$——弯曲剪应力；

$\tau_w$——约束扭转剪应力。

$\tau_k$——自由扭转剪应力。

(8) 连续梁中间支承处弯矩折减。

计算连续梁中间支承处的负弯矩时，可考虑支座宽度对弯矩折减的影响（图 7.2），折减后的弯矩按式 (7-3)、式 (7-4) 计算，但折减后的弯矩不得小于未经折减弯矩的 0.9 倍。

$$M_e = M - M' \tag{7-3}$$
$$M' = qa^2/8 \tag{7-4}$$

式中：$M_e$——折减后的支点负弯矩；

$M$——按理论公式或方法（支座取为点支承的计算模型）计算的支点负弯矩；

$M'$——折减弯矩；

$q$——梁的支点反力 $R$ 在支座两侧向上按 45°扩散交于梁截面重心轴 $G—G$ 的荷载强度，$q = R/a$；

$a$——梁支点反力 $R$ 在支座两侧向上按 45°扩散交于梁截面重心轴 $G—G$ 的长度（圆形支座可换算为边长等于 0.8 倍直径的方形支座）。

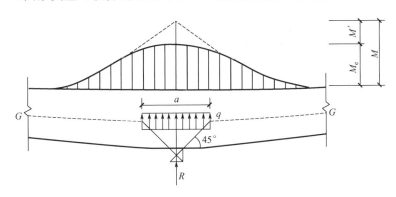

图 7.2 连续梁中间支承处弯矩折减计算图式

## 7.1.2 结构体系稳定验算

对于公路匝道梁桥，持久状况下，桥梁不应发生结构体系改变，应确保结构体系稳定，同时需满足下列要求。

(1) 作用基本组合下，单向受压支座始终保持受压状态。

(2) 按作用标准值进行组合时，整体式截面简支梁和连续梁的作用效应符合式 (7-5) 的要求。

$$\frac{\sum S_{bk,i}}{\sum S_{sk,i}} \geqslant k_{qf} \tag{7-5}$$

式中：$k_{qf}$——横向抗倾覆稳定系数，取 2.5；
$S_{bk,i}$——使上部结构稳定的作用效应设计值；
$S_{sk,i}$——使上部结构失稳的作用效应设计值。

### 7.1.3 应力扰动区计算

混凝土梁桥结构整体计算，一般采用杆系有限元模型。但是，对于受力集中及尺寸突变的局部区域，其应力不符合平截面假定的杆系有限元模型计算结果，这些区域称为应力扰动区。混凝土梁桥典型的应力扰动区有桩基承台、预应力齿板锚固区、牛腿及横隔梁等（图 7.3）。构件中的应力扰动区可在结构整体计算的基础上，采用实体有限元模型、拉压杆模型及其他特殊方法计算。

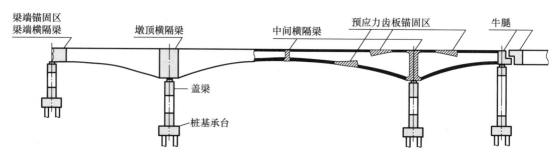

图 7.3 混凝土梁桥典型的应力扰动区

## 7.2 结构恒荷载内力计算

### 7.2.1 恒荷载内力计算特点

简支梁桥自重（含桥面二期恒荷载）内力计算，是按照成桥以后的结构图式进行的。而对于超静定连续梁桥与刚构桥的恒荷载内力计算，必须按施工过程来进行分析，根据各施工阶段内力计算结果，累积叠加得到成桥状态内力。

如图 7.4 所示，单跨固端梁分别采用整体浇筑和分段浇筑施工方法，其自重内力图是完全不同的。对于整体浇筑、一次落架施工的情况［图 7.4（a）］，跨中自重弯矩 $M_{中}=ql^2/24$［图 7.4（b）］；对于分段浇筑施工的情况［图 7.4（c）］，若忽略焊接钢板的重量，则跨中自重弯矩 $M_{中}=0$［图 7.4（d）］。

因此，超静定桥梁结构恒荷载内力计算存在如下特点。

（1）需按施工过程，建立每个施工阶段的结构受力计算图式，分析每个阶段的结构内力与变形。

（2）分别将全部施工阶段的内力与变形叠加，得到最终的结构内力与变形。

（3）采用不同的施工方法，结构恒荷载内力不同。

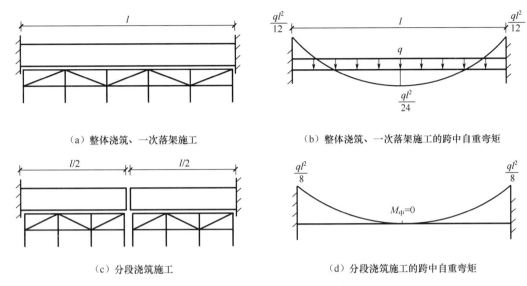

(a) 整体浇筑、一次落架施工　　(b) 整体浇筑、一次落架施工的跨中自重弯矩

(c) 分段浇筑施工　　(d) 分段浇筑施工的跨中自重弯矩

图 7.4　单跨固端梁不同施工方法的自重内力

连续梁桥主要有整体法、逐孔法、简支-连续法、悬臂法及顶推法等施工方法。整体施工法可按照成桥状态，一次建立结构计算图式，计算结构恒荷载内力；而其余四种施工方法，均需按施工过程，分阶段建立结构受力图式，计算各阶段内力，然后叠加得到最终成桥状态的内力。下面主要介绍悬臂浇筑法施工和顶推法施工的连续梁桥恒荷载内力计算过程。

## 7.2.2　悬臂浇筑法施工时连续梁桥的恒荷载内力计算

以一座三跨等截面连续梁桥为例，阐明各主要施工阶段及其受力情况。该桥上部结构采用挂篮对称悬臂浇筑法施工，从整体上可分为五个阶段（图 7.5），现分述如下。

（1）阶段 1：在主墩上悬臂浇筑箱梁。

首先在主墩上采用托架现浇墩顶上面的梁段（称 0 号块件），并用粗钢筋将梁与墩身临时固结；然后采用挂篮向桥墩两侧分节段对称平衡悬臂施工；边跨不对称部分梁段采用支架施工。

此时，桥梁边墩支座暂不受力，结构如 T 形结构的工作性能为静定体系。荷载为梁体自重 $q$ 和挂篮荷载 $P_{挂}$，其弯矩图与一般悬臂梁相同。

（2）阶段 2：边跨合龙

边跨合龙阶段包括：①浇合龙段混凝土；②张拉合龙索（暂不考虑预应力计算）；③拆除中墩临时锚固，体系转换；④拆除支架和边跨挂篮。

此时，结构体系为悬臂梁，承受的荷载为边段梁体自重 $q$ 及拆除挂篮荷载（$-P_{挂}$）。

（3）阶段 3：中跨合龙。

浇筑完中跨合龙段混凝土时，当混凝土强度未达到设计强度之前，结构体系仍视为悬臂梁，合龙段混凝土自重 $q$ 与挂篮荷载 $P_{挂}$ 的合力按集中力 $R_0$ 作用在两端。

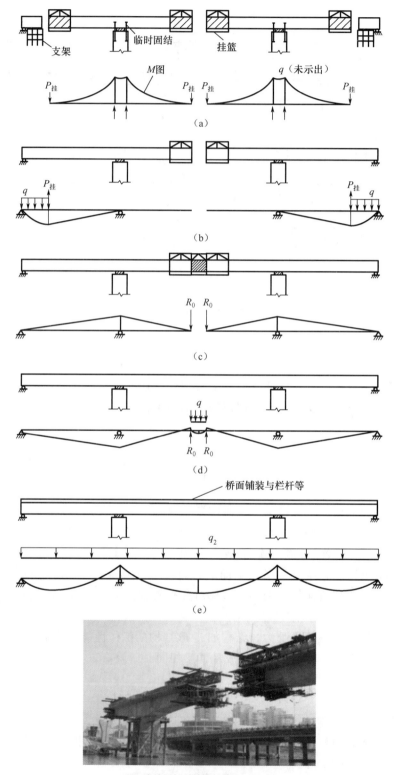

（f）连续梁桥悬臂浇筑法施工照片

图 7.5　连续梁桥悬臂浇筑法施工阶段内力及施工照片

(4) 阶段 4：拆除中跨合龙段的挂篮。

此时，全桥已形成整体结构。拆除挂篮后，原先由挂篮承担的合龙段自重转而作用在整体结构上。因此，作用在结构上的荷载为合龙段自重 $q$ 和拆除荷载（$-R_0$）。

(5) 阶段 5：施工桥面（二期恒荷载）。

在二期恒荷载 $q_2$ 的作用下，计算三跨连续梁的弯矩。

(6) 成桥状态恒荷载内力。

将阶段 1 至阶段 5 的内力叠加，可得到成桥状态的总恒荷载内力。

## 7.2.3 顶推法施工时连续梁桥恒荷载内力计算

1) 顶推法施工的要点

(1) 预先在岸上预制部分梁段，采用设备将其逐步向河对岸方向顶推，边顶推边预制后面的梁段，直到完成为止。

(2) 为了减小顶推过程中悬臂梁的负弯矩，一般设置长度为 0.6~0.7 倍桥梁跨径的钢导梁，钢导梁自重轻、刚度大，有时还需设置临时墩。

(3) 顶推法施工的连续梁桥一般采用等高度、等跨径设计。

2) 顶推法施工连续梁桥受力特点

在施工过程中，由于顶推法施工连续梁桥的梁是移动的，因此结构受力是不断变化的，其主要受力特点如下。

(1) 在顶推法施工的过程中，梁的每个截面位置都在不断变化，结构受力也在不断变化，因此每个截面的内力也在不断变化中，正弯矩→负弯矩→正弯矩等交替变化。

(2) 当整个梁顶推就位后，其恒荷载内力与整体支架施工法的连续梁相同。

3) 顶推法施工时连续梁桥的受力计算

以两跨等截面连续梁为例阐明顶推法施工过程中连续梁桥的受力情况。为便于阐述问题，设钢导梁长度为 $l/2$，桥梁跨径 $l$，钢导梁自重为 $q/5$，$q$ 为混凝土梁自重。现选择四个典型阶段来考察截面 1 和截面 2 的自重弯矩（图 7.6）。

(1) 阶段 1：第一跨悬臂阶段。

在钢导梁即将到达 1 号墩之前的最大悬臂阶段，可按悬臂梁分析，截面 1、2 的弯矩分别为 $M_1 = -\dfrac{ql^2}{40}, M_2 = -\dfrac{ql^2}{5}$。

(2) 阶段 2：简支梁阶段。

在钢导梁到达 1 号墩之后，可按简支梁进行受力分析，截面 1、2 的弯矩分别为 $M_1 = \dfrac{3ql^2}{40}, M_2 = 0$。

(3) 阶段 3：第二跨悬臂阶段。

截面 1、2 的弯矩分别为 $M_1 = -\dfrac{ql^2}{10}, M_2 = \dfrac{3ql^2}{40}$。

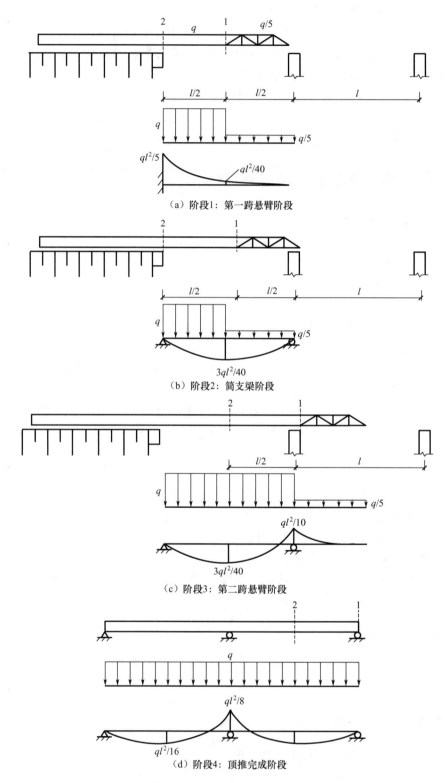

图 7.6 顶推法施工时连续梁桥的受力分析及钢导梁施工照片

(e) 钢导梁施工照片

图 7.6  顶推法施工时连续梁桥的受力分析及钢导梁施工照片（续）

(4) 阶段 4：顶推完成阶段。

顶推完成后，拆除钢导梁，此时为两跨连续梁，在自重荷载 $q$ 作用下，截面 1、2 的弯矩分别为 $M_1 = 0, M_2 = \dfrac{ql^2}{16}$。

从上述分析可知，1 号截面 $M_1$：$-\dfrac{ql^2}{40} \to \dfrac{3ql^2}{40} \to -\dfrac{ql^2}{10} \to 0$；2 号截面 $M_2$：$-\dfrac{ql^2}{5} \to 0 \to \dfrac{3ql^2}{40} \to \dfrac{ql^2}{16}$。

可见梁截面的弯矩在顶推过程中呈现正负交替变化，因此对于顶推法施工的连续梁恒荷载内力计算，需先按顶推阶段，计算出各截面最不利内力包络图再进行设计。

## 7.3  活荷载内力计算

本节主要介绍连续梁桥荷载横向分布计算的等代简支梁法、荷载增大系数的概念及连续梁桥活荷载内力计算公式。

### 7.3.1  连续梁桥荷载横向分布计算的等代简支梁法

连续梁桥荷载横向分布计算，可采用等代简支梁法，其基本原理如下。

(1) 将多室箱梁假想地从各室顶、底板中点切分（图 7.7），成为由 $n$ 片 T 形梁（或 I 形梁）组成的桥跨结构；根据刚度等效原则，将连续梁化成等效简支梁，采用简支梁荷载横向分布计算的修正偏压法计算其荷载横向分布系数。

(2) 按照同等集中荷载 $P=1\mathrm{kN}$ 作用下跨中挠度相等的原理，反算等代简支梁的抗弯惯性矩修正系数 $C_\mathrm{w}$；按照在集中扭矩 $T=1\mathrm{kN\cdot m}$ 作用下连续梁与等代简支梁跨中扭转角相等的条件，计算等代简支梁的抗扭惯性矩修正系数 $C_\theta$（图 7.8）。

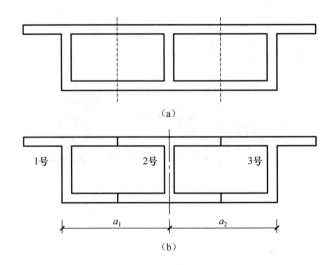

图 7.7 多室箱梁的切分

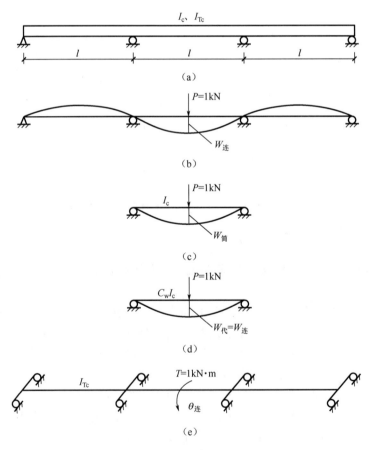

图 7.8 等代简支梁法的基本原理

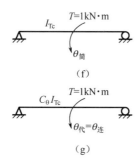

图 7.8 等代简支梁法基本原理（续）

如图 7.8 所示，设跨径布置为三跨的等截面连续梁，整个箱梁截面的抗弯惯性矩和抗扭惯性矩分别为 $I_c$、$I_{Tc}$。设连续梁中跨的跨中作用荷载 $P=1\text{kN}$ 时，其跨中挠度为 $W_连$；对于跨径为 $l$ 的简支梁，跨中荷载 $P=1\text{kN}$ 作用下的跨中挠度 $W_简$ 见式 (7-6)。

$$W_简 = \frac{Pl^3}{48EI_c} \tag{7-6}$$

对于跨径为 $l$、抗弯刚度为 $C_w EI_c$ 的等代简支梁，则在 $P=1\text{kN}$ 作用下的跨中挠度 $W_代$ 见式 (7-7)。

$$W_代 = \frac{Pl^3}{48C_w EI_c} \tag{7-7}$$

由式 (7-6) 及式 (7-7) 可得式 (7-8)。

$$C_w = \frac{W_简}{W_代} \tag{7-8}$$

再由 $W_代 = W_连$，式 (7-8) 可写为式 (7-9)。

$$C_w = \frac{W_简}{W_连} \tag{7-9}$$

同理，可求得等代简支梁的抗扭惯性矩修正系数 $C_\theta$，见式 (7-10)。

$$C_\theta = \frac{\theta_简}{\theta_连} \tag{7-10}$$

式中：$\theta_简$——当 $T=1\text{kN} \cdot \text{m}$ 作用在简支梁中跨的跨中时，该截面产生的扭转角，$\theta_简 = \frac{Tl}{4GI_{Tc}}$，其中，$G$ 为剪切模量；

$\theta_连$——当 $T=1\text{kN} \cdot \text{m}$ 作用在连续梁中跨的跨中时，该截面产生的扭转角。

对于边跨，$C_w$、$C_\theta$ 的求法是一样的，此时需将 $P=1\text{kN}$、$T=1\text{kN} \cdot \text{m}$ 分别作用在连续梁边跨的跨中，求得边跨的跨中竖向挠度和扭转角，并与相同跨的简支梁相比较，即可求得边跨等代简支梁的抗弯惯性矩修正系数和抗扭惯性矩修正系数 $C_w$、$C_\theta$。

由于连续梁属超静定结构，求连续梁的竖向挠度和扭转角，手算比较麻烦，一般应采用计算机程序求解。求得修正系数 $C_w$、$C_\theta$ 后，计算简支梁偏压法的抗扭修正系数 $\beta$，见式 (7-11)。

$$\beta = \frac{1}{1 + \frac{nl^2}{12} \cdot \frac{G}{E} \frac{C_\theta}{C_w} \frac{I_{Tc}}{I_c} \frac{1}{\sum a_i^2}} \tag{7-11}$$

式中：$n$——划分后的主梁片数；

$\quad\quad l$——跨径；

$\quad\quad G 、 E$——材料的剪切模量和弹性模量；

$\quad\quad C_\theta 、 C_w$——抗扭惯性矩修正系数和抗弯惯性矩修正系数；

$\quad\quad I_{Tc} 、 I_c$——整个箱梁截面的抗扭惯性矩和抗弯惯性矩；

$\quad\quad a_i$——$i$ 片梁距截面中心的距离。

### 7.3.2 荷载增大系数 $\eta$

对于箱梁，将其假想地划分为开口的多个主梁（T 形梁或 I 形梁），计算每个主梁的荷载横向分布系数 $m_i$，一般情况下边主梁的荷载横向分布系数 $m_i$ 大于中主梁，即边主梁的荷载横向分布系数为最大值 $m_{max}$。然而箱梁为整体构造，若按分开的单个主梁求得的内力进行截面配筋设计既不十分合理，也较麻烦。因此，工程上为了计算的简化和安全起见，箱梁整体截面按荷载增大系数 $\eta$ 来考虑荷载横向分布的问题，见式（7-12）。

$$\eta = n m_{max} \tag{7-12}$$

式中：$n$——腹板数（划分肋梁的根数）；

$\quad\quad m_{max}$——按 $n$ 根肋梁计算的最大荷载横向分布系数（一般为边主梁）。

为了简单起见，一般可不考虑 $\eta$ 沿桥梁纵向的变化，全桥可统一取相同的最大荷载增大系数。计算桥梁结构整体内力时，按车道荷载（集中荷载加均布荷载）（图 7.9）考虑，同时考虑其横向、纵向折减，则桥梁活荷载内力见式（7-13）。

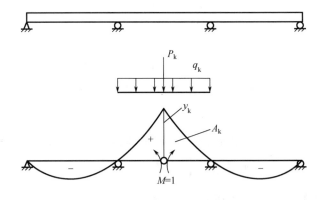

图 7.9 车道荷载示意图

$$S = (1+\mu)\xi_1 \xi_2 \eta (P_k y_k + q_k A_k) \tag{7-13}$$

式中：$\xi_1 、 \xi_2$——车道荷载横向折减系数和纵向折减系数；

$\quad\quad \eta$——荷载增大系数；

$\quad\quad P_k 、 q_k$——车道荷载的集中荷载标准值和均布荷载标准值；

$\quad\quad y_k$——影响线中的最大竖标值；

$\quad\quad A_k$——使结构产生最不利效应的同号影响线区域的面积；

$\quad\quad \mu$——汽车荷载冲击系数。

# 第7章 连续梁桥与刚构桥的计算

## 7.4 预应力计算的等效荷载法

### 7.4.1 预应力的概念

简支梁属于静定结构,在预加力作用下,只产生自由挠曲变形和预加力偏心力矩 $M_0$,亦称为初预矩[图7.10(a)]。

对于连续梁和连续刚构等超静定结构,在预加力作用下,多余约束处产生约束变形和附加反力,从而导致结构产生附加内力,统称为次内力或二次内力[图7.10(b)]。

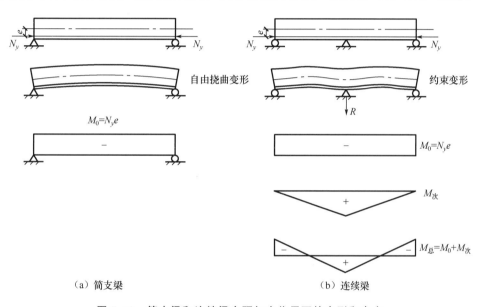

(a) 简支梁　　　　　　　　　　　(b) 连续梁

图 7.10　简支梁和连续梁在预加力作用下的变形和内力

因此,由预加力产生的总内力(弯矩)见式(7-14)。

$$M_总 = M_0 + M_次 \tag{7-14}$$

式中:$M_0$——初预矩,$M_0 = N_y e$,$N_y$、$e$ 分别为预加力及其偏心距;

$M_次$——由于多余约束的存在,预加力产生的次力矩。

$M_次$ 可采用等效荷载法或力法来求解,下面主要介绍等效荷载法的原理与应用。

### 7.4.2 等效荷载法的基本原理

下面以简支梁为例,说明等效荷载法的基本原理。

1) 计算等效荷载的原则及基本假定

根据内力等效原则,即预加力产生的结构内力与等效荷载产生的内力相等,来求预加力的等效荷载。为了简化分析,做如下基本假定。

(1) 预应力筋的摩阻损失忽略不计,即认为预加力 $N_y$ 为常量。

(2) 预应力筋贯穿构件全长。

2) 曲线预应力索的等效荷载

如图 7.11 所示，预应力混凝土简支梁配置曲线索，设左端锚头倾角及偏心距分别为 $-\theta_A$、$e_A$；右端锚头倾角及偏心距分别为 $\theta_B$、$e_B$；曲线索跨中垂度为 $f$。符号规定为索力偏心距 $e(x)$ 以向上为正，等效荷载 $q_{效}$ 以向上为正，反之为负。

曲线索偏心距的二次抛物线的表达式见式（7-15）。

$$e(x)=\frac{4f}{l^2}x^2+\frac{e_B-e_A-4f}{l}x+e_A \tag{7-15}$$

式中：$x$、$e(x)$——距原点 $O$ 的坐标及曲线索的偏心距。

预应力对中性轴产生的偏心力矩 $M(x)$ 见式（7-16）。

$$\begin{aligned}M(x)&=N_y e(x)\\&=N_y\left(\frac{4f}{l^2}x^2+\frac{e_B-e_A-4f}{l}x+e_A\right)\end{aligned} \tag{7-16}$$

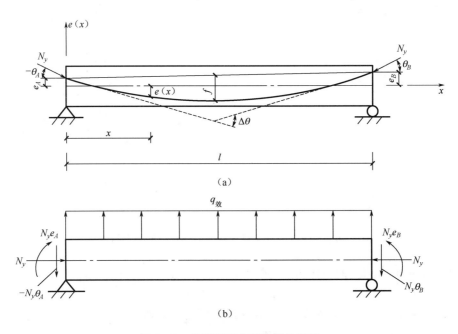

图 7.11 曲线预应力索的等效荷载

由"材料力学"中梁的弯矩与荷载的关系，可得式（7-17）。

$$q(x)=\frac{\mathrm{d}^2 M(x)}{\mathrm{d}x^2}=\frac{8f}{l^2}N_y=常数 \tag{7-17}$$

由倾角 $\theta$ 的几何关系可得式（7-18）~式（7-21）。

$$\theta(x)=e'(x)=\frac{8f}{l^2}x+\frac{e_B-e_A-4f}{l} \tag{7-18}$$

$$\theta_A=e'(0)=\frac{e_B-e_A-4f}{l} \tag{7-19}$$

$$\theta_B = e'(l) = \frac{e_B - e_A + 4f}{l} \tag{7-20}$$

$$\theta_B - \theta_A = \frac{8f}{l} \tag{7-21}$$

比较式（7-17）和式（7-21），可得式（7-22）。

$$q(x) = \frac{\theta_B - \theta_A}{l} N_y \tag{7-22}$$

令 $\Delta\theta = \theta_B - \theta_A$，则可得式（7-23）。

$$q(x) = \frac{N_y \Delta\theta}{l} = q_{效} \tag{7-23}$$

$q(x)$ 就是所求的等效荷载 $q_{效}$，为一常数；$\Delta\theta$ 为曲线索倾角的改变量，等效荷载 $q_{效}$ 为正值，方向朝上，它沿全跨长的总内力 $q_{效}l$ 与两端预加力的垂直向下分力之和 $N_y(\theta_B - \theta_A)$ 相平衡。

3）折线形预应力索的等效荷载

折线形预应力索的等效荷载（图 7.12）可由剪力等效求得。折线形预应力索的索力线方程为式（7-24）。

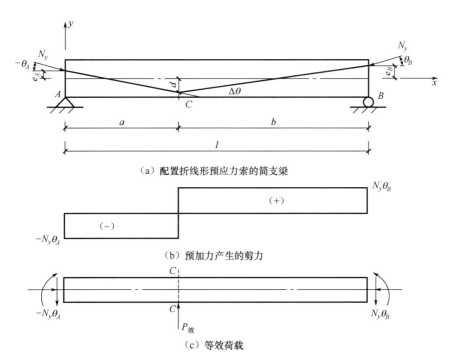

图 7.12 配置折线形预应力索的等效荷载

$$\left.\begin{array}{l} AC\ 段:e_1(x) = e_A - \left(\dfrac{e_A + d}{a}\right)x \\ CB\ 段:e_2(x) = -d + \left(\dfrac{d + e_B}{b}\right)(x - a) \end{array}\right\} \tag{7-24}$$

由此得预加力产生的剪力 [式 (7-25)、式 (7-26)]。

AC 段：
$$Q_1(x) = M_1'(x) = N_y e_1'(x)$$
$$= -N_y\left(\frac{e_A + d}{a}\right)$$
$$= -N_y \theta_A \tag{7-25}$$

CB 段：
$$Q_2(x) = M_2'(x)$$
$$= N_y\left(\frac{e_B + d}{b}\right)$$
$$= N_y \theta_B \tag{7-26}$$

由式 (7-25)、式 (7-26) 可绘出预加力产生的剪力 [图 7.12 (b)]，此剪力与在梁截面 $C$ 处作用一个向上的集中荷载 $P_{效}$ 的结果相符合，$P_{效}$ 的计算见式 (7-27)。$P_{效}$ 就是折线形预应力索的等效荷载。

$$P_{效} = N_y(\theta_B - \theta_A) \tag{7-27}$$

取图 [7.12 (c)] 左段可验证 $C$ 截面弯矩 [式 (7-28)]。

$$M_C = N_y e_A - N_y \theta_A a$$
$$= N_y(e_A - \theta_A a) \tag{7-28}$$
$$= N_y(-d) = -N_y d$$
$$= M_{预}$$

$M_{预}$ 为预加力在 $C$ 截面产生的弯矩。

4) 锚固截面的等效荷载

预加力对锚固截面作用的等效荷载（图 7.13）即为锚固点预加力对锚固截面中性轴的等效荷载，其计算见式 (7-29)。

$$\begin{cases} X_A = N_y \cos\theta_A \\ Y_A = -N_y \sin\theta_A \\ M_A = N_y e_A \cos\theta_A \end{cases} \tag{7-29}$$

式中：$X_A$、$Y_A$——预加力在锚固截面中性轴 $x$、$y$ 方向的荷载。

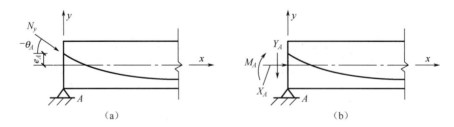

图 7.13　锚固截面的等效荷载

对于 $\theta$ 较小的情况，可取 $\sin\theta \approx \theta$，$\cos\theta \approx 1$，则式 (7-29) 可写成式 (7-30)。

$$\begin{cases} X_A = N_y \\ Y_A = -N_y \theta_A \\ M_A = N_y e_A \end{cases} \tag{7-30}$$

## 7.4.3 等效荷载法的应用

1) 计算步骤

现以图 7.14 所示的两跨连续梁为例，说明等效荷载法计算初预矩、等效荷载的基本步骤。

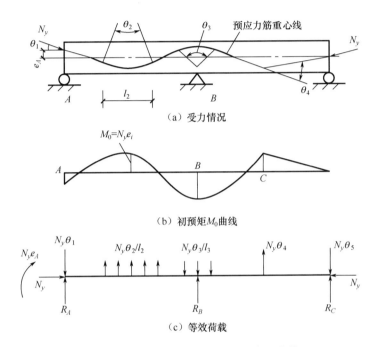

图 7.14 两跨连续梁的初预矩、等效荷载

(1) 按预应力曲线索的偏心距 $e_i$ 及预加力 $N_y$ 绘出梁的初预矩 $M_0 = N_y e_i$，不考虑所有支座对梁体约束的影响 [图 7.14 (b)]。

(2) 根据曲线索的形状，分别按式 (7-23) 和式 (7-27) 计算等效荷载，且考虑锚固点以确定全部的等效荷载。

(3) 用力法或有限单元法程序求解连续梁在等效荷载作用下的截面内力，称为总内力，得出的弯矩称为总弯矩 $M_总$。

(4) 用总弯矩减去初预矩得到次力矩 [式 (7-31)]。

$$M_次 = M_总 - M_0 \tag{7-31}$$

2) 计算实例

**例 7-1** 两跨等截面连续梁，预加力 $N_y = 1158 \text{kN}$，试求支点 $B$ 截面由预加力产生的总弯矩和次弯矩。曲线索的布置如图 7.15 (a) 所示，各段曲线索偏心距方程：

$a-b$ 段：$e_1(x) = 0.0079 x^2 - 0.093 x$，坐标原点为 $a$。

$b-a$ 段：$e_2(x) = 0.18 + 0.12 x - 0.03 x^2$，坐标原点为 $b$。

**解**：由于结构及预应力筋布置均对称，可取一半结构进行分析，并视 $B$ 截面为固定端。

(1) 绘制预加力的初预矩图,即 $M_0(x)=N_y e_i(x)$,如图 [7.15 (b)] 所示。
(2) 计算预加力的等效荷载 [图 7.15 (c)]。

$a—b$ 段的端转角:

$$e_1'(x)=2\times 0.0079x-0.093$$
$$e_1'(0)=\theta_a=-0.093(弧度)$$
$$e_1'(13.5)=\theta_b=0.12(弧度)$$

$a—b$ 段的等效荷载:

$$q_1=N_y\frac{\theta_b-\theta_a}{l_1}=1158\times\frac{0.12-(-0.0933)}{13.5}\approx 18.30(\text{kN/m})\text{(向上)}$$

$b—a$ 段的端转角:

$$e_2'(x)=0.12-0.06x$$
$$e_2'(0)=\theta_a=0.12(弧度)$$
$$e_2'(2)=\theta_b=0(弧度)$$

$b—a$ 段的等效荷载:

$$q_2=N_y\frac{\theta_b-\theta_a}{l_2}=1158\times\frac{0-0.12}{2}=-69.48(\text{kN/m})\text{(向下)}$$

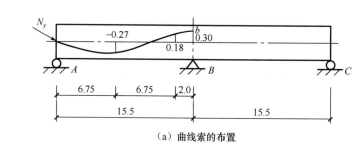

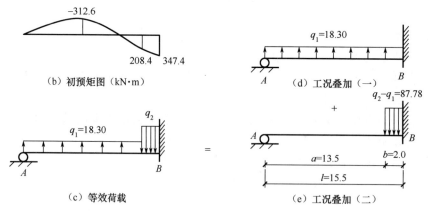

图 7.15 两跨等截面连续梁预应力 (尺寸单位:m,等效荷载单位:kN/m)

(3) $B$ 截面总弯矩 $M_总$。

等效荷载计算图式如图 7.15 (c) 所示,它可分解为图 7.15 (d) 和图 7.15 (e) 所示的两种工况叠加。单跨梁的计算公式可参考"结构力学",注意荷载的正负号。

图 7.15（d）：$M'_B = -\dfrac{ql^2}{8} = -\dfrac{(-18.3) \times 15.5^2}{8} \approx 549.57(\text{kN} \cdot \text{m})$

图 7.15（e）：$M''_B = -\dfrac{qb^2}{8}\left(2-\dfrac{b}{l}\right)^2 = -\dfrac{87.78 \times 2^2}{8}\left(2-\dfrac{2}{15.5}\right)^2 \approx -153.64(\text{kN} \cdot \text{m})$

$B$ 截面的总弯矩：$M_总 = M'_B + M''_B = 549.57 - 153.64 = 395.93(\text{kN} \cdot \text{m})$

（4）$B$ 截面次力矩。

$$M_次 = M_总 - M_0 = 395.93 - 347.4 = 48.53(\text{kN} \cdot \text{m})$$

### 7.4.4 吻合束

1）吻合束的概念

按实际荷载作用下的弯矩图线形作为束曲线的线形，则是吻合束的线形，此时预加力产生的总弯矩 $M_总$、初预矩 $M_0$ 及实际荷载作用下的弯矩 $M_q$ 三者相等，预加力产生的次力矩 $M_次 = 0$。

2）吻合束的计算 以图 7.16 所示的两跨连续梁在实际荷载 $q$ 作用下的束曲线为示例来证明。

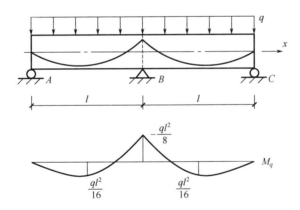

**图 7.16  两跨连续梁在实际荷载 $q$ 作用下的束曲线**

（1）实际荷载 $q$ 作用下的弯矩 $M_q$。

对于左跨弯矩计算为式 (7-32)。

$$M_q(x) = \dfrac{qlx}{8}\left(3 - 4\dfrac{x}{l}\right) \tag{7-32}$$

（2）实际荷载作用下的弯矩 $M_q$ 与初预矩 $M_0$ 相等，则可得式 (7-33)。

$$M_0 = N_y e(x) = \dfrac{qlx}{8}\left(3 - 4\dfrac{x}{l}\right) \tag{7-33}$$

由此可得式 (7-34)～式 (7-37)。

故

$$e(x) = \left(\dfrac{q}{N_y}\right)\dfrac{lx}{8}\left(3 - 4\dfrac{x}{l}\right) \tag{7-34}$$

$$e'(x) = \dfrac{q}{N_y}\left(\dfrac{3l}{8} - x\right) \tag{7-35}$$

$$e'(0)=\theta_A=\frac{q}{N_y}\frac{3l}{8} \tag{7-36}$$

$$e'(l)=\theta_B=-\frac{q}{N_y}\frac{5l}{8} \tag{7-37}$$

等效荷载的计算见式（7-38）。

$$q_{效}=N_y\frac{\theta_B-\theta_A}{l}=N_y\left(-\frac{q}{N_y}\frac{5l}{8}-\frac{q}{N_y}\frac{3l}{8}\right)/l=-q \tag{7-38}$$

可以看出，$q_{效}$ 与 $q$ 大小相等、方向相反，梁上荷载被完全平衡，即初预矩与实际荷载作用下的弯矩完全平衡，预加力不产生次力矩。

## 7.5 混凝土徐变内力计算

### 7.5.1 基本概念

1. 徐变变形

在长期荷载作用下，结构在瞬时变形（弹性变形）以后，随时间 $t$ 增长而持续产生的那一部分变形量，称为徐变变形（图7.17）。

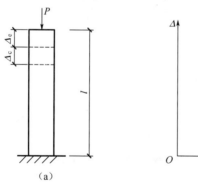
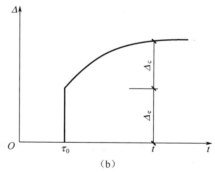

图 7.17 结构的徐变变形

2. 徐变应变

单位长度的徐变变形称为徐变应变 $\varepsilon_c$，它可表示为徐变变形量 $\Delta_c$ 与构件长度 $l$ 之比，即为式（7-39）。

$$\varepsilon_c=\frac{\Delta_c}{l} \tag{7-39}$$

3. 瞬时应变

瞬时应变 $\varepsilon_e$ 又称弹性应变，是指初始加载瞬间所产生的变形 $\Delta_e$ 与构件长度 $l$ 之比，即为式（7-40）。

$$\varepsilon_e = \frac{\Delta_e}{l} \tag{7-40}$$

**4. 徐变系数**

徐变系数是从加载龄期 $\tau_0$ 后至某个 $t$ 时刻,徐变应变值与弹性应变值之比,即为式(7-41)、式(7-42)。

$$\varphi(t,\tau_0) = \frac{\varepsilon_c}{\varepsilon_e} \tag{7-41}$$

式中：$\varphi(t,\tau_0)$——徐变系数。

$$\varepsilon_c = \varepsilon_e \varphi(t,\tau_0) = \frac{\sigma}{E}\varphi(t,\tau_0) \tag{7-42}$$

式中：$\sigma$、$E$——结构的弹性应力和弹性模量。

徐变系数计算较复杂,不仅与加载龄期 $\tau_0$ 有关,还与材料性质、构件尺寸、环境湿度等有关,有关规范中列出了混凝土徐变系数和收缩应变的计算公式。

**5. 徐变内力**

徐变仅使静定结构产生变形,不产生徐变内力。超静定结构由于存在多余约束,当混凝土发生徐变变形时,变形受到约束,结构将产生附加内力,这个附加内力称为徐变内力(或称徐变次内力)。

现举一个简单的例子说明静定结构与超静定结构徐变后的弯矩(图7.18)。

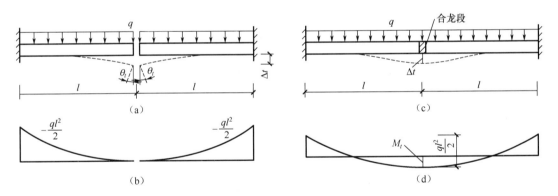

图 7.18 静定结构与超静定结构徐变后的弯矩比较

(1) 两根悬臂梁。

设两根悬臂梁[图 7.18(a)]在均布荷载 $q$ 作用下完成瞬时变形后,悬臂端处于水平位置,此时根部截面弯矩 $M_{根} = -ql^2/2$,悬臂端弯矩为零[图 7.18(b)]。

随着时间 $t$ 的增长,由于混凝土徐变影响,两根悬臂梁端部将产生向下的竖向挠度 $\Delta t$ 和转角 $\theta_t$;由于悬臂梁为静定结构,变形不受约束(可自由变形),因此徐变不产生内力,徐变完成后,其内力图不发生改变,最终弯矩图仍为结构瞬时变形下的弯矩图。

(2) 合龙后的固端梁。

在两根悬臂梁瞬时变形完成后,即将合龙段的钢筋焊接并浇筑混凝土,形成一根固端梁[图 7.18(c)]。由于混凝土徐变,固端梁的中点仍将产生挠度 $\Delta t$,但由于结构的对称性，该截面转角 $\theta_t=0$，这表明两根悬臂梁端部的转角变形受到约束，从而使固端梁跨中截面产生了附加弯矩 $M_t$，因此固端截面弯矩也发生了改变（减小），徐变后固端梁的弯矩如图 7.18（d）所示。

6. 内力重分布

静定结构由于徐变产生徐变内力，使得徐变后结构内力与结构瞬时变形后的内力相比，发生了改变，这种现象称为内力重分布（或应力重分布）。

### 7.5.2 静定结构在恒荷载作用下的徐变变形计算

根据徐变应变、瞬时应变及徐变系数的定义，即式（7-39）、式（7-40）和式（7-41），可得到静定结构在恒荷载作用下的徐变变形 $\Delta_c$ 的计算式，见式（7-43）。

$$\Delta_c = \Delta_e \times \varphi(t,\tau_0) \tag{7-43}$$

瞬时变形（弹性变形）$\Delta_e$ 可按"结构力学"中的方法计算。

### 7.5.3 超静定结构的徐变内力与变形计算

徐变是与时间有关的材料非线性问题，迄今为止关于超静定结构的徐变内力计算，各国学者提出了各种计算理论和方法，尚未有一种被广泛接受。这里仅介绍换算弹性模量法。

1) 基本原理

图 7.19（a）所示为先简支后连续的两等跨连续梁，结构自重荷载为 $q$，弹性模量为 $E$，截面抗弯惯性矩为 $I$，设两跨徐变系数均为 $\varphi$。可取图 7.19（b）所示的两跨简支梁为基本结构来分析，由于该结构是采用先简支后连续的方法施工，结构自重 $q$ 作用下瞬时变形完成后，截面的弯矩 $M_p$ 如图 7.19（c）所示。因此，中支点截面赘余力矩 $\overline{M_1}(t)$ 完全是徐变产生的力矩 [图 7.19（d）]。

按巴曾法，在任意 $t$ 时刻列代数方程见式（7-44）。

$$M_1(t)\delta_{11}(1+\rho\varphi)+\Delta_{1p}\varphi=0 \tag{7-44}$$

式中：$\delta_{11}$——单位徐变赘余力 $\overline{X_1}=1\mathrm{kN}$ 的作用下，该截面产生的转角；

$\Delta_{1p}$——基本结构在荷载 $q$ 作用下，赘余力矩方向产生的转角；

$\varphi、\rho$——徐变系数和老化系数。

老化系数是考虑徐变因混凝土老化而逐渐衰减的一个折减系数，一般可用式（7-45）表示（具体推导从略）。

$$\rho(t,\tau)=\frac{1}{1-e^{-\varphi}}-\frac{1}{\varphi} \tag{7-45}$$

引入与时间 $t$ 有关的柔度系数 $\delta_{11t}$ 和荷载变位 $\Delta_{1pt}$，其计算见式（7-46）。

$$\left. \begin{array}{l} \delta_{11t}=\delta_{11}(1+\rho\varphi) \\ \Delta_{1pt}=\Delta_{1p}\varphi \end{array} \right\} \tag{7-46}$$

则式（7-44）可写成力法方程式 [式（7-47）]。

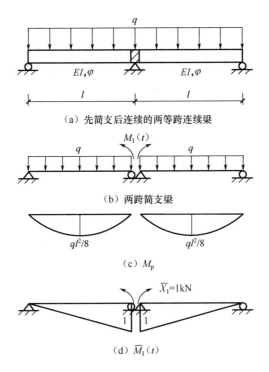

图 7.19 超静定结构徐变内力示意图

$$M_1(t)\delta_{11t} + \Delta_{1pt} = 0 \tag{7-47}$$

由式（7-46）及图 7.19 可得式（7-48）。

$$\left.\begin{array}{l} \delta_{11t} = 2\displaystyle\int_0^l \dfrac{\overline{M}_1^2 \mathrm{d}x}{EI}(1+\rho\varphi) \\ \Delta_{1pt} = 2\displaystyle\int_0^l \dfrac{\overline{M}_1 M_p}{EI}\mathrm{d}x \times \varphi \end{array}\right\} \tag{7-48}$$

引入两个换算弹性模量 $E_{\rho\varphi}$、$E_\varphi$，见式（7-49）。

$$\left.\begin{array}{l} E_{\rho\varphi} = \dfrac{E}{1+\rho\varphi} \\ E_\varphi = \dfrac{E}{\varphi} \end{array}\right\} \tag{7-49}$$

则式（7-48）可改为式（7-50）。

$$\left.\begin{array}{l} \delta_{11t} = 2\displaystyle\int_0^l \dfrac{\overline{M}_1^2}{E_{\rho\varphi}I}\mathrm{d}x \\ \Delta_{1pt} = 2\displaystyle\int_0^l \dfrac{\overline{M}_1 M_p}{E_\varphi I}\mathrm{d}x \end{array}\right\} \tag{7-50}$$

这样，只需通过式（7-49）求得换算弹性模量，然后可按照"结构力学"中的力法计算超静定结构的徐变内力。

2) 计算步骤

采用换算弹性模量法与力法相结合，计算超静定结构在恒荷载作用下的徐变内力与徐变变形的基本步骤如下。

(1) 选取基本结构的计算图式。
(2) 按不同施工阶段计算并绘制恒荷载内力图。
(3) 在赘余力处分别施加单位徐变赘余力 $\overline{X}_i = 1\text{kN}$，得到 $\overline{M}_i$。
(4) 计算各梁段的老化系数 $\rho(t,\tau)$ 及换算弹性模量 $E_\varphi$ 和 $E_{\rho\varphi}$。
(5) 采用图乘法或积分法计算恒荷载及徐变赘余力在赘余约束处的柔度系数 $\delta$ 和荷载变位 $\Delta$，见式（7-51）。

$$\left.\begin{aligned}\delta_{iit} &= \sum\int_{l_i}\frac{\overline{M}_i^2}{E_{\rho\varphi}I}\mathrm{d}x \\ \delta_{ijt} &= \sum\int_{l_i}\frac{\overline{M}_i\overline{M}_j}{E_{\rho\varphi}I}\mathrm{d}x \\ \Delta_{ipt} &= \sum\int_{l_i}\frac{\overline{M}_i M_p}{E_\varphi I}\mathrm{d}x\end{aligned}\right\} \quad (7-51)$$

(6) 解力法方程 [式（7-52）]，求各徐变赘余力 $X_{it}$。

$$\left.\begin{aligned}\delta_{11t}X_{1t} + \delta_{12t}X_{2t} + \cdots + \Delta_{1pt} &= 0 \\ \delta_{21t}X_{1t} + \delta_{22t}X_{2t} + \cdots + \Delta_{2pt} &= 0 \\ \cdots\cdots \\ \delta_{n1t}X_{1t} + \delta_{n2t}X_{2t} + \cdots + \Delta_{npt} &= 0\end{aligned}\right\} \quad (7-52)$$

(7) 根据求得的徐变赘余力 $X_{it}$ 计算结构的徐变内力。
(8) 将各施工阶段的恒荷载内力和徐变内力结果叠加，得结构的总内力。

**例 7-2** 先简支后连续的两等跨、等截面连续梁 [图 7.20 (a)]。跨径 $l=48\text{m}$，左右两跨的徐变系数分别为 $\varphi_1(\infty,\tau)=1$，$\varphi_2(\infty,\tau)=2$。恒荷载（自重）$q=10\text{kN/m}$，$E$、$I$ 分别为材料弹性模量和截面抗弯惯性矩。试求 $t=\infty$ 时，中支点截面的总弯矩。

**解：**（1）选取两跨简支梁作为基本结构 [图 7.20 (b)]。因采用先简支后连续法施工，在恒荷载作用下中支点截面的弯矩为零，徐变弯矩为 $M_1(t)$。

(2) 绘出 $M_p$ 图、$\overline{M}_1$ 图 [图 7.20 (c)、(d)]。

(3) 计算老化系数和换算弹性模量。

$$\rho_1(\infty,\tau) = \frac{1}{1-\mathrm{e}^{-\varphi_1}} - \frac{1}{\varphi_1} = \frac{1}{1-\mathrm{e}^{-1}} - \frac{1}{1} \approx 0.582$$

$$\rho_2(\infty,\tau) = \frac{1}{1-\mathrm{e}^{-\varphi_2}} - \frac{1}{\varphi_2} = \frac{1}{1-\mathrm{e}^{-2}} - \frac{1}{2} \approx 0.657$$

$$E_{\varphi 1} = \frac{E}{\varphi_1} = E$$

$$E_{\varphi 2} = \frac{E}{\varphi_2} = \frac{E}{2} = 0.5E$$

# 第7章 连续梁桥与刚构桥的计算

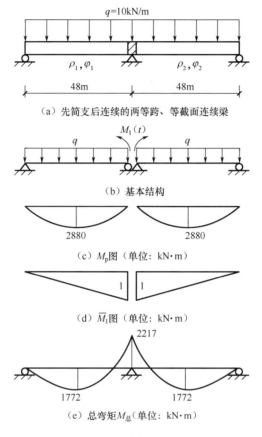

图 7.20 例 7-2 图

$$E_{\rho\varphi 1}=\frac{E}{1+\rho_1\varphi_1}=\frac{E}{1+0.582\times 1}\approx 0.632E$$

$$E_{\rho\varphi 2}=\frac{E}{1+\rho_2\varphi_2}=\frac{E}{1+0.657\times 2}\approx 0.432E$$

(4) 计算柔度系数 $\delta_{11t}$ 和荷载变位 $\Delta_{1pt}$。

$$\delta_{11t}=\frac{1}{E_{\rho\varphi 1}I}\left[\frac{1}{2}\times 1\times 48\times \frac{2}{3}\right]+\frac{1}{E_{\rho\varphi 2}I}\left[\frac{1}{2}\times 1\times 48\times \frac{2}{3}\right]\approx \frac{62.35}{EI}$$

$$\Delta_{1pt}=\frac{1}{E_{\varphi 1}I}\left[\frac{2}{3}\times 48\times 2880\times \frac{1}{2}\right]+\frac{1}{E_{\varphi 2}I}\left[\frac{2}{3}\times 48\times 2880\times \frac{1}{2}\right]\approx \frac{138240}{EI}$$

(5) 解力法方程 $\delta_{11t}M_1(t)+\Delta_{1pt}=0$,得

$$M_1(t)=-\Delta_{1pt}/\delta_{11t}=-138240/62.35\approx -2217(\text{kN}\cdot\text{m})$$

(6) 总弯矩 $M_\text{总}=M_p+M_1(t)\overline{M}_1$。

$M_\text{总}$ 如图 7.20(e)所示,可知徐变后,中支点截面产生较大负弯矩;跨中截面正弯矩减小了,相当于卸载了。

## 7.6 混凝土收缩内力计算

### 7.6.1 收缩应变

混凝土收缩是材料本身的特性，严格来讲混凝土构件的收缩产生在空间三个方向，但桥梁一般为杆系结构，主要考虑沿杆件轴线方向的收缩。一般用收缩应变 $\varepsilon_s(t)$ 来表示收缩变化，它与时间、混凝土强度等级、环境湿度、水泥种类及构件尺寸等有关。

### 7.6.2 收缩变形

简支梁、连续梁可自由收缩，因此收缩仅使结构发生变形，但不产生内力。收缩变形 $\Delta_s$（图 7.21）等于收缩应变 $\varepsilon_s$ 与杆长 $l$ 的乘积，见式（7-53）。

$$\Delta_s = \varepsilon_s l \tag{7-53}$$

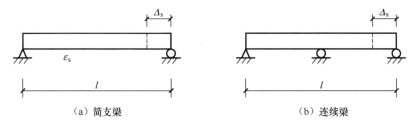

图 7.21 简支梁与连续梁的收缩变形

### 7.6.3 收缩内力计算

对于连续刚构桥等超静定结构，混凝土收缩不仅产生收缩变形，还将在结构中产生收缩内力。现用力法求解超静定结构收缩内力。

图 7.22（a）所示为单跨固端梁，在计算时刻 $t$ 收缩应变为 $\varepsilon_s$，其基本结构如图 7.22（b）所示，由于只发生轴线方向的收缩变形 $\Delta_s$，故徐变赘余力只有轴力 $N_1$［图 7.22（c）］，力法方程为（假定轴力 $N_1$ 受压为正）式（7-54）。

$$\delta_{11} N_1 + \Delta_s = 0 \tag{7-54}$$

将式（7-55）、式（7-56），代入式（7-54），得（7-57）。

$$\delta_{11} = \int_0^l \frac{\overline{N_1^2}}{EA} dx = \frac{l}{EA} \tag{7-55}$$

$$\Delta_s = \varepsilon_s l \tag{7-56}$$

$$N_1 = -\Delta_s/\delta_{11} = -EA\varepsilon_s \text{（受拉）} \tag{7-57}$$

由此可知，收缩使单跨固端梁产生拉力。

对于连续刚构桥（图 7.23），用力法求解收缩内力的基本步骤如下。

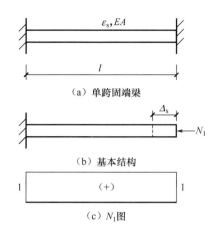

图 7.22 单跨固端梁收缩内力计算图式

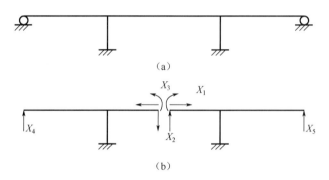

图 7.23 连续刚构桥收缩内力计算图式

(1) 选取基本结构,确定徐变赘余力 $X_1, X_2, \cdots, X_n$。

(2) 在徐变赘余力处分别施加各单位徐变赘余力 $\overline{X}_i = 1$,得到 $\overline{M}_i$、$\overline{N}_i$、$\overline{Q}_i$。

(3) 计算收缩在各赘余力约束处的柔度系数和产生的荷载变位 [式 (7-58)]。

$$\left.\begin{aligned}\delta_{ii} &= \sum \int_{l_i} \frac{\overline{M}_i^2}{EI} \mathrm{d}x \\ \delta_{ij} &= \sum \int_{l_i} \frac{\overline{M}_i \overline{M}_j}{EI} \mathrm{d}x \\ \Delta_{is} &= \sum \int_{l_i} \overline{N}_i \varepsilon_s \mathrm{d}x\end{aligned}\right\} \quad (7-58)$$

(4) 解力法方程组 [式 (7-59)],求各徐变赘余力 $X_i$。

$$\left.\begin{aligned}\delta_{11}X_1 + \delta_{12}X_2 + \cdots + \Delta_{1s} &= 0 \\ \delta_{21}X_1 + \delta_{22}X_2 + \cdots + \Delta_{2s} &= 0 \\ &\cdots\cdots \\ \delta_{n1}X_1 + \delta_{n2}X_2 + \cdots + \Delta_{ns} &= 0\end{aligned}\right\} \quad (7-59)$$

(5) 求收缩内力。

对于基本结构，收缩变形不产生内力，故超静定结构收缩内力计算为式（7-60）。

$$\left.\begin{array}{c}M=\overline{M}_i X_i\\ N=\overline{N}_i X_i\\ Q=\overline{Q}_i X_i\end{array}\right\} \qquad (7-60)$$

**例 7-3** 某三跨等截面连续刚构桥，在边跨合龙后、中跨尚未合龙时，梁、墩均发生相同的收缩应变 $\varepsilon_s$。梁的抗弯刚度为 $EI_1$，墩的抗弯刚度为 $EI_2$，墩高 $h$（图 7.24）。试求此时收缩引起的边支座反力。

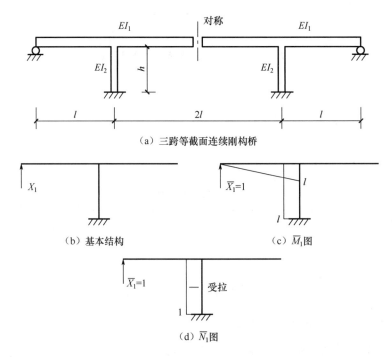

图 7.24 例 7-3 图

**解**：计算步骤如下。

(1) 因结构对称，可取图 7.24 (b) 所示的基本结构分析，徐变赘余力为 $X_1$。

(2) 计算收缩在赘余力 $X_1$ 约束处的柔度系数和荷载变位。

$$\delta_{11}=\frac{1}{EI_1}\left[\frac{1}{2}\times l\times l\times \frac{2}{3}\times l\right]+\frac{1}{EI_2}[h\times l\times l]=\frac{l^3}{3EI_1}+\frac{hl^2}{EI_2}$$

$$\Delta_{1s}=\sum\int_{l_i}\overline{N}_i\varepsilon_s \mathrm{d}x=-1\times \varepsilon_s\times h=-\varepsilon_s h$$

(3) 解力法方程 $\delta_{11}X_1+\Delta_{1s}=0$，得

$$X_1=-\frac{\Delta_{1s}}{\delta_{11}}=\varepsilon_s h\bigg/\left(\frac{l^3}{3EI_1}+\frac{hl^2}{EI_2}\right)$$

所求 $X_1$ 为正，表示收缩引起的边支座反力与假定方向相同（受压）。

## 7.7 基础沉降内力计算

如图 7.25 所示的三跨连续梁桥，当中墩基础分别产生不等的地基沉降 $\Delta_{1\Delta}$ 和 $\Delta_{2\Delta}$ 时，可取图 7.25（b）所示基本结构，其力法方程为式（7-61）。

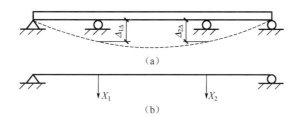

**图.25** 三跨连续梁桥因中墩基础而产生的沉降的计算图式

$$\left.\begin{array}{l}\delta_{11}X_1+\delta_{12}X_2+\Delta_{1\Delta}=0\\ \delta_{21}X_1+\delta_{22}X_2+\Delta_{2\Delta}=0\end{array}\right\} \tag{7-61}$$

一般来讲，连续梁桥与刚构桥的桥墩应支承在坚硬的岩石上（使用桩基础等方案）。但有时，因覆盖层太厚，对于非支承在坚硬岩石地基上的桥墩，需要考虑基础沉降引起的结构内力。考虑到大跨连续梁桥与刚构桥一般采用悬臂法施工，且恒荷载占的比例较大，基础沉降大部分在施工阶段完成，因此基础沉降的内力计算主要考虑后期的沉降影响。有关基础沉降要求如下。

（1）墩台均匀总沉降为 $2.0\sqrt{l}$（取 cm 值，不包括施工中的沉降）。其中，$l$ 为相邻墩台间最小跨径，以 m 计。$l<25$m 时仍按 25m 计算。

（2）相邻墩台均匀总沉降为 $1.0\sqrt{l}$（取 cm 值，不包括施工中的沉降）。

## 7.8 箱 梁 验 算

### 7.8.1 混凝土箱梁的承载力验算

预应力混凝土箱梁和钢筋混凝土箱梁属于受弯构件，其持久状况设计应按承载能力极限状态的要求，进行承载力验算，桥涵构件的承载能力极限状态计算见式（7-62）、式（7-63）。

$$\gamma_0 S \leqslant R \tag{7-62}$$

$$R = R(f_d, a_d) \tag{7-63}$$

式中：$\gamma_0$——结构重要性系数，按桥涵结构设计安全等级，一级、二级、三级分别取 1.1、1.0、0.9；

$S$——作用组合效应设计值（其中汽车荷载应计入冲击作用），按作用基本组合计算；

$R$——构件承载力设计值（函数）；

$f_d$、$a_d$——构件的材料强度设计值、几何参数设计值。

对于直线箱梁，一般需进行正截面抗弯承载力、斜截面抗剪承载力计算；对于曲线箱梁，需进行正截面抗弯承载力、斜截面抗剪承载力及构件抗扭承载力计算。还需对横梁、支座部位、预应力梁端锚固区及箱梁中间齿块锚固区等进行局部承载力验算。

要合理选取验算抗弯承载力、抗剪承载力及抗扭承载力的控制截面。验算斜截面抗剪承载力时，其计算位置应按下列规定采用。

(1) 简支梁和连续梁的近边支点梁段：①距支座中心 $h/2$ 处截面（$h$ 为梁高）；②受拉区弯起钢筋弯起点处截面；③锚于受拉区的纵向钢筋开始不受力处截面；④箍筋数量或间距改变处截面；⑤构件腹板宽度变化处截面。

(2) 连续梁和悬臂梁的近中间支点梁段：①支点横梁边缘处截面；②梁高突变处截面；③参照简支梁的要求，需进行验算的截面。

承载力验算的具体方法，可按照"混凝土结构设计原理"中的方法及《公路钢筋混凝土及预应力混凝土桥涵设计规范》(JTG 3362—2018) 要求。

### 7.8.2　抗裂验算

预应力混凝土受弯构件应按下列规定进行正截面抗裂验算和斜截面抗裂验算［式 (7-64)～式 (7-71)］。

1) 正截面混凝土拉应力验算

(1) 全预应力混凝土构件。

预制构件：
$$\sigma_{st} - 0.85\sigma_{pc} \leqslant 0 \tag{7-64}$$

分段浇筑或砂浆接缝的纵向分块构件：
$$\sigma_{st} - 0.80\sigma_{pc} \leqslant 0 \tag{7-65}$$

(2) A 类预应力混凝土构件。
$$\sigma_{st} - \sigma_{pc} \leqslant 0.7 f_{tk} \tag{7-66}$$
$$\sigma_{lt} - \sigma_{pc} \leqslant 0 \tag{7-67}$$

(3) B 类预应力混凝土构件，在结构自重作用下控制截面受拉边缘不得出现拉应力。

2) 斜截面混凝土主拉应力验算

(1) 全预应力混凝土构件。

预制构件：
$$\sigma_{tp} \leqslant 0.6 f_{tk} \tag{7-68}$$

现场浇筑（包括预制拼装）构件：
$$\sigma_{tp} \leqslant 0.4 f_{tk} \tag{7-69}$$

(2) A 类和 B 类预应力混凝土构件。

预制构件：
$$\sigma_{tp} \leqslant 0.7 f_{tk} \tag{7-70}$$

现场浇筑（包括预制拼装）构件：$\sigma_{tp} \leqslant 0.5 f_{tk}$ (7-71)

式中：$\sigma_{st}$——作用频遇组合下，验算截面边缘混凝土的法向拉应力，按式 (7-72) 计算；

$\sigma_{lt}$——作用永久组合下，验算截面边缘混凝土的法向拉应力，按式 (7-73) 计算；

$\sigma_{pc}$——扣除全部预应力损失后,预加力在验算截面边缘产生的混凝土预压应力;

$\sigma_{tp}$——由作用频遇组合和预应力产生的混凝土主拉应力;

$f_{tk}$——混凝土抗拉强度标准值。

受弯构件的抗裂验算截面边缘混凝土法向拉应力按式(7-72)、式(7-73)计算。

$$\sigma_{st} = M_s/W_0 \qquad (7-72)$$

$$\sigma_{lt} = M_l/W_0 \qquad (7-73)$$

式中:$M_s$——按作用频遇组合计算的弯矩值;

$M_l$——结构自重和直接施加于结构上的汽车荷载、人群荷载、风荷载按作用准永久组合计算的弯矩值;

$W_0$——换算截面的弹性抵抗矩。

## 7.8.3 挠度与预拱度计算

混凝土梁桥的挠度计算一般可采用有限单元法,其特点如下。

(1) 需根据不同的施工方法,按施工过程来计算结构恒荷载长期挠度,因为在施工过程中不同的施工阶段,结构体系及作用在结构上的荷载均可能发生变化。

(2) 一般需考虑的荷载因素有①结构自重;②施工荷载;③预加力;④混凝土收缩与徐变作用。

(3) 连续梁桥与刚构桥活荷载主要考虑汽车荷载与人群荷载。

连续箱梁的挠度限值要求(刚度验算)与简支梁相同,见本书6.4.1节。

为了控制施工完成后成桥状态的几何线形,确保桥面标高平顺、满足设计和规范要求,对于连续梁桥及刚构桥等大跨径桥梁,在施工过程中必须设置预拱度,以抵消施工中结构本身及挂篮或支架产生的变形。各种不同的施工方法,梁底立模标高的计算见式(7-74)。

$$H_{1i} = H_{0i} + f_{1i} + f_{2i} \qquad (7-74)$$

式中:$H_{1i}$——$i$节段某具体截面的底板立模标高(对于悬臂施工法,一般为梁段前端截面);

$H_{0i}$——$i$节段梁底设计标高;

$f_{1i}$——$i$节段恒荷载长期挠度与1/2活荷载频遇组合挠度的总和;

$f_{2i}$——$i$节段结构自重作用下的挂篮挠度或支架变形,由试验和分析确定(对于悬臂浇筑法施工的桥梁,表示挂篮挠度;逐孔支架现浇施工的桥梁,则为支架变形;对于顶推法施工的桥梁,则为梁段预制台座的变形)。

式(7-74)中的$f_{1i}$与$f_{2i}$两项之和称为大跨径桥梁的预拱度。

# 本 章 小 结

本章主要介绍了混凝土梁桥的结构作用效应计算,主要内容包括结构计算的一般规定及恒荷载、活荷载、预应力、混凝土徐变收缩、基础沉降的内力与变形计算。

大跨混凝土梁桥结构作用效应一般采用弹性理论模型和杆系有限元模型计算;对于

弯、宽、斜交箱梁桥等复杂结构则一般需采用实体有限元模型、实用精细化有限元模型计算。混凝土梁桥的作用效应计算一般需要考虑施工过程,按施工阶段计算结果累加获得成桥状态内力,采用不同的施工方法,结构恒荷载内力不同。连续梁桥荷载横向分布系数计算,采用的是等代简支梁法,工程上为了简化和偏安全,将箱梁整体截面按荷载增大系数来考虑荷载横向分布系数。

超静定结构预应力内力计算可采用等效荷载法,基于预加力产生的结构内力与等效荷载产生的内力相等,来求预加力的等效荷载。吻合束的线形是按实际荷载下弯矩图的线形作为束曲线的线形,则此时预加力产生的总弯矩 $M_总$、初预矩 $M_0$ 及实际荷载下的弯矩 $M_q$ 三者相等,预加力产生的次力矩 $M_次=0$。

混凝土收缩、徐变仅使静定结构产生变形,不产生内力。超静定结构由于存在多余约束,当发生收缩、徐变变形时,结构将产生收缩徐变内力,收缩徐变属于非线性问题。基础沉降是连续梁桥设计必须考虑的因素,可按力法或有限元法来计算。

对于混凝土连续梁桥及刚构桥,为确保桥面标高平顺并满足规范要求,在施工过程中必须设置预拱度,以抵消施工中结构本身及挂篮或支架产生的变形。预拱度主要是根据桥梁结构挠度和施工挂篮或支架的变形来确定的。

# 习 题

7-1 简述应力扰动区的概念,其作用效应一般需采用什么模型来计算?

7-2 两跨等截面梁,预应力索采用折线形布置(图7.26)。预加力 $N_y=1200$kN,试求跨中支点 $B$ 截面预加力产生的总弯矩和次弯矩。

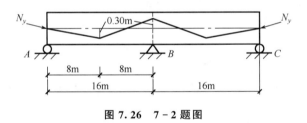

图 7.26 7-2 题图

7-3 大跨连续梁桥及刚构桥结构的自重内力,为什么要按施工阶段来分析?并举例说明。

7-4 简述等代简支梁法计算连续梁桥的荷载横向分布系数的基本原理和步骤。

7-5 简述荷载增大系数的概念。

7-6 简述等效荷载法计算预应力的基本原理和步骤。

7-7 简述徐变变形、徐变系数、徐变内力及内力重分布的基本概念。

7-8 简述换算弹性模量法计算徐变内力的基本步骤。

7-9 施工过程中,确定梁段立模标高时一般需考虑哪些因素?

# 第8章 梁桥的支座

## 教学目标

本章主要介绍了梁桥常用支座的类型和构造，支座的布置及板式橡胶支座的计算。通过本章学习，学生应达到以下目标。

(1) 掌握常用支座的类型和构造。
(2) 掌握支座的布置。
(3) 熟悉支座的计算。

## 教学要求

| 知识要点 | 能力要求 | 相关知识 |
| --- | --- | --- |
| 常用支座的类型和构造 | (1) 掌握板式橡胶支座的构造；<br>(2) 掌握盆式橡胶支座的构造；<br>(3) 掌握其他类型支座的构造 | (1) 支座作用；<br>(2) 板式橡胶支座；<br>(3) 盆式橡胶支座；<br>(4) 其他类型支座 |
| 支座的布置 | (1) 掌握支座布置的要求；<br>(2) 掌握支座在纵桥向、横桥向的常用布置方式 | (1) 支座的布置原则；<br>(2) 支座的布置方式 |
| 支座的计算 | (1) 熟悉支座上所承受的力；<br>(2) 熟悉板式橡胶支座的设计计算所包括的内容；<br>(3) 熟悉板式橡胶支座的尺寸确定与验算方法 | (1) 支座反力；<br>(2) 支座平面尺寸的确定；<br>(3) 支座的验算 |

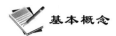

**基本概念**

橡胶支座；球形钢支座；拉压支座；抗震支座；支座反力；支座剪切变形；抗滑稳定性。

支座是桥梁的重要构件之一，支座选用不当或设计不合理，往往使得桥梁上部结构或下部结构破坏，如某现浇7跨50m预应力混凝土连续箱梁，采用移动支架施工，第一联跨落梁时，箱梁在活动盆式支座上出现滑移，1h后最大横向滑移达46cm。原因为支座设计不恰当和支座布置不合理，导致落架时支座上产生水平推力，使梁体在支座上发生滑移。因此，掌握常用支座的构造和活动机理，合理地设计和布置支座是非常重要的。

支座布置在桥梁的上部结构与墩台之间，其主要作用如下。

（1）将上部结构的支承反力（包括结构自重和可变作用引起的竖向压力和水平推力）传递到墩台。

（2）保证结构在汽车荷载、温度变化、混凝土收缩和徐变等因素作用下能自由变形，以使上部结构、下部结构的实际受力情况符合结构的静力图式（图8.1）。

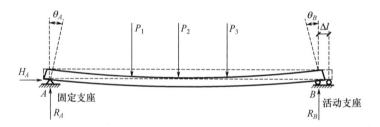

图8.1　结构的静力图式

梁桥的支座一般分为固定支座和活动支座两种。固定支座既要固定主梁在墩台上的位置并传递竖向压力和水平推力，又要保证主梁发生挠曲时在支撑处能自由转动，如图8.1左端所示。活动支座只传递竖向压力，但要保证主梁在支撑处既能自由转动又能水平移动，如图8.1右端所示。

## 8.1　常用支座的类型和构造

由于桥梁跨径、支座反力、支座允许转动与位移，选用的支座材料，支座是否满足防震、减震要求的不同，因此支座有许多类型。本节我们将主要介绍橡胶支座、球形钢支座、拉压支座、抗震支座等现在常用的支座类型。

### 8.1.1　橡胶支座

橡胶支座具有构造简单、加工方便、造价低、结构高度小、安装方便和使用性能良好的优点。此外，它能方便地适应任意方向的变形，故特别适应于宽桥、曲线桥和斜桥。橡胶的弹性还能削减上部结构、下部结构所受的动力作用，对于抗震十分有利。橡胶支座已经得到越来越广泛的使用。

橡胶支座一般可分为板式橡胶支座、聚四氟乙烯滑板式橡胶支座、球冠圆板式橡胶支座和盆式橡胶支座四类。

1. 板式橡胶支座

板式橡胶支座由几层橡胶片和薄钢板叠合而成，如图 8.2 所示。它的活动机理是利用橡胶的不均匀弹性压缩实现转角 $\theta$，利用其剪切变形实现微量水平位移 $\Delta$。

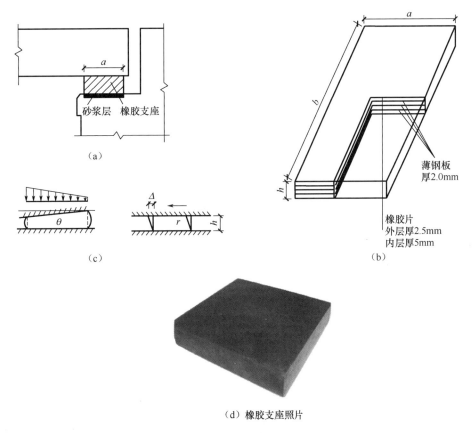

图 8.2 板式橡胶支座

桥梁支座成品的物理力学性能应满足表 8-1 的要求。

板式橡胶支座一般不分固定支座和活动支座，这样能将水平力均匀地传递给各个支座且便于施工，如有必要设置固定支座，可采用不同厚度的橡胶支座来实现。目前我国生产的板式橡胶支座的竖向承载力为 100~10000kN。

橡胶支座应根据地区气温条件选用，气温为 $-25 \sim +60℃$ 的地区可选用氯丁橡胶支座；气温为 $-40 \sim +60℃$ 的地区可选用三元乙丙橡胶支座或天然橡胶支座。

表 8-1　桥梁支座成品的物理力学性能

| 项目 | 指标 | 项目 | 指标 |
| --- | --- | --- | --- |
| 极限抗压强度/MPa | ≥70 | 橡胶片允许剪切角的正切值 | 不计制动力≤0.5；计制动力≤0.7 |
| 抗压弹性模量 $E_e$/MPa | $5.4G_eS^2$ | 支座与混凝土的摩擦系数 $\mu$ | ≥0.3 |
| 常温下的抗剪弹性模量 $G_e$/MPa | 1.0 | 支座与钢板的摩擦系数 $\mu$ | ≥0.2 |

注：表中形状系数 $S=\dfrac{ab}{2(a+b)\delta_1}$，其中 $\delta_1$ 为中间层橡胶片厚度，$a$ 为支座短边尺寸（顺桥向），$b$ 为支座长边尺寸（横桥向）。

矩形板式橡胶支座的平面尺寸目前常用的有 0.12m×0.14m、0.14m×0.18m、0.15m×0.20m 等。一般，橡胶片的厚度为 5mm，薄钢板的厚度为 2mm，支座厚度可根据橡胶支座的剪切位移而采用不同层数组合，一般从 14mm（两层钢板）开始，以 7mm 为一个台阶递增。

对于斜桥或圆形柱墩的桥梁可采用圆形板式橡胶支座。

安装橡胶支座时，支座中心尽可能对准上部结构的计算支点。为防止支座受力不均匀，应使上部结构底面及墩台顶面不仅保持表面清洁和粗糙，而且都能与支座接触面保持水平并紧密贴合，以增加接触面的摩阻力而避免相对滑动，必要时可先铺一薄层水灰比不大于 0.5 的 1∶3 水泥砂浆垫层。

2. 聚四氟乙烯滑板式橡胶支座

聚四氟乙烯滑板式橡胶支座（图 8.3）是按照支座平面尺寸大小，在普通板式橡胶支座上黏附一层聚四氟乙烯板（厚 2～4mm）。它除具有普通板式橡胶支座的优点外，还能利用聚四氟乙烯板与梁底不锈钢板之间的低摩擦系数（通常 $\mu=0.06$），使得桥梁上部结构的水平位移不受限制。

图 8.3　聚四氟乙烯滑板式橡胶支座

聚四氟乙烯滑板式橡胶支座适用于较大跨径的简支梁桥、桥面连续的梁桥和连续梁桥；此外，还可用作连续梁顶推法施工的滑块。

3. 球冠圆板式橡胶支座

球冠圆板式橡胶支座是一种改进后的圆形板式支座，其中间层橡胶和薄钢板布置与圆形板式橡胶支座完全相同，而在支座顶面用纯橡胶制成球形表面，球面中心橡胶最大厚度为 4～10mm（图 8.4）。

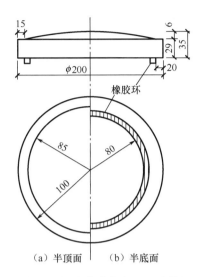

图 8.4 球冠圆板式橡胶支座（尺寸单位：mm）

球冠圆板式橡胶支座的特点是在平面上各向同性，以球冠调节受力，可明显改善或避免支座底面产生偏压、脱空等不良现象，特别适用于纵、横坡度较大（3%～5%）的立交桥及高架桥。但公路桥涵在纵、横坡度较大时，不宜使用球冠圆板式橡胶支座。

4. 盆式橡胶支座

当竖向压力较大时则应使用盆式橡胶支座（图 8.5）。它由不锈钢板、聚四氟乙烯板、盆环、氯丁橡胶板、密封圈、盆塞及氯丁橡胶防水圈等组成。它是利用设置在钢盆环中的橡胶板达到对上部结构承压和转动的功能，利用聚四氟乙烯板和不锈钢板之间的平面滑动来适应桥梁的水平位移要求。

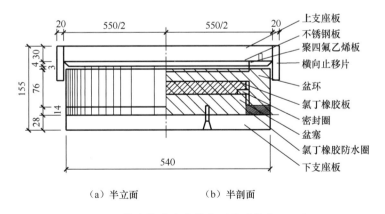

图 8.5 盆式橡胶支座构造（尺寸单位：cm）

盆式橡胶支座按其工作特征可以分为固定支座、多向活动支座和单向活动支座三种。与板式橡胶支座相比，盆式橡胶支座具有承载能力大、水平位移量大、转动灵活等优点，因此特别适宜在大跨径桥梁上使用。

我国目前生产的盆式橡胶支座竖向承载力为1000～50000kN，有效水平位移量从±40mm至±250mm，支座的容许转角为40°，设计摩擦系数为0.05。

### 8.1.2 球形钢支座

为了适应多向转动且转动量大的情况，可选择使用球形钢支座（图8.6）。它具有受力均匀、转动量大（设计转角可达0.05rad以上）且各向转动性能一致等优点，特别适用于曲线桥和宽桥。由于球形钢支座不再使用橡胶承压，不存在橡胶变硬或老化等不良影响，因此特别适用于低温地区。

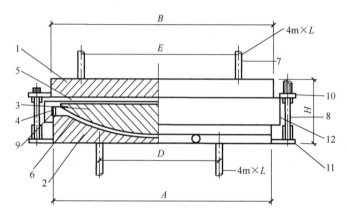

注：1—上支座板；2—下支座凹板；3—钢衬板；4—钢挡圈；5—平面聚四氟乙烯板；
6—球面聚四氟乙烯板；7—锚固螺栓；8—连接螺栓；9—橡胶防尘条；
10—上支座连接板；11—下支座连接板；12—防尘板。

图8.6 球形钢支座构造

球形钢支座有固定支座、单向活动支座和多向活动支座之分。活动支座主要由下支座凹板、中间球形钢衬板、上支座板、不锈钢位移板、聚四氟乙烯板（平面和球面各一块，简称四氟板）及橡胶密封圈和防尘板等部件组成。

目前，球形钢支座已在连续连桥及斜拉桥中获得广泛应用。

### 8.1.3 拉压支座

在连续梁桥、悬臂梁桥、斜桥、宽悬臂翼缘箱梁桥及小半径曲线桥的某些会出现拉力的支点处，必须设置拉压支座，以便抗拉且承受相应的转动和水平位移。

球形支座、盆式橡胶支座和板式橡胶支座都能变更功能作为拉压支座。板式橡胶拉压支座（图8.7）适用于支座反拉力较小的桥梁。对于支座反力较大的桥梁，则用球形抗压钢支座或盆式拉压支座更合适。

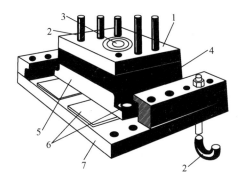

注：1—上支座板；2—锚筋；3—受拉螺栓；4—承压橡胶板；5—滑板；6—奥氏体钢；7—下支座板。

图 8.7　板式橡胶拉压支座

## 8.1.4　抗震支座

地震地区的桥梁应使用具有抗震和减震功能的支座。减隔震支座的作用是尽可能地将结构或部件与可能引起破坏的地震地面运动分离开来，以大大减小传递到上部结构的地震力和能量。目前国内主要的减隔震支座、抗震支座的类型有抗震球形钢支座（图 8.8）、铅芯橡胶支座和高阻尼橡胶支座等。

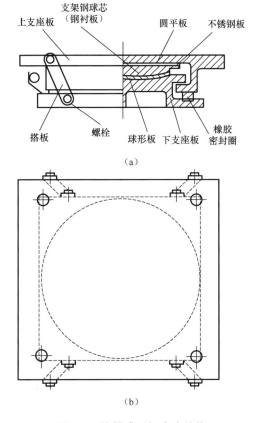

图 8.8　抗震球形钢支座结构

## 8.2 支座布置

1. 支座布置的要求

支座的布置,应以有利于墩台传递竖向力和水平力、有利于梁体的自由变形为原则。支座布置应满足下列要求。

(1) 支座应具有将上部结构承受的结构自重、汽车荷载等竖向作用有效传递到下部结构的能力,且保证风荷载、地震作用及温度作用等水平荷载作用下上部结构的安全。

(2) 支座类型及规格应根据上部结构和下部结构的形式、支座反力及水平力设计值、支座处梁的位移量确定。

(3) 在梁的单个支承点上,纵桥向不宜设置双支座;当在横桥向采用多于两个支座时,应考虑部分支座脱空带来的不利影响。

(4) 梁底面、墩帽(盖梁)顶面应采取调平措施,使支座保持水平。

(5) 活动支座处应设置可靠的限位构造,单向受压支座处宜设置防脱空的构造。

(6) 墩台构造应满足支座的检查、养护、更换要求,在墩帽顶面与主梁梁底面处预留支座更换所需空间。

2. 支座布置的方式

根据梁桥的结构体系及桥宽情况,支座在纵桥向、横桥向的布置方式主要有以下几种。

(1) 对于坡桥,宜将固定支座布置在标高低的墩台上。同时,为了避免整个桥跨下滑,一般应使支座保持水平,通常在设置支座的梁底面,增设局部的楔形垫块(图8.9)。

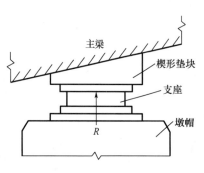

图 8.9 坡桥楔形垫块

(2) 对于简支梁桥,每跨宜布置一个(组)固定支座,一个(组)活动支座;对于多跨简支梁桥,一般把固定支座布置在桥台上,每个桥墩上布置一个(组)活动支座与一个(组)固定支座。若个别桥墩较高,也可在高墩上布置两个(组)活动支座。图8.10(a)所示为地震区单跨简支梁桥支座常用布置,也称浮动支座布置;图8.10(b)所示为整体简支板桥或箱梁桥常用支座布置。

(3) 对于连续梁桥及桥面连续的简支梁桥,一般在每联设置一个固定支座,并宜将固定支座设置在靠近温度中心,以使全梁的纵向变形分散在梁的两端,其余墩台上均设置活动支座。在设置固定支座的桥墩上,一般采用一个固定支座,其余为横桥向的单向活动支座;在设置活动支座的所有桥墩(台)上,一般沿设置固定支座的一侧,均布置顺桥向的单向活动支座,其余均为双向活动支座。图8.11所示为连续结构支座布置。

(4) 对于悬臂梁桥,锚固孔一侧布置固定支座,另一侧布置活动支座;挂孔支座布置与简支梁桥相同。

第8章 梁桥的支座

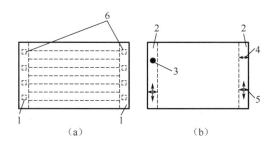

注：1、2—桥台；3—固定支座；4—单向活动支座；5—多向活动支座；6—橡胶支座。

图 8.10 单跨简支梁桥支座常用布置

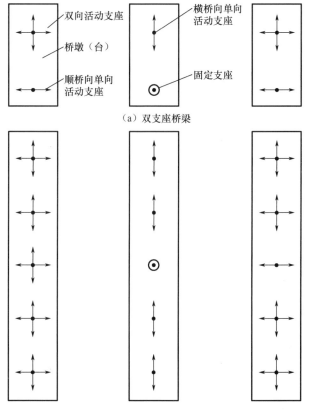

（c）支座安装在桥墩上的照片

图 8.11 连续结构支座布置

## 8.3 支座计算

### 8.3.1 支座反力与梁的相对位移

在进行支座尺寸的选定和稳定性验算时,必须先求得每个支座上所承受的竖向力、水平力和支座处梁的相对位移。

1. 竖向力

支座竖向反力设计值 $R_{ck}$ 应按竖向荷载(汽车荷载应计入冲击系数)标准值进行组合计算。竖向荷载有结构自重、汽车荷载及冲击影响力等。在可能出现拉力的支点,应分别计算支座的最大竖向力和最大上拔力;对于上部结构可能被风力掀离的桥梁,应计算其支座锚栓及有关部件的支撑力。

2. 水平力

支座水平力设计值,应按水平向作用的标准值进行组合计算。

正交直线桥梁的支座,一般仅需计算纵向水平力。支座上的纵向水平力,包括由于汽车荷载的制动力、风力、支座摩擦力或温度变化、支座变形等引起的水平力,以及桥梁纵坡等产生的水平力。

斜桥支座和弯桥支座需要计算纵向水平力及由于汽车荷载的离心力或风力所产生的横向水平力。

3. 支座处梁的相对位移

在计算支座处梁的相对位移时,应考虑以下因素。
(1) 温度变化、汽车制动力等引起的位移。
(2) 梁挠曲引起的位移。
(3) 施加预应力引起的主梁位移。
(4) 混凝土收缩徐变引起的位移。
(5) 地震等偶然作用引起的位移。

### 8.3.2 板式橡胶支座的设计计算

板式橡胶支座的设计计算包括确定有效承压面积、橡胶层总厚度、加劲钢板厚度等板式橡胶支座的设计尺寸,验算支座的受压偏转情况(平均压缩变形)及抗滑稳定性等。

1. 有效承压面积

板式橡胶支座的有效承压面积由抗压强度控制,即按式(8-1)计算。

$$A_e \geqslant \frac{R_{ck}}{\sigma_c} \tag{8-1}$$

式中：$A_e$——支座的有效承压面积（承压加劲钢板面积）；

$R_{ck}$——支座的竖向反力设计值，汽车荷载应计入冲击系数；

$\sigma_c$——使用阶段支座平均压应力限值，按《公路桥梁板式橡胶支座》(JT/T4—2019)取用。

2. 橡胶层总厚度

支座的橡胶层总厚度须满足剪切变形和受压稳定的要求。

（1）剪切变形验算。

板式橡胶支座的重要特点是梁的水平位移要通过全部橡胶片的剪切变形来实现（图 8.12）。显然，橡胶层的总厚度 $t_e$ 与梁体水平位移 $\Delta$ 之间应满足式（8-2）。

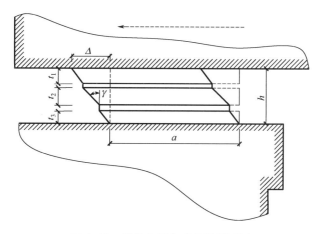

**图 8.12  梁的水平位移的计算图示**

$$\tan\gamma = \frac{\Delta}{t_e} \leqslant [\tan\gamma] \tag{8-2}$$

式中：$t_e$——橡胶层的总厚度；

[$\tan\gamma$]——橡胶片的允许剪切角正切值，对于硬度为 55°～60°的氯丁橡胶，当不计汽车荷载制动力作用时采用 0.5，当计汽车荷载制动力时可采用 0.7。

由此，式（8-2）可写成式（8-3）、式（8-4）。

不计汽车荷载制动力时：
$$t_e \geqslant 2\Delta_1 \tag{8-3}$$

计汽车荷载制动力时：
$$t_e \geqslant 1.43\Delta_1 \tag{8-4}$$

当板式橡胶支座在横桥向平行于墩帽或盖梁顶横坡设置时，支座橡胶层总厚度应符合式（8-5）、式（8-6）。

不计汽车荷载制动力时：
$$t_e \geqslant 2\sqrt{\Delta_1^2 + \Delta_t^2} \tag{8-5}$$

计汽车荷载制动力时：
$$t_e \geqslant 1.43\sqrt{\Delta_1^2 + \Delta_t^2} \tag{8-6}$$

式中：$\Delta_1$——支座纵向剪切变形[由上部结构温度变化、混凝土收缩徐变等作用标准值和纵向力标准值（计汽车荷载制动力标准值）产生的支座纵向剪切变形，以及支座直接设置于不大于 1% 纵坡的梁底下、在支座顶面由支座反力设计值顺纵坡方向分力产生的剪切变形之和]；

$\Delta_t$——支座横向剪切变形(支座在横桥向平行于不大于2‰的墩帽或盖梁顶横坡上设置,由支座反力设计值平行于横坡方向分力产生的剪切变形)。

(2) 受压稳定验算。

从保证支座受压稳定考虑,橡胶层总厚度应符合式(8-7)、式(8-8)。

矩形支座:
$$\frac{a}{10} \leqslant t_e \leqslant \frac{a}{5} \quad (8-7)$$

圆形支座:
$$\frac{d}{10} \leqslant t_e \leqslant \frac{d}{5} \quad (8-8)$$

式中:$a$——矩形支座短边尺寸;

$d$——圆形支座直径。

(3) 加劲钢板的厚度。

板式橡胶支座加劲钢板的厚度按式(8-9)计算,且其最小厚度不应小于2mm。

$$t_s \geqslant \frac{K_p R_{ck}(t_{es,u} + t_{es,1})}{A_e \sigma_s} \quad (8-9)$$

式中:$t_s$——支座加劲钢板厚度;

$K_p$——应力校正系数,取1.3;

$t_{es,u}, t_{es,1}$——一块加劲钢板的上下橡胶层厚度;

$\sigma_s$——加劲钢板轴向拉应力限值,可取钢材屈服强度的0.65倍。

加劲钢板与支座边缘的最小距离不应小于5mm,上、下保护层厚度不应小于2.5mm。

确定了橡胶层总厚度$t_e$,再加上加劲钢板的厚度,就可得到支座的总厚度$h$。

3. 验算支座的受压偏转情况

主梁发生挠曲变形时,梁端将产生转角$\theta$,如图8.13所示。此时支座伴随出现线性的压缩变形,梁端一侧的压缩变形量为$\delta_1$,梁体一侧的压缩变形量为$\delta_2$。为了确保支座受压偏转时,橡胶与梁底不发生脱空而出现局部承压的现象,则$\delta_1$必须满足式(8-10)的要求。

$$\delta_1 \geqslant 0 \quad (8-10)$$

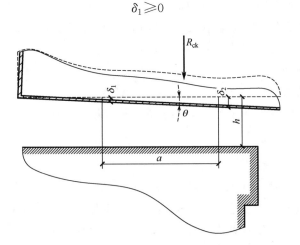

图8.13 支座偏转图式

支座竖向平均压缩变形应符合式（8-11）、式（8-12）的规定。

$$\delta_{c,m} = \frac{R_{ck}t_e}{A_e E_e} + \frac{R_{ck}t_e}{A_e E_b} \tag{8-11}$$

$$a\theta/2 \leqslant \delta_{c,m} \leqslant 0.07t_e \tag{8-12}$$

式中：$\delta_{c,m}$——支座竖向平均压缩变形（忽略薄钢板的变形）；

$E_e$——支座抗压弹性模量，见表8-1；

$E_b$——橡胶弹性体体积模量，按《公路桥梁板式橡胶支座》(JT/T4—2019)取用；

$\theta$——由上部结构挠曲在支座顶面引起的转角，以及支座直接设置于不大于1%纵坡梁底面在支座顶面引起的纵坡坡角（rad）。

4. 验算支座的抗滑稳定性

为了保证板式橡胶支座与梁底面或墩台顶面之间不发生相对滑动，要求支座与梁底面或墩台顶面间的摩阻力不小于支座的剪切力，即应满足式（8-13）、式（8-14）的条件。

不计汽车荷载制动力时：

$$\mu R_{Gk} \geqslant 1.4 G_e A_g \frac{\Delta_l}{t_e} \tag{8-13}$$

计汽车荷载制动力时：

$$\mu R_{ck} \geqslant 1.4 G_e A_g \frac{\Delta_l}{t_e} + F_{bk} \tag{8-14}$$

式中：$R_{Gk}$——由结构自重引起的支座反力；

$R_{ck}$——由结构自重标准值和0.5倍汽车荷载标准值（计入冲击系数）引起的支座反力；

$\mu$——支座与接触面的摩擦系数（橡胶与混凝土间的摩擦系数采用0.3，橡胶与钢板间的摩擦系数采用0.2）；

$G_e$——支座剪切模量（见表8-1）；

$\Delta_l$——由上部结构温度变化、混凝土收缩徐变等作用标准值引起的剪切变形和纵向力标准值产生的支座剪切变形，但不包括汽车荷载制动力引起的剪切变形；

$F_{bk}$——由汽车荷载引起的制动力标准值；

$A_g$——支座平面毛面积。

5. 聚四氟乙烯滑板式橡胶支座摩擦力验算

为了保证梁在聚四氟乙烯滑板式橡胶支座上能有效滑动，支座与梁或墩台间的摩阻力应不大于其剪切力限值，即支座的摩擦力应符合式（8-15）、式（8-16）的规定。

不计汽车荷载制动力时： $\mu_f R_{Gk} \leqslant G_e A_g \tan\alpha \tag{8-15}$

计汽车荷载制动力时： $\mu_f R_{ck} \leqslant G_e A_g \tan\alpha \tag{8-16}$

式中：$\mu_f$、$\tan\alpha$——聚四氟乙烯与不锈钢板的摩擦系数、支座剪切角正切值的限值，按《公路桥梁板式橡胶支座》(JT/T4—2019)取用；

$R_{ck}$——由结构自重和汽车荷载标准值（计入冲击系数）引起的支座反力；

$A_g$——支座平面毛面积。

采用定型生产的盆式橡胶支座、球形钢支座应分别符合《公路桥梁盆式支座》(JT/T 391—2019)、《桥梁球型支座》(GB/T 17955—2009) 的技术要求。

**例 8-1** 钢筋混凝土五片式 T 形梁桥全长为 19.96m，双向双车道，计算跨径 $l=19.5$m（图 8.14）。主梁采用 C40 混凝土，支座处梁肋宽度为 30cm。梁的两端采用等厚度的橡胶支座。已计算得支座反力标准值 $R_{ck}=354.12$kN，其中结构自重引起的支座反力标准值为 $R_{Gk}=162.7$kN，公路—Ⅱ级荷载引起的支座反力标准值为 183.95kN，人群荷载的标准值为 7.47kN；公路—Ⅱ级和人群荷载 $p_r=3.0$kN/m² 作用下产生的跨中挠度 $f=1.96$cm，根据当地的气象资料，主梁的计算温差 $\Delta t=36$℃。不考虑混凝土收缩徐变作用引起的主梁纵向变形，试设计板式橡胶支座。

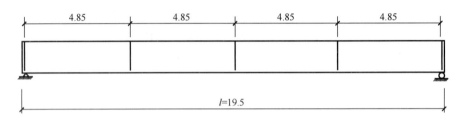

图 8.14 钢筋混凝土五片式 T 形梁桥（尺寸单位：m）

**解：**(1) 确定支座平面尺寸。

选定支座的平面面积为 $a \times b = 18 \times 20 = 360 (\text{cm}^2)$，采用中间层橡胶片厚度 $t=0.5$cm。

① 计算支座的平面形状系数 $S$。

$$S = \frac{ab}{2t(a+b)} = \frac{18 \times 20}{2 \times 0.5 \times (18+20)} \approx 9.5 > 8$$

② 计算橡胶支座的弹性模量。

由表 8-1 中的公式：$E_e = 5.4 G_e S^2 = 5.4 \times 1.0 \times 9.5^2 = 487.35 (\text{MPa})$

③ 验算橡胶支座的承压强度。

$$\sigma_c = \frac{R_{ck}}{ab} = \frac{354.12}{0.18 \times 0.20} \approx 9837 (\text{kPa}) < [\sigma_c] = 10000 \text{kPa} \text{（符合要求）}$$

(2) 确定支座的厚度。

① 温度变化引起的支座纵向剪切变形。

主梁的计算温差为 $\Delta t = 36$℃，温度变形由主梁两端的支座均摊，则每一支座的纵向剪切变形为

$$\Delta_{l1} = \frac{1}{2} \Delta_t (L+a) = \frac{1}{2} \times 10^{-5} \times 36 \times (1950+18) \approx 0.35 (\text{cm})$$

② 汽车荷载制动力引起的支座纵向剪切变形。

首先确定作用在每个支座上的汽车荷载制动力：对于 19.5m 桥跨，一个设计车道上公路—Ⅱ级车道荷载总重为：$0.75 \times [10.5 \times 19.5 + 2 \times (19.5+130)] \approx 377.8 (\text{kN})$，则其制动力标准值为 $377.8 \times 10\% \approx 37.8 (\text{kN})$，但不得小于 90kN。因此，取总制动力为 90kN，5 根梁共 10 个支座，每个支座承受的制动力标准值 $F_{bk} = \frac{90}{10} = 9 (\text{kN})$。

制动力引起的支座剪切变形：$\Delta_{12}=\dfrac{F_{bk}}{G_e ab}=\dfrac{9}{1.0\times10^{-1}\times18\times20}=0.25(\text{cm})$

③ 确定橡胶片总厚度 $t_e$。

不计汽车荷载制动力：$t_e\geqslant 2\Delta_{11}=2\times0.35=0.70(\text{cm})$

计汽车荷载制动力：$t_e\geqslant 1.43(\Delta_{11}+\Delta_{12})=1.43\times(0.35+0.25)\approx0.86(\text{cm})$

考虑受压稳定：$\dfrac{a}{10}\leqslant t_e\leqslant\dfrac{a}{5}$，$a=18\text{cm}$，则 $1.8\text{cm}\leqslant t_e\leqslant3.6\text{cm}$

选用 4 层钢板和 5 层橡胶片组成的支座，上下层橡胶片厚 0.25cm，中间层橡胶片厚 0.5cm，薄钢板厚 0.2cm，则

橡胶片总厚度：$t_e=3\times0.5+2\times0.25=2.0$（cm）（满足要求）

④ 支座总厚。
$$h=t_e+4\times0.2=2.0+0.8=2.8(\text{cm})$$

(3) 验算支座的受压偏转情况。

① 由式 (10-7) 计算支座的平均压缩变形。
$$\delta_{c,m}=\dfrac{R_{ck}t_e}{abE_e}+\dfrac{R_{ck}t_e}{abE_b}=\dfrac{354.12\times0.02}{0.18\times0.2\times487.35}+\dfrac{354.12\times0.02}{0.18\times0.2\times2000}\approx0.05(\text{cm})$$

② 计算梁端转角 $\theta$。

由关系式 $f=\dfrac{5gl^4}{384EI}$ 和 $\theta=\dfrac{gl^3}{24EI}$ 可得
$$\theta=\left(\dfrac{5l}{16}\cdot\dfrac{gl^3}{24EI}\right)\dfrac{16}{5l}=\dfrac{16f}{5l}$$

设结构自重作用下，主梁处于水平状态。已知公路—Ⅱ级荷载下的跨中挠度 $f=1.96\text{cm}$，可得 $\theta$：
$$\theta=\dfrac{16\times1.96}{5\times1950}\approx0.00322(\text{rad})$$

③ 验算偏转情况。
$$a\theta/2\leqslant\delta_{c,m}\leqslant0.07t_e$$
$$a\theta/2=18\times0.00322/2\approx0.03\,(\text{cm})$$
$$0.07t_e=0.07\times2.0=0.14\,(\text{cm})$$
$$0.03\text{cm}\leqslant\delta_{c,m}=0.05(\text{cm})\leqslant0.14(\text{cm})（满足要求）$$

(4) 验算支座的抗滑稳定性。

按式 (8-13) 和式 (8-14) 进行验算。

不计汽车荷载制动力时：
$$\mu R_{Gk}=0.3\times162.7=48.81(\text{kN})$$
$$1.4G_e A_g\dfrac{\Delta_1}{t_e}=1.4\times1.0\times10^{-1}\times360\times\dfrac{0.35}{2.0}=8.82(\text{kN})$$

48.81kN＞8.82kN，支座的抗滑稳定性满足要求。

计汽车荷载制动力时：
$$\mu R_{ck}=0.3\times(162.7+183.95/2)\approx76.4(\text{kN})$$

$$1.4G_e A_g \frac{\Delta_1}{t_e} + F_{bk} = 8.82 + 9.0 = 17.92 (\text{kN})$$

76.4kN＞17.92kN，支座的抗滑稳定性满足要求。

验算结果表明，支座不会发生相对滑动。

## 本 章 小 结

本章主要介绍了支座的作用，以及梁桥为了满足不同的受力和变形要求而采用的几种常用支座类型。本章着重介绍了目前工程上用得最为广泛的橡胶支座，包括橡胶支座的常用类型、构造。

本章还介绍了支座的几种常用布置方式与要求。

确定好支座类型后，还应对所选的支座进行设计计算。本章主要介绍了板式橡胶支座的设计计算，计算时应首先确定支座所承受的竖向力、水平力及支座处梁的相对位移等，然后进行支座的验算。

## 习 题

8-1 桥梁支座的主要作用是什么？桥梁支座主要有哪几种类型？

8-2 桥梁橡胶支座主要有哪几种？

8-3 阐述板式橡胶支座的构造。

8-4 为什么板式橡胶支座一般没有固定支座和活动支座之分？

8-5 阐述盆式橡胶支座的组成及其主要受力特点与适用场合。

8-6 试阐述简支梁桥、连续梁桥及桥面连续的简支梁桥的支座布置方式及其理由。

8-7 板式橡胶支座的设计与计算一般包括哪些主要内容？

# 第9章 拱桥构造

## 教学目标

本章主要介绍拱桥的基本概念、受力特点、类型、构造与设计等。通过本章学习,学生应达到以下目标。

(1) 掌握拱桥的主要特点。
(2) 掌握拱桥的主要组成及主要类型。
(3) 熟悉拱桥的构造与设计。

## 教学要求

| 知识要点 | 能力要求 | 相关知识 |
| --- | --- | --- |
| 拱桥的主要特点 | (1) 掌握拱桥的受力特点;<br>(2) 掌握拱桥的主要优缺点 | 水平推力 |
| 拱桥的主要组成及主要类型 | (1) 掌握拱桥的主要组成;<br>(2) 掌握拱桥的主要类型 | (1) 拱桥的上、下部结构组成;<br>(2) 简单体系拱桥、桁架拱桥、刚架拱桥、梁拱组合体系桥;<br>(3) 无推力、有推力梁拱组合体系桥;<br>(4) 板拱桥、肋拱桥、箱形拱桥、钢管混凝土拱桥、劲性骨架混凝土拱桥 |
| 拱桥的构造与设计 | (1) 熟悉拱桥的总体布置;<br>(2) 熟悉主拱构造与尺寸拟定;<br>(3) 熟悉拱上结构设计 | (1) 桥长与分孔、设计标高及矢跨比;<br>(2) 不等跨连续拱的处理;<br>(3) 板拱、肋拱和箱形拱的构造与尺寸拟定;<br>(4) 横系梁的构造与尺寸拟定;<br>(5) 腹孔结构的布置 |

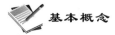

**基本概念**

水平推力；矢跨比；简单体系拱桥；桁架拱桥；刚架拱桥；梁拱组合体系桥；板拱桥；肋拱桥；箱形拱桥；钢管混凝土拱桥；横向联系；拱上结构。

**引例**

拱桥是一种古老的桥型。橘子洲大桥（湘江一桥）是长沙市首座横跨湘江的大桥。该桥为钢筋混凝土双曲拱桥，桥梁全长1250m，主桥21跨，其中正桥为17跨双曲拱桥，最大跨径76m，桥面净宽20m。在橘子洲上有支桥，支桥长282m，宽8m。大桥的墩身为混凝土浇筑，小桥的墩身用块片石砌筑。

这座双曲拱桥实现了一个突破，以前的双曲拱桥有个弱点——容易开裂，建设者们通过不断改进方法，用钢筋和硬板解决了这个难题。

随着科学技术的进步，目前，我国已建成大量的混凝土、钢结构及组合结构拱桥，最大跨径已超过500m。

# 9.1 拱桥概述

## 9.1.1 拱桥的主要特点

拱桥是我国公路上使用广泛且历史悠久的一种桥梁结构形式，具有宏伟壮观且经久耐用的优点。拱桥与梁桥不仅外形上不同，而且在受力性能上有着较大的区别。由力学知识可以知道，拱桥在竖向荷载作用下，两端支承处除有竖向反力外，还产生水平推力。正是这个水平推力，使拱内产生轴向压力，并大大减小了跨中弯矩，使之成为偏心受压构件。拱的应力［图9.1（a）］与梁的应力［图9.1（b）］相比，分布较为均匀。因而可以充分利用主拱截面的材料强度，使拱桥的跨越能力增大。目前，钢管混凝土拱桥最大跨径为530m，钢结构拱桥最大跨径达552m。

拱桥的主要优点：①能充分做到就地取材，与钢筋混凝土梁桥相比，可节省大量的钢材和水泥；②跨越能力较大；③构造较简单，尤其是圬工拱桥，技术容易被掌握，有利于广泛采用；④耐久性能好，维修、养护费用少；⑤外形美观。

拱桥的主要缺点：①自重较大，相应的水平推力也较大，增加了下部结构的工程量，当采用无铰拱时，基础发生变位或沉降所产生的附加力是很大的，因此，对地基条件要求高；②多孔连孔的中间墩，其左右的水平推力是相互平衡的，一旦一孔出现问题，其他孔也会因水平力不平衡而相继毁坏；③与梁桥相比，上承式拱桥的建筑高度较高，当用于城市立交及平原区的桥梁时，因拱面标高提高，而使桥两头接线的工程量增大，或使桥面纵坡坡度增大，既增加了造价又对行车不利；④混凝土拱桥施工需要劳动力较多，建桥时间较长等。

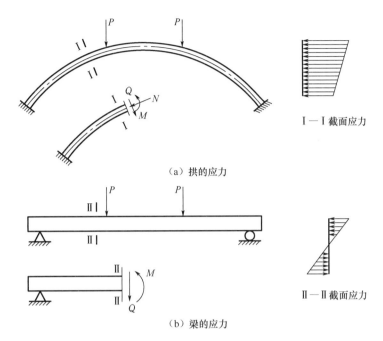

(a) 拱的应力

(b) 梁的应力

图 9.1 拱的应力分布和梁的应力分布

混凝土拱桥虽然存在上述缺点,但由于它的优点突出,在我国公路桥梁中仍得到了广泛的应用,而且这些缺点也正在得到改善和克服。如在地质条件不好的地区修拱桥时,可从结构体系上、构造形式上采取措施,以及利用轻质材料来减轻结构自重,或采取措施提高地基承载能力。为了节约劳动力、加快施工进度,可采用预制装配及无支架施工,这些都能有效地扩大拱桥的适用范围,提高拱桥的跨越能力。

## 9.1.2 拱桥的主要组成

拱桥和其他桥梁一样,也是由上部结构和下部结构组成的(图9.2)。

拱桥上部结构的主要受力构件是拱圈,因此在设计时可根据地质情况、环境及桥头接线的相对位置,将桥面系支撑于拱背之上(上承式)或吊于拱肋之下(下承式),也可以将桥面系一部分吊于拱肋之下、一部分支撑于拱背之上(中承式)。

上承式拱桥的上部结构由主拱圈和拱上建筑组成。主拱圈是拱桥的主要承重结构。由于拱圈是曲线形的,因此一般情况下车辆无法直接在弧面上行驶。所以在桥面系与拱圈之间需要有传递压力的构件和填充物,以使车辆能在平顺的桥道上行驶。桥面系和这些传力构件或填充物统称为拱上结构或拱上建筑。

拱圈的最高处称为拱顶,拱圈与墩台连接处称为拱脚(或起拱面)。拱圈各横向截面(或换算截面)的形心连线称为拱轴线。拱圈的上曲面称为拱背,下曲面称为拱腹。起拱面和拱腹相交的直线称为起拱线。拱顶截面形心至相邻两拱脚截面形心连线的垂直距离称为计算矢高($f$)。拱顶截面下缘至起拱线连线的垂直距离称为净矢高($f_0$)。相邻两拱脚截面形心点之间的水平距离称为计算跨径($l$)。每孔拱跨两个起拱线之间的水平距离称为净跨径（$l_0$）。拱圈（或拱肋）的矢高（或净矢高）与计算跨径（或净跨径）之比称为矢跨比，即 $D = \dfrac{f}{l}$ 或 $D_0 = \dfrac{f_0}{l_0}$。

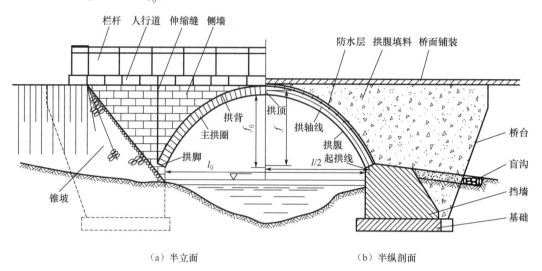

（a）半立面　　　　　　　　（b）半纵剖面

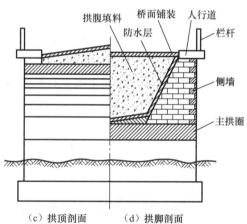

（c）拱顶剖面　　　（d）拱脚剖面

赵州桥

（e）拱桥照片

图 9.2　拱桥的主要组成

拱桥的下部结构由桥墩、桥台及基础等组成，用以支承桥跨结构，将桥跨结构的荷载传至地基。桥台还起着与两岸路堤相连的作用，使路桥形成一个协调的整体。

### 9.1.3 拱桥的主要类型

拱桥的形式多种多样，构造各有差异。为了便于进行研究，可以按照不同的方式将拱桥分为各种类型。

1) 按建筑材料划分

一般按主拱圈使用的建筑材料，可以将拱桥分为圬工拱桥、钢筋混凝土拱桥、钢拱桥和钢-混凝土组合拱桥等。

2) 按桥面位置划分

按照桥面位置，可将拱桥分为上承式拱桥、中承式拱桥和下承式拱桥（图9.3）。上承式拱桥的桥面全部通过立柱支承在拱肋之上；中承式拱桥的桥面位于拱肋的中间位置，跨中部分桥面通过吊杆悬挂于拱肋下、两端桥面通过立柱支承在拱肋上；下承式拱桥的桥面则全部通过吊杆悬挂于拱肋之下。

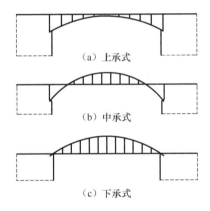

（a）上承式
（b）中承式
（c）下承式
（d）钢筋混凝土中承式拱桥照片

**图 9.3 拱桥按桥面位置划分**

3) 按结构体系划分

按结构体系，可将拱桥分为简单体系拱桥、桁架拱桥、刚架拱桥和梁拱组合体系桥。

(1) 简单体系拱桥。

简单体系拱桥的主拱肋（圈）为主要承重结构，桥面系结构（拱上结构或拱下悬吊结构）与主拱肋之间共同受力性能较弱，主要起荷载传递作用。简单体系拱桥可以做成上承式拱桥、中承式拱桥、下承式拱桥，一般采用拱肋与墩台固结，即无铰拱的形式。

(2) 桁架拱桥。

桁架拱桥（图9.4）的主要承重结构是桁架拱片，桁架拱桥是由拱和桁架两种结构体系组合而成的，因此具有桁架和拱的受力特点。即由于受水平推力的作用，跨间的弯矩得以大大减小；由于把一般拱桥的传力构件（拱上建筑）与承重结构（拱肋）联合成整体桁架，结构整体受力，能充分发挥各部分构件的作用。桁架拱的拱脚一般采用铰接方式（一般采用完全的理想铰，用钢材制作），以减少次内力影响。桁架拱由于存在受拉的杆件，而混凝土材料一般适合于受压（抗拉强度低），因此混凝土桁架拱桥目前使用较少；桁架拱多用于钢结构桥。

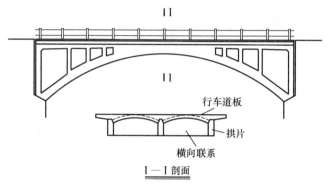

图 9.4　桁架拱桥

（3）刚架拱桥。

刚架拱桥是在桁架拱桥与斜腿刚构桥等基础上发展起来的一种桥型，属于有推力拱桥（图 9.5）。刚架拱是拱-梁固结体系，梁和拱共同受力。它具有构件少、整体性好、刚度大和造型美观等优点；但拱-梁交接部位受力集中、易开裂，一般跨径不宜太大，主要用于中、小跨径拱桥。

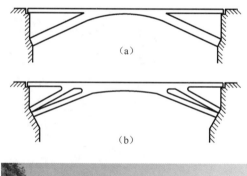

图 9.5　刚架拱桥

（4）梁拱组合体系桥。

梁拱组合体系桥是将梁和拱两种基本结构组合起来共同承受荷载，充分发挥梁受弯、拱受压的结构特性,一般可分为无推力梁拱组合体系桥和有推力梁拱组合体系桥两种类型。

① 无推力的梁拱组合体系桥。

拱的推力由系杆承受,墩台不承受水平力。根据拱肋和系杆的刚度大小及吊杆的布置形式可分为以下几种形式。

a. 具有竖直吊杆的柔性系杆刚性拱——系杆拱[图9.6(a)]。

b. 具有竖直吊杆的刚性系杆柔性拱——蓝格尔拱[图9.6(b)]。

c. 具有竖直吊杆的刚性系杆刚性拱——洛泽拱[图9.6(c)]。

以上三种拱,当用斜吊杆来代替竖直吊杆时,称为尼尔森拱[图9.6(d)～(f)]。

② 有推力的梁拱组合体系桥。

此种组合体系拱没有系杆,由单独的梁和拱共同受力。拱的推力仍由墩台承受[图9.6(g)]是刚性梁柔性拱(倒蓝格尔拱),图9.6(h)所示为刚性梁刚性拱(倒洛泽拱)。

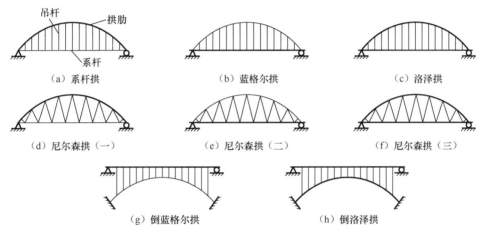

图 9.6　梁拱组合体系桥

4) 按主拱的截面形式划分

按主拱的截面形式,拱桥可分为板拱桥、箱形拱桥、肋拱桥、双曲拱桥、钢管混凝土拱桥及劲性骨架混凝土拱桥等。

(1) 板拱桥。

主拱圈采用矩形实体截面的拱桥称为板拱桥[图9.7(a)],其宽度和与之相配的道路宽度相当。它的构造简单,施工方便。但在相同的截面条件下,实体矩形截面比其他形式截面的抵抗矩小。如果为了获得与其他形式截面相同的抵抗矩,必须增大截面尺寸,这就相应地增加了材料用量和结构自重,这是不经济的。所以通常只在地基条件较好的中、小跨径圬工拱桥中采用板拱形式。为提高拱圈的抗弯刚度,可以在较薄的拱板上增加几条纵向肋,这样就构成板拱的另一种形式,即板肋拱[图9.7(b)]。

(2) 肋拱桥。

肋拱桥[图9.7(c)]通常是由两个(布置在桥面两侧)或三个(桥面两侧和中间分隔带各一个)相对较窄而高的截面组成的,肋与肋之间由横系梁相连。其优点是用料不多而抗弯刚度大大增加,从而减轻了拱桥的自重。因此肋拱桥多用于大、中跨径的拱桥。

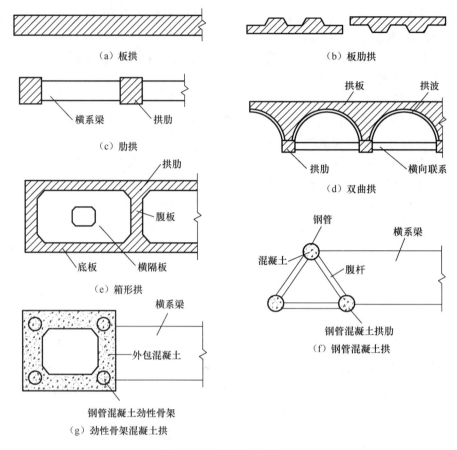

图 9.7 主拱圈横截面形式

(3) 双曲拱桥。

双曲拱桥主拱圈的横截面是由数个横向小拱组成的,以使主拱圈在纵向及横向均是曲线形[图 9.7 (d)]。这种截面抵抗矩较相同材料用量的板拱大,它的预制部件分得细,吊装质量轻,在公路桥梁上曾获得广泛的应用。但由于其截面组成划分过细,整体性能较差,建成后出现裂缝较多,现在基本不用。

(4) 箱形拱桥。

箱形拱桥是指箱形截面拱圈的拱桥[图 9.7 (e)],其外形与板拱桥相似。由于截面的挖空,箱形拱的抵抗矩较相同材料用量的板拱大很多,故节省材料较多,对于大跨径拱桥则效果更为显著。又由于它是闭口箱形截面,截面抗扭刚度大,横向整体性和结构稳定性均较好,所以特别适用于无支架施工。因此,箱形是国内外大跨径钢筋混凝土拱桥主拱圈截面的主要形式。

(5) 钢管混凝土拱桥。

钢管混凝土拱[(图 9.7 (f)]属于钢-混凝土组合结构中的一种,主要用于以受压为主的结构,它一方面借助于内填混凝土增强钢管壁的稳定性,另一方面又利用钢管对混凝土的套箍作用,使填充混凝土处于三向受压状态,从而使其具有更高的抗压强度和抗变形能力。此外,由于先架设的钢管对于浇筑管内混凝土可起支架和模板作用,具有施工优越性，因此钢管混凝土拱桥目前在我国应用较多。

（6）劲性骨架混凝土拱桥。

劲性骨架混凝土拱［图9.7（g）］以钢骨桁架作为受力筋，它既可以是型钢，也可以是钢管。采用钢管作为劲性骨架的混凝土拱又可称为内填外包型钢筋混凝土拱，它主要解决大跨径拱桥施工的"自架设问题"。首先架设自重轻，强度、刚度均较大的钢管骨架，其次在空钢管内灌注混凝土形成钢管混凝土，最后在钢管混凝土骨架外挂模板浇筑外包混凝土，形成钢管混凝土结构。在这种结构中，钢管和随后形成的钢管混凝土主要是作为施工的劲性骨架来考虑的。成桥后，钢管可以参与受力，但其用量通常是由施工设计控制的。由于施工工序多，宜慎重采用这种结构形式。

## 9.2 拱桥的构造与设计

### 9.2.1 拱桥的总体布置

拱桥的总体布置需考虑地质条件、桥址环境及两岸接线等各方面因素，主要内容包括：拟采用的结构体系；桥梁的长度、跨径及分孔；主要几何尺寸，如设计标高、矢跨比、截面宽度与高度等；墩台及其基础形式和埋置深度；桥上及桥头引道的纵坡坡度；等等。下面主要介绍确定桥梁的长度及分孔、确定桥梁的设计标高和矢跨比。

1）确定桥梁的长度及分孔

通过水文水力计算、泄洪总跨径的计算和技术经济等方面的比较，确定了两岸桥台台口之间的总长度之后，可以确定桥台的位置和桥梁的长度。

拱桥分孔就是根据桥址处的地形、地质、水位及通航要求等情况，并结合选用的结构体系和施工条件，确定选择单孔还是多孔。

如果拱桥跨越通航河流，应按通航孔和不通航孔两部分来考虑。分孔时，除应保证净孔径之和满足设计洪水通过的需要外，还应确定一孔或两孔作为通航孔。通航孔孔径和通航标高大小应满足航道等级要求，通航孔的位置通常布置在常水位时的河床最深处或航行最方便的地方。对航道可能变迁的河流，必须多设几个通航的桥跨，即使主河道位置变迁时，也能满足通航要求。对于不通航或非通航河段，桥孔的划分可按经济原则考虑，尽量使上、下部结构的总造价最低。

多孔拱桥应根据使用要求，设置单向推力墩或采用其他抗推力措施。单向推力墩宜每隔3～5孔设置1个。

2）确定桥梁的设计标高和矢跨比

（1）设计标高。

拱桥的标高主要有4个，即桥面标高、拱顶底面标高、起拱线标高和基础底面标高（图9.8）。

桥面标高代表着桥梁高度，特别在平原区，在相同的纵坡情况下，如果桥梁修高了，会使两端的引桥或道路工程显著增加，将提高桥梁的总造价；反之，如果桥梁修低了，不但会有遭受洪水冲毁的危险，而且会影响桥下通航的正常运行。

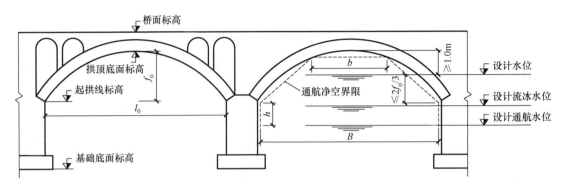

图 9.8 拱桥的主要标高示意图

因此，拱桥的桥面标高一方面由两岸线路的纵断面设计来控制，另一方面要保证桥下净空能满足通航及泄洪要求。

当桥面标高确定之后，由桥面标高减去拱顶处的建筑高度（拱顶填料厚度和主拱圈厚度）就可以得到拱顶底面标高。

起拱线标高由矢跨比要求确定。

基础底面标高，主要根据河流的冲刷深度、基础位置处地质情况、地基承载能力等因素确定。

（2）矢跨比。

主拱圈的矢跨比是拱桥设计的主要参数之一，它不但影响主拱圈的内力，还影响拱桥的构造形式和施工方法的选择，应从通航、泄洪、上部结构受力、下部结构受力等综合因素确定矢跨比。

拱的水平推力与垂直反力的比值，随矢跨比的减小而增大。当矢跨比减小时，拱的水平推力增加，反之则水平推力减小。众所周知，水平推力大，主拱圈内产生的轴向压力也大，墩台的垂直反力增大，对墩台基础不利。矢跨比小，混凝土收缩徐变和温度作用等附加内力均较大，对主拱圈不利。

通常，钢筋混凝土拱的矢跨比宜采用 1/8～1/5。一般将矢跨比大于或等于 1/5 的拱称为陡拱，矢跨比小于 1/5 的称为坦拱。

## 9.2.2 不等跨拱桥的处理

一般情况下，多孔拱桥最好选用等跨分孔的方案。但有时受地形、地质、通航等条件的限制；或引桥很长，需考虑与桥面纵坡协调一致时；或对桥梁美观有特殊要求时都可以考虑用不等跨分孔的办法处理。

不等跨拱桥，由于相邻两孔的恒荷载作用的水平推力不相等，使桥墩和基础增加了恒荷载作用的不平衡水平推力。为改善桥墩基础的受力状况，可采取以下措施。

1. 采用不同的矢跨比

利用矢跨比与水平推力大小成反比的关系，在相邻两孔中，大跨径用较陡的拱（矢跨比较大），小跨径用较坦的拱（矢跨比较小），使相邻两孔在恒荷载作用下的水平推力大致相等。

2. 采用不同的拱脚标高

由于采用了不同的矢跨比，致使相邻两孔的拱脚标高不在同一水平线上（图9.9），因大跨径孔的矢跨比大，拱脚降低，减小了拱脚水平推力对基底的力臂，这样可使大跨与小跨的恒荷载作用的水平推力对基底产生的弯矩得到平衡。

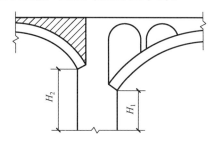

图 9.9　大跨与小跨的拱脚标高

3. 调整拱上建筑的恒荷载

通常是大跨径用轻质的拱上填料或采用空腹式拱上建筑，小跨径用重质的拱上填料或采用实腹式拱上建筑（增加小跨径拱的恒荷载来增大恒荷载作用的水平推力）。

4. 采用不同类型的拱跨结构

常常是小跨径用板拱或厚壁箱拱结构，大跨径用分离式肋拱或薄壁箱拱结构，以减轻大跨径拱的恒荷载来减小恒荷载的水平推力。有时，为了进一步减小大跨径拱的恒荷载作用的水平推力，可将大跨径部分做成中承式拱。

在具体设计时，可以将以上几种措施同时采用。如果仍不能达到平衡水平推力的目的，可加大桥墩和基础的尺寸，或将其做成不对称的形式。

### 9.2.3　主拱的构造与尺寸拟定

1）钢筋混凝土板拱

根据桥宽需要，钢筋混凝土板拱（图9.10）可做成单条整体拱圈或多条平行板（肋）拱圈，施工时，可反复利用一套较窄的拱架与模板来完成，大大节省材料。钢筋混凝土等截面板拱的拱圈高度可按跨径的 1/70～1/60 初步拟定，跨径大时取小者。

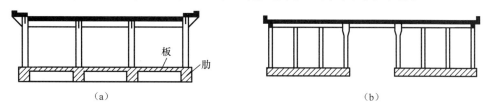

图 9.10　钢筋混凝土板拱的横断面

2）拱肋

肋拱桥是由两条或多条分离的拱肋、横系梁、立柱和由横梁支承的行车道组成的（图9.11）。

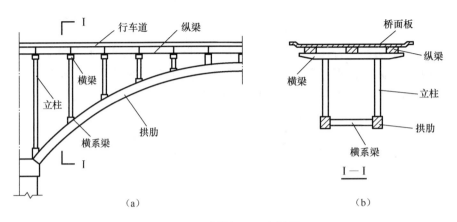

图 9.11 肋拱桥立面布置图

拱肋质量小，恒荷载内力小，相应的活荷载内力的比重增大，可充分发挥钢筋等材料的性能，具有较好的经济性。

拱肋是主要承重结构，可由钢筋混凝土、钢管混凝土及劲性骨架混凝土组成。其肋数、间距及截面形式主要根据桥梁宽度、主拱制作材料、施工方法和经济性等方面综合考虑决定。一般在吊装能力满足要求的情况下，为了简化构造，宜采用少肋拱。通常桥宽在 20m 以内时，均可采用双肋拱；当桥宽在 20m 以上时，可采用分离的双幅双肋拱，以避免由于肋中距增大而使肋间横系梁、拱上结构横向跨径与尺寸增大太多。上下游拱肋最外缘的间距一般不宜小于跨径的 1/15，以保证肋拱的横向整体稳定性。

拱肋的截面形式分为矩形、工字形、管形、箱形等。

(1) 矩形拱肋。

矩形拱肋具有构造简单、施工方便等优点，但在受弯矩作用时不能充分发挥材料的作用，经济性差，一般仅用于中小跨径的肋拱桥。肋高可取跨径的 1/60～1/40，肋宽可为肋高的 0.5～2.0 倍。

(2) 工字形拱肋。

工字形拱肋由于截面核心矩比矩形大，具有更大的抗弯能力，因此常用于大中跨径的肋拱桥。肋高一般为跨径的 1/35～1/25，肋宽为肋高的 0.4～0.5 倍，腹板厚度常为 30～50cm。

(3) 管形拱肋。

管形拱肋是指采用钢管混凝土作为拱肋，断面中钢管的根数、布置形式和直径等应根据桥梁的跨径、桥宽及受力等具体情况确定。其截面形式（图 9.12）一般有单管型、双肢哑铃型、四肢格构型和三角格构型等。其肋高与跨径之比常为 1/65～1/45，钢管混凝土具有质量小、强度高、塑性好等优点，使用广泛。

(4) 箱形拱肋。

箱形拱肋一般由两条分离式的箱形截面拱肋和横系梁构成。肋高一般为跨径的 1/70～1/50，或按式 (9-1) 估算，肋宽一般为肋高的 1.0～2.0 倍。

$$h=\frac{l_0}{100}+\Delta \qquad (9-1)$$

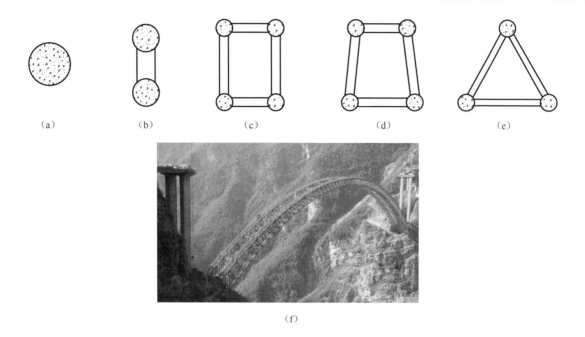

图 9.12 拱肋截面形式及照片

式中：$h$——拱圈高度；
$l_0$——净跨径；
$\Delta$——取为 0.6～0.8m。

3）横系梁

分离式的拱肋需设置横系梁，以增强拱肋桥的横向整体稳定性，同时还可以起到横向分布荷载的作用。因此，要求横系梁具有足够的强度和刚度，并与拱肋牢固连接。

在三铰拱、双铰拱设铰处和拱上建筑的立柱下方，拱肋间必须设置横系梁。横系梁高度可取 0.8～1.0 倍拱肋高度，宽度可取 0.6～0.8 倍拱肋高度。横系梁截面四角应设置直径不小于 16mm 的纵向钢筋，并设直径不小于 8mm 的箍筋，其间距不应大于横系梁的短边尺寸或 400mm。横系梁截面形式一般可采用工字形、桁片式或箱形，如图 9.13 所示。

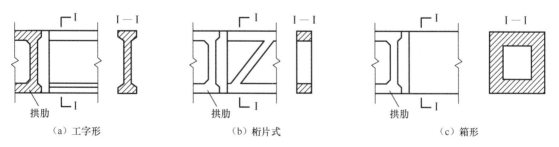

图 9.13 横系梁截面形式

4）箱形拱

主拱圈截面（图 9.14）由多室箱构成的整体式拱称为箱形拱。又由于箱形拱截面外观与板拱相同，所以也称箱板拱。

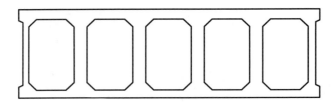

图 9.14 箱形拱截面

(1) 箱形拱的主要特点。

① 截面挖空率大,挖空率可达全截面的 50%～60%,与板拱相比,可大量节省圬工体积,减轻质量。

② 箱形截面的中性轴大致居中,对抵抗正负弯矩有几乎相同的能力,能较好地适应各截面正负弯矩变化的情况。

③ 由于截面是闭合空心的,所以其抗弯、抗扭刚度大,拱圈的整体性好,应力分布比较均匀。

④ 单根箱梁的刚度较大,稳定性较好,能单片成拱,便于无支架吊装。

⑤ 预制拱箱的宽度较大,施工操作安全,易于保证施工质量。

⑥ 制作要求较高,起吊设备较多,主要用于大跨径拱桥。

箱形拱的拱圈,可以由一个闭合箱(单室箱)或几个闭合箱(多箱室)组成,每个闭合箱又由箱壁(侧板)、顶板(盖板)、底板及横隔板组成(图 9.15)。

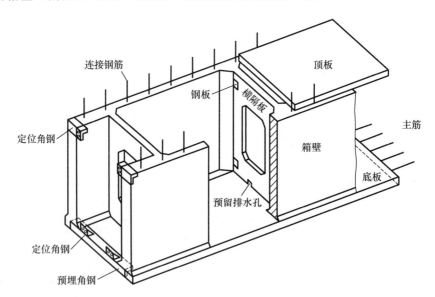

图 9.15 箱形拱闭合箱的构造

(2) 箱形拱截面的组成方式。

① 由多条 U 形肋组成的多箱室截面 [图 9.16 (a)],是将底板和箱壁预制成 U 形拱肋(沿拱轴方向一定间距设置横隔板),分段预制,吊装合龙后再安装 U 形断面的肋盖板(预制),最后现浇顶板和填缝混凝土形成箱形截面。

② 多条工字形组成的多箱室截面［图 9.16（b）］，是在工字形预制拱肋段吊装合龙后，相邻工字形肋翼缘板直接对拼并焊好连接钢板。

③ 由多条闭合箱肋组成的多箱室截面［图 9.16（c）］，首先预制箱肋的箱壁、横隔板，其次在拱胎上安装底板侧模，组拼箱壁和横隔板，现浇底板及箱壁与横隔板的接头，从而形成开口箱肋段，最后立模现浇顶板形成待吊装的闭合箱肋段。各条闭合箱肋段吊装成拱后，浇筑肋间填缝混凝土就形成了多箱室截面。

④ 整体式单箱多室截面［图 9.16（d）、(e)］，主要用于不能采用预制吊装的特大型拱桥，单箱多室截面的形成与施工方法有关。当采用转体施工时，截面可在拱胎（支架）上组装或现浇形成；当采用悬臂法施工时，可采用与悬臂浇筑梁桥类似的方法，在空中逐块浇注并合龙，也可采用预制拼装成拱。

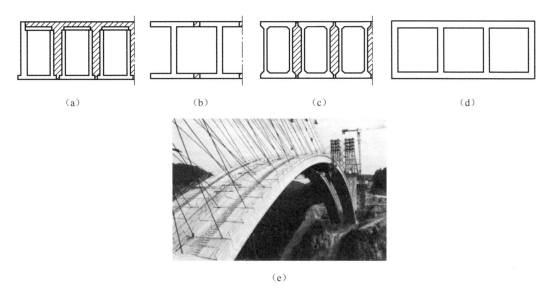

图 9.16　箱形拱截面的组成方式及照片

箱形拱的构造与施工方法有密切的联系，修建箱形拱时，可以采用预制拱箱无支架吊装或有支架现场浇筑等施工方法。当采用无支架施工时，拱箱可分段预制；当吊装能力很大时，可采用封闭式拱箱，以增加拱箱在施工过程中的整体稳定性，减少施工步骤。

（3）箱形拱截面尺寸的拟定。

拟定箱形拱截面尺寸主要包括拱圈的高度、宽度，箱肋的宽度，顶底板及腹板尺寸。

① 拱圈的高度。

拱圈的高度除取决于拱的跨径外，还与拱圈所用混凝土的强度有很大关系。初拟拱圈的高度可取跨径的 1/75～1/55 或按式（9-1）估算。

提高拱圈混凝土强度，可减小截面尺寸，减轻结构自重。目前常用 C40～C50 混凝土，对于特大跨径拱桥应尽量采用高强度混凝土。

② 拱圈的宽度。

拟定箱形拱的拱圈宽度时，可采用悬挑桥面，减小拱圈宽度，即采用窄拱圈形式，拱圈的宽度一般可为桥宽的 0.6～1.0 倍，桥面悬挑可达 4m。但为保证其横向稳定性，一般希望桥宽不小于跨径的 1/20。但由于特大跨径桥的拱圈宽度常常难以满足该条件，因此只要横向稳定性能得到保证即可。

③ 箱肋的宽度。

箱肋是组成预制吊装施工箱形拱桥的基本构件。拱圈宽度确定后，根据（缆索）吊装能力，在横向划分为几个箱肋，即可确定箱肋的宽度。

④ 顶底板及腹板尺寸。

对于由多条闭口箱肋组成的箱形拱（图 9.17），其顶底板及腹板各部分尺寸采用何值，与跨径及荷载大小有关。顶底板厚度 $t_d$ 一般为 15～22cm，外箱肋腹板厚 $t_{wf}$ 一般为 12～15cm，内箱肋腹板厚 $t_{nf}$ 常取 5～7cm。在尽量减少吊装质量的同时，需注意的是拱圈顶底板、腹板太薄可能出现压溃，其原因除构造尺寸太小外，还可能是应力允许值用得太大（国际上对压板应力值限制很严），故应对其做必要的局部应力验算。填缝宽度 $t_f$ 根据受力大小确定（主要考虑轴向力的大小），一般采用 20～35cm。为保证填缝混凝土浇筑质量，$\Delta_1$ 不宜小于 15cm，$\Delta_2$ 为安装缝，通常为 4cm。

构造要求：无铰拱拱圈或拱肋的主钢筋应伸入墩台内锚固，其锚固长度除应满足规范规定的最小锚固长度外，还应满足以下要求：对于矩形截面，不小于拱脚截面高度的 1.5 倍；对于 T 形截面、I 形截面或箱形截面，不小于拱脚截面高度的一半。三铰拱或双铰拱应在设铰点的墩台和拱肋内设置不少于 3 层的钢筋网。

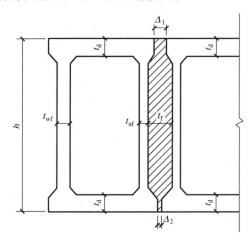

图 9.17 常用箱形拱截面构造

5）刚架拱

刚架拱桥的上部结构由刚架拱片，横系梁和桥面等组成（图 9.18）。刚架拱一般主要用于中小跨径拱桥。

刚架拱片是刚架拱桥的主要承重结构，一般由跨中实腹段的主梁、空腹段的次梁、主拱腿（主斜撑）、次拱腿（斜撑）等构成，与桥面板一起形成刚架拱的主拱片。主梁和主拱腿的交接处称为主节点，次梁与次拱腿的交接处称为次节点。节点构造一般按照固结设计，并配置钢筋。

主梁和主拱腿构成的拱形结构几何形状对结构受力有显著影响。主梁和次梁的梁肋上边缘线一般与桥面纵向平行，主梁下边缘线一般可采用二次抛物线、圆弧线或悬链线，使主梁成为变截面构件。主拱腿可根据跨径大小和施工方法等的不同,设计成等截面直杆或微曲杆。有时从美观考虑,也可采用与主梁同一曲线的弧形杆,这样可改善梁、拱腿的受力性能。

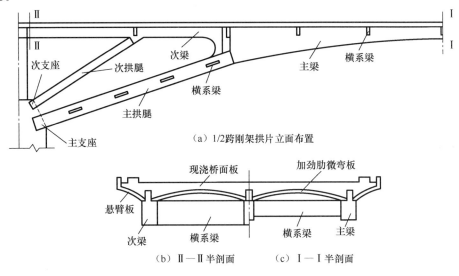

图 9.18　刚架拱桥的主要组成

横系梁的作用是将刚架拱片连成整体共同受力,并保证其横向稳定。

构造要求:刚架拱的跨径小于 25m 时,可仅设斜腿,不设斜撑;当跨径为 25~70m 时,宜加设斜撑;如跨径大于 70m 时,宜再设一根斜撑。刚架拱实腹段长度可采用 0.4~0.5 倍计算跨径。刚架拱的拱片中距宜为 2.0~3.5m,拱片之间纵向每隔 3~5m 应设置一根横系梁。修建在软土地基上或严寒地区的刚架拱(或桁架拱)桥,拱脚附近下弦主钢筋宜适量增加,其箍筋也宜加密。

### 9.2.4　拱上建筑与悬挂结构

拱上建筑与悬挂结构是拱桥的一部分。拱上建筑就是主拱肋(圈)以上的建筑,悬挂结构指中、下承式拱桥的吊杆与桥面结构。

1) 拱上建筑

拱上建筑的形式,一般分为实腹式和空腹式两大类。

实腹式拱上建筑由侧墙、拱腹填料、护拱、变形缝、防水层、泄水管和桥面系等组成(图 9.2)。实腹式拱上建筑的特点是构造简单、施工方便、填料数量较多、恒荷载较重,因此,一般仅用于小跨径石拱桥。

空腹式拱上建筑一般采用梁式拱上结构(图 9.19),可减轻拱的自重,造型美观,降低拱轴系数(使拱上建筑的恒荷载分布接近于均布荷载),改善拱圈施工过程中的受力状况,获得更好的经济效果。腹孔结构有简支、连续和框架等多种形式。

(1) 简支腹孔。

简支腹孔由底梁(座)、立柱(或墙式墩)、盖梁和纵向简支桥道板(梁)组成。为保证桥面变形连续和行车平顺，简支板（梁）宜采用桥面连续的形式。由于桥道板（梁）简支在盖梁上，因此，基本上不存在拱与拱上结构的联合作用。简支腹孔受力明确，是大跨径拱桥拱上建筑采用的主要形式。

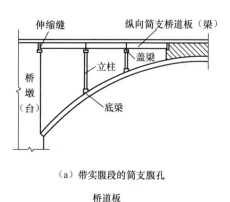
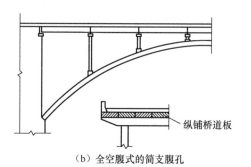
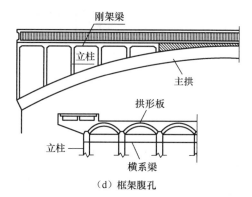

图 9.19　拱上建筑的形式及照片

简支腹孔的布置有两种方法：一种是在每个半跨自拱脚至拱顶 $l/4 \sim l/3$ 内对称布置，其中 $l$ 为主拱跨径；另一种是全空腹式简支腹孔。前者多用于板拱，后者多用于大跨径拱桥。

全空腹式简支腹孔数宜采用奇数跨，避免因在拱顶处设置立柱而对拱顶受力造成不利影响，通常先确定两拱脚处的立柱位置，然后将其间距除以某个奇数后，即可确定各立柱的位置和腹孔的跨径。但计算出的腹孔跨径往往不是一个整数，可以调整孔数，或通过改变两拱脚处的立柱的位置来调整跨径值。

(2) 连续腹孔［横铺桥道板（梁）］。

连续腹孔由立柱、纵梁、实腹段垫墙及桥道板组成。先在拱上立柱上设置连续纵梁，再在纵梁和拱顶实腹段垫墙上设置横向桥道板，形成拱上传载结构。这种形式主要用于肋拱桥中，其特点是桥面板横置，拱顶上只有一个桥道板（含垫墙）和桥面铺装。建筑高度很小，适合于建筑高度受限制的拱桥。

(3) 框架腹孔。

框架腹孔在横桥向根据需要设置，每片通过横系梁形成整体，这种形式使用较少。

2) 构造要求。

空腹式拱上建筑应能适应拱圈的变形，其跨径应根据主拱受力条件确定。空腹式拱上建筑的构造应符合下列要求。

(1) 拱上建筑的板或梁宜采用简支结构，其支座可采用具有弹性约束的橡胶支座；桥跨两端应设置滑动支座和伸缩缝。

(2) 拱上建筑的立柱，根据需要可设置横系梁。

(3) 立柱钢筋按结构受力要求配置，并应有足够的锚固长度。

(4) 板拱上的立柱底部应设横向通长的垫梁，其高度不宜小于立柱间净距的 1/5；箱式板拱在立柱或墙式墩下方应设置箱内横隔板。

3) 悬挂结构

中、下承式拱桥的悬挂结构包括吊杆和桥面结构两部分。吊杆一般采用高强钢丝或钢绞线制成拉索体系，两端分别锚固在拱肋和桥面横梁上。采用柔性吊杆的拱桥，宜在桥面系设置连续纵梁；桥面结构一般采用纵、横梁格体系。

## 9.3 拱桥实例

### 9.3.1 白溪关大桥

1. 工程概况

白溪关大桥是古丈县至保靖县公路工程的一座上承式钢筋混凝土箱形拱桥（图 9.20）。桥梁起点桩号为 K25+575，终点桩号为 K25+771，大桥全长 196m，桥面宽为净 7m+2×0.55m=8.1m。大桥东西走向，桥面纵坡 $i=1.9\%$，西高东低，两桥头高差为 3.73m。桥高 101.1m（桥面至河谷底高度）。

2. 主要技术指标

道路等级：三级公路，设计荷载：公路—Ⅱ级，人群荷载：$2.6kN/m^2$。
设计洪水频率：1/50；通航等级：不通航。
桥面宽度：0.55m（防撞护栏）+7.0m（行车道）+0.55m（防撞护栏）=8.1m。

净跨径：$l_0=130$m；净矢高：$f_0=26$m；净矢跨比：$f_0/l_0=1/5$。
计算跨径：$l=131.44$m；计算矢高：$f=26.28$m。
桥面纵坡：1.9%；桥面横坡：2%。
地震烈度：基本烈度小于6度，不设防。
桥梁设计基准期为100年。

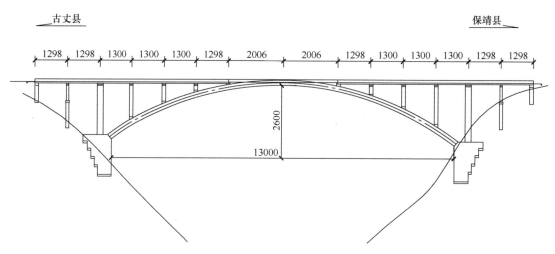

图 9.20 白溪关大桥立面布置图（尺寸单位：cm）

3. 主要构件材料

主拱圈为C40混凝土组合箱形截面，腹拱墩为C30混凝土矩形截面框架墩，拱上实腹段填料为C25片石混凝土，桥面板为C30混凝土空心板，桥面铺装为C40混凝土铺装层。

4. 主拱构造

主拱为单跨130m的钢筋混凝土箱形拱，主拱圈采用等截面悬链线拱，拱轴系数为1.988，净矢跨比为1/5，净矢高26m。主拱圈拱箱横截面（图9.21）顶宽8m、高2m，分4片闭口箱预制，其中两片边箱底宽为1.99m，两片中箱底宽为1.88m，拱箱之间预留4cm的工作缝。每片拱箱又分7段预制，采用缆索吊装的方法施工。根据现有设备的吊装能力，将拱圈在横向分为4片，每片在纵向分为7段，最大吊装重量约600kN（实际预制中，由于有些拱片尺寸超厚，最大吊装重量达650kN）。

5. 拱上建筑

对于大跨拱桥，拱上建筑通常采用轻型结构，减轻拱上自重就可以减小拱圈截面或降低截面应力。本桥采用立柱+盖梁这种梁式拱上建筑，即在主拱每边布置4孔跨径13m的钢筋混凝土简支空心板，空心板支撑在盖梁、立柱上。主拱两边各设2孔同样13m跨径的简支空心板与两岸道路相接。全桥拱上框架共设置12m×13m的钢筋混凝土空心板，先简支后连续。立柱+盖梁及空心板的构造横剖面如图9.22所示。

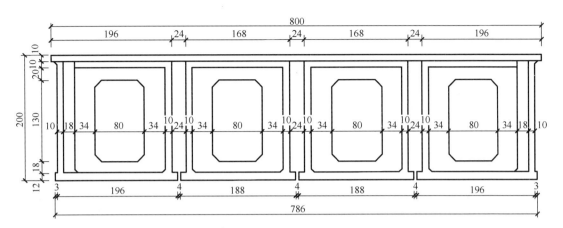

图 9.21 主拱圈拱箱横截面（尺寸单位：cm）

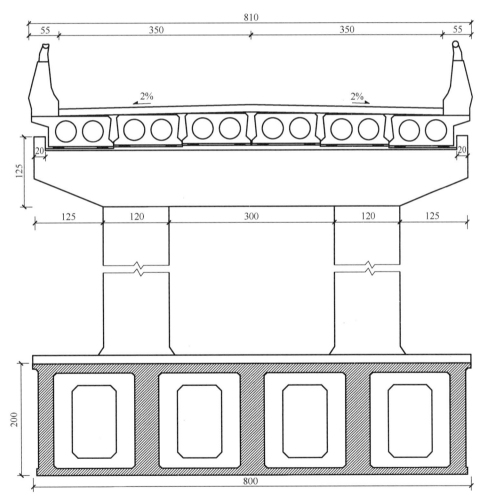

图 9.22 立柱＋盖梁及空心板的构造横剖面（尺寸单位：cm）

## 9.3.2　马掌坝大桥

**1. 工程概况**

马掌坝大桥是绥江县跨越小溪沟的城市道路桥梁，位于小溪沟下游出口（马掌坝沟）处。该桥结构新颖，主桥为跨径60m的下承式简支钢管混凝土系杆拱桥（图9.23），两端引桥均为跨径20m的预应力混凝土简支空心板。桥面设计高程387.94～388.09m。桥面结构采用纵横梁体系，整体桥面板。全桥共设2榀钢管混凝土拱，拱肋截面为哑铃形，高160cm，钢管外径65cm，壁厚14mm，拱肋横向间距5.0m。每榀拱肋设10根厂制成套吊杆，每根吊杆采用OVM.GJ15-12钢绞线整束挤压拉索体系，吊杆采用单端张拉，张拉端设于拱肋顶部，固定端设于系梁底部。系梁采用预应力混凝土结构，为矩形实心截面（跨中高170cm、宽80cm）。全桥共设12道预应力混凝土横梁（包括2道端横梁），端横梁采用单箱单室截面，内横梁采用T形截面。桥面板板厚25cm，与内横梁翼缘板现浇成整体。

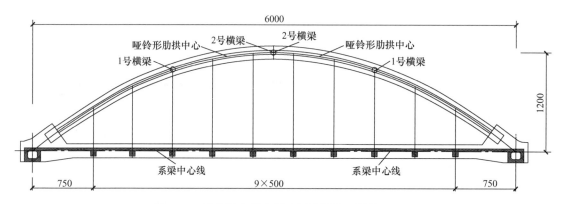

图9.23　马掌坝大桥主桥立面布置图（单位：cm）

**2. 主要技术指标**

道路等级：城市支路—Ⅲ级，设计荷载：公路—Ⅱ级，人群荷载：$3.5kN/m^2$。
设计洪水频率：1/50；通航等级：不通航。
桥梁宽度：0.25m（栏杆）+1.75m（人行道）+8.0m（车行道）+1.75m（人行道）+0.25m（栏杆）=12.0m。
计算跨径：$l=60m$；计算矢高：$f=12m$；矢跨比：$f/l=1/5$。
桥面纵坡：0.5%；桥面横坡：1.5%。
地震烈度：基本烈度7度，地震动峰值加速度$0.112g$。
桥梁设计基准期为100年。

**3. 主要材料**

（1）混凝土。

① 钢管拱肋内与桥面板：C50微膨胀混凝土。

② 空心板、系梁及横梁：C50 混凝土。

③ 桥面铺装：C40 防水钢纤维混凝土。

④ 主墩盖梁、垫石及墩柱：C40 混凝土。

⑤ 台身、台帽、耳墙、背墙、承台及桩基：C30 混凝土。

⑥ 孔道压浆：水泥浆水胶比不大于 0.4，混凝土强度等级不小于 C50。

⑦ 桥面铺装：8cm 厚 C40 防水钢纤维混凝土（钢纤维含量 80kg/m³）+5cm 厚沥青混凝土。

预应力混凝土中的最大氯离子含量为 0.06%，最大碱含量为 1.8kg/m³，最小水泥用量为 350kg/m³，抗冻等级为 F200；其他混凝土构件中的最大氯离子含量为 0.3%，最大碱含量为 3.0kg/m³，最小水泥用量为 275kg/m³，抗冻等级为 F200。混凝土最大水胶比 1：0.55。

（2）预应力钢束。

预应力钢束采用公称直径 $\phi^s 15.24$ 的低松弛预应力钢绞线，其抗拉标准强度 $f_{pk}$=1860MPa，弹性模量 $E_p$=1.95×10$^5$MPa，技术标准必须符合《预应力混凝土用钢绞线》(GB/T 5224—2014) 的有关规定。预应力钢束配 OVM15 系列成套锚具，预应力管道采用预埋金属波纹管成孔，用于制造金属波纹管的低碳钢带，其厚度不小于 0.3mm。

（3）吊杆。

采用 OVM.GJ15—12 钢绞线整束挤压拉索体系，配套锚具为 OVM.GJ 钢绞线整束挤压 A 型（固定端）和 C 型（张拉端）。钢绞线为高强度低松弛镀锌钢绞线。吊杆外层彩色 HDPE 护套，建议采用橘黄色。

4. 结构设计

（1）上部结构。

① 拱肋及风撑。

如图 9.24 所示，该桥共设两榀钢管混凝土拱肋，拱肋截面形状为哑铃形，高 160mm，钢管外径为 650mm，钢管壁厚为 12mm，采用泵送混凝土顶升灌注。拱肋钢管在拱顶设一组排气孔，在拱座处各设一组进料口，待泵送混凝土灌注完毕后，封闭排气孔和进料口。两榀拱肋横向间距为 13.4m，在第 3 吊杆处和拱顶共设 3 道空钢管风撑。风撑截面为圆形截面，外径 $D$=600mm，壁厚为 12mm，风撑钢管内不灌注混凝土。为了避免多肋拱所造成的空间压抑感，中间快车道为敞口式，在慢车道两侧各设拱肋，其间设空钢管风撑，外形上形成两座独立的桥梁，通过横梁形成整体。

② 吊杆。

每榀拱肋设 10 根吊杆，吊杆间距为 5.0m，其中第一根吊杆距拱肋理论支点 7.5m。吊杆采用 OVM.GJ15-12 钢绞线整束挤压拉索体系，配套锚具为 OVM.GJ 钢绞线整束挤压 A 型（固定端）和 C 型（张拉端），吊杆标准强度 $f_{pk}$=1860MPa，破断拉力 1823kN。吊杆采用单端张拉，张拉端设于拱肋顶部，固定端设于系梁底部（图 9.25）。

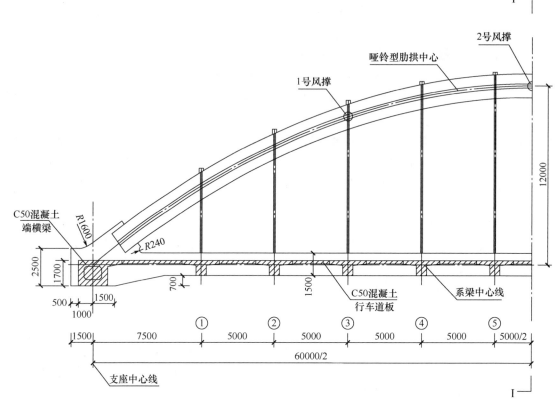

(a) 主桥半立面图

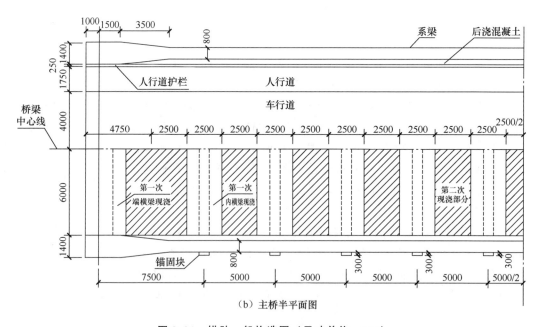

(b) 主桥半平面图

图 9.24 拱肋一般构造图（尺寸单位：mm）

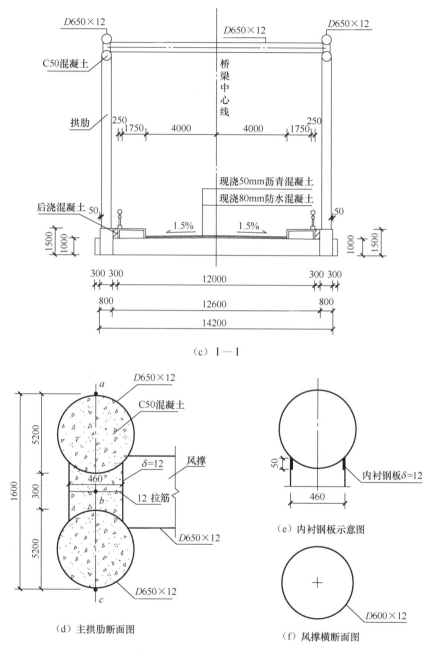

（c）Ⅰ—Ⅰ

（d）主拱肋断面图

（e）内衬钢板示意图

（f）风撑横断面图

图 9.24 拱肋一般构造图（尺寸单位：mm）（续）

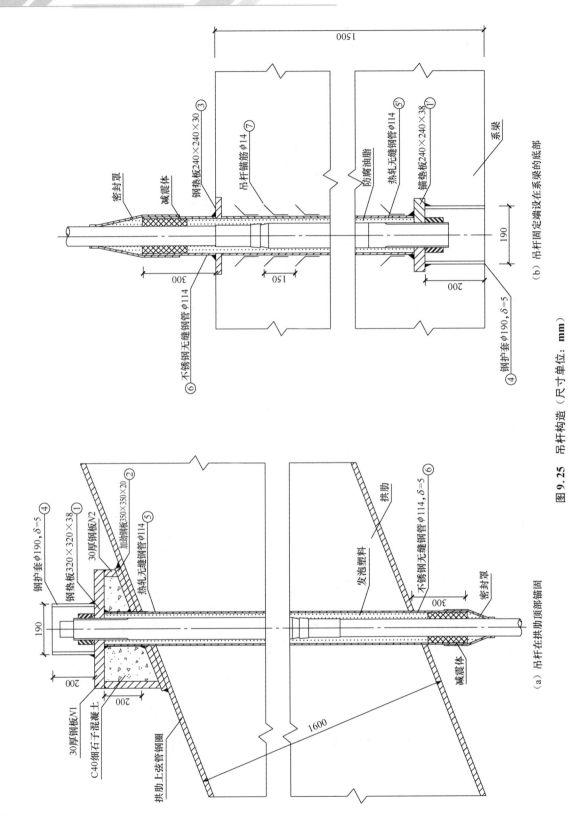

图 9.25 吊杆构造（尺寸单位：mm）

③ 系梁与横梁。

如图 9.26 所示，系梁采用预应力混凝土结构，其截面为矩形实体截面，梁高 1500mm、宽 800mm，靠近拱脚联结部位加宽至 1400mm、加高至 2500mm。预应力钢束采用 8 束符合 ASTM.A416 标准要求的 $\phi^s 15.24$ 低松弛预应力钢绞线，其抗拉标准强度 $f_{pk}=1860$MPa。配套锚具采用 OVM 锚具，金属波纹管成孔。全桥共设 12 道预应力混凝土横梁，其中有两道端横梁、10 道内横梁（吊杆处横梁）。端横梁采用单箱单室截面，内横梁采用 T 形截面，上翼缘为整体桥面板。端横梁宽 2000mm，内横梁预制顶部翼缘宽 2500mm、底宽 700mm，横梁预应力钢束采用符合 ASTM.A416 标准要求的 $\phi^s 15.24-8$ 高强度低松弛钢绞线（其中内横梁 4 束、端横梁 6 束）。配套锚具采用 OVM 锚具，镀锌金属波纹管成孔。

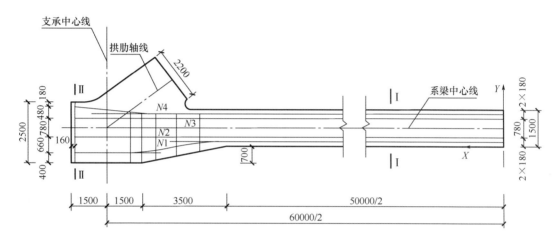

（a）系梁钢束立面布置图

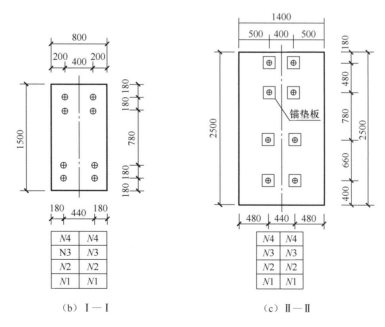

（b）Ⅰ—Ⅰ　　　　　　　　　　（c）Ⅱ—Ⅱ

图 9.26　系梁预应力筋布置图（尺寸单位：mm）

④ 桥面板。

桥面板采用整体桥面板，板厚 250mm，与内横梁翼缘板现浇成整体。

⑤ 边跨空心板。

边跨空心板采用预制吊装预应力混凝土铰接空心板，每跨 9 片，全桥共 18 片。空心板中距 125cm，预制宽度 124cm，板高 95cm，空心板之间以铰接连接，边板向桥梁外侧伸出 38cm 悬臂翼缘板。每片预应力空心板预应力钢束采用 4 束 $\phi^s 15.24$ 钢绞线，金属波纹管成孔，配套锚具为 OVM15 锚具体系，钢绞线均采用两端一次张拉锚固。

（2）下部结构。

桥台采用耳墙式肋板台，台身厚 100cm。桥台基础采用 4 根 $\phi$120cm 的钻孔灌注桩基础，为嵌岩桩。钢筋混凝土承台厚度为 1.5m。

桥墩采用圆形截面柱式墩配盖梁，墩身截面半径为 100cm，盖梁高度为 150cm。为便于与边跨空心板衔接，盖梁靠空心板侧加高形成 L 形截面，但加高部分设 8 道伸缩缝，以防其与盖梁共同受力。桥墩基础采用 8 根 $\phi$120cm 的钻孔灌注桩基础，为嵌岩桩。钢筋混凝土承台厚度为 2.5m。

（3）桥面系。

桥面铺装均采用 8cm 厚 C40 防水钢纤维混凝土＋5cm 厚沥青混凝土铺装，钢纤维混凝土的钢纤维含量为 80kg/m³。横向坡度为双向 1.5%，全桥共设 34 套铸铁桥面排水管，桥面雨水直接排于桥下河流。

人行道板采用钢筋混凝土板，上设 4cm 广场砖铺面；人行道栏杆采用不锈钢复合钢管。全桥共设 4 道伸缩缝：两端桥台处各设 4cm 伸缩缝一道，边跨空心板与系杆拱之间各设 8cm 伸缩缝一道，采用 D40（80）型伸缩缝。

（4）支座。

边跨空心板支座采用球冠圆板式橡胶支座，规格为 $\phi$200mm×42mm。为便于更换，控制支座＋垫石高度不小于 60mm。系杆拱采用转换性能好、承载能力高、寿命长的 GPZ 系列抗震型盆式橡胶支座：1 号桥墩设置 1 个规格为 GPZ（KZ）6.0-DX 型盆式橡胶支座（纵向活动，横向固定）和 1 个规格为 GPZ（KZ）6.0-SX 型盆式橡胶支座（纵、横向活动），2 号桥墩设置 1 个规格为 GPZ（KZ）6.0-DX 型盆式橡胶支座（纵向活动，横向固定）和 1 个规格为 GPZ（KZ）6.0-GD 型盆式橡胶支座（纵、横向固定）。各支座顶面至盖梁顶面距离均控制为 650mm。

# 本 章 小 结

本章介绍了拱桥的主要特点、主要组成及类型。拱桥主要特点是在竖向荷载作用下，除有竖向反力外，还产生水平推力。对混凝土拱桥的优缺点的分析，旨在指导桥梁设计中取长补短，使拱桥的设计达到最优化。

拱桥组成分为上部结构和下部结构，拱桥的主要受力构件是拱圈。本章简单介绍了拱顶、拱脚、拱轴线、拱背、拱腹、起拱线、计算矢高、净矢高、计算跨径、净跨径和矢跨比等概念。

拱桥按照不同方式分为各种类型，按照结构体系可分为简单体系拱桥、桁架拱桥、刚架拱桥、梁拱组合体系桥；按照主拱的截面形式分类为板拱桥、肋拱桥、双曲拱桥、箱形拱桥、钢管混凝土拱桥及劲性骨架混凝土拱桥。

本章介绍了上承式拱桥的构造、主拱的构造与尺寸拟定、拱上建筑的构造特点及其他细部构造要求。

拱桥的总体布置是桥梁的全局性问题，是桥梁设计的基础，其主要内容包括拟采用的结构体系；桥梁的长度、跨径及分孔；主要几何尺寸，如设计标高、矢跨比、截面宽度和高度等；墩台及其基础形式和埋置深度；桥上及桥头引道的纵坡；等等。对于多跨不等跨连续拱的处理关键要保持拱跨两侧的水平推力基本平衡。

主拱的构造要求及尺寸拟定分为板拱的构造及尺寸拟定、拱肋的构造及尺寸拟定、横系梁的构造及尺寸拟定，箱形拱的构造及尺寸拟定等。

## 习　题

9-1　拱桥的受力特点是什么？
9-2　拱桥的优缺点有哪些？
9-3　按结构体系，拱桥有哪些类型？
9-4　简述钢管混凝土拱桥的特点。
9-5　确定拱桥的标高有哪几个？
9-6　不等跨拱桥处理方法有哪些？
9-7　拱肋的主要截面形式有哪些？各有何特点？
9-8　分离式拱肋之间的横系梁主要有什么作用？
9-9　箱形拱的主要特点是什么？
9-10　腹孔结构有哪几种形式？

# 第10章
# 拱桥计算

## 教学目标

本章主要介绍拱桥计算的一般规定、悬链线拱的计算及主拱的强度与稳定性验算。通过本章学习,学生应达到以下目标。

(1) 熟悉拱桥计算的一般规定。
(2) 掌握拱轴系数的确定方法。
(3) 掌握"五点重合法"。
(4) 掌握悬链线拱的恒荷载内力计算方法。
(5) 掌握主拱的强度验算和稳定性验算。

## 教学要求

| 知识要点 | 能力要求 | 相关知识 |
| --- | --- | --- |
| 拱桥计算的一般规定 | (1) 熟悉简单体系拱桥的内力计算;<br>(2) 熟悉系杆拱桥的内力计算 | (1) 拱上建筑与主拱圈的联合作用;<br>(2) 拱桥的荷载横向分布;<br>(3) 拱桥施工过程;<br>(4) 系杆与拱肋截面的抗弯刚度之比 |
| 实腹式悬链线拱的恒荷载内力计算 | (1) 掌握实腹式悬链线拱的恒荷载水平推力与轴向压力计算;<br>(2) 掌握拱轴系数的计算 | (1) 悬链线的概念;<br>(2) 理想拱轴线与恒荷载压力线;<br>(3) 拱轴系数及其确定方法 |
| 空腹式悬链线拱的恒荷载内力计算 | (1) 掌握五点重合法的基本概念;<br>(2) 掌握空腹式拱的拱轴线形式;<br>(3) 掌握不计弹性压缩的恒荷载内力 | (1) 五点重合法;<br>(2) 空腹式拱的拱轴线方程;<br>(3) 拱轴线的偏离对内力的影响 |
| 主拱验算 | 掌握主拱的强度验算与稳定性验算 | (1) 强度验算;<br>(2) 稳定性验算 |

# 第10章 拱桥计算

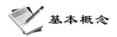

悬链线；拱轴系数；理想拱轴线；恒荷载压力线；五点重合法；弹性压缩；主拱控制截面的强度；纵向稳定；横向稳定。

通常，拱桥计算可以考虑将主拱圈、桥面和立柱或吊杆的联合作用建立整体结构模型进行计算，也可以单独将主拱圈作为承重结构来进行计算，拱上建筑及桥面等都作为外荷载来进行分析，同时在计算时须考虑主拱的稳定性。

主拱圈是受压为主的构件，拱轴线对其受力影响较大，拱轴线的确定和稳定性验算是拱桥计算的重要内容。

## 10.1 拱桥计算的一般规定

拱桥为多次超静定的空间结构，一般需经多个施工阶段才能建成。拱桥的计算通常需考虑空间效应（荷载横向分布、偏载影响等）与施工过程；拱轴线的确定和稳定性验算是拱桥计算的重要内容。拱桥结构整体作用效应，一般采用弹性理论来建立杆系有限元模型进行计算。按照《公路钢筋混凝土及预应力混凝土桥涵设计规范》(JTG 3362—2018) 要求，拱桥计算的一般规定如下。

(1) 对于简单体系拱桥，其计算可不考虑拱上建筑与主拱圈的联合作用；当考虑拱上建筑与主拱圈的联合作用时，拱上建筑结构的构造应符合计算的预设条件。本节有关拱桥的计算规定，均适用于主拱圈裸拱受力而不考虑其与拱上建筑的联合作用。

当采用车道荷载计算拱的正弯矩时，各截面的正弯矩折减系数宜按表 10-1 取用。

表 10-1 各截面的正弯矩折减系数

| 截面 | 跨径 L/m | | |
|---|---|---|---|
| | $L \leqslant 60$ | $60 < L < 100$ | $L \geqslant 100$ |
| 拱顶、1/4 拱跨 | 0.7 | 直线内插 | 1.0 |
| 拱脚 | 0.9 | 直线内插 | 1.0 |
| 其他截面 | 直线内插 | | |

(2) 拱桥设计应优选拱轴线，以使拱在作用组合下，轴向力的偏心距较小。对大跨径拱桥，当某些截面的结构自重压力线与拱轴线偏离过大，或在结构重力及其所引起的弹性压缩、温度下降、混凝土收缩徐变等作用下轴向力的偏心距较大时，应做适当调整，且应考虑拱轴线偏离结构自重压力线引起的偏离弯矩。

(3) 当拱上建筑为立柱排架式（框架）墩的箱形截面板拱时，应考虑活荷载的横向不均匀分布。当拱上建筑为墙式墩的板拱，且活荷载横桥向布置不超过主拱圈外时，活荷载可按均匀分布于主拱圈全宽计算。

(4) 上承式肋式拱桥活荷载可通过拱上排架墩的盖梁和立柱分配于拱肋。

(5) 拱桥在施工阶段或成拱过程中,应验算各阶段的截面强度和拱的稳定性。

(6) 结构构件成桥状态的内力根据设计施工方案逐阶段计算累加确定;结构构件成桥状态的应力根据设计施工方案,采用相应的净截面或换算截面逐阶段计算并累加确定。

(7) 汽车荷载的作用效应计入汽车荷载的偏载效应,偏载效应可采用精细化有限元模型计算,或根据可靠的工程经验确定。

(8) 多跨无铰拱桥应按连拱计算。当桥墩抗推刚度与主拱抗推刚度之比大于 37 时,可按单跨拱计算。

(9) 桁架拱可采用双铰拱支承体系;计算桁架拱受力时,其节点按固结考虑。刚架拱在上弦杆两端应设置活动支座,桥面板可与刚架拱片联合承受桥上活荷载。桁架拱和刚架拱均应考虑活荷载的横向分布。

(10) 当系杆拱拱肋截面的抗弯刚度与系杆截面的抗弯刚度之比小于 1/100 时,拱肋可视为仅承受轴向压力的柔性拱肋;当系杆拱拱肋截面的抗弯刚度与系杆截面的抗弯刚度之比大于 100 时,系杆可视为仅承受轴向拉力的拉杆。上述杆件的节点均可视为铰接。当拱肋截面的抗弯刚度与系杆截面的抗弯刚度之比为 1/100~100 时,系杆与拱肋应视为刚性连接,荷载引起的弯矩按系杆和拱肋的抗弯刚度分配。

(11) 计算风力或离心力引起的拱脚截面荷载效应时,可按以下假定近似计算。

① 拱圈视作两端固定的水平直梁,其跨径等于拱的计算跨径,全梁平均承受风力或离心力,计算梁端弯矩 $M_1$。

② 拱圈视作下端固定的竖向悬臂梁,其跨径等于拱的计算矢高,悬臂梁平均承受 1/2 拱跨风力,在梁的自由端承受 1/2 拱跨的离心力,计算固端弯矩 $M_2$。

③ 拱脚弯矩 $M$ 为上述两项弯矩在垂直曲线平面的拱脚截面上的投影之和,见式 (10-1)。

$$M = M_1 \cos\varphi + M_2 \sin\varphi \tag{10-1}$$

式中:$\varphi$——拱脚处拱轴线的切线与跨径的夹角。

## 10.2 悬链线拱计算

拱轴线的线形直接影响主拱截面内力的分布及其大小。理想的拱轴线是与拱上荷载的压力线重合,这样主拱截面只受轴向压力而无弯矩和剪力,主拱截面应力分布均匀。但实际上由于主拱不但受到恒荷载的作用还受到活荷载、温度荷载、材料收缩等作用,拱轴线不可能与拱上荷载的压力线完全重合,所以选择拱轴线也只可能尽量减少主拱截面的弯矩。一般来说,恒荷载所占比重相对于活荷载等其他荷载来说要大许多,在实际应用中也一般采用恒荷载压力线作为拱轴线。恒荷载越大这种选择越合理。

本节主要介绍悬链线上承式无铰拱桥的内力计算,对于其他类型拱桥的计算,可参考相关文献与著作。

## 10.2.1 实腹式悬链线拱

实腹式悬链线拱的恒荷载包括主拱圈、拱上填料和桥面的自重,其恒荷载集度由拱顶向拱脚连续分布且逐渐加大(图 10.1),其恒荷载压力线是一条悬链线。因此实腹式悬链线拱采用恒荷载压力线(不计弹性压缩)作为拱轴线。实腹式悬链线拱的拱轴线方程就是在图 10.1(b)所示的恒荷载作用下,根据拱轴线与压力线完全重合的条件推导出来的。

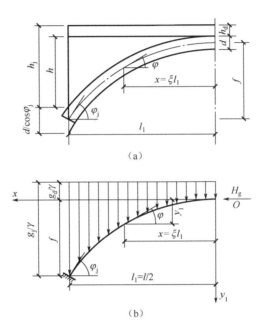

图 10.1 实腹式悬链线拱的恒荷载及拱轴线

1. 拱轴线方程的建立

由拱轴线为恒荷载压力线可知,在恒荷载作用下,拱顶截面的弯矩 $M_d=0$,由于对称性,剪力 $Q_d=0$,于是拱顶截面仅有恒荷载推力 $H_g$。对拱脚截面取矩,则可得式(10-2)。

$$H_g = \frac{\sum M_j}{f} \tag{10-2}$$

式中:$\sum M_j$——半拱恒荷载对拱脚截面的弯矩;

$H_g$——拱的恒荷载水平推力(不考虑弹性压缩);

$f$——拱的计算矢高。

对任意截面取矩,可得式(10-3)。

$$y_1 = \frac{M_x}{H_g} \tag{10-3}$$

式中:$M_x$——任意截面以右的全部恒荷载对该截面的弯矩值;

$y_1$——以拱顶为坐标原点,拱轴上任意点的坐标。

式（10-3）即为求算拱轴线（恒荷载压力线）的基本方程。将式（10-3）两边对 $x$ 求二阶导数得式（10-4）。

$$\frac{d^2 y_1}{dx^2} = \frac{1}{H_g} \cdot \frac{d^2 M_x}{dx^2} = \frac{g_x}{H_g} \tag{10-4}$$

式（10-4）即为求算拱轴线（恒荷载压力线）的基本微分方程。

为了得到拱轴线（即恒荷载压力线）的一般方程，必须知道恒荷载的分布规律。由图 10.1（b）所示可得任意点的恒荷载集度 $g_x$，可以式（10-5）表示。

$$g_x = g_d + \gamma y_1 \tag{10-5}$$

式中：$g_d$——拱顶处恒荷载集度；

$\gamma$——拱上材料单位体积重量。

令：

$$m = \frac{g_j}{g_d} \tag{10-6}$$

由式（10-5）、式（10-6）得式（10-7）。

$$g_j = g_d + \gamma f = m g_d \tag{10-7}$$

式中：$m$——拱轴系数（或称拱轴曲线系数）；

$g_j$——拱脚处恒荷载集度。

由式（10-7）得式（10-8）。

$$\gamma = (m-1) \frac{g_d}{f} \tag{10-8}$$

将式（10-8）代入式（10-5）可得式（10-9）。

$$g_x = g_d + (m-1) \frac{g_d}{f} y_1 = g_d \left[1 + (m-1) \frac{y_1}{f}\right] \tag{10-9}$$

再将式（10-9）代入基本微分方程（10-4），引入参数 $x = \xi l_1$，则 $dx = l_1 d\xi$。可得式（10-10）。

$$\frac{d^2 y_1}{d\xi^2} = \frac{l_1^2}{H_g} g_d \left[1 + (m-1) \frac{y_1}{f}\right] \tag{10-10}$$

将式（10-11）代入式（10-10），可得：

$$k^2 = \frac{l_1^2 g_d}{H_g f} (m-1) \tag{10-11}$$

则可得式（10-12）。

$$\frac{d^2 y_1}{d\xi^2} = \frac{l_1^2 g_d}{H_g} + k^2 y_1 \tag{10-12}$$

式（10-12）为二阶非齐次常系数线性微分方程。解此方程，则得拱轴线方程为 [式（10-13）]。

$$y_1 = \frac{f}{m-1} (\operatorname{ch} k\xi - 1) \tag{10-13}$$

式（10-13）一般称为悬链线方程。

引入边界条件可得拱脚截面：$\xi = 1$，$y_1 = f$，代入式（10-12）得 $\operatorname{ch} k = m$。

通常，$m$ 为已知值，则 $k$ 值可由式（10-14）求得。

$$k = \mathrm{ch}^{-1} m = \ln\left(m + \sqrt{m^2-1}\right) \tag{10-14}$$

任一点的拱轴纵坐标 $y_1$ 可由式（10-13）求得。

当 $m=1$ 时，即表示恒荷载是均布荷载，则 $g_x = g_d$。将 $m=1$ 代入式（10-11），解式（10-12）微分方程后可知，在均布荷载作用下的压力线为二次抛物线，其方程为式（10-15）。

$$y_1 = f\xi^2 \tag{10-15}$$

由悬链线方程（10-13）可以看出，当拱的矢跨比 $f/l$ 确定后，拱轴线各点的纵坐标将取决于拱轴系数 $m$，而 $m$ 又取决于拱脚与拱顶的恒荷载集度比。各种 $m$ 值的拱轴线坐标 $y_1$ 值可直接由《公路桥涵设计手册：拱桥（下册）》附录（Ⅲ）中的表（Ⅲ）-1 查出或由式（10-14）求得 $k$，再由式（10-13）计算求得。

2. 拱轴系数 $m$ 的确定

如前所述，根据实腹拱的恒荷载分布规律，拱脚及拱顶处恒荷载集度见式（10-16）。

$$\begin{cases} g_d = h_d \gamma_1 + d\gamma \\ g_j = h_d \gamma_1 + h\gamma_2 + \dfrac{d}{\cos\varphi_j}\gamma \end{cases} \tag{10-16}$$

式中：$h_d$——拱顶填料厚度，一般为 30~50cm；

$d$——拱圈厚度；

$\gamma$——拱圈材料单位体积重量；

$\gamma_1$——拱顶填料及路面的单位体积重量；

$\gamma_2$——拱腹填料单位体积重量；

$\varphi_j$——拱脚处拱轴线的水平倾角；

$h$——拱圈的高度，计算见式（10-17）。

$$h = f + \frac{d}{2} - \frac{d}{2\cos\varphi_j} \tag{10-17}$$

从式（10-16）可以看出，除 $\varphi_j$ 为未知数外，其余均为已知数。由于 $\varphi_j$ 未知，故不能直接算出 $m$ 值，而需用逐次逼近法确定：即先根据跨径和矢高假定 $m$ 值，由《公路桥涵设计手册：拱桥（下册）》表（Ⅲ）-20 查得拱脚处的 $\cos\varphi_j$ 值，代入式（10-16）求得 $g_j$ 后，即可算得 $m$ 值；然后与假定的 $m$ 值相比较，如二者相符，则假定的 $m$ 值即为真实值；如两者相差较大，则应以算得的 $m$ 值作为假定值，重新进行计算，直至两者接近为止。

由式（10-13）可以看出，当拱的矢跨比 $f/l$ 确定后，悬链线的形状则取决于拱轴系数 $m$，而 $m$ 值越大，曲线在拱脚处越陡，其线形特征点的位置就越高（图10.2）。拱跨 $l/4$ 点的纵坐标 $y_{l/4}$ 与 $m$ 有下述关系。

当 $\xi = \dfrac{1}{2}$ 时，$y_1 = y_{l/4}$，由式（10-13）得式（10-18）。

$$\frac{y_{l/4}}{f} = \frac{1}{m-1}\left(\mathrm{ch}\frac{k}{2} - 1\right) \tag{10-18}$$

因 $\mathrm{ch}\dfrac{k}{2} = \sqrt{\dfrac{\mathrm{ch}k+1}{2}} = \sqrt{\dfrac{m+1}{2}}$，

所以可得式（10-19）、式（10-20）。

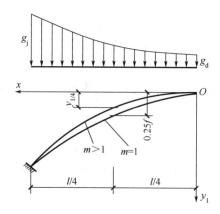

图 10.2　拱跨 $l/4$ 点纵坐标与 $m$ 的关系

$$\frac{y_{l/4}}{f}=\frac{\sqrt{\frac{m+1}{2}}-1}{m-1}=\frac{1}{\sqrt{2(m+1)}+2} \quad (10-19)$$

$$m=\frac{1}{2}(f/y_{\frac{1}{4}}-2)^2-1 \quad (10-20)$$

由此可见，$y_{l/4}$ 随 $m$ 的增大而减小（拱轴线抬高），随 $m$ 的减小而增大（拱轴线降低）（图 10.2）。在一般的悬链线拱桥中，$g_j > g_d$，因而 $m > 1$。只有在均布荷载作用下，$g_j = g_d$ 时，方能出现 $m = 1$ 的情况。在这种情况下，由式（10-19）可得 $y_{l/4}/f = 0.25$，即为悬链线中最低的一条曲线（二次抛物线）。

为了方便起见，按式（10-13）在 $y_{l/4}/f=0.25$ 到 $y_{l/4}/f=0.18$ 的范围内（相当于常用的拱轴系数 $m=1.000\sim5.321$），以 0.005 为级差计算得 $m$ 与 $\dfrac{y_{l/4}}{f}$ 的对应关系见表 10-2。

表 10-2　拱轴系数 $m$ 与 $\dfrac{y_{l/4}}{f}$ 的关系表

| $m$ | 1.000 | 1.167 | 1.347 | 1.543 | 1.756 | 1.988 | 2.240 | 2.514 | 2.814 | 3.142 | 3.500 | … | 5.321 |
|---|---|---|---|---|---|---|---|---|---|---|---|---|---|
| $y_{l/4}/f$ | 0.250 | 0.245 | 0.240 | 0.235 | 0.230 | 0.225 | 0.220 | 0.215 | 0.210 | 0.205 | 0.200 | … | 0.180 |

3. 拱轴线水平倾角 $\varphi$

将式（10-13）对 $\xi$ 取导数得式（10-21）。

$$\frac{\mathrm{d}y_1}{\mathrm{d}\xi}=\frac{fk}{m-1}\mathrm{sh}k\xi \quad (10-21)$$

将 $\varphi$ 的正切值［式（10-22）］代入［式（20-21）］可得式（10-23）。

$$\tan\varphi=\frac{\mathrm{d}y_1}{\mathrm{d}x}=\frac{\mathrm{d}y_1}{\frac{l}{2}\mathrm{d}\xi}=\frac{2\mathrm{d}y_1}{l\mathrm{d}\xi} \quad (10-22)$$

$$\tan\varphi=\frac{2fk\cdot\mathrm{sh}k\xi}{l(m-1)}=\eta\mathrm{sh}k\xi \quad (10-23)$$

其中，$\eta=\dfrac{2kf}{l(m-1)}$。

由式（10-23）可见，拱轴线水平倾角与拱轴系数 $m$ 有关。拱轴线上各点的水平倾角 $\tan\varphi$ 值，可直接由《公路桥涵设计手册：拱桥（下册）》中的表（Ⅲ）-2 查出。

**4. 不计弹性压缩的恒荷载内力**

如前所述，实腹式悬链线拱的拱轴线与恒荷载压力线完全重合，所以当采用恒荷载压力线作拱轴线而不考虑拱圈变形的影响时，拱圈各截面的恒荷载内力均只有轴向压力，而无弯矩和剪力，即拱圈处于纯压状态。

所以，由式（10-11）可得恒荷载水平推力为式（10-24）。

$$H_g = \frac{m-1}{4k^2} \times \frac{g_d l^2}{f} = k_g \frac{g_d l^2}{f} \tag{10-24}$$

其中：$k_g = \dfrac{m-1}{4k^2}$。

根据力的平衡条件，拱脚的竖向反力为半拱的恒荷载重量，即为式（10-25）。

$$V_g = \int_0^{l_1} g_x \, dx = \int_0^{l_1} g_x l_1 \, d\xi \tag{10-25}$$

将式（10-9）、式（10-13）代入式（10-25）积分得式（10-26）。

$$V_g = \frac{\sqrt{m^2-1}}{2[\ln(m+\sqrt{m^2-1})]} g_d l = k_g' g_d l \tag{10-26}$$

其中：$k_g' = \dfrac{\sqrt{m^2-1}}{2[\ln(m+\sqrt{m^2-1})]}$。

系数 $k_g$、$k_g'$ 可自《公路桥涵设计手册：拱桥（下册）》中的表（Ⅲ）-4 查得。

因为恒荷载弯矩和剪力均为零，拱圈各截面的轴向力 $N$ 按式（10-27）计算。

$$N = \frac{H_g}{\cos\varphi} \tag{10-27}$$

式中：$\varphi$——距拱顶 $x$ 截面的倾角。

## 10.2.2　空腹式悬链线拱

**1. 拱轴系数 $m$ 的确定**

相对实腹式拱桥来说，空腹式拱桥的恒荷载，即主拱圈与实腹段自重的连续分布荷载及空腹部分通过腹孔墩传下的集中力 [图 10.3（a）]，不是连续分布的。由于集中力这种非连续分布荷载的存在，拱的恒荷载压力线也不是一条平滑的曲线，而是在集中力处有转折，更不是悬链线。但由于悬链线拱的受力情况较好，又有完整的计算表格可供利用，所以在设计空腹式拱桥时，仍然采用悬链线作为拱轴线。而由式（10-13）可知，当拱的矢跨比 $f/l$ 确定后，悬链线的形状就取决于拱轴系数 $m$。

为了使拱轴线与恒荷载压力线比较接近，一般采用五点重合法确定悬链线拱轴线的 $m$ 值，即要求拱轴线在全拱有五点（拱顶、两 $l/4$ 点和两拱脚）与其相应三铰拱恒荷载压力线重合 [图 10.3（b）]。由此，可以根据上述五点弯矩为零的条件确定 $m$ 值。

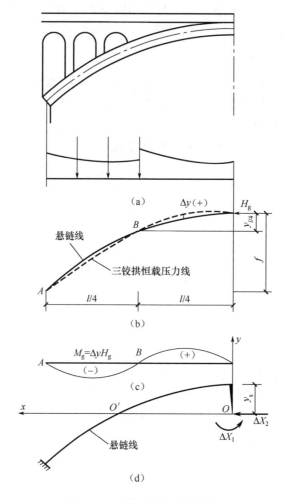

图 10.3 空腹式悬链线拱轴线

由拱顶弯矩为零及恒荷载的对称条件可知,拱顶仅有通过截面重心的恒荷载推力 $H_g$ 时,相应弯矩 $M_d$ 和剪力 $Q_d$ 才为 0。

在图 10.3 (a)、(b) 中,由 $\sum M_A = 0$,得式(10-28)。

$$H_g = \frac{\sum M_j}{f} \tag{10-28}$$

由 $\sum M_B = 0$,得式(10-29)、式(10-30)。

$$H_g y_{l/4} - \sum M_{l/4} = 0 \tag{10-29}$$

$$H_g = \frac{\sum M_{l/4}}{y_{l/4}} \tag{10-30}$$

将式(10-28)代入式(10-30),可得式(10-31)。

$$\frac{y_{l/4}}{f} = \frac{\sum M_{l/4}}{\sum M_j} \tag{10-31}$$

式中：$\sum M_j$——半拱恒荷载对拱脚截面的弯矩；

$\sum M_{l/4}$——拱顶至拱跨 $l/4$ 点区域的恒荷载对 $l/4$ 截面的弯矩。

等截面悬链线拱主拱圈恒荷载对 $l/4$ 及拱脚截面的弯矩 $M_{l/4}$、$M_j$ 可由《公路桥涵设计手册：拱桥（下册）》中的表（Ⅲ）-19 查得。求得 $\dfrac{y_{l/4}}{f}$ 之后，可由（10-20）反求 $m$。

空腹式拱桥的 $m$ 值，仍按逐次逼近法确定。即先假定一个 $m$ 值，定出拱轴线，作图布置拱上建筑，然后计算拱圈和拱上建筑的恒荷载对 $l/4$ 和拱脚截面的弯矩 $\sum M_{l/4}$ 和 $\sum M_j$，根据式（10-31）求出 $\dfrac{y_{l/4}}{f}$，然后利用式（10-20）算出 $m$ 值，如与假定的 $m$ 值不符，则应以求得的 $m$ 值作为新的假定值，重新计算，直至两者接近为止。空腹式悬链线拱的拱轴系数，一般宜采用 1.167～2.814。

应当注意，用上述方法确定空腹拱的拱轴线，仅与其三铰拱恒荷载压力线保持五点重合，其他截面、拱轴线与三铰拱恒荷载压力线都有不同程度的偏离。计算证明，从拱顶到 $l/4$ 点，一般三铰拱恒荷载压力线在拱轴线之上；而从 $l/4$ 点到拱脚，三铰拱恒荷载压力线则大多在拱轴线之下。拱轴线与相应三铰拱恒荷载压力线的偏离类似于一个正弦波 [图 10.3（c）]。

空腹式无铰拱桥，采用五点重合法确定的拱轴线，与相应三铰拱的恒荷载压力线在拱顶、两 $l/4$ 点和两拱脚五点重合，而与无铰拱的恒荷载压力线（简称恒荷载压力线）实际上并不存在五点重合的关系。由结构力学知识可知，恒荷载压力线与拱轴线的偏离会在拱中产生附加内力。但研究证明，拱顶的偏离弯矩为负，而拱脚的偏离弯矩为正，恰好与这两截面控制弯矩的符号相反。这一事实说明，在空腹式无铰拱桥中，用五点重合法确定的悬链线 [图 10.3（d）]，其偏离弯矩对拱顶、拱脚都是有利的。因而，空腹式无铰拱的拱轴线，用悬链线比用恒荷载压力线更加合理。

2. 不计弹性压缩的恒荷载内力

由于空腹式无铰拱的拱轴线与恒荷载压力线有偏离弯矩，因此在拱顶、拱脚和 $l/4$ 点处都有恒荷载弯矩。在设计中，为了计算的方便，空腹式无铰拱的恒荷载内力又可分为两部分，即先不考虑偏离弯矩的影响，将拱轴线视为与恒荷载压力线完全重合，然后再考虑偏离弯矩的影响，计算由偏离引起的恒荷载内力。两者叠加，即得空腹式无铰拱考虑弹性压缩的恒荷载内力。

不考虑偏离弯矩的影响时，空腹式无铰拱的恒荷载内力亦按纯压拱计算。此时，拱的恒荷载推力 $H_g$ 和拱脚竖向反力 $V_g$，可直接由静力平衡条件写出。其中 $H_g$ 由式（10-28）计算，$V_g$ 为半跨拱及拱上结构的重量。

求得 $H_g$ 后，可直接利用式（10-27）得出主拱各截面的轴力，拱中的弯矩和剪力均为零。

在设计中小跨径的空腹式拱桥时，可偏安全地不考虑偏离弯矩的影响。大跨径空腹式拱桥，恒荷载压力线与拱轴线的偏离一般比中小跨径大，恒荷载偏离弯矩是一种可供利用的有利因素，此时，应当计入偏离弯矩的影响。

## 10.3 主拱的验算

本节仅介绍钢筋混凝土拱桥的主拱的强度验算与稳定性验算。

### 10.3.1 强度验算

当求出了各种作用下拱结构的效应后,就可以进行作用效应组合,进而验算主拱控制截面的强度。大跨径拱桥应验算拱顶、拱跨 3/8、拱跨 1/4 和拱脚 4 个控制截面;特大跨径拱桥,除上述 4 个截面外,视截面配筋情况,还应适当增加验算截面;对于中小跨径拱桥,拱跨 1/4 截面可不验算,只需验算拱顶、拱跨 3/8 和拱脚截面。

拱肋(圈)主要受压,同时也承受弯矩,其截面强度通常可按偏向受压构件验算。当按轴心受压构件验算主拱截面强度时,需按不同截面的轴向力设计值验算。钢筋混凝土主拱圈截面轴心抗压强度验算见式(10-32)。

$$\gamma_0 N_d < 0.90\varphi(f_{cd}A + f'_{sd}A'_s) \tag{10-32}$$

式中:$N_d$——拱的轴向压力设计值;
$\varphi$——轴向受压构件稳定系数,与构件的长细比有关;
$A$——构件毛截面面积,当纵向钢筋配筋率大于 3% 时,$A$ 应改用 $A_n = A - A'_s$;
$A'_s$——全部纵向钢筋的截面面积;
$f_{cd}$、$f'_{sd}$——混凝土轴心抗压强度设计值和纵向普通钢筋抗压强度设计值;
$\gamma_0$——结构重要性系数,按桥涵结构设计安全等级,一级、二级、三级分别取 1.1、1.0、0.9,桥涵结构设计安全等级应符合现行《公路桥涵设计通用规范》(JTG D60—2015)的规定。

### 10.3.2 纵向稳定性验算

拱圈(肋)平面内纵向稳定的验算一般也表达为强度校核的形式,拱的纵向稳定性验算式与式(10-32)相同,但轴向压力设计值的计算方法有区别。验算拱的平面内纵向稳定时,一般将拱圈(肋)换算为相当长度的压杆(图 10.4),拱的轴向压力设计值(或平均轴向力)$N_d$ 按式(10-33)计算。

$$N_d = H_d / \cos\varphi_m \tag{10-33}$$

式中:$H_d$——拱的水平推力设计值;
$\varphi_m$——拱顶、拱脚连线与水平线之间的夹角。

计算平面内纵向稳定时,拱圈的计算长度 $l_0$ 可按下列规定采用。

三铰拱:$0.58s$;双铰拱:$0.54s$;无铰拱:$0.36s$。$s$ 为拱轴线长度。

在施工阶段,拱的平面内纵向稳定性验算的构件自重效应分项系数取 1.2,施工附加的其他荷载效应分项系数取 1.4。在使用阶段,拱的平面内纵向稳定性验算的作用效应的分项系数,按《公路桥涵设计通用规范》(JTG D60—2015)取用。

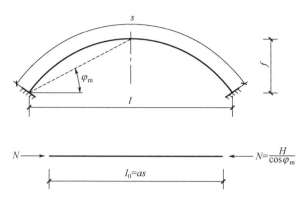

图 10.4　拱的平面内纵向稳定性验算轴向压力计算图示

计算分析和试验均表明,在竖向均布荷载作用下,无铰拱和两铰拱在拱轴平面内的失稳形式为反对称失稳,如图 10.5(a)、(b)所示;三铰拱的失稳则取决于矢跨比 $f/l$,当 $f/l \geqslant 0.3$ 时,发生反对称失稳;当 $f/l \leqslant 0.2$ 时,将发生对称失稳,如图 10.5(c)所示。

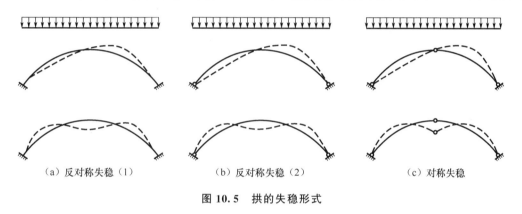

(a) 反对称失稳(1)　　　　(b) 反对称失稳(2)　　　　(c) 对称失稳

图 10.5　拱的失稳形式

## 10.3.3　横向稳定性验算

拱的横向(平面外)稳定性验算,一般宜采用稳定计算程序。下面介绍的横向稳定计算方法,其计算结果可与程序计算结果相比较。拱的横向稳定可按式(10-34)验算。

$$K = \frac{N_L}{N_d} \geqslant 4 \qquad (10-34)$$

式中:$K$——横向稳定安全系数;

$N_L$——拱丧失横向稳定时的临界轴向压力;

$N_d$——拱的轴向压力设计值,按式(10-33)确定。

**1. 板拱及单肋合龙拱的横向稳定**

当板拱的宽跨比(横向宽度与计算跨径之比)小于 1/20 时,应验算拱圈的横向稳定。

对于板拱或采用单肋合龙的拱肋,可近似用矩形等截面抛物线两铰拱在均布竖向荷载作用下的横向稳定公式[式(10-35)、式(10-36)]来计算临界轴向压力及临界推力。

临界轴向压力：
$$N_L = \frac{H_L}{\cos\varphi_m} \tag{10-35}$$

临界推力：
$$H_L = k\frac{EI_y}{8fl^2} \tag{10-36}$$

式中：$k$——临界荷载系数，与拱的矢跨比 $f/l$ 及 $\lambda$ 有关，($\lambda$ 为截面抗弯刚度与抗扭刚度之比，$\lambda = \frac{EI_y}{GI_k}$；见表 10-3，$G$ 为切变模量，$G=0.4E$；$I_k$ 为扭转惯性矩)；

$I_y$——主拱截面对拱桥纵轴的惯性矩。

表 10-3 临界荷载系数 $k$

| $f/l$ | $\lambda$ | | |
|---|---|---|---|
| | **0.7** | **1.0** | **2.0** |
| 0.1 | 28.5 | 28.5 | 28.0 |
| 0.2 | 41.5 | 41.0 | 40.0 |
| 0.3 | 40.0 | 38.5 | 36.5 |

试验与计算表明，无铰拱的临界荷载系数比有铰拱大。对于悬链线无铰拱的横向稳定，宜采用结构稳定计算程序验算，设计中可偏安全地采用两铰拱的计算公式，或者采用圆弧无铰拱的公式计算临界轴向压力。

2. 肋拱的横向稳定

横向连接的肋拱及无支架施工时采用双肋合龙的拱桥的横向稳定性验算比较复杂。一般可将其视为长度等于拱轴线长度的平面桁架，根据其支承条件，按受压组合构件确定其计算长度和长细比，进行横向稳定性验算（图 10.6）。其临界轴向压力按式（10-37）计算。

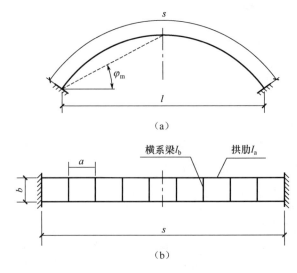

图 10.6 肋拱横向稳定性验算图式

$$N_L = \frac{\pi^2 E_a I_y}{L_0^2} \tag{10-37}$$

式中：$I_y$——两拱肋对拱桥纵轴的惯性矩；

$E_a$——拱肋材料的弹性模量；

$L_0$——组合压杆计算长度，$L_0 = \rho \alpha S$。$\alpha$ 为计算长度系数，无铰拱为 0.5，两铰拱为 1.0；$\rho$ 的计算见式（10-38）。

$$\rho = \sqrt{1 + \frac{\pi^2 E_a I_y}{L_j^2} \left( \frac{ab}{E_a I_b} + \frac{a^2}{24 E_a I_a} \times \frac{1}{1-\beta} + \frac{na}{bA_b G} \right)} \tag{10-38}$$

其中，$L_j = \alpha S$

式中：$a$——横系梁的间距；

$b$——两拱肋中距，即横系梁的计算长度；

$I_a$——单根拱肋对竖轴的惯性矩；

$I_b$——单根横系梁对竖轴的惯性矩；

$E_b$——横系梁的弹性模量；

$\beta$——考虑节间局部稳定的有关系数，$\beta = a^2 N_L / 2\pi^2 E_a I_a$，只能通过试算法求解，没有足够数目的横系梁时，可以忽略不计；

$n$——与横系梁截面形状有关的系数（对矩形截面 $n = 1.2$，对圆形截面 $m = 1.11$）；

$G$——横系梁的切变模量；

$A_b$——横系梁的截面面积。

以上，主要介绍了钢筋混凝土拱桥的强度验算与稳定性验算，对于石砌或素混凝土建造的圬工拱桥的强度验算与稳定性验算，可参照《公路圬工桥涵设计规范》（JTG D61—2005）进行。

对于复杂结构或特大跨径拱桥，需利用有限单元法及结构稳定计算软件建立分析模型，进行非线性稳定性分析与验算。

## 本 章 小 结

本章主要介绍了拱桥计算的一般规定、实腹式悬链线拱拱轴线方程、空腹式悬链线拱的五点重合法及拱轴系数的确定，主拱强度验算和稳定性验算等。

本章根据恒荷载压力线和拱轴线重合则拱圈截面弯矩为零推导出了悬链线拱的拱轴线方程；采用逐渐逼近法确定了拱轴系数，以及拱轴系数与主拱圈受力的关系。

本章根据五点重合法，得出了空腹式悬链线拱的拱轴线方程和拱轴系数。当拱轴线与恒荷载压力线完全重合时，按截面无弯矩计算拱圈截面内力。

本章根据作用效应组合，验算了主拱的强度和稳定。

## 习 题

10-1 什么是拱轴线？在拱桥设计中一般应如何选择合理的拱轴线？

10-2　实腹式悬链线拱的拱轴线是什么？

10-3　阐述拱轴系数 $m$ 的定义，拱轴系数 $m$ 的变化对拱轴线有何影响？

10-4　在空腹式悬链线拱中，为什么用五点重合法确定的悬链线拱轴线比用恒荷载压力线更加合理？

10-5　空腹式无铰拱桥的强度验算时，一般应验算哪几个控制截面？

10-6　为什么拱桥需要进行稳定性验算？如何验算其纵向稳定、横向稳定？

# 第11章
# 桥梁墩台的类型及构造

### 教学目标

本章主要介绍梁桥墩台和拱桥墩台的类型和构造。通过本章学习，学生应达到以下目标。
(1) 掌握桥梁墩台的基本组成与类型。
(2) 掌握梁桥桥墩的类型与构造。
(3) 熟悉梁桥桥台类型与构造。
(4) 熟悉拱桥桥墩类型及构造。
(5) 熟悉拱桥桥台类型与构造。

### 教学要求

| 知识要点 | 能力要求 | 相关知识 |
| --- | --- | --- |
| 桥梁墩台的作用与类型 | (1) 掌握墩台作用；<br>(2) 掌握墩台类型 | (1) 桥墩、桥台的概念；<br>(2) 墩台类型 |
| 墩台基本组成与类型 | (1) 掌握墩台基本组成部分；<br>(2) 掌握常用基本的墩台类型 | (1) 墩帽、墩身、基础；<br>(2) 重力式墩台；<br>(3) 轻型墩台 |
| 梁桥桥墩的类型及构造 | (1) 熟悉实体桥墩的构造；<br>(2) 熟悉空心桥墩类型及构造；<br>(3) 熟悉柱式桥墩类型及构造；<br>(4) 熟悉柔性排架桩墩的构造；<br>(5) 熟悉框架墩的常用类型及构造 | (1) 墩帽、墩身和基础构造及尺寸拟定；<br>(2) 薄壁混凝土空心墩；<br>(3) 单柱式、双柱式、哑铃式及混合式墩；<br>(4) V形墩及Y形墩 |
| 梁桥桥台类型及构造 | (1) 熟悉重力式桥台类型及构造；<br>(2) 熟悉轻型桥台类型及构造；<br>(3) 熟悉组合式桥台类型及构造 | (1) 重力式U形桥台构造要求；<br>(2) 实体埋置式桥台构造；<br>(3) 框架式桥台；<br>(4) 钢筋混凝土薄壁轻型桥台；<br>(5) 加筋土桥台 |

续表

| 知识要点 | 能力要求 | 相关知识 |
| --- | --- | --- |
| 拱桥桥墩类型及构造 | （1）熟悉重力式桥墩类型及构造要求；<br>（2）熟悉轻型桥墩的构造要求 | （1）重力式桥墩组成及与梁桥重力式桥墩构造上的不同；<br>（2）桩柱式桥墩的构造 |
| 拱桥桥台类型及构造 | （1）熟悉重力式桥台构造要求；<br>（2）熟悉轻型桥台类型 | （1）U形重力式桥台的构造要求；<br>（2）八字形、U形等轻型桥台的构造 |

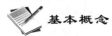 基本概念

桥墩；桥台；重力式墩台；轻型墩台；钢筋混凝土构件；圬工构件。

 引例

我国连云港市濒临黄海，表层为 0.5～2.5m 的黏性土硬壳层，其下为 3～13m 的淤泥质黏土层，再下为黏土、亚黏土层，基岩为花岗岩片麻岩。软土呈流塑状态，具有含水量大、压缩性大、透水性差、力学强度低等特点。所以，软土地基上墩台类型的正确选用非常重要，将关系到整个工程结构的质量安危，对造价和工期有很大影响。

桥梁墩台是桥梁建筑的重要组成部分之一，主要承受桥梁上部结构传递的荷载并将其传递给基础，桥台还承受挡土护岸的作用。因此，合理选择桥梁的墩台类型就变得尤为重要；桥梁墩台的设计应遵循安全、耐久、适用、环保、经济和美观的原则。

## 11.1 桥梁墩台的作用与类型

### 11.1.1 桥梁墩台的作用与要求

桥梁墩台是桥墩和桥台的合称，用于支承桥梁上部结构，且将传递给基础，它与基础统称为桥梁下部结构。

桥墩指多跨桥梁的中间支承结构物，主要承受上部结构自重荷载、风荷载、流水压力、冰压力、船舶与漂流物的撞击作用（对于跨河桥）、桥下车辆的撞击作用（对于跨线桥）。桥台一般指桥头两端设置的支承与挡土的结构物，它既要支承上部结构，又要衔接两岸接线路堤、挡土护岸、承受土压力。因此，桥梁墩台必须具有足够的强度、刚度和稳定性。

### 11.1.2 桥梁墩台的基本组成与类型

1. 基本组成

如图 11.1 所示，桥梁墩台一般由墩（台）帽（或拱座）、墩（台）身和基础三部分组成。

# 第11章 桥梁墩台的类型及构造

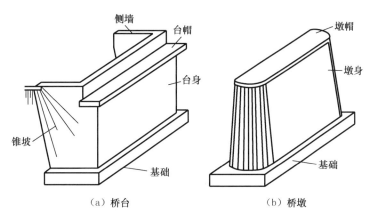

图 11.1 梁桥墩台的组成

墩（台）帽是指梁桥墩台顶端的承力与传力构件，它通过支座支承上部结构，承受很大的竖向支承反力，并将支座传来的集中力分散给墩（台）身。拱座是特指拱桥墩台而言的，它直接承受由拱圈传来的竖向压力、水平推力和弯矩，并将它们分散给墩（台）身。

墩身是桥梁墩台的结构主体，指墩帽（或拱座）以下、基础顶面以上的构造部分，是主要承受压弯联合作用的构件。台身一般由前墙和侧墙（或耳墙）构成，兼有支撑墙和挡土墙的作用。

基础是桥梁墩台直接与地基接触的部分，将桥梁的全部荷载传递给地基。

2. 墩台的基本类型

桥梁最常用、最基本的墩台类型，总体上可分为重力式墩台和轻型墩台两种。

（1）重力式墩台。

重力式墩台，主要优点是靠自身重力来平衡外力而保持稳定，因此，墩（台）身截面尺寸较大且厚实，一般采用石砌或片石混凝土浇注，适合于地基良好的场地；缺点是圬工体积较大，其重力和阻水面积也较大。这种墩台，在早期桥梁中使用较多，目前使用较少。

（2）轻型墩台。

一般而言，轻型墩台的墩（台）身截面尺寸较小，受力后将在一定范围内发生弹性变形，一般为钢筋混凝土构件，主要有框架式（含柱式）墩台、实体与空心薄壁墩台、排架桩墩台等，是目前公路及城市桥梁中广泛采用的墩台类型。

## 11.2 梁桥墩台的类型及构造

### 11.2.1 梁桥桥墩的类型及构造

梁桥桥墩按使用材料可分为钢筋混凝土桥墩和圬工桥墩；按构造可分为实体墩、空心墩、柱式墩、柔性排架桩墩及框架墩等；按墩身横截面形状（图 11.2）可分为矩形墩、圆形墩、圆端形墩、尖端形墩及各种空心截面墩；按受力特点可分为刚性墩和柔性墩；按施工工艺可分为现浇（砌）墩和预制安装墩等。

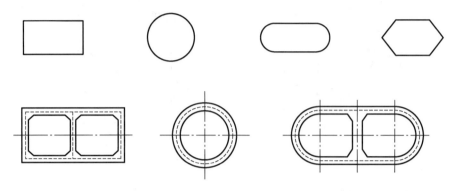

图 11.2　墩身横截面形状

1. 实体墩

实体墩是由墩帽、墩身和基础构成的一个实体结构。按其截面尺寸和桥墩重力的大小不同，可分为实体重力式墩（图 11.3）和实体薄壁式（墙式）墩（图 11.4）。

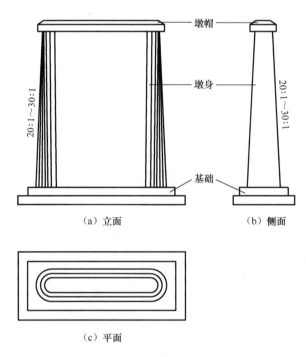

图 11.3　实体重力式墩

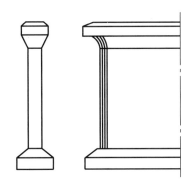

图 11.4 实体薄壁式墩

实体重力式墩的墩身一般为石砌或片石混凝土构件（圬工构件）；实体薄壁式墩的墩身一般是钢筋混凝土构件。

（1）墩帽。

墩帽是承力与传力的构件，因此对墩帽的厚度和材料的强度要求较高，其厚度随桥梁跨径而定，对于特大、大跨径桥梁不应小于50cm，对于中小跨径桥梁不应小于40cm。墩帽一般要用C20以上的混凝土做成，内应设置构造钢筋。在一些桥面较宽、墩身较高的桥梁中，为了减小墩身及基础的圬工或混凝土体积，常常利用挑出的悬臂或托盘来缩短墩身横向长度。悬臂式墩帽和托盘式墩帽（图11.5）一般采用C20或C25钢筋混凝土。

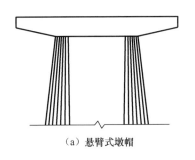
（a）悬臂式墩帽

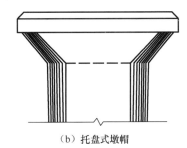
（b）托盘式墩帽

图 11.5 悬臂式和托盘式墩帽

墩帽长度和宽度视上部结构的形式、支座的尺寸和布置、上部结构的防震及主梁的施工吊装要求等条件而定。采用橡胶支座时，尚应设计预留更换支座所需的位置和空间。墩帽尺寸拟定如下。

① 顺桥向墩帽最小宽度 $b$。

a. 双排支座

如图11.6所示，双排支座顺桥向的墩帽最小宽度 $b$，按式（11-1）、式（11-2）计算。

$$b \geqslant f + \frac{a}{2} + \frac{a'}{2} + 2c_1 + 2c_2 \tag{11-1}$$

$$f = e_0 + e_1 + e_1' \geqslant \frac{a}{2} + \frac{a'}{2} \tag{11-2}$$

式中：$f$——相邻两跨支座间的中心距；

$e_0$——伸缩缝宽度,中小跨径桥梁为 2~5cm,大跨径桥梁可按温度变化及施工放样、安装构件可能出现的误差等决定;

$e_1$、$e_1'$——桥跨梁端过支座中心的长度;

$a, a'$——桥跨结构支座垫板的纵桥向宽度;

$c_1$——纵桥向支座垫板至台身、墩身边缘的最小距离,见表 11-1 及图 11.7;

$c_2$——檐口宽度,一般为 5~10cm。

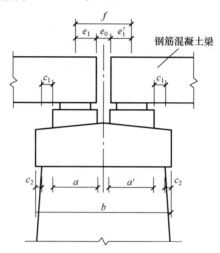

图 11.6　双排支座顺桥向墩帽尺寸

表 11-1　支座垫板到台身、墩身边缘的最小距离 $c_1$　　　　单位:cm

| 桥梁类型 | 纵桥向 | 横桥向 | |
|---|---|---|---|
| | | 圆弧形端头(自支座边角量起) | 矩形端头 |
| 特大桥 | 30 | 30 | 50 |
| 大桥 | 25 | 25 | 40 |
| 中桥 | 20 | 20 | 30 |
| 小桥 | 15 | 15 | 20 |

注:当采用钢筋混凝土或预应力混凝土悬臂墩帽时,可不受本表限制,以便于施工、养护和更换支座而定。

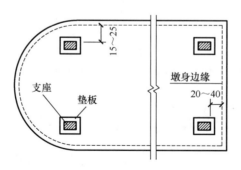

图 11.7　$c_1$ 值的确定(尺寸单位:cm)

大跨径桥梁伸缩缝宽度中由温度引起的变位 $e_0$，见式（11-3）。

$$e_0 = lt\alpha \tag{11-3}$$

式中：$l$——桥跨的计算长度（因桥梁的分孔、联长、固定支座与活动支座布置不同而不同）；

$t$——温度变化幅度值，可采用当地最高和最低月平均气温及桥跨浇筑完成时的温度计算决定；

$\alpha$——材料的线膨胀系数，钢筋混凝土及预应力混凝土梁（板）的线膨胀系数为 $1 \times 10^{-5}$。

b. 单排支座

如图 11.8 所示，墩上仅有一排支座时（如连续梁桥），顺桥向墩帽最小宽度 $b$ 可由式（11-4）计算。

$$b = a + 2c_1 + 2c_2 \tag{11-4}$$

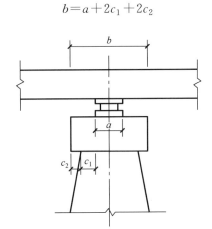

图 11.8　单排支座顺桥向墩帽最小宽度

c. 不等高双排支座

如图 11.9 所示，对于不等高双排支座，顺桥向墩帽最小宽度 $b$ 按式（11-5）、式（11-6）计算，并取大者。

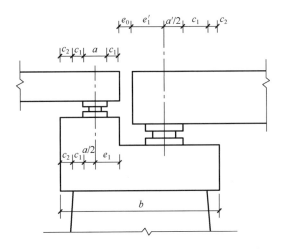

图 11.9　不等高双排支座顺桥向墩帽最小宽度

$$b = \left(c_2 + c_1 + \frac{a}{2} + e_1\right) + e_0 + \left(e_1' + \frac{a'}{2} + c_1 + c_2\right) \tag{11-5}$$

$$b = (a + 2c_1 + c_2) + e_0 + \left(e_1' + \frac{a'}{2} + c_1 + c_2\right) \tag{11-6}$$

② 横桥向墩帽最小宽度 $B$。

a. 平面形状为矩形的墩帽

对于多片主梁（图 11.10），横桥向墩帽最小宽度 $B$ 按式（11-7）计算。

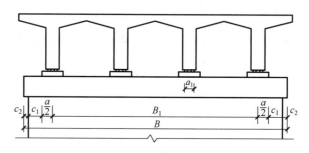

图 11.10  多片主梁墩帽横桥向墩帽最小宽度

$$B = B_1 + a_1 + 2c_1 + 2c_2 \tag{11-7}$$

式中：$B_1$——桥跨结构两外侧主梁中心距；

$a_1$——支座底板横向宽度。

对于箱形截面梁（图 11.11），横桥向墩帽最小宽度 $B$ 的计算式同式（11-7），但式中 $B_1$ 为边支座中心距。

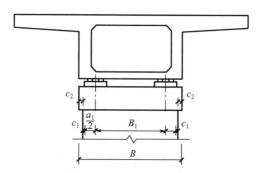

图 11.11  箱形截面梁墩帽横桥向墩帽最小宽度

b. 平面形状为圆端的墩帽

横桥向墩帽最小宽度 $B$ 的计算见式（11-8）。

$$B = B_1 + a_1 + b \tag{11-8}$$

式中：$b$——墩帽纵桥向的最小宽度。

(2) 墩身。

① 重力式实体墩身。

重力式实体墩身通常由块石、浆砌片石或片石混凝土等材料建造。对于大中跨径桥梁的墩身，采用的材料最低强度等级为石材 MU40，混凝土 C25，砂浆 M7.5。对于小跨径桥梁的墩身，采用的材料强度等级为石材应不低于 MU30，混凝土应不低于 C20，砂浆应不低于 M5。

墩身顶宽：对小跨径桥梁不宜小于 80cm，对中跨径桥梁不宜小于 100cm，对大跨径桥梁视上部结构类型而定。侧坡一般采用 20∶1～30∶1，小跨径桥梁的桥墩也可采用直坡。

为便于流水和漂流物通过，重力式墩身平面形状可以做成圆端形或尖端形；无水的岸墩或高架桥墩可做成矩形。

② 实体薄壁墩身。

实体薄壁桥墩（墙式墩）的墩身（图 11.4），一般采用钢筋混凝土做成，在顺桥方向可不设侧坡，在横桥方向可做成等宽或不等宽形式（上宽下窄的"花瓶墩"）。对于连续刚构桥，为了减小桥墩的水平抗推刚度、适应主梁因温度及混凝土收缩徐变引起的纵向变形，大多采用双肢薄壁墩或箱形空心薄壁墩形式。目前，钢筋混凝土薄壁墩广泛用于大跨径及中小跨径桥梁中。

构造要求：实体薄壁墩身表面宜设置钢筋网，其截面面积在水平方向和竖直方向分别不应小于 $250mm^2/m$（包括受力钢筋与构造钢筋），钢筋间距不宜大于 400mm。

（3）桩基承台与基础。

桩基承台的构造要求，除应满足《公路桥涵地基与基础设计规范》（JTG D63—2007）有关规定外，尚应符合下列要求。

① 桩基承台的厚度不宜小于桩直径的 1.5 倍，且不小于 1.5m。

② 当桩中距不大于 3 倍桩直径时，桩基承台受力钢筋应均匀布置于全宽度内；当桩中距大于 3 倍桩直径时，受力钢筋应均匀布置于距桩中心 1.5 倍桩直径范围内，在此范围以外应布置配筋率不小于 0.1% 的构造钢筋。钢筋的横向净距、层距及最小混凝土保护层厚度应符合相关规定。

③ 如桩基承台仅有一个方向的受力钢筋，在垂直于受力钢筋方向，应设置直径不小于 12mm、间距不大于 25cm 的构造钢筋。

④ 桩基承台底面内宜设置一层钢筋网，底面内每个方向的钢筋用量宜为 1200～1500$mm^2/m$，钢筋直径宜采用 12～16mm。

⑤ 桩基承台竖向联系钢筋，其直径不应小于 16mm。

⑥ 桩基承台的桩中距大于或等于桩直径的 3 倍时，宜在两桩之间，距桩中心各一倍桩直径的中间区段内设置吊筋，其直径不应小于 12mm，间距不应大于 20cm。

桥梁墩台基础的种类很多，已在"基础工程"课程中给予了论述，这里仅简要介绍刚性扩大基础在天然地基上的设置要点。刚性扩大基础应采用 M5 以上砂浆砌筑 MU30 以上块石建成，或用 C20 以上混凝土浇注而成，或用同强度等级的片石混凝土浇注而成。它的平面尺寸为墩身底截面尺寸加上基础襟边，基础襟边尺寸受基础的刚性扩散角的影响。刚性扩散角的取值：对于片石、块石和料石砌体，当用 M5 的砂浆砌筑时，不应大于 30°；当用 M5 以上的砂浆砌筑时，不应大于 35°；对于混凝土，不应大于 40°。扩大基础可以设置单层，也可设置成 2、3 层台阶形式。基础襟边尺寸在刚性扩散角的限值以内时，基础襟边受力可不做验算。

为了保持美观和结构不受碰损，基础顶面一般应设置在河流最低水位以下不小于 50cm 处；在季节性河流或旱地上，不宜高出地面。另外，为了保证持力层的稳定性和不受扰动，除岩石地基外基础的埋深，应在天然地面或河底面以下不小于 100cm；如有冲刷，基础埋深应在设计洪水位冲刷线以下不小于100cm；对于上部结构为超静定结构的桥梁基础，除非冻胀土外，均应将基底埋于冻结线以下不小于25cm处。

2. 空心墩

对于较高大的桥墩，为了减轻墩身自重、增大截面的抗弯惯性矩与抗扭惯性矩、节省材料与造价，可采用空心墩，其一般为钢筋混凝土构件，截面形式如图11.2（b）所示，主要有箱形、圆形截面空心薄壁墩，墩身立面形状可做直坡式或斜坡式，斜坡率通常为50∶1～40∶1；图11.12所示为圆形空心薄壁墩构造。

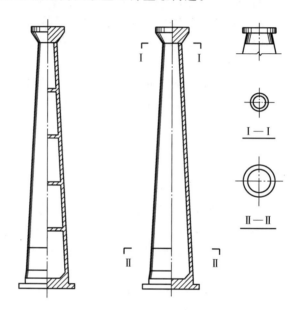

图11.12　圆形空心薄壁墩构造

钢筋混凝土薄壁空心墩的构造要求如下。

① 墩身壁厚不宜小于30cm。现浇混凝土的强度等级：大中跨径桥梁不小于C25，小跨径桥梁不小于C20。

② 为保证薄壁空心墩墩壁的稳定及桥墩的局部和整体稳定，应在墩身内设横隔板或纵横隔板，形成空格形结构；水平横隔板设置的间距受墩壁厚度的限制，但对于40m以上的高墩，不论墩壁厚度如何，均按6～10m的间距设置横隔板。

③ 对于薄壁钢筋混凝土空心墩应按计算配筋，一般配筋率在0.5%左右，墩身表层内应设置钢筋网，其钢筋截面面积在水平方向和竖直方向均不小于$250mm^2/m$且钢筋间距不应大于40cm。

3. 柱式桥墩

柱式桥墩一般由墩顶的盖梁（即墩帽）、墩身、横系梁和桩基础或扩大基础组成。墩身的外形是圆形截面、矩形截面或多边形截面的单柱或分离的双柱及多柱（图11.13）。这种桥墩轻巧美观、节省材料、施工方便，是桥梁特别是在较宽、较大的城市高架桥和立交桥，广泛采用的墩形之一。

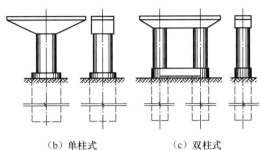

(a) 矩形及其他截面形式墩照片　　(b) 单柱式　　(c) 双柱式

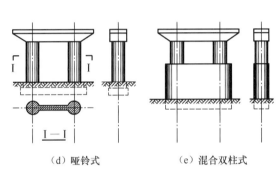

(d) 哑铃式　　(e) 混合双柱式　　(f) 双柱式墩照片

**图 11.13　柱式桥墩**

目前公路桥梁中常用的柱式桥墩的形式有单柱式、双柱式（多柱式）、哑铃式及混合双柱式四种（图 11.13）。单柱式桥墩宜在斜交角大于 15°的斜交桥、河水流向不稳定的水中墩或立交桥上使用，其盖梁悬臂长度和尺寸较大。双柱式桥墩为横向由盖梁、柱身与系梁组成的框架结构，是目前双车道桥梁采用最多的柱式桥墩，特别是钻孔灌注桩柱式桥墩，适用于复杂的软弱地质条件及较大跨径和较高桥墩的桥梁。钻孔灌注桩柱式桥墩由地面下的钻孔灌注桩基与墩柱直接相连，当墩柱的高度大于 1.5 倍桩中距时，宜在桩与柱连接面处布置横系梁，以增加桩与柱的整体刚度；当墩柱高度大于 7m 时，还应在高柱的中部设置双柱间的横系梁，以加强墩柱的横向联系。哑铃式桥墩和混合双柱式桥墩是为了适应河道流水速度大且有流冰或漂流物等不利条件，以加强墩身整体刚度所组合成的。

钢筋混凝土柱式桥墩的构造要求如下。

① 墩柱一般为偏心受压构件，其构造应满足《公路钢筋混凝土及预应力混凝土桥涵设计规范》(JTG 3362—2018) 的要求。墩柱一般采用 C30~C50 混凝土，其纵向受力钢筋的直径不应小于 12mm 且其净距不应小于 5cm 且不大于 35cm，钢筋配筋率不应小于 0.5%；当混凝土强度等级为 C50 及以上时，钢筋配筋率不应小于 0.6%；同时，一侧钢筋的配筋率不应小于 0.2%；纵向受力钢筋应伸入基础与盖梁，伸入长度不小于规定的锚固长度。箍筋应做成闭合式，其直径不应小于纵向钢筋直径的 1/4 且不小于 8mm；箍筋间距不应大于纵向受力钢筋直径的 15 倍、不大于构件短边尺寸（圆形截面采用 0.8 倍直径）且不大于 40cm；当纵向钢筋配筋率大于 3%时，箍筋间距不应大于纵向钢筋直径的

10 倍，且不大于 20cm。当墩柱的截面高度大于或等于 60cm 时，在侧面应设置直径 10~16mm 的纵向构造钢筋，必要时应设置复合箍筋。

② 当盖梁的跨高比不大于 5 时，采用的混凝土强度等级不应低于 C25。盖梁截面内应设箍筋，箍筋直径不应小于 8mm 且其间距不宜大于 20cm。盖梁两侧面应设纵向水平钢筋，其直径不宜小于 12mm 且间距不宜大于 20cm。

③ 柱身间的横系梁截面高度和宽度可分别取 0.8~1.0 倍或 0.6~0.8 倍的柱直径或长边边长；截面四角应设置直径不小于 16mm 的纵向钢筋，并设直径不小于 8mm 的箍筋，箍筋间距不应大于横系梁的短边尺寸或 40cm。

④ 在盖梁与墩柱、横系梁与墩柱的节点的纵向钢筋应有足够的锚固长度。对于墩柱端节点，当梁截面上部纵向钢筋伸入该节点时，应伸过柱的中心线，伸过的长度不宜小于 $5d$（$d$ 为纵向钢筋直径）；对于梁截面下部纵向钢筋，当充分利用该钢筋的抗拉强度时，钢筋锚固方式及长度与上部纵向钢筋的规定相同。对于墩柱中间节点，梁的上部、下部纵向钢筋均应贯穿该节点，当必须锚固时，还应满足锚固长度的要求。

⑤ 在盖梁与墩柱、系梁与墩柱节点，墩柱的纵向钢筋应满足下列要求：墩柱的纵向钢筋应贯穿横系梁与墩柱节点，接头应设在该节点区以外；在盖梁与墩柱节点，墩柱的纵向钢筋应伸至盖梁顶，自盖梁底算起的锚固长度应满足有关要求；当盖梁的尺寸不足时，墩柱的纵向钢筋可采用 90°弯折锚固方式，此时墩柱的纵向钢筋应伸至梁的上部纵向钢筋内边，其包含弯弧在内的水平投影长度不应小于 $0.4l_a$（$l_a$ 为钢筋最小锚固长度），含弯弧段的投影长度不小于 $12d$。

4．柔性排架桩墩

柔性排架桩墩是由单排或双排的预制钢筋混凝土沉入桩或钻孔灌注桩与钢筋混凝土盖梁组成的（图 11.14）。其主要特点是可以通过一些构造措施，将上部结构传来的水平力（汽车制动力、温度作用等）传递到全桥的各个柔性墩台或相邻的刚性墩台上，以减小单个柔性墩台所受到的水平力，从而达到减小柔性排架桩墩截面的目的。单排架桩墩的墩身高度一般不超过 5.0m。当墩身高度大于 5.0m 时，为避免行车时可能发生的纵桥向晃动，宜设置双排架桩墩；但当采用钻孔灌注桩时，可仍采用单排架桩墩。由于柔性排架桩墩的尺寸较小，对于山区河流、流冰或漂流物严重的河流，墩柱易被损坏，因此宜在桥的上游设置防护设施。

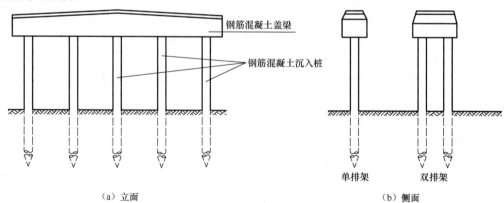

图 11.14 柔性排架桩墩

当桥梁孔数较多且桥梁较长时，柔性排架桩墩的墩顶会因水平位移过大而处于不利状态，这时宜将桥跨分成若干联，每联长度的划分视温度、地形、构造和受力情况确定。

一般来讲，当墩的高度在5m以内时，可采用一联式、二联式和多联式桩墩，每联1～4孔，每联长为40～45m。对于多联式桩墩的中间联，由于不受土压力的影响，此联长可以达到50m。联与联之间设温度墩，即为两排互不联系的桩墩，为的是在温度变化的情况下，联与联之间互不影响。

当墩的高度为6～7m时，应在每联内设置一个由盖梁构成的整体双排架桩墩，以增加结构的刚度（图11.15）。此时每联长度可适当加长，中间联的孔数可相应增加。

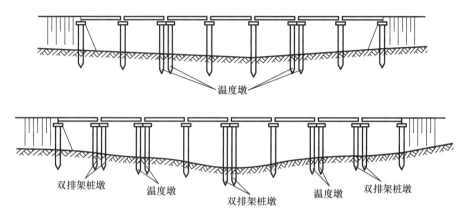

图 11.15　柔性排架桩墩的纵向布置

柔性排架桩墩在构造上尚应注意以下几点：①对于钻孔灌注桩排架桩墩，其桩的直径不宜大于90cm，桩间的距离不小于2.5倍的成孔直径，盖梁的宽度一般比桩径大10～20cm，盖梁的高度根据受力计算和构造要求确定；②对于预制钢筋混凝土方桩排架桩墩，桩的横截面尺寸与桩长有关，一般当桩长在10m以内时，桩的横截面尺寸为30cm×30cm；当桩长在10～14m时，桩的横截面尺寸为35cm×35cm；当桩长大于15m时，桩的横截面尺寸为40cm×40cm。桩与桩之间的中距不应小于桩边长的3倍，一般为1.5～2.0m。盖梁一般为矩形截面，单、双排架桩墩盖梁的高度均为40～50cm，单排架桩墩盖梁的宽度采用60～80cm。

5. 框架墩

框架墩是指在桥梁纵向或横向由拉压、弯曲构件组成的平面或空间框架，前述的双柱式（多柱式）墩也是一种框架墩（横向）。目前，在公路和城市桥梁的预应力混凝土连续梁桥中使用框架墩时，典型的结构形式是预应力混凝土V形墩、Y形墩，其优点是斜撑可缩短主梁的受力计算跨径，由此降低了梁高，提高了桥梁的跨越能力；其缺点是当斜撑受力较大时，在斜撑内需布置预应力钢筋，施工比较麻烦。

V形墩与Y形墩的构造要点如下。

(1) V形墩的高度一般应设计成等高，墩顶分开的斜撑在墩底连接在一起；Y形墩的高度可以不同，但斜撑顶部至底部的竖向距离应保持一致，其斜撑底部下的直立墩体部分可以进行墩高调节，这样可使各墩的斜撑都具有统一的体形。

(2) 斜撑与斜撑间轴线的张开角一般应小于 90°，其值宜依据桥下净空要求和桥梁总体布置确定；斜撑的截面形式可采用矩形、I 形和箱形等。

(3) 支座可布置在斜撑的顶部或底部，也可不设支座。当支座布置在斜撑顶部时，斜撑是桥墩的一个组成部分；当采用斜撑与主梁固结时，斜撑成为桥梁上部结构的一个组成部分，支座可布置在斜撑的底部；当斜撑与承台刚接时，可不设支座。

图 11.16 所示为预应力混凝土 V 形墩，中孔跨径 30.0m，但其受力计算跨径只为 26.0m，梁高为 1.3m。其 V 形斜撑与箱梁固结，斜撑间张开角为 50°，斜撑高 4.6m。

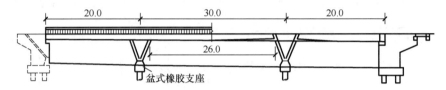

图 11.16　预应力混凝土 V 形墩（尺寸单位：m）

## 11.2.2　梁桥桥台的构造

梁桥桥台从构造上可分为重力式桥台、轻型桥台和组合式桥台三种类型。

**1. 重力式桥台**

重力式桥台主要靠自身重力来平衡桥台后的土压力，桥台台身一般由圬工材料采用就地浇（砌）筑施工建成，可分为重力式 U 形桥台和实体埋置式桥台等。

(1) 重力式 U 形桥台。

如图 11.17 所示，重力式 U 形桥台因其台身是由前墙和两个侧墙在平面上构成的 U 形结构而得名。其优点是构造简单、整体刚度大，可用混凝土或片石、块石砌筑，适用于填土高度在 10m 以下的桥梁。其缺点是桥台体积和自重较大，增加了对地基的要求；此外，桥台的两个侧墙之间的填土容易积水，结冰后产生冻胀，使侧墙产生裂缝，所以宜用渗水性较好的土夯填，并做好台后排水措施。

① 台帽。

台帽尽管尺寸较小，但受力较复杂，应采用钢筋混凝土。若台帽采用素混凝土，则应设置构造钢筋，混凝土的强度等级应视桥梁跨径和台帽的施工方法的不同而异：大桥的台帽，预制施工应不低于 C30，现浇施工应不低于 C25；小桥的台帽，预制施工应不低于 C25，现浇施工应不低于 C20。台帽的厚度：对于大跨径以上桥梁不应小于 50cm，对于中小跨径桥梁不应小于 40cm。台帽顺桥向最小宽度、长度计算见式（11-9）、式（11-10）。

台帽顺桥向最小宽度 $b$（图 11.18）：

$$b = \frac{a}{2} + e_1 + \frac{e_0}{2} + c_1 + c_2 \qquad (11-9)$$

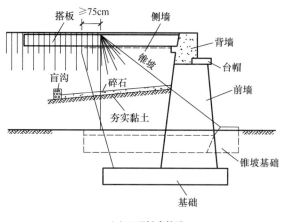
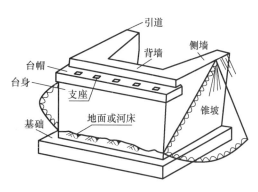

(a) U形桥台构造　　　　　　　　　(b) U形桥台立体（三维）图

(c) 侧墙与台身背面（靠路堤侧）照片　　　　(d) 台帽顶部照片

图 11.17　重力式 U 形桥台

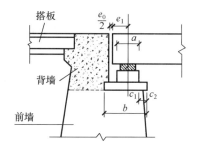

图 11.18　台帽顺桥向尺寸

台帽顺桥向长度 $l$：

$$l = B + 2c_2 \tag{11-10}$$

式中：$B$——台身宽度。

② 前墙和侧墙。

U 形桥台前墙正面可设为竖直面和斜面，竖直面形式有利于桥下净空，斜面形式多采用 1∶10 或 1∶20 的斜坡；前墙内侧面为斜面，斜坡取 1∶6～1∶8。侧墙与前墙结合成一体，兼有挡土墙和支撑墙的作用，侧墙外表面设为竖直面，内侧面为 1∶3～1∶5 的斜面，其长度视桥台高度、锥坡坡度及侧墙尾端伸入路堤内的长度而定。锥坡的下缘一般应与前墙正面所交的地面线相交汇，锥坡坡度一般由纵桥向为 1∶1 逐渐变至横桥向为路堤的边坡（多为 1∶1.5）。为保证桥台与路堤有良好的衔接，侧墙尾端应有不小于 75cm 的水平长度伸入路堤内，其尾端竖向除最上段 100cm 采用竖直外，以下部分常采用 4∶1～8∶1 的倒坡。台身宽度通常与路基顶宽相同。

《公路圬工桥涵设计规范》(JTG D61—2005) 规定，前墙与侧墙的顶面宽度均不宜小于 50cm（图 11.19），前墙任一水平截面的宽度不宜小于该截面至墙顶高度的 0.4 倍。对于侧墙任一水平截面的宽度应按下列规定取值：当侧墙为片石砌体时，不宜小于该截面至墙顶高度的 0.4 倍；当侧墙为块石、粗料石砌体或混凝土墙体时，不宜小于该截面至墙顶高度的 0.35 倍；若桥台内填料为中、粗砂或砂砾时，则以上两项可分别减为 0.35 倍、0.30 倍。另外，在非岩石类的地基上，较宽的桥台宜每隔 10～15m 设置一道沉降缝。现浇混凝土桥台应根据当地气候条件及施工条件，每隔 5～10m 设置一道伸缩缝。为了排除桥台内的积水，应设置台背排水设施，将积水引向设于桥台后横穿路堤的盲沟内。

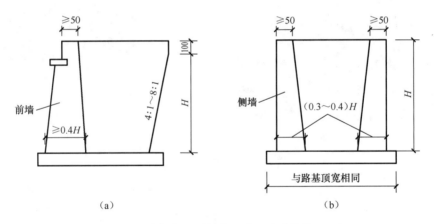

图 11.19 重力式 U 形桥台尺寸（尺寸单位：cm）

(2) 实体埋置式桥台。

实体埋置式桥台是由圬工实体的台身、钢筋混凝土的台帽及耳墙组成的（图 11.20），其中台身埋在桥端的整体溜坡中。由于这种桥台的工作原理是将台身后倾，使重心落在基底截面的形心之后，以平衡桥台后填土的倾覆力矩；再则，桥台身前的溜坡填土对桥台的主动土压力可以抵抗桥台身后的路堤填土的部分土压力；而且，它不设侧墙仅设有薄小的钢筋混凝土耳墙，因此这种桥台的体积较小、用材省。但由于溜坡伸入桥孔内，压缩了桥下净空，因此有时需要增加桥长。它适用于桥头为浅滩、溜坡受冲刷较小且路堤填土高度达 8m 以上的多跨桥的高桥台。

实体埋置式桥台的耳墙承受路堤的土压力，如需要支承人行道上的荷载，则受到两个方向的弯矩和剪力，应按受力分析配置受力钢筋。耳墙长度一般不超过 3m，其厚度为

# 第11章 桥梁墩台的类型及构造

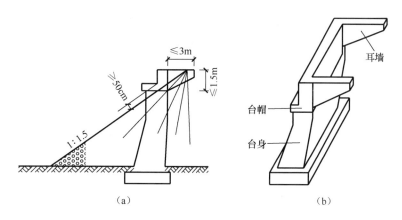

**图 11.20　实体埋置式桥台**

15～30cm，后端高度为 50cm，前端高度为 100～250cm，耳墙应将主筋伸入台帽借以锚固。台帽及耳墙采用的混凝土强度等级不宜小于 C25，台身和基础为 M7.5 浆砌 MU40 块石，溜坡表面宜采用 M5 浆砌 MU30 片石作铺砌护坡。

2. 轻型桥台

轻型桥台一般为钢筋混凝土结构，其构造特点是利用结构的抗弯能力和整体刚度来减小台身的体积而使桥台轻型化。轻型桥台具有整体性好、自重小的优点，是目前公路与城市桥梁中广泛采用的桥台形式。常用的轻型桥台可分为框架式桥台、薄壁桥台及设有支撑梁的桥台等几种类型。

（1）框架式桥台。

框架式桥台是将台身、盖梁（台帽）及横系梁连成框架式结构的轻型桥台。框架式桥台的台身均埋置在土坡内，盖梁上部设置耳墙使桥台与路堤连接。它所承受的土压力较小，适用于地基承载力较低、台身较高、跨径较大的梁桥。根据台身的构件形式，框架式桥台又可分为肋板式桥台（图 11.21）、柱式桥台（图 11.22）和格构式桥台（图 11.23）。

① 肋板式桥台。

肋板式桥台的台身为两块钢筋混凝土实心肋板，上部由盖梁连接，当台身的高度达到或超过 10m 时，肋板间须设置横系梁 [图 11.21（a）]。盖梁、横系梁和耳墙应按受力配置钢筋，采用的混凝土强度等级应大于 C25。桥台的背墙和肋板表层应设置钢筋网，其截面面积在水平方向和竖直方向均不应小于 $250mm^2/m$（包括受力钢筋），钢筋间距不应大于 40cm。肋板厚度一般为 40～80cm，混凝土强度等级应大于 C20。

② 柱式桥台。

柱式桥台的台身为钢筋混凝土圆柱或方柱（图 11.22），一般用于填土高度小于 5m 的桥台，柱间不需设置横系梁。这种桥台能适应各种地基，当地基承载力较好时可采用普通扩大基础；当柱与桩相连时形成桩柱式桥台。横桥向柱的数目应根据桥宽和地基基础确定，可采用双柱式、三柱式或多柱式，但常用双柱式。

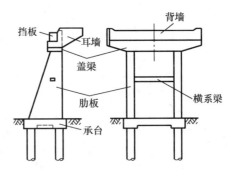

(a) 肋板式桥台构造

(b) 肋板式桥台照片

(c) 肋板式桥台的台身照片

图 11.21　肋板式桥台

③ 格构式桥台。

格构式桥台的台身为钢筋混凝土框架肋（图 11.23），它既比柱式桥台具有更好的刚度，又比肋板式桥台更节省材料用量。由于这种钢筋混凝土框架肋的斜杆能够产生水平分力以平衡台后的土压力，加之基底较宽，又通过横系梁连成一个空间框架，所以稳定性较好，可用于填土高度在 5m 以上的桥台。

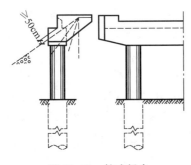

图 11.22　柱式桥台

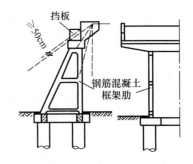

图 11.23　格构式桥台

（2）薄壁桥台。

薄壁桥台常用的形式有悬臂式、扶壁式、撑墙式及箱式等，如图 11.24（a）所示。钢筋混凝土薄壁桥台是由扶壁式挡土墙和两侧的薄壁侧墙构成的，如图 11.24（b）所示。挡土墙由前墙和间距为 2.5～3.5m 的扶壁所组成。台顶由竖直小墙和支于扶壁上的水平板构成，用以支撑桥跨结构。

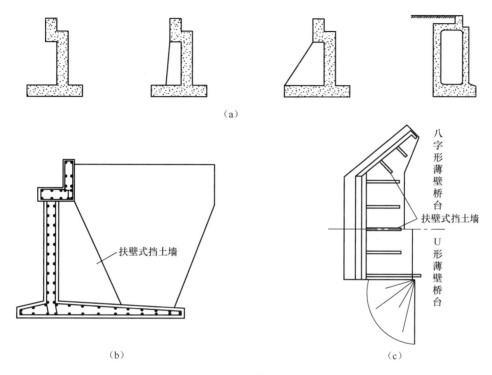

图 11.24 薄壁桥台

两侧薄壁可以与前墙垂直，有时也做成与前墙斜交。前者称为 U 形薄壁桥台，后者称为八字形薄壁桥台，如图 11.24（c）所示。这种桥台不仅可以减少圬工体积 40%～50%，同时因自重减轻而减小了对地基的压力。故薄壁桥台适用于软弱地基的条件，但其构造和施工比较复杂，并且钢筋用量也较多，目前使用较少。

（3）设有支撑梁的桥台。

设有支撑梁的桥台的台身采用直立的台墙，桥台上端与主梁（板）通过钢销铰接，台墙下端在相邻桥台（墩）之间设有支撑梁，由此便构成四铰框架结构系统（图 11.25）。该系统中上部主梁（板）与下部支撑梁共同支撑桥台承受桥台后的土压力。这种桥台仅适用于小跨径桥梁，即桥梁跨径不大于 13m、桥孔不宜多于三孔的梁（板）桥，且目前使用较少。

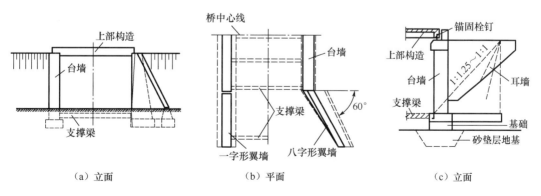

图 11.25 设有支撑梁的桥台

按照翼墙的形式和布置方式，设有支撑梁的桥台又可分为一字形轻型桥台、八字形轻型桥台、耳墙式轻型桥台。其台墙厚度不宜小于60cm，梁（板）端铰接钢销直径不应小于20mm。支撑梁应设于铺砌层或冲刷线以下，中距宜为2～3m，采用钢筋混凝土构件，其截面尺寸不宜小于20cm×30cm（横×竖），截面四角应设置直径不小于12mm的纵桥向钢筋；如采用混凝土或块石砌筑，其截面尺寸不宜小于40cm×40cm。

斜交桥轻型桥台的斜交角不应大于15°，且下部支撑梁应按照如下要求布置：两外侧应平行于桥中心线，中间应垂直于台墙。

3. 组合式桥台

加筋土桥台是一种组合式桥台，本小节只介绍加筋土桥台。其由柱式桥台与土体加固构造组合而成，包括盖梁、台柱、台柱基础以及加筋体的竖直面板、面板基础、筋带和填料。它的工作原理是，竖直面板后的填料主动土压力作用到竖直面板上，再通过筋带与填料之间产生的摩擦力来平衡竖直面板对筋带的拉力，而台柱只承受梁传来的作用力。这种桥台受力明确，适用于台高5～6m的跨线桥或台柱不受河水冲刷的中小跨径桥梁。

加筋土桥台根据台柱所处位置可分为内置组合式桥台和外置组合式桥台两种（图11.26），不论何种形式，上部结构均由台柱顶部盖梁支承，加筋体不承受支座传递的荷载。因此，盖梁与台柱的设计与常规柱式桥台设计要求相同，但对于加筋体的设计应注意如下要求。

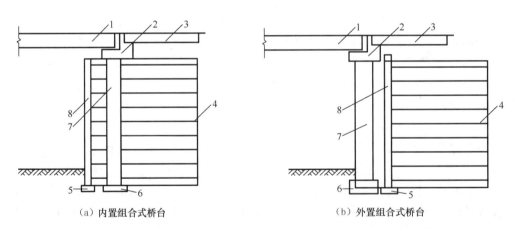

注：1—上部构造；2—盖梁；3—桥头搭板；4—筋带；5—面板基础；6—台柱基础；7—台柱；8—面板。

图11.26 加筋土桥台形式

（1）内置组合式桥台，台柱与竖直面板的净距不宜小于40cm，其值应根据台柱尺寸、筋带种类及压实方法等条件综合考虑确定；外置组合式桥台，台柱与竖直面板的净距不应小于30cm。

（2）加筋体的筋带应选用抗老化、耐腐蚀的材料，其截面面积、长度及加筋体的稳定性应通过加筋体内部、外部的稳定性分析确定。内部稳定性分析是确定筋带的截面与长度，基本方法是局部平衡法。该方法的原理是根据作用在填料中最大拉应力点上的应力，计算筋带截面的最大拉应力。筋带截面计算应考虑车辆荷载引起的土压力对面板的影响使筋带产生的拉力，但为偏于安全，筋带在填料中的长度计算可不计车辆荷载引起的摩擦力。

另外，加筋土桥台应设置桥头搭板，其设计要求和具体措施详见相关的公路刚性路面设计规范。

## 11.3 拱桥墩台的类型及构造

拱桥墩台类型与梁桥墩台一样，也可分为三大类型：重力式墩台、轻型墩台和组合式墩台。由于拱桥是一种具有较大水平推力的结构，一般而言，其墩台构造与梁桥墩台构造存在一定的差异，但它们的作用原理是相同的。

### 11.3.1 拱桥桥墩的类型及构造

1. 重力式桥墩

拱桥重力式桥墩由墩帽、墩身及基础三部分组成（图 11.27），但它与梁桥重力式桥墩相比，在构造上主要有如下几点不同。

重力式桥墩

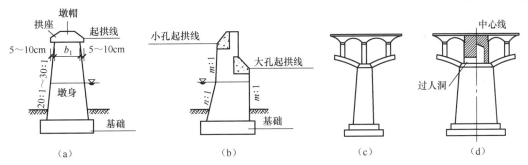

图 11.27 拱桥重力式桥墩

（1）墩帽的不同。拱桥桥墩的墩帽顶面应设置拱座，拱座的面积、斜坡与拱脚截面相同，用以直接承受由拱圈传来的竖向力和水平推力等。拱座应设置在起拱线标高上，当相邻两孔的跨径相同时，桥墩两侧的拱座在纵、横桥向应设置成整体式墩帽，如图 11.27（a）所示；当桥墩两侧的跨径不等时，应将两侧的拱座放置在不同的起拱线标高上，如图 11.27（b）所示。为便于施工和满足受力要求，拱座宜采用 C25 以上的现浇混凝土。

（2）墩身的不同。根据受力需要，拱桥重力式桥墩一般可分为普通墩、单向推力墩及交接墩 3 种类型。

① 普通墩 [图 11.27（c）]，设计中一般假定相邻两跨结构重力产生的水平推力相互平衡，墩身不承受水平推力的作用，仅承受竖向力。其墩身的顶宽 $b_1$ 取值要求是：混凝土桥墩可按拱跨的 $1/25\sim1/15$、石砌桥墩可按拱跨的 $1/20\sim1/10$ 拟定，但均不宜小于 80cm。墩身两侧斜面坡度可为 1:20～1:30。

② 单向推力墩 [图 11-27(d)]，又称制动墩，当一侧拱跨因某种原因遭到破坏时，能承受另一侧拱跨重力产生的水平推力，以保证其不倒塌，即能承受单向水平推力。另外，当施工时为了拱架的周转或者当缆吊设备的工作跨径受到限制时，为了能分跨进行施工，也要设置能承受不平衡推力的单向推力墩。由此可见，为了满足结构强度和稳定性的要求，单向推力墩应比普通墩的墩身设计得厚实些，而且应适当调整墩身两侧的斜面坡度。

③ 交接墩 [图 11.27 (b)]，用于桥墩两侧跨径不同的不等跨拱桥，它除拱座不设置在同一起拱线标高上外，还应有能够承受不平衡水平推力的构造外形。因此，其墩身应在推力较小的一侧设置变坡斜面，以减小不平衡水平推力引起的基底反力偏心距。从外形美观上考虑，变坡点一般设在常水位之下，而变坡点以上的斜面应与墩另一侧斜面的坡度相同。

2. 轻型桥墩

拱桥轻型桥墩，目前主要采用柱式墩。

拱桥的柱式墩（图 11.28）与梁桥柱式墩相似，其主要差别是梁桥在墩帽上设置支座，而拱桥在墩顶部分则设置拱座。墩柱较高（柱高大于 6m）时，一般应在柱间设置横系梁以增强横向刚度与稳定性。柱式墩一般采用单排桩，单孔跨径在 40m 以上的大桥或高墩可采用双排桩。在桩顶设置承台，与墩柱连成整体；如果柱与桩直接连接，则应在结合处设置横系梁。

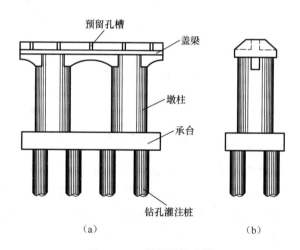

图 11.28 拱桥的柱式墩

## 11.3.2 拱桥桥台的构造

拱桥桥台在受力变形上的最大特点是，桥台承受拱的较大的水平推力后，将发生绕其基础形心轴向路堤方向的转动。为了抵抗这一转动，拱桥桥台比梁桥桥台的尺寸大，构造形式多。但拱桥桥台仍可分为重力式桥台、轻型桥台和组合式桥台三大类。

## 第11章 桥梁墩台的类型及构造

1. 重力式桥台

拱桥常用的重力式桥台是 U 形桥台（图 11.29），它由拱座、台身和基础三部分组成。与梁桥 U 形桥台相比，构造上除拱座和前墙两部分有所差别外，其余部分基本相同。拱桥桥台只在向桥跨的一侧设置拱座，拱座尺寸可参照拱桥桥墩的拱座拟定，其他部分的尺寸如图 11.29 所示，并参考梁桥 U 形桥台进行设计。

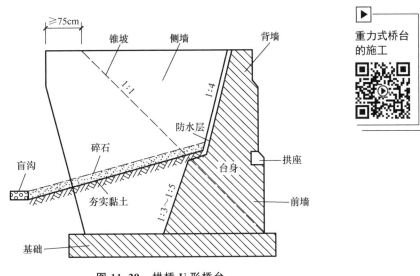

图 11.29　拱桥 U 形桥台

2. 轻型桥台

拱桥轻型桥台是相对于重力式桥台而言的，当地基承载力较小、路堤填土较低时可采用此类桥台。常用的轻型桥台有八字形桥台、U 形桥台、背撑式桥台、空腹式桥台和齿槛式桥台。

(1) 八字形桥台。

八字形桥台的构造简单，台身由前墙和两侧的八字形翼墙构成，如图 11.30（a）所示。两者之间通常留沉降缝分离。前墙可以是等厚度的，也可以是变厚度的。变厚度台身的背坡为 1∶2～1∶4。翼墙的顶宽一般为 40cm。前坡为 10∶1，后坡为 5∶1。为了防止基底向桥跨滑动，基础应有一定的埋置深度。

(2) U 形桥台。

U 形桥台是由前墙和平行于车行方向的侧墙组成的，构成 U 形的水平截面，如图 11.30（b）所示。它与重力式 U 形桥台的差别是，后者是靠扩大桥台底面积以减小基底压力，并利用基底与地基的摩阻力和台背土压力，以平衡拱的水平推力，因此基础底面积较轻型桥台的要大。U 形桥台前墙的构造和八字形桥台相同，但侧墙却是拱上侧墙的延伸，它们之间应设变形缝，以适应桥跨的可能变位。

(3) 背撑式桥台。

当桥台较宽时，为了保证结构的强度和稳定性，可以在八字形或 U 形桥台的前墙背后加一道或几道背撑，构成 Ⅱ 形、E 形等水平截面形式的前墙（图 11.31）。背撑顶宽为

30~60cm，厚度为30~60cm，背坡为1∶3~1∶5的梯形。这种桥台比八字形桥台稳定性要好，但土方开挖量及圬土体积都有增多。通常加背撑的U形桥台能适用于较大跨径的高台和宽桥。

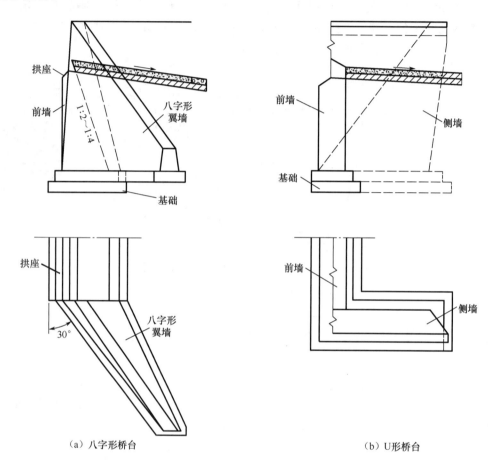

图 11.30 八字形桥台和 U 形桥台

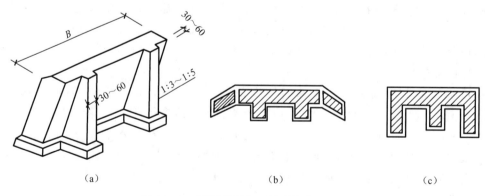

图 11.31 背撑式桥台（尺寸单位：cm）

(4) 空腹式桥台。

空腹式桥台由前墙、后墙、基础板和撑墙等部分组成（图 11.32）。前墙承受拱圈传来的荷载，后墙支承桥台后的土压力。在前后墙之间设置三四道撑墙，作为传力构件，并对后墙起到扶壁作用，对基础板起到加劲作用。最外边的撑墙可以做成阶梯踏步，供人们上下河岸。空腹可以是敞口的，也可以是封闭的。当地基承载力许可时，也可在腹内填土。这种桥台一般是在软土地基、河床无冲刷或冲刷轻微、水位变化小的桥梁上采用。

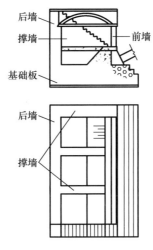

图 11.32　空腹式桥台

(5) 齿槛式桥台。

齿槛式桥台是由前墙、侧墙、后墙底板和撑墙几个部分组成的（图 11.33）。其结构特点是基底面积较大，可以支承一定的垂直压力；后墙底板下的齿槛可以增加摩擦和抗滑的稳定性；台背做成斜挡板，利用它背面的原状土和前墙背面的新填土，共同平衡拱的水平推力；前墙与后墙底板之间的撑墙可以提高结构的刚度。齿槛的宽度和深度一般不小于50cm。这种桥台适用于软土地基和路堤较低的中小跨径拱桥。

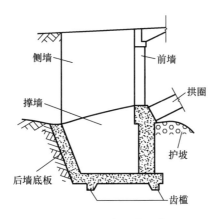

图 11.33　齿槛式桥台

3. 组合式桥台

拱桥的组合式桥台由前台和后座两部分组成（图 11.34）。前台的桩基或沉井基础用来承受拱的竖向力，桥台后的主动土压力及后座基底的摩擦力用来平衡拱的水平推力。考虑到主拱水平推力向后传递时有向下扩散的影响，后座基底标高应低于拱脚截面底缘的标高。台身与后座两部分之间必须紧密贴合，其间应设置成既密贴又可相互自由沉降的隔离缝，以适应两者的不均匀沉降。

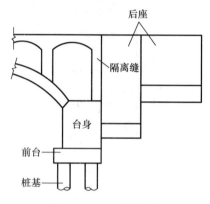

图 11.34　组合式桥台

这种桥台为软土地基上修建拱桥所采用，实践证明效果较好，解决了拱桥的水平推力问题，为采用竖直桩修建拱桥桥台提供了途径。需要指出的是，组合式桥台在设计、施工中应注意如下几点：①桥台的稳定性计算宜采用静力平衡法，若采用变形协调法，应计算因拱脚位移引起的主拱圈的附加内力，荷载作用及其组合系数应按《公路桥涵设计通用规范》(JTG D60—2015) 的规定取用；②前台与后座之间的隔离缝两侧结构物的接触表面，要求先完成的结构表面光洁细致，然后涂以隔离油脂，并作为后期结构施工的模板，以保证接触面两边密贴又可相互自由沉降；③当后座基底地基土质较差时，应对地基适当处理，防止后座的不均匀沉降引起前台向后倾斜，导致前台或拱圈开裂。

# 本 章 小 结

桥梁墩台是桥墩和桥台的合称，是支承桥梁上部结构的构件。它与基础统称为桥梁下部结构。桥梁墩台一般由墩（台）帽（或拱座）、墩（台）身和基础三部分组成。

桥梁墩台总体上可分为重力式墩台和轻型墩台两种；重力式墩台一般采用圬工结构（石砌或混凝土浇注），轻型墩台一般为钢筋混凝土构件。

梁桥桥墩按构造可分为实体墩、空心墩、柱式墩、柔性排架桩墩和框架墩等。

钢筋混凝土柱式墩是梁桥桥墩的主要形式，有单柱式、双柱式（多柱式）、哑铃式和混合双柱式四种。

梁桥桥台按其形式可分为重力式桥台、轻型桥台和组合式桥台三种类型。

梁桥重力式桥台主要靠自身重力来平衡桥台后的土压力，桥台台身一般由圬工材料采用就地浇（砌）筑施工建成，这类桥台可分为重力式U形桥台和实体埋置式桥台等。

拱桥墩台可分为重力式墩台、轻型墩台和组合式墩台。

拱桥桥台在承受拱的较大的水平推力后，将发生绕其基础形心轴向路堤方向的转动。为了抵抗这一转动，拱桥桥台比梁桥桥台的尺寸上大、构造形式上多。

## 习　题

11-1　何谓桥墩？何谓桥台？

11-2　桥梁墩台的设计原则是什么？

11-3　桥梁墩台一般由哪三部分组成？各起什么作用？

11-4　梁桥薄壁空心桥墩设置的主要目的是什么？

11-5　对于梁桥柱式墩，在盖梁与墩柱、横系梁与墩柱节点处，梁与柱的纵向受力钢筋布置有何要求？

11-6　梁桥柔性排架桩墩的主要特点是什么？

11-7　简述梁桥V形墩的优缺点。

11-8　简述重力式U形桥台的构造。

11-9　简述梁桥框架式桥台的主要构造及类型。

11-10　梁桥加筋土桥台由哪两部分组成？其工作原理是什么？

11-11　试阐述拱桥桥墩中普通墩、单向推力墩和交接墩三者各自的受力特点与使用场合。

11-12　拱桥齿槛式桥台的结构特点是什么？

11-13　拱桥组合式桥台在设计和施工中应着重注意哪几点？

# 第12章
## 桥梁墩台计算

### 教学目标

本章主要介绍桥梁墩台计算中的作用及作用效应组合,重力式墩台及柱式墩台、坞工桥台的计算。通过本章学习,本章应达到以下目标。
(1) 掌握墩台承受的永久作用、可变作用及偶然作用所包括的具体内容。
(2) 掌握作用效应组合。
(3) 掌握梁桥和拱桥的重力式桥墩的截面承载力验算与稳定性验算。
(4) 熟悉柱式墩台、坞工桥台的计算方法。

### 教学要求

| 知识要点 | 能力要求 | 相关知识 |
| --- | --- | --- |
| 桥梁墩台计算中的作用及作用效应组合 | (1) 掌握墩台计算中的作用;<br>(2) 掌握梁桥墩台作用效应组合;<br>(3) 掌握拱桥墩台作用效应组合 | (1) 墩台承受的永久作用、可变作用、偶然作用;<br>(2) 梁桥重力式桥墩纵桥向、横桥向布载及作用效应组合;<br>(3) 拱桥重力式桥墩纵桥向、横桥向布载及作用效应组合;<br>(4) 梁桥桥台布载及作用效应组合;<br>(5) 拱桥桥台布载及作用效应组合 |
| 重力式桥墩计算 | 掌握重力式桥墩的计算 | (1) 截面承载力验算;<br>(2) 稳定性验算 |
| 柱式墩台计算 | 熟悉柱式墩台的计算 | (1) 盖梁计算;<br>(2) 柱身计算 |
| 坞工桥台计算 | 熟悉坞工桥台的计算 | 拱桥坞工轻型桥台的计算 |

# 第12章 桥梁墩台计算

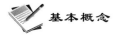

截面承载力；抗倾覆稳定性；抗滑动稳定性；拉压杆模型。

桥墩和桥台在桥梁所处的位置，决定了它们主要承受上部结构传递下来的荷载，尤其是软土地基位移对上部超静定结构的内力影响，下部结构中墩台的计算显得尤为重要，所以下部结构墩台的计算方法的选用是否正确，考虑因素是否全面，直接关系到桥梁的安危。

## 12.1 桥梁墩台计算中的作用及作用效应组合

### 12.1.1 桥梁墩台计算中的作用

由于桥梁墩台所处的位置不同，所以它们受到的荷载类型及其取值也不同。因此，桥梁墩台计算中的作用应根据相关桥梁设计规范的一般要求，结合桥梁的实际情况和墩台的结构类型及计算的内容等来具体确定。现将桥梁墩台在通常情况下可能受到的作用归纳如下。

1. 墩台承受的永久作用

（1）上部结构重力通过支座（或拱座）在墩（台）帽上的支承反力，包括上部构造的混凝土收缩徐变作用。

永久作用

（2）墩台重力，包括在基础襟边上土的重力。

（3）桥台后填土的土压力，应采用主动土压力标准值，且当土层特性有变化或受水影响时，宜分层计算。

（4）预加力，如对装配式预应力空心桥墩施加的预加力。

（5）基础变位作用。对于非岩石地基上的超静定结构，应当考虑由地基压密等引起的支座长期变位的影响，并根据最终位移量按弹性理论计算构件截面的附加内力。

（6）水的浮力。当验算稳定性时，位于透水性地基上的桥梁墩台应计算设计水位时的不利浮力；当验算地基承载力时，仅考虑低水位时的有利浮力或不计浮力；基础嵌入不透水性地基的墩台，可以不计浮力；当不能肯定地基是否透水时，则分别按透水和不透水两种情况进行最不利的作用效应组合。

2. 墩台承受的可变作用

（1）上部结构上的汽车荷载对墩（台）帽或拱座产生的冲击力力。对于钢筋混凝土柱式墩应计入冲击力，对于重力式墩台可不计入冲击力。

可变作用

（2）弯桥桥墩受到的汽车离心力。

（3）桥台上受到的汽车荷载引起的土侧压力，应采用车辆荷载加载。

(4) 桥面人群荷载。

(5) 汽车荷载的制动力，其着力点可移至墩台支座的底面，墩台承受的汽车荷载制动力的大小应根据支座与墩台的抗推刚度情况分配。

(6) 上部结构和墩身上受到的纵向、横向风荷载，桥台可不计风荷载的影响。

(7) 流水对墩身产生的流水压力，其合力的着力点假定在设计水位线以下 0.3 倍水深处。

(8) 流冰对墩身产生的冰压力，其值与墩身是竖直表面还是斜表面、流冰方向与桥墩平面轴线的夹角等有关。

(9) 上部结构因温度变化在墩台支座（或拱座）上引起的水平反力。

(10) 由上部结构重力在墩台活动支座上产生的支座摩阻力。

**3. 墩台承受的偶然作用**

(1) 地震作用。其值应按现行有关规范的要求计算。

(2) 船舶或漂流物对河中桥墩产生的撞击作用，当设有与桥墩分开的防撞设施时可不计该作用。

(3) 汽车对立交桥或跨线桥的桥墩产生的撞击作用，对于设有防撞设施的桥墩，可视防撞能力对汽车撞击作用的标准值予以折减。

(4) 墩台承受的施工荷载。

## 12.1.2 作用效应组合

桥梁墩台在结构空间上受到竖向、横向和纵向三个方向的作用，需做不同受力方向的验算，而且上述归纳中的作用并不可能同时出现，如墩台承受的三个偶然作用通常情况下只可能出现其中一种。为了找到控制设计的最不利作用效应值，就需要对可能同时出现的、不同受力方向的作用进行作用效应组合，取其最不利作用效应组合控制墩台的结构设计。

**1. 桥墩计算中的作用效应组合**

在桥墩计算中，一般需要验算墩身截面的承载力、截面合力偏心距及墩身的稳定性。为此需根据不同的验算内容，按作用处于最不利的位置，在纵桥向或横桥向进行作用的布置，选择可能的最不利作用效应组合。

(1) 梁桥重力式桥墩。

① 纵桥向布载及作用效应组合。

对于计算桥墩承受的作用来说，纵桥向布载中所采用的汽车荷载为车道荷载或车辆荷载。纵桥向作用效应组合有如下两种布载方式。

a. 最大竖向力布载方式，如图 12.1 (a) 所示。这种布载方式用于验算墩身截面承载力和基底最大应力，应采用承载能力极限状态下的基本组合。它包括相关的永久作用和相邻两桥跨孔上的一种或几种可变作用（如车道荷载、汽车冲击力和人群荷载等）。对于车道荷载中的集中力 $P_k$ 应布置在计算桥墩上的支座处，而将均布荷载 $q_k$ 和人群荷载沿纵桥向布满两跨。

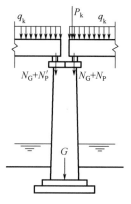 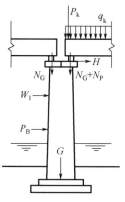

（a）最大竖向力布载方式　　　　（b）纵桥向最大弯矩布载方式

图 12.1　纵桥向布载作用效应组合

b. 纵桥向最大弯矩布载方式，如图 12.1（b）所示。这种布载方式主要用于桥墩纵桥向的稳定性、基底应力、最大偏心距和墩身截面承载力。这种作用效应组合可根据桥墩是否承受船舶或汽车的撞击作用分成两种。

对于在纵桥向墩身侧面不承受船舶或汽车撞击作用的桥墩，应采用承载能力极限状态下的基本作用效应组合。它包括相关的永久作用和仅在一孔桥跨上布置的几种可变作用。这几种可变作用除了车道荷载、汽车冲击力和人群荷载外，还应考虑指向布载孔的纵桥向风荷载、汽车制动力或支座摩阻力，若墩身侧面与水流斜交时尚应考虑流水压力或冰压力在纵桥向的分力。

对于在纵桥向墩身侧面可能承受船舶或汽车撞击作用的桥墩，应采用承载能力极限状态下的偶然作用效应组合。这种组合的布载包括相关的永久作用和仅在一孔桥跨上布置的某种可变作用再加上船舶或汽车纵桥向的撞击作用。值得指出的是，与偶然作用同时出现的可变作用，可根据观测资料或工程经验取用适当的代表值，也可以不考虑可变作用。

② 横桥向布载及作用效应组合。

这种布载及作用效应组合的目的是验算桥墩横桥向的稳定性、基底应力、偏心距及这种情况下的墩身截面承载力。横桥向布载中应采用的汽车荷载为车辆荷载，它在桥面的布置应按车辆荷载横向布置要求靠桥面一侧布载。若桥面有人群荷载，也只在与车辆荷载同侧的人行道上进行布载。若为平面曲线桥且当曲线半径不大于 250m 时，还应考虑车辆荷载（不计冲击力）的离心力。

横桥向布载及作用效应组合（图 12.2）可根据桥墩有无船舶或汽车撞击作用而细分为两种。

当横桥向墩身前端不承受船舶或汽车撞击作用时，其作用效应组合应采用基本组合，即由相关的永久作用和偏向于桥面一侧布置的一种或几种可变作用组成。

当横桥向墩身前端有可能承受船舶或汽车撞击作用时，其作用效应组合应采用偶然组合，即由相关的永久作用和船舶或汽车撞击作用再加上某种有代表性的可变作用组成。

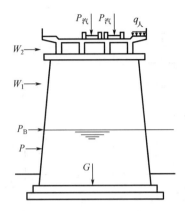

图 12.2 横桥向布载及作用效应组合

(2) 拱桥重力式桥墩。

拱桥重力式桥墩的布载方式和作用效应组合与梁桥的基本相同，但由于拱桥桥墩有普通墩、单向推力墩和交接墩三种类型，加上拱座与拱圈一般为固接，使拱座还承受由拱圈传来的弯矩作用，所以在布载方式上应视拱桥具体情况加以区别对待。另外，由于拱桥墩底截面较大，且主拱与墩台固接，在横桥向具有较大的整体稳定性，因此在公路桥梁设计中，对于拱桥桥墩一般只考虑纵桥向的受力验算。

① 普通墩或交接墩纵桥向的布载及作用效应组合。

普通墩或交接墩在纵桥向的布载及计算图式，如图 12.3 所示。这种布载方式应注意以下几点。

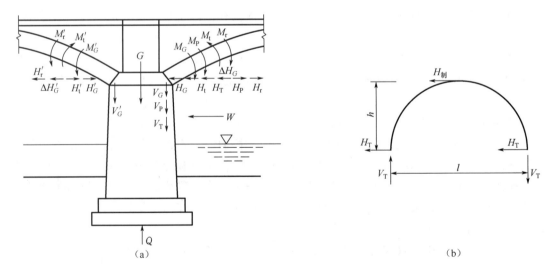

图 12.3 普通墩或交接墩在纵桥向的布载及计算图式

a. 只在相邻两孔的一孔或跨径较大一孔的桥面上满跨布置车道荷载和人群荷载，计算它们对拱座产生的水平推力 $H_P$ 和与其对应的拱脚竖向反力 $V_P$、拱脚弯矩 $M_P$。计算汽车制动力 $H_T$（$H_T = H_{制}/2$）和由其在拱脚引起的拱脚竖向反力 $V_T$（$V_T = H_{制} h/l$），其中 $h$ 为桥面至拱脚的高度，$l$ 为拱的计算跨径，如图 12.3（b）所示。

b. 取相邻两孔的结构重力。计算它们对相应拱座产生的水平推力 $H_G$、$H'_G$ 及结构重力对主拱产生的弹性压缩引起的拱脚水平拉力 $\Delta H_G$、$\Delta H'_G$，结构重力在拱脚产生的竖向反力 $V_G$、$V'_G$ 及弯矩 $M_G$、$M'_G$；

c. 计入温度变化引起的相应拱脚处的水平推力 $H_t$、$H'_t$ 及弯矩 $M_t$、$M'_t$，计入拱圈材料收缩引起的相应拱脚处的水平拉力 $H_r$、$H'_r$ 及弯矩 $M_r$、$M'_r$。

d. 计入桥墩自身重力和基础襟边上的土的重力 $G$、水的浮力 $Q$ 和纵桥向风力 $W$ 等。

在上述布载方式下，应采用承载能力极限状态下的基本作用效应组合。若要计入船舶或汽车在纵桥向对桥墩的撞击作用时，应在上述布载方式中加入撞击作用，其方向指向布载孔，此时应采用偶然组合。

② 单向推力墩纵桥向的布载及作用效应组合。

对于单向推力墩，纵桥向的布载方式较为简单，取相邻两孔中大跨径孔的结构重力产生的水平推力、竖向反力和弯矩，以及单向推力墩的永久作用，其作用效应组合采用基本作用效应组合。

2. 桥台计算中的作用效应组合

对于重力式桥台只需进行纵桥向验算。验算内容与重力式桥墩相同，包括台身截面承载力、地基应力及桥台稳定性的验算。但是，验算桥台稳定性时，布置在桥跨上的汽车荷载应为车道荷载，而布置在桥台后破坏棱体上的则是车辆荷载。

（1）梁桥桥台的布载及作用效应组合。

根据汽车荷载沿纵桥向不同的布置形式，梁桥桥台验算时的布载有如下三种（图 12.4）。

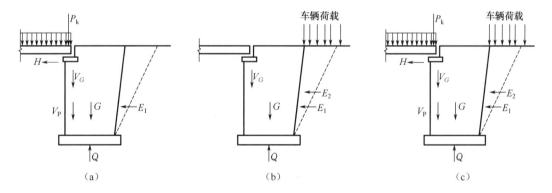

图 12.4　梁桥桥台的布载

① 只在桥台前桥跨上布置车道荷载的方式，如图 12.4（a）所示。这种布载方式下的作用包括桥跨上车道荷载（将集中力 $P_k$ 放在桥台的支座上）和人群荷载产生的支座反力 $V_P$，指向桥孔方向的汽车制动力 $H$，桥台后填土产生的土压力 $E_1$，上部结构的重力 $V_G$，桥台的重力及基础襟边上的土的重力 $G$，水的浮力 $Q$。

② 只在桥台后破坏棱体上布置车辆荷载的方式，如图 12.4（b）所示。此种布载方式的作用包括破坏棱体内的车辆荷载（将后轴靠近桥台）对台身产生的土压力 $E_2$，桥台后填土产生的土压力 $E_1$，上部结构的重力 $V_G$、桥台的重力及基础襟边上的土的重力 $G$，水的浮力 $Q$。

③ 在桥台前桥跨上布置车道荷载同时又在桥台后破坏棱体上布置车辆荷载的布载方式，如图 12.4（c）所示。这一布载方式的作用为以上①、②两点的集合。

应指出的是，验算梁桥桥台的最不利作用效应组合应结合桥台验算的具体内容，从以上三种布载方式中经过分析比较后予以确定，且应采用基本作用效应组合。

（2）拱桥桥台的布载及作用效应组合。

拱桥桥台一般按以下两种情况布载。

① 在拱桥桥跨上布置车道荷载，如图 12.5 所示（图中符号意义同前）。这种布载方式的立意点是使桥台有向路堤方向偏移的趋势。由此，它的作用应包括桥跨上布置车道荷载和人群荷载，以便使拱脚水平推力达到最大值；计入主拱受温度上升产生的推力；指向路堤的汽车制动力；桥台后填土的土压力；等等。

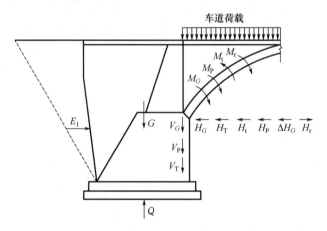

图 12.5　在拱桥桥跨上布置车道荷载

② 仅在桥台后破坏棱体上布置车辆荷载（图 12.6）。它的立意点是使桥台有向桥跨方向偏移的趋势。根据这一立意点，这种布载方式应考虑的作用包括在台后破坏棱体上布置车辆荷载使其产生对台身的土压力，计入桥台后填土的土压力；主拱受温度下降产生的水平拉力及指向桥跨的汽车制动力等。

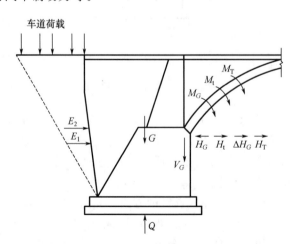

图 12.6　仅在桥台后破坏棱体上布置车辆荷载

在拱桥桥台的作用效应组合中，除了以上两点已指出的作用外，还应计入相应的永久作用。

## 12.2　重力式桥墩计算

对于梁桥和拱桥的重力式桥墩的计算，虽然在作用效应组合的外力上有所不同，但是就任一水平截面而言，这些外力都可以相应于它们的截面组合成如下三种作用效应组合（图 12.7）：①纵桥向或横桥向布载时的竖向作用 $N_{xd}$ 或 $N_{yd}$；②垂直于该截面 $x$ 轴或 $y$ 轴的水平作用 $H_{xd}$ 或 $H_{yd}$；③绕 $x$ 轴或 $y$ 轴的弯矩作用 $M_{xd}$ 或 $M_{yd}$。另外，梁桥和拱桥的重力式桥墩都应对截面承载力、偏心距和稳定性进行验算，而且在验算中采用的原理、方法和一般步骤也基本相同。

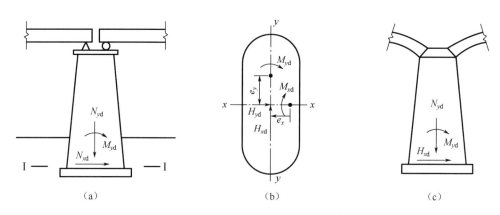

图 12.7　重力式桥墩任一水平截面的三种作用效应组合

### 12.2.1　截面承载力验算

重力式桥墩主要用圬工材料建成，一般为偏心受压构件，截面承载力验算采用基本作用效应组合和偶然作用效应组合。在极限状态的设计中，桥墩各控制截面的作用效应组合设计值 $S_d$ 与结构重要性系数 $\gamma_0$ 的积，应小于或等于截面承载力设计值 $R_{(f_d, a_d)}$，以方程表示，见式（12-1）。

$$\gamma_0 S_d \leqslant R_{(f_d, a_d)} \qquad (12-1)$$

桥墩截面承载力验算的步骤如下。

（1）选取验算截面。

桥墩承载力验算截面应为危险截面，一般选取墩身底截面及墩身有突变的截面，如悬臂式墩帽的桥墩，除选取墩身底截面外，还应选取墩帽与墩身交接的突变截面。当桥墩较高时，由于危险截面不一定在墩身底部，因此还需沿墩身每隔 2～3m 选取一个验算截面。

（2）验算截面上作用效应组合设计值的计算。

根据桥墩具体受到的作用组成情况和作用效应组合要求，分别对选取的验算截面所受到的纵桥向、横桥向的外力进行相应作用效应组合设计值计算,以验算该截面上承受的 $N_{xd}$ 和 $N_{yd}$、$H_{xd}$ 和 $H_{yd}$、$M_{xd}$ 和 $M_{yd}$ 的值。

(3) 偏心距的验算。

墩身截面承受偏心受压作用的影响。当其偏心距较小时,全截面受压;而当其偏心距较大时,截面上离竖向作用较远一侧边缘的压应力较小,并可能出现拉应力,甚至产生裂缝。为了保证圬工桥墩不出现这一裂缝,应对验算截面在相应作用组合设计值影响下产生的偏心距加以限制。偏心距的计算应分为纵桥向布载时,$e_x = M_{yd}/N_{xd}$;横桥向布载时,$e_y = M_{xd}/N_{yd}$。以上所计算的偏心距应满足下列规定:对于基本组合,$e_x$ 或 $e_y \leqslant 0.6S$;对于偶然组合,$e_x$ 或 $e_y \leqslant 0.7S$。$S$ 为截面重心至偏心方向截面边缘的距离。

如果偏心距不能满足上述规定,应按式(12-2)或式(12-3)重新拟定截面尺寸。

$$\gamma_0 N_{xd} \leqslant \varphi \frac{A f_{tmd}}{\dfrac{A e_x}{W} - 1} \tag{12-2}$$

或

$$\gamma_0 N_{yd} \leqslant \varphi \frac{A f_{tmd}}{\dfrac{A e_y}{W} - 1} \tag{12-3}$$

式中:$A$——截面所需的承载面积;

$W$——受拉边缘的弹性抵抗矩;

$f_{tmd}$——圬工材料的弯曲抗拉强度设计值;

$\varphi$——偏心受压承载力影响系数。

(4) 抗压承载力的验算。

在受压偏心距满足规定的前提下,对于圬工桥墩墩身各截面抗压承载力按式(12-4)或(12-5)进行验算。

$$\gamma_0 N_{xd} < \varphi A f_{cd} \tag{12-4}$$

或

$$\gamma_0 N_{yd} < \varphi A f_{cd} \tag{12-5}$$

式中:$f_{cd}$——砌体或混凝土轴心抗压强度设计值。

如果不满足验算条件,就应修改墩身截面尺寸,重新验算。

(5) 抗剪承载力的验算。

当拱桥相邻两孔的水平推力不相等时,应对拱座底面的墩身截面和墩身底截面进行抗剪承载力验算,验算公式见式(12-6)。

$$\gamma_0 H_{yd} \leqslant A f_{vd} + \frac{\mu_f N_{xd}}{1.4} \tag{12-6}$$

式中:$A$——受剪截面面积;

$f_{vd}$——砌体或混凝土抗剪强度设计值;

$\mu_f$——摩擦系数,采用 0.7。

应指出的是,当主拱采用无支架吊装及在裸拱情况下卸落拱架时,还应按照该施工阶段的施工荷载进行这项验算。

## 12.2.2 稳定性验算

重力式桥墩的稳定性验算，一般应包括桥墩的整体稳定性验算和墩顶的水平位移验算。但是根据《公路圬工桥涵设计规范》(JTG D61—2005) 中的条文说明可知，墩顶水平位移不做验算限制。所以，在此只需验算重力式桥墩的整体稳定性。

**1. 抗倾覆稳定性验算**

如图 12.8 所示，当桥墩处于临界稳定平衡状态时，绕倾覆轴 A—A 转动，令稳定力矩为正、倾覆力矩为负，则可得式 (12-7)。

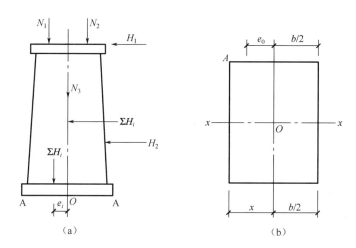

**图 12.8　桥墩稳定性验算图式**

$$\sum N_i(x-e_i) - \sum H_i h_i = 0 \tag{12-7}$$

即可改写为式 (12-8)。

$$x\sum N_i - \left(\sum N_i e_i + \sum H_i h_i\right) = 0 \tag{12-8}$$

式 (12-8) 的左边第一项为稳定力矩，第二项为倾覆力矩。

由此可见，抗倾覆的稳定系数 $K_0$ 可按式 (12-9) 验算。

$$K_0 = \frac{M_\text{稳}}{M_\text{倾}} = \frac{x\sum N_i}{\sum N_i e_i + \sum H_i h_i} \tag{12-9}$$

式中：$M_\text{稳}$——稳定力矩；

$M_\text{倾}$——倾覆力矩；

$\sum N_i$——作用于基底竖向力的总和；

$e_i$——$\sum N_i$ 到基底重心轴的距离；

$\sum H_i$——作用在桥墩上各水平力的总和；

$h_i$——$\sum H_i$ 到基底的距离；

$x$——基底截面重心 $O$ 至偏心方向截面边缘的距离。

**2. 抗滑动稳定性验算**

抗滑动的稳定系数 $K_c$ 按式（12-10）验算。

$$K_c = \frac{\mu_f \sum N_i}{\sum H_i} \tag{12-10}$$

式中：$\mu_f$——基础底面（圬工）与地基土之间的摩擦系数（即基底摩擦系数），当无实测值时可参照表12-1选取。

表 12-1　基底摩擦系数

| 地基土分类 | 摩擦系数 $\mu_f$ |
|---|---|
| 软塑黏土 | 0.25 |
| 硬塑黏土 | 0.30 |
| 砂黏土、黏砂土、半干硬的黏土 | 0.30～0.40 |
| 砂土类 | 0.40 |
| 碎石类土 | 0.50 |
| 软质岩土 | 0.40～0.60 |
| 硬质岩土 | 0.60～0.70 |

式（12-9）、式（12-10）求得的抗倾覆、抗滑动的稳定系数均不得小于表12-2中所规定的稳定系数最小值。同时，在验算倾覆稳定性和滑动稳定性时，都要分别按常水位和设计洪水位两种情况考虑水的浮力。

表 12-2　抗倾覆、抗滑动的稳定系数

| 作用布置情况 | 验算项目 | 稳定系数最小值 |
|---|---|---|
| 永久作用(无水的浮力)、汽车荷载、汽车冲击力、离心力和人群荷载 | 抗倾覆 | 1.5 |
| | 抗滑动 | 1.3 |
| 永久作用(有水的浮力)、汽车荷载、汽车冲击力、离心力、汽车制动力、风荷载、流水压力或冰压力；永久作用、汽车荷载和一种撞击作用 | 抗倾覆 | 1.3 |
| | 抗滑动 | |
| 结构重力、土的重力和地震作用 | 抗倾覆 | 1.2 |
| | 抗滑动 | |

重力式桥墩计算尚应包括基础底面承载力、基底合力偏心距和基础稳定性验算，但这些内容已在"基础工程"教材中进行了详述，在此不再重述。

## 12.3 柱式墩台计算

### 12.3.1 构件内力计算

钢筋混凝土柱式墩台，一般由盖梁、柱身、横系梁及桩基承台（基础）等构件组成。各构件的内力计算，一般按由盖梁和柱身组成的框架结构，若为刚构桥则需考虑桥梁上部结构的共同作用，建立结构有限元模型进行计算。一般需考虑结构自重、混凝土收缩徐变、温度影响、汽车荷载及地震作用等，此外，桥墩还需考虑水流作用（位于河流中的桥梁）或车辆撞击作用，桥台还需考虑土压力等；按规范要求，进行作用效应组合。

墩台的盖梁与柱的连接宜按刚架计算，盖梁的计算跨径宜取支承中心的距离。柱的计算长度：对于扩大基础上的柱，可取支座底面至基础顶面的高度作为其计算长度；当基础为钻孔灌注桩时，其计算长度可取至局部冲刷线以下 200cm；柱底（或桩底）一般考虑为固接边界条件。

钢筋混凝土盖梁计算中应考虑的主要作用是由支座传来的竖向力和盖梁的结构自重。支座传来的竖向力由上部结构的自重和可变作用对支座产生的竖向力组成。可变作用对支座产生的竖向力应结合盖梁最不利受力情况，按以下两种布载方式进行计算：①将车道荷载和人群荷载满布在桥墩相邻两跨或靠近桥台的一跨，以求得一组可变作用对支座产生的竖向力；②将车辆荷载布置在墩台处桥面上，并考虑桥墩相邻两跨（或靠近桥台的一跨）的人群荷载，求得盖梁承受局部荷载的一组可变作用产生的竖向力。取以上两组竖向力较大者，用于作用效应组合计算。

柱式墩台的盖梁通常设计成双悬臂式，在计算悬臂支点截面处负弯矩时，应将车辆荷载靠边布置；在计算盖梁跨中正弯矩时，车辆荷载应在桥面对称布置。

对于单柱式桥墩，其柱身的计算弯矩应考虑纵桥向弯矩 $M_{yd}$ 与横桥向弯矩 $M_{xd}$ 的合力，其值为 $M_d = \sqrt{M_{xd}^2 + M_{yd}^2}$。

### 12.3.2 盖梁验算

盖梁一般为钢筋混凝土受弯构件。盖梁配筋验算，应根据其跨高比（$l/h$）（$l$ 为盖梁的计算跨径，$h$ 为盖梁跨中部分的截面高度）的不同而有所区别。当盖梁跨高比 $l/h > 5.0$ 时，可按钢筋混凝土一般构件进行计算；当跨高比 $2.5 < l/h \leqslant 5.0$ 时，应按下列方法进行计算。

1. 钢筋混凝土盖梁的正截面抗弯承载力计算，见式（12-11）

$$\gamma_0 M_d \leqslant f_{sd} A_s Z \qquad (12-11)$$

式中：$M_d$——盖梁最大弯矩组合设计值；
$f_{sd}$——纵向普通钢筋抗拉强度设计值；
$A_s$——受拉区普通钢筋截面面积；

$Z$——内力臂，$Z=\left(0.75+0.05\dfrac{l}{h}\right)(h_0-0.5x)$；

$h_0$——截面有效高度；

$x$——截面受压区高度。

2. 钢筋混凝土盖梁的正截面抗剪承载力计算，见式（12-12）

$$\gamma_0 V_d \leqslant 0.33\times 10^{-4}(1/h+10.3)bh_0\sqrt{f_{cu,k}} \qquad (12-12)$$

式中：$V_d$——验算截面处的剪力组合设计值；

$f_{cu,k}$——混凝土立方体抗压强度标准值；

$b$——截面宽度；

$h_0$——截面有效高度。

3. 钢筋混凝土盖梁的斜截面抗剪承载力计算，见式（12-13）

$$\gamma_0 V_d \leqslant 0.5\times 10^{-4}\alpha_1\left(\dfrac{14-\dfrac{l}{h}}{20}\right)bh_0\sqrt{(2+0.6\rho)\rho_{sv} f_{sv}\sqrt{f_{cu,k}}} \qquad (12-13)$$

式中：$V_d$——验算截面处的剪力组合设计值；

$\alpha_1$——连续梁异号弯矩影响系数（当计算近边支点梁段的抗剪承载力时，$\alpha_1=1.0$；当计算中间支点梁段及刚构各节点附近时，$\alpha_1=0.9$）；

$\rho$——受拉区受拉钢筋的配筋百分率（$\rho=100\rho$，$\rho=A_s/bh_0$，$b$、$h_0$ 分别为盖梁截面宽度和有效高度；当 $\rho>2.5$ 时，取 $\rho=2.5$）；

$\rho_{sv}$——箍筋配筋率；

$f_{sv}$——箍筋的抗拉强度设计值。

4. 钢筋混凝土盖梁两端悬臂部分的承载力计算

（1）当竖向力作用点至柱边缘的水平距离（圆形截面柱应换算为边长等于 0.8 倍直径的方形截面柱）大于盖梁的有效高度时，悬臂部分正截面和斜截面承载力按钢筋混凝土一般构件持久状况承载能力极限状态的有关规定计算。

（2）当竖向力作用点至柱边缘的水平距离小于或等于盖梁的有效高度时，可采用拉压杆模型，按式（12-14）、式（12-15）计算盖梁悬臂上缘拉杆的抗拉承载力（图 12.9）。

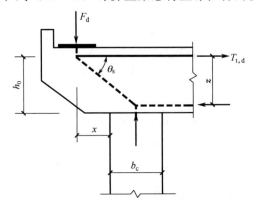

图 12.9　拉压杆模型

$$\gamma_0 T_{t,d} \leqslant f_{sd}A_s + f_{pd}A_p \quad (12-14)$$

$$T_{t,d} = \frac{x+b_c/2}{Z}F_d \quad (12-15)$$

式中：$T_{t,d}$——盖梁悬臂上缘拉杆的内力设计值；

$f_{sd}, f_{pd}$——普通钢筋、预应力钢筋的抗拉强度设计值；

$A_s、A_p$——拉杆中的普通钢筋、预应力钢筋面积；

$F_d$——盖梁悬臂部分的竖向力设计值，按基本组合取用；

$b_c$——柱的支承宽度，方形截面取截面边长，圆形截面柱取 0.8 倍直径；

$x$——竖向力作用点至柱边缘的水平距离；

$h_0$——盖梁的有效高度；

$Z$——盖梁的内力臂，可取 $Z=0.9h_0$。

5. 独柱墩的墩帽（顶部）承载力计算

对于布置双支座的独柱墩的墩帽（顶部），可采用拉压杆模型，按式（12-16）、式（12-17）计算顶部横向受拉部位的抗拉承载力（图 12.10）。

$$\gamma_0 T_{t,d} \leqslant f_{sd}A_s \quad (12-16)$$

$$T_{t,d} = 0.45F_d\left(\frac{2s-b'}{h}\right) \quad (12-17)$$

式中：$T_{t,d}$——墩顶的横向拉杆内力设计值；

$F_d$——墩顶的竖向力设计值，按基本作用效应组合取用；

$s$——双支座的中心距；

$h$——墩顶横向变宽区段的高度，当 $h>b$ 时取 $h=b$，$b$ 为墩帽顶部横向宽度；

$b'$——距离墩顶高度为 $h$ 的位置处，墩帽或墩身的横向宽度；

$f_{sd}$——普通钢筋抗拉强度设计值；

$A_s$——拉杆中的普通钢筋面积，按盖梁顶部 $2h/9$ 高度范围内的钢筋计算。

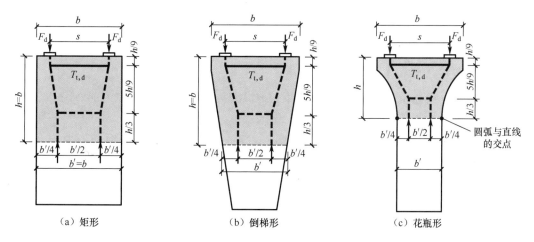

图 12.10 三种独柱墩的墩帽（顶部）的拉压杆模型

6. 钢筋混凝土盖梁的裂缝及挠度验算

钢筋混凝土盖梁的最大裂缝宽度按式（12-18）计算。

$$W_{cr}=C_1C_2C_3\frac{\sigma_{ss}}{E_s}\left(\frac{c+d}{0.30+1.4\rho_{te}}\right) \quad (12-18)$$

式中：$W_{cr}$——最大裂缝宽度；

$C_1$——钢筋表面形状系数（光面钢筋取1.4，带肋钢筋取1.0，环氧树脂涂层带肋钢筋取1.15）；

$C_2$——长期效应影响系数，$C_2=1+0.5(M_l/M_s)$，其中 $M_l$ 和 $M_s$ 分别为按作用准永久组合和作用频遇组合计算的弯矩值；

$C_3$——构件受力性质系数，$C_3=[(0.4l/h)+1.0]/3$ 且不大于1.0；

$\sigma_{ss}$——受拉钢筋的应力，$\sigma_{ss}=M_s/(0.87A_sh_0)$；

$E_s$——钢筋弹性模量；

$c$——最外排纵向受拉钢筋的混凝土保护层厚度，当 $c>50mm$ 时，取50mm；

$d$——受拉钢筋直径，当采用不同直径的钢筋时，取等效直径 $d=\sum n_id_i^2/\sum n_id_i$，其中 $n_i$ 和 $d_i$ 分别为受拉区 $i$ 种钢筋的根数和公称直径；

$\rho_{te}$——纵向受拉钢筋的有效配筋率（$\rho_{te}=A_s/A_{te}$，$A_s$ 为受拉区纵向钢筋截面积，$A_{te}$ 为有效受拉混凝土截面面积，受弯构件取 $2a_sb$，$a_s$ 为受拉钢筋重心至受拉边缘的距离，$b$ 为截面宽度；当 $\rho_{te}>0.1$ 时取0.1，当 $\rho_{te}<0.01$ 时取0.01）。

钢筋混凝土盖梁的最大裂缝宽度限值与一般钢筋混凝土构件相同，即桥位或盖梁处于Ⅰ类和Ⅱ类环境时，限值为0.20mm；处于Ⅲ类和Ⅳ类环境时，限值为0.15mm。

公路桥梁墩台的盖梁跨高比（$l/h$）一般为2.5~5.0，属于受弯深梁，可不进行挠度验算；当盖梁跨高比 $l/h>5.0$ 时，盖梁应按钢筋混凝土一般构件进行挠度验算。

### 12.3.3 柱身配筋与验算

1. 正截面抗压承载力验算

柱身一般为钢筋混凝土偏向受压构件，当计算正截面抗压承载力时，分以下两种情况。

（1）对于沿周边均匀配置纵向钢筋的圆形截面柱身，且纵向普通钢筋不少于8根时，其正截面抗压承载力按式（12-19）~式（12-22）计算（图12.11）。

$$\gamma_0 N_d \leqslant N_{ud}=\alpha f_{cd}A\left(1-\frac{\sin2\pi\alpha}{2\pi\alpha}\right)+(\alpha-\alpha_t)f_{sd}A_s \quad (12-19)$$

$$\gamma_0 N_d\eta e_0 \leqslant M_{ud} \quad (12-20)$$

$$M_{ud}=\frac{2}{3}f_{cd}Ar\frac{\sin^3\pi\alpha}{\pi}+f_{sd}A_sr_s\frac{\sin\pi\alpha+\sin\pi\alpha_t}{\pi} \quad (12-21)$$

$$\alpha_t=1.25-2\alpha \quad (12-22)$$

式中：$\gamma_0$——结构重要性系数；
$N_d$——柱身截面最大轴向压力设计值；
$N_{ud}$、$M_{ud}$——正截面抗压、抗弯承载力设计值；
$f_{cd}$、$f_{sd}$——混凝土抗压、纵向钢筋抗拉强度设计值；
$A$——圆形截面面积；
$A_s$——全部纵向普通钢筋截面面积；
$r$——圆形截面的半径；
$r_s$——纵向普通钢筋重心所在圆周的半径；
$e_0$——轴向力对截面重心的偏心距；
$\alpha$——对应于受压区混凝土截面面积的圆心角与$2\pi$的比值；
$\alpha_t$——纵向受拉普通钢筋截面面积与全部纵向普通钢筋截面面积的比值，当$\alpha > 0.625$时，取$\alpha_t = 0$；
$\eta$——偏心距增大系数。

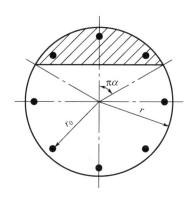

**图 12.11　沿周边均匀配置纵向钢筋的圆形截面柱身**

当长细比$(l_0/2r) > 17.5$时，应考虑偏心受压构件的轴向力承载能力极限状态偏心距增大系数$\eta$，其计算见式（12-23）～式（12-25）。

$$\eta = 1 + \frac{1}{1300\dfrac{e_0}{r+r_s}}\left(\frac{l_0}{2r}\right)^2 \zeta_1 \zeta_2 \qquad (12-23)$$

$$\zeta_1 = 0.2 + 2.7\frac{e_0}{r+r_s} \leqslant 1.0 \qquad (12-24)$$

$$\zeta_2 = 1.15 - 0.01\frac{l_0}{2r} \leqslant 1.0 \qquad (12-25)$$

式中：$l_0$——构件计算长度，按《公路钢筋混凝土及预应力混凝土桥涵设计规范》（JTG 3362—2018）附录 E 计算（对于理想情况：当柱身两端固定时取$0.5l$；当一端固定一端为不移动的铰时取$0.7l$；当一端固定一端自由时取$2l$；$l$为构件支点间长度）。

$\zeta_1$——荷载偏心率对截面曲率的影响；

$\zeta_2$——构件长细比对截面曲率的影响。

(2) 当混凝土强度等级为 C30~C50、纵向钢筋配筋率为 0.5%~4%时,沿周边均匀配置纵向钢筋的圆形截面钢筋混凝土偏向受压构件,其正截面抗压承载力按式(12-26)计算。

$$\gamma_0 N_d \leqslant n_u A f_{cd} \tag{12-26}$$

式中:$n_u$——构件相对抗压承载力,按《公路钢筋混凝土及预应力混凝土桥涵设计规范》(JTG 3362—2018)附录 F 取值。

2. 抗裂验算

钢筋混凝土圆形截面柱(墩身或台身)一般为偏心受压构件,其最大裂缝宽度计算公式与钢筋混凝土盖梁相同,即采用式(12-18)计算,但圆形截面偏心受压构件的受拉区最外缘钢筋应力 $\sigma_{ss}$ 应按式(12-27)、式(12-28)计算。

$$\sigma_{ss} = 0.6 \frac{N_s}{A_s} \left(\frac{\eta_s e_0}{r}\right)^3 \Big/ \left(\left(0.45 + 0.26 \frac{r_s}{r}\right)\left(\frac{\eta_s e_0}{r} + 0.2\right)^2\right) \tag{12-27}$$

$$\eta_s = 1 + \left(\frac{l_0}{2r}\right)^2 \Big/ \left(4000 \frac{e_0}{2r - a_s}\right) \tag{12-28}$$

式中:$N_s$——按作用频遇组合计算的轴向力值;
　　　$A_s$——全部纵向钢筋截面面积;
　　　$r_s$——纵向钢筋重心所在圆周的半径;
　　　$r$——圆形截面的半径;
　　　$e_0$——构件初始偏心距;
　　　$a_s$——单根钢筋中心到构件边缘的距离;
　　　$\eta_s$——轴向压力的正常使用极限状态偏心距增大系数,当 $\frac{l_0}{2r} \leqslant 14.0$ 时,取 $\eta_s = 1.0$。

钢筋混凝土圆柱最大裂缝宽度应满足一般钢筋混凝土构件的最大裂缝宽度限值要求。

### 12.3.4 桩基承台的计算

钢筋混凝土承台位于墩(台)身与桩基之间,是作用重要且受力较复杂的构件。

在进行桩基承台计算时,单桩作用于承台底面的竖向力设计值可按式(12-29)计算(图 12.12)。

$$N_{id} = \frac{F_d}{n} \pm \frac{M_{xd} y_i}{\sum y_i^2} \pm \frac{M_{yd} x_i}{\sum x_i^2} \tag{12-29}$$

式中:$N_{id}$——第 $i$ 根桩作用于承台底面的竖向力设计值;
　　　$F_d$——由承台底面以上的作用组合产生的竖向力设计值;
　　　$M_{xd}, M_{yd}$——由承台底面以上的作用组合绕通过桩群形心的 $x$ 轴、$y$ 轴的弯矩设计值;
　　　$x_i, y_i$——第 $i$ 排桩中心至 $y$ 轴、$x$ 轴的距离;
　　　$n$——承台下面桩的总根数。

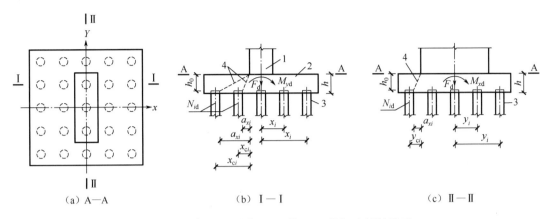

(a) A—A  (b) I—I  (c) II—II

注：1—墩身；2—承台；3—桩；4—剪切破坏斜截面。

图 12.12　桩基承台的计算

对于钢筋混凝土承台的配筋计算，需进行抗弯承载力、抗剪承载力、冲切承载力及局部承压承载力等验算，具体参见《公路钢筋混凝土及预应力混凝土桥涵设计规范》(JTG 3362—2018)。

## 12.4　圬工桥台计算

钢筋混凝土桥台与桥墩的计算方法及过程基本相同，本节不再重述。这里仅简要地介绍重力式 U 形圬工桥台与拱桥圬工轻型桥台的计算。

### 12.4.1　重力式 U 形圬工桥台的验算

重力式桥台受到的作用及作用效应组合、最不利布载方式，均已在 12.1 节中做了介绍。重力式 U 形圬工桥台的承载力、偏心距及稳定性的验算与重力式桥墩相似，且只做纵桥向的验算。但要注意的是，重力式 U 形圬工桥台要承受桥台后填土的土压力及路堤破坏棱体内车辆荷载产生的土侧压力，而且这种作用对重力式 U 形圬工桥台的尺寸影响很大。当验算基础顶面的台身砌体承载力时，其截面的各部分尺寸应满足构造的规定，如重力式 U 形圬工桥台两侧墙宽度之和不小于同一水平截面前墙全长的 0.4 倍时，可按 U 形整体截面验算截面承载力，否则，前墙、侧墙应分别按独立的挡土墙计算。当重力式 U 形圬工桥台较宽，需在前墙设置沉降缝或伸缩缝时，分隔的前墙和侧墙墙身也应分别按独立的墙验算截面承载力。

对于斜交桥（板）的重力式 U 形圬工桥台，当斜交角较大时，其稳定性比正交桥台危险。由于土压力作用的方向与桥轴方向不一致，即土压力的合力中心与桥轴有一偏角，使桥台可能发生旋转和倾斜的趋势，验算时应予以考虑。

### 12.4.2　拱桥圬工轻型桥台的计算

拱桥重力式 U 形圬工桥台的验算，是假定桥台不能产生水平变位，水平推力由桥台自重和桥台后填土的主动土压力平衡。然而对圬工体积较小的轻型桥台，这种假定就不符合实际情况了。在水平推力作用下，轻型桥台将绕基底重心产生一定的转动，因而路堤对台背、地基对基底均产生弹性抗力。于是，整个桥台在外力（结构自重和上部构造传来的作用力）作用下将由桥台自重、桥台后填土的静止土压力和土的弹性抗力来平衡，这是与拱桥重力式 U 形圬工桥台验算的根本不同点。

拱桥圬工轻型桥台的计算利用了桥台后土的弹性抗力的有利影响，使得桥台尺寸轻型化，但桥台位移将导致主拱内力增加，这一点必须予以足够重视。

1) 拱桥圬工轻型桥台计算的基本假定

（1）桥台只绕基底转动而无滑动。

（2）桥台后土压力是由静止土压力和桥台变位所引起的土的弹性抗力所组成的。

（3）桥台本身的变形相对于整个桥台的位移可以忽略不计。

2) 静止土压力

如图 12.13 所示，任意高度 $h_i$ 处的静止土压力强度 $p_{j(i)}$ 的计算见式（12-30）。

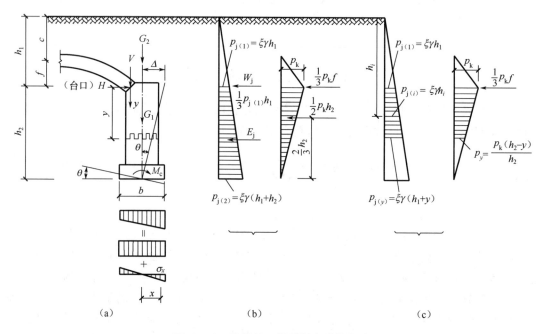

图 12.13　拱桥圬工轻型桥台计算图式

$$p_{j(i)} = \gamma \xi h_i \tag{12-30}$$

将台口以上的土压力化为等效节点力时，则作用在台口处的集中力 $W_j$（取 1m 桥台宽度计算）为式（12-31）。

$$W_j = \frac{1}{3} p_{j(1)} h_1 \tag{12-31}$$

作用于台身部分的总静止土压力 $E_j$（单位桥台宽度），见式（12-32）。

$$E_j = \frac{\gamma \xi h_2}{2}(2h_i + h_2) \tag{12-32}$$

式中：$\gamma$——土的重度；

$h_i$——填土顶面至任意一点的高度；

$p_{j(i)}$——台口处的静止土压力强度；

$\xi$——压实土的静止土压力系数（表12-3），也可直接采用试验值。

表12-3　压实土的静止土压力系数 $\xi$

| 土的名称 | $\xi$ | 土的名称 | $\xi$ |
| --- | --- | --- | --- |
| 砾石、卵石 | 0.20 | 亚黏土 | 0.45 |
| 砂 | 0.25 | 黏土 | 0.55 |
| 亚砂土 | 0.35 | — | — |

3）土的弹性抗力强度

设在台口处土的弹性抗力强度 $p_k$ 为式（12-33）。

$$p_k = k\Delta \tag{12-33}$$

式中：$k$——台背土的弹性抗力系数（或静止土压力系数），见表12-3，也可直接用试验值；

$\Delta$——位移。

相应的桥台绕基底重心的刚体转角为 $\theta$，于是可得式（12-34）。

$$\theta = \frac{\Delta}{h_2} \tag{12-34}$$

式中：$h_2$——台口的高度。

距基底重心的水平距离为 $x$ 的土的弹性抗力强度为式（12-35）。

$$\sigma_x = k_0 \theta x \tag{12-35}$$

式中：$k_0$——地基土的弹性抗力系数（或静止土压力系数），见表12-3，也可直接用试验值；

$x$——水平位移。

将式（12-33）、式（12-34）代入式（12-35）得式（12-36）。

$$\sigma_x = \frac{k_0}{k} \cdot \frac{x}{h_2} p_k \tag{12-36}$$

式中：$\sigma_x$——截面应力。

其中，当地基土和台背土为同一类土时，$k_0/k = 1.25$。

台背土抗力对基底重心的力矩 $M_{pk}$ 见式（12-37）。

$$M_{pk} = \frac{1}{2} p_k h_2 \cdot \frac{2}{3} h_2 + \frac{1}{3} p_k f h_2 = \frac{1}{3} h_2 (h_2 + f) p_k \tag{12-37}$$

式中：$f$——拱的矢高。

基底土抗力对基底重心的力矩 $M_0$ 见式（12-38）。

$$M_0 = \frac{I_0}{x} \sigma_x = \frac{k_0}{k} \cdot \frac{I_0}{h_2} p_k \tag{12-38}$$

式中：$I_0$——基底截面的惯性矩。

由平衡条件可得式（12-39）。

$$\sum M_c = M_{pk} + M_0 = \frac{p_k}{3} h_2 (h_2 + f) + \frac{k_0}{k} \cdot \frac{I_0}{h_2} p_k \tag{12-39}$$

式中：$\sum M_c$——作用于桥台 1m 宽度上的水平推力 $H$、垂直反力 $V$、桥台自重 $G_1$ 及地基以上土的自重 $G_2$、台后静止土压力 $W_j$ 和 $E_j$ 等对基底重心的力矩，向台方向转动者为正。

由此得式（12-40）。

$$p_k = \frac{\sum M_c}{\frac{h_2}{3}(h_2+f) + \frac{k_0}{k} \cdot \frac{I_0}{h_2}} \quad (12-40)$$

4）强度验算

（1）台口抗剪强度验算（取 1m 桥台宽度）见式（12-41）。

$$\gamma_0 \left( H - \frac{1}{3}p_k f - \frac{1}{3}p_{j_{(1)}} h_1 \right) \leqslant A f_{vd} + (V+G_2)\mu_f \quad (12-41)$$

式中：$\gamma_0$、$f_{vd}$、$\mu_f$——见式（12-6）；

$A$——受剪截面面积；

$H$、$V$、$G_2$——1m 桥台宽度上的水平推力、竖向力、台顶面以上土的自重。

（2）台身强度验算。

台身的强度验算按压弯构件进行，由于验算的最大受力截面不在基础顶面，所以求最大受力截面比较复杂，不易精确求出它的所在位置。为了简化计算，近似地用最大弯矩截面来代替最大受力截面，其误差不大。

截面最大弯矩的计算，可取拱脚中心为坐标原点，如图 12.13（a）所示，计算各力对深度 $y$ 处的截面重心轴的弯矩 $M_y$，并以 $dM_y/dy=0$，解得最大弯矩截面处的位置 $y$，从而求出最大弯矩值。

对于矮桥台的台身（高度小于 2m），可取台身底面作为验算截面。台身承载力的计算与桥墩相同。

5）基底应力验算

当基础设置在岩石和非岩石地基上，且合力偏心矩不超过基底核心半径时，均可按式（12-42）计算。

$$\left.\begin{array}{l} \sigma_{max} = \dfrac{V+\sum G}{A} + \dfrac{k_0}{k} \cdot \dfrac{x_1}{h_2} p_k < [\sigma] \\[2mm] \sigma_{min} = \dfrac{V+\sum G}{A} - \dfrac{k_0}{k} \cdot \dfrac{x_2}{h_2} p_k \geqslant 0 \end{array}\right\} \quad (12-42)$$

式中：$x_1$、$x_2$——基底重心至最大应力边缘和最小应力边缘的距离；

$[\sigma]$——地基容许承载力。

当基础设置在坚密岩石地基上，基底的合力偏心距 $e_0$ 超出核心半径 $\rho$ 时，仅按受压区计算基底最大压应力，不考虑基底承受拉力，其计算原理如下。

根据基底土的弹性抗力对基底重心的力矩等于作用在台上各力对基底重心的力矩的原理，当不计基底拉应力时，可按图 12.14 所示的计算图式计算。

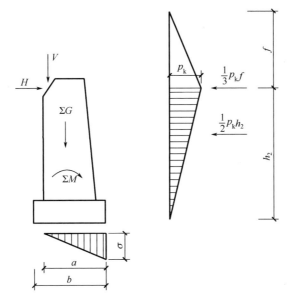

**图 12.14　不计基底拉应力时的计算图式**

计算时可取 1m 的桥台宽度，对于矩形基底截面最大边缘压应力 $\sigma$ 的计算见式（12-43）。

$$\sigma = \frac{a}{h_2} \cdot \frac{k_0}{k} p_k \leqslant [\sigma] \qquad (12-43)$$

基底的受压宽度 $a$ 可根据总竖向外力 $(V+\sum G)$ 应与基底土的总承载力相等的原则导得，见式（12-44）。

$$a = \sqrt{\frac{2h_2}{p_k} \cdot \frac{k_0}{k}(V+\sum G)} \geqslant \begin{cases} 0.75b \text{（坚岩）} \\ 0.80b \text{（较差岩石）} \end{cases} \qquad (12-44)$$

当所有外力、静止土压力、台背和基底土的弹性抗力对基底的短边取力矩时，得式（12-45）。

$$\left(V+\sum G\right)\frac{b}{2} - \sum M_c + M_{pk} - \frac{\sigma a^2}{6} = 0 \qquad (12-45)$$

将式（12-37）、式（12-43）、式（12-44）代入式（12-45），经整理后得到求土的弹性抗力的最终形式见式（12-46）。

$$\left[3b(V+\sum G) + 2h_2(h_2+f)p_k - 6\sum M_c\right]^2 p_k - 8h_2 \frac{k}{k_0}(V+\sum G)^3 = 0 \qquad (12-46)$$

6）稳定性验算（取 1m 的桥台宽度计算）

（1）路堤稳定性验算。

当桥台向台后方向偏转时，保证台后填土不破裂的稳定系数 $K_c$ 按式（12-47）、式（12-48）计算。

$$K_c = \frac{p_b}{p_{j(1)} + p_k} \geqslant 1.3 \qquad (12-47)$$

$$p_b = \gamma h_1 \tan^2\left(45° + \frac{\varphi}{2}\right) + 2c \cdot \tan\left(45° + \frac{\varphi}{2}\right) \qquad (12-48)$$

式中：$p_b$——台口处被动土压力强度；

$p_{j(1)}$——台口处静止土压力强度；

$p_k$——台口处土的弹性抗力强度；

$c$——土的黏聚力；

$\varphi$——土的内摩擦角。

(2) 抗滑稳定性验算。

为了保证桥台基底只有转动而无滑动，应根据拱桥桥台的布载与作用效应组合的要求（见12.1节），对如下两种可能发生的情况进行抗滑稳定性验算。

① 向路堤方向滑动的稳定性验算。

当桥台在图12.5所示的作用效应组合情况下，有向路堤方向滑移的趋势，其抗滑稳定系数 $K_c$ 见式（12-49）。

$$K_c = \frac{\mu_f(V + \sum G)}{H - E_j - p_k\left(\dfrac{h_2}{2} + \dfrac{f}{3}\right)} \tag{12-49}$$

式中：$\mu_f$——基底摩擦系数，见表12-1；

$H$——考虑桥跨拱背填土静止土压力在内的水平推力；

$E_j$——台身所受的静止土压力。

② 验算向桥跨方向滑动的稳定性。

在桥台受到图12.6所示的作用时，特别是在高路堤、小跨径陡拱的工况下，桥台有向桥跨方向滑移的可能性，其稳定验算公式同式（12-49），应采用相应的最不利布载进行计算。

抗滑稳定性系数应满足表（12-2）的要求。

# 本 章 小 结

桥墩纵桥向布载有两种，第一种是根据桥墩各截面上产生最大竖向力布置，包括永久作用和相邻两桥跨孔上一种或几种可变作用，车道荷载中的集中力布置在桥墩支座处，验算顺桥向墩身截面承载力和基底最大应力；第二种是根据桥墩各截面可能产生的最大弯矩进行布置，包括永久作用和仅在一孔桥跨布置几种可变作用（或某种偶然作用），验算桥墩的纵向稳定性、基底应力、最大偏心距和墩身截面承载力。

桥墩横桥向布载，应靠桥面一侧布载，验算桥墩的横桥向稳定性、基底应力、偏心距及墩身截面承载力。

梁桥重力式桥台验算时的布载为桥台前桥跨上布置车道荷载；只在台后破坏棱体上布置车辆荷载；在台前桥跨上布置车道荷载同时在桥台后路堤破坏棱体上布置车辆荷载；均用基本作用效应组合。

重力式墩台主要用圬工材料建成，一般为偏心受压构件，需验算截面的抗压承载力、抗剪承载力、抗倾覆稳定性、抗滑动稳定性。

重力式桥台与重力式桥墩相比，其计算荷载不同之处，主要是桥台要考虑桥台后填土的土压力和汽车荷载引起的土侧压力。

柱式墩台的盖梁、柱身分别按钢筋混凝土受弯构件、偏心受压构件验算；盖梁两端的悬臂部分和独柱墩的墩帽（顶部）需采用拉压杆模型计算承载力。

## 习 题

12-1 梁桥重力式桥墩纵桥向的作用效应组合一般有哪几种布载方式？

12-2 拱桥重力式桥墩，按其纵向受力可分为哪几种形式？并简述各自的受力特点。

12-3 对于桥梁重力式墩台设计，一般需验算哪些内容？

12-4 在什么条件下，钢筋混凝土盖梁两端悬臂部分的承载力需采用拉压杆模型来计算？

12-5 钢筋混凝土盖梁是否需要进行挠度验算？

12-6 柱身截面抗压承载力验算公式中，为什么要考虑偏心距增大系数？

12-7 对于钢筋混凝土桩基承台，设计中一般需验算哪些内容？

12-8 对于重力式U形圬工桥台和拱桥圬工轻型桥台的验算，其基本假定有何区别？

# 参 考 文 献

顾安邦，孙国柱，1997. 公路桥涵设计手册：拱桥：下册［M］. 北京：人民交通出版社.
邵旭东，等，2019. 桥梁工程［M］. 5版. 北京：人民交通出版社.
王解军，周先雁，2012. 大跨桥梁［M］. 北京：北京大学出版社.
项海帆，等，2013. 高等桥梁结构理论［M］. 2版. 北京：人民交通出版社.
杨昀，周列茅，周勇军，2011. 弯桥与高墩［M］. 北京：人民交通出版社.
姚玲森，2021. 桥梁工程［M］. 3版. 北京：人民交通出版社.